국가론

국가의 형성에서 미래의 추세까지

국가론

밥 제솝 지음 — 지주형 옮김

여문책

일러두기

- 이 책은 2021년 대한민국 교육부와 한국연구재단의 지원을 받아 수행된 연구임
(NRF-2021S1A5A2A01071942).

- 본문 중 대괄호 속의 부연설명과 본문 하단에 ▼로 된 내용은 모두 옮긴이가 단 것이
며, 원주는 숫자로 된 각주로 구분했다.

- 본문에 나오는 (1), (2), (3) 등의 설명은 원서에 따른 것이며, (a), (b), (c) 등의 설명
은 독해의 편의상 옮긴이가 임의로 단 것이다.

요제프 에서 Josef Esser(1943-2010)를 추억하며

차
례

THE

1부 국가의 개념·관계·실재

2장 국가의 개념 45

3장 국가를 사회적 관계로 이해하기 113

STATE

PAST. PRESENT. FUTURE

이 책은 2016년 영어로 출간되었고, 출판 시점까지 내 국가이론 연구를
반영하며, 처음으로 전자본주의적 국가들pre-capitalist states로 논의를 확
장했다. 내 접근방식은 영감에서 전분과적pre-disciplinary이고, 노력에서
초분과적transdisciplinary이며, 열망에서 탈분과적post-disciplinary이다. 더
구체적으로 말하면, 이 접근법은 19세기 말 학문 분과가 생기기 전에 활
동했던 헤겔, 괴테, 애덤 스미스, 마르크스 같은 학자들에게서 영감을 얻
는다. 이들의 연구는 다양한 분야를 아우르는 것이었다. 오늘날 학자들
이 더는 학문 분과가 나뉘기 이전의 시기에 작업하는 것은 아니기에, 이
책을 쓰기 위해서는 전근대와 현대사회의 다양한 측면을 반영하는 여
러 다른 분과의 개념들을 결합해야 했다. 또한 이 책은 특정 분과의 개
념적 유산을 극복하는 탈분과적 접근을 열망한다. 탈분과적 접근은 새
로운 분과가 되려고 하지 않는다. 자체적으로 완결된 용어로 가르칠 수
없고, 구체적인 적용방식에 따라 서로 다른 개념들을 상이하게 접합하
기 때문이다. 이런 의미에서 이 접근은 항상 이론적으로 경로의존적이
며 변화 가능하다.

　이 책이 출간된 이후, 나는 나이링 섬과 함께 문화정치경제학cultural
political economy이라는 형태로 탈분과적 접근을 더욱 발전시켰다(Sum

and Jessop 2013 참조). 이는 문화적 전환cultural turn을 존재론적 측면에서 진지하게 받아들인다. 즉 문화적 전환은 단순히 문화를 주제로서 연구하는 것(예: 극장의 경제학이나 문화정책 개발에서 국가의 역할에 대한 연구)도 아니고, 문화를 단지 방법으로 활용하는 것(예: 경제·정치 분석을 위한 인기 있는 진입점으로 비판적 담론 분석을 채택하는 것)도 아니다. 이와 달리 존재론적 측면의 문화적 전환은 기호작용semiosis(의미형성)▼을 모든 사회관계의 공동 기반이자 공동 구성 요소로 간주하며, 사회관계의 비기호적 측면에 대한 분석과 기호작용에 대한 분석을 결합하고자 한다. 그것은 이러한 방식으로 구성주의 카리브디스Charybdis와 구조주의 스킬라Scylla 사이에서 길을 찾고, 전통적 관념론과 전통적 유물론의 함정을 피하고자 한다(Gramsci 1971: p. 435; 1975, Q11. §22, p. 1425 참조).▼▼ 문화정치경제학은 마르크스, 그람시, 푸코의 종합을 제시한다. 이 책에서 푸코는 거버넌스와 통치성의 맥락에서 중요한 역할을 한다. 문화정치경제학은 그의 담론이론적 작업을 진지하게 받아들이고, 장치(기구)라는 개념을 긴급상황의 문제화(위기), 대상화(대상의 구성), 주체화(대상에 개입할 수 있는 주체의 창조), 통치성 기술의 우연적이고 경로의존적인 결과로 전유한다(Foucault 2008; 본서 318쪽 참조).

▼ 기호들 간의 접합을 통해 의미가 만들어지는 과정을 가리킨다. 예를 들면 '비둘기'라는 기호에 '평화'라는 기호가 덧붙여져 비둘기가 평화를 상징하게 되는 과정을 말한다. 이를 사회과학에 적용하면, '국가'라는 기호에 '영토', '국민', '주권'이라는 기호가 덧붙여지면 '국가'라는 기호는 역사적으로 고유한 영토적 국민국가라는 관념을 일차적으로 가리키게 되고, 그러한 국가 형태가 실제로 만들어지는 데에도 기여하게 된다.

▼▼ 카리브디스와 스킬라는 호메로스의 서사시 『오디세이아』에 나오는 괴물로 영어에서 진퇴양난을 가리키는 관용구로 쓰이며, 여기서는 각각 구성주의와 구조주의를 상징한다. 구성주의는 실재가 기호·상징·담론·관념으로 만들어진다고 보는 반면, 구조주의는 그러한 문화적 구성과 독립적으로 존재하는 구조화된 객관적 현실을 강조한다.

내 국가이론 기획은 2016년에 출판된 개발국가에 대한 장으로 보완되었다(Jessop 2016). 나는 개발국가를 경쟁력 추구에 전념하는 경쟁국가의 하위유형으로 해석했다(Reinert 1999 참조). 계속 등장하는 후발 국가들은 각자의 발전경로를 찾아야 했고, 추격형 경쟁력catch-up competitiveness▼ 강화 전략이 추구되는 세계사적 상황과 제도적 맥락의 변화를 고려해야 했다. 추격형 경쟁력의 지평이 변화함에 따라 성공에 필요한 담론적·제도적·거버넌스적·정책적 조건도 변화한다. 한 종류의 개발국가 프로젝트의 위기는 그것을 대체할 수 있는 것이 무엇인지, 그리고 그 대안이 원형적으로 생산주의적이거나 자유주의적인 통제 개념을 반영할 것인지를 놓고 투쟁의 공간을 연다. 나는 1990년대 말의 이른바 아시아 위기가 대안적인 경제·정치 전략과 개발국가 전략을 재조정할 다른 방법에 대한 모색을 촉진했다고 지적했다. 이는 내가 논의한 몇몇 동아시아 국가들의 사례에서 볼 수 있다. 1세대 동아시아 신흥공업국 중 한국은 1990년대 초중반에 재벌과 미국에서 훈련받은 경제 관료들 사이에 부상한 강력한 신자유주의적 흐름에 영향을 받아 [IMF 구제금융 이후] 기존에 있던 리스트적 근로연계복지 국민국가Listian workfare national state 모델의 핵심 요소들이 후퇴했다.▼▼

▼ '추격형 경쟁력'이란 아시아개발은행이 '추격형 발전'과 '경쟁력'의 개념을 결합해서 만든 말로 아시아 개발도상국들이 선진국을 따라잡기 위한 경제 전략을 의미한다. 이는 기술혁신, 교육개혁, 시장 친화적 제도, 건전한 거시경제관리, 기업가 정신을 통해 국제경쟁력을 높이는 것을 강조한다(Asia Development Bank, *Asian development outlook 2003*, ADB Press, 2003).

▼▼ 제솝은 일본·한국·타이완 등 동아시아 개발국가의 특징을 리스트적 근로연계복지 국민국가라는 개념으로 포착한다. 이러한 유형의 국가는 독일 역사학파 경제학자 리스트Friedrich List의 국가 주도 경제개발, 유치산업 보호와 보호무역주의 노선을 따르고, 시민권보다 고용과 근로를 근거로 복지서비스를 제공한다(Jessop 2016).

두 가지 주요 출구 전략은 지식기반경제KBE: knowledge-based economy와 신자유주의적 금융화였다. 한국에서는 2003년 12월 노무현 대통령이 한국을 동북아 물류·금융 허브로 만들겠다는 전략을 발표했고, 이명박 대통령은 2008년 지식경제부 설립으로 KBE 전략을 강조했다(Park 2011; Park 2013 참조). 이러한 과제들은 세계적으로 경쟁력 있는 금융 부문을 구축함으로써 국가 발전 목표를 진전시키려는 더 광범위한 프로그램의 일부였다. 당시 금융 부문은 고부가가치 지식기반 제조·서비스 부문의 필수적인 부분이자 자극제로 여겨졌다. 그 약점·도전·실패는 오늘날에도 분명하다.

또 하나의 발전은 『위기의 교육학: 위기 동학, 해석, 교훈The Pedagogy of Crisis: Crisis Dynamics, Construals and Lessons』(Jessop and Knio 2019)이라는 공동 저서의 출간에 있었다. 이 책은 본서의 번역자인 지주형의 아이디어 일부를 발전시킨다(Ji 2006). 공동 편집자들은 위기를 다른 형태의 혼란과 구분하고, 체제 **'의'** 위기crisis 'of'와 체제 **'내의'** 위기crisis 'in'를 대조하며, 행위자들이 위기에서 배우는 서로 다른 교훈들을 탐구한다. 이들은 위기가 주관적 불확실성이 객관적으로 과잉결정되는 복합적 순간이며, 이 순간의 결정적 행동이 미래에 큰 차이를 만들 수 있다는 레지드브레Régis Debray의 주장을 바탕으로 논의를 전개한다(Debray, 1973, p. 113).

그들은 증상학symptomatology의 문제를 제기한다. 이는 행위자들이 위기의 증상과 그 근본 원인 사이의 불투명한 관계를 해독하는 방법, 그리고 이러한 원인에 개입해서 위기를 관리하거나 해결하는 데 따르는 도전에 관심을 갖는다. 또한 그들은 다양한 종류의 학습과정과 위기의 초기 발생부터 최종 해결에 이르기까지 다양한 단계에서 도출될 수 있는 다양한 교훈을 고려한다. 따라서 그들은 위기 속의, 위기를 통한, 위기에 관한, 위기로부터 얻는 교훈을 식별하고 학습의 장애물과 한계, 그리고 다양한 형태의 실패한 학습에 대해 논의한다. 그들은 정치적·정책적·전략적 학습의 구조적/전략적, 담론적, 기법·기술적 조건을 연구할 필요성을 강조한다.

내 국가이론의 최종적인 발전은 『시민사회를 제자리에 놓기: 거버넌스, 메타거버넌스, 주체성Putting Civil Society in its Place: Governance, Metagovernance, and Subjectivities』(2020)의 출간이었다. 이 책은 시장의 무정부성, 국가권력의 단일위계, 거버넌스의 다중위계를 보완하는, 자체적인 메타거버넌스 형태를 가진 네 번째 거버넌스 방식으로 연대를 제안한다(본서 7장 참조). 나아가 거버넌스, 거버넌스 실패, 메타거버넌스를 분석의 중심에 두고 이에 대한 분석을 더 넓은 사회관계이론 내에 위치시킨다. 이는 국가가 "통치+위계적 그늘 아래의 거버넌스"라는 전략관계적 주장을 전개하기 위해 "국가=정치사회+시민사회, 다시 말해 강제라는 철갑으로 보호받는 헤게모니"라는 그람시의 견해(Gramsci 1971: p. 263; 1975, Q6, §88: pp. 763~764)를 확장한다(본서 320쪽 참조).

2020년에 출간된 이 책에서 나는 거버넌스에 대한 전략관계적 분석을 발전시켜 그 일반적·구체적 특징, 강점과 약점, 그리고 이와 관련되어 나타나는 거버넌스 실패의 이론적 불가능성과 경험적 반복성에 대한 대응을 식별했다. 이 과정에서 나는 시민사회에 관한 그람시와 푸코의 작업을 종합했다. 이와 관련해 시민사회는 이용 가능한 통치 기술과 거버넌스 기술의 조합을 수정하고 세력균형을 변화시키기 위해 동원할 수 있는 연대의 기반으로 나타난다. 이는 시민들에게 권한을 부여하고 적극적 시민권을 강화하는 정치적 공간을 만들어 민주적 시민사회를 확장하고, 이를 통해 민주주의·평등·연대가 번성하는 시민권 기반의 윤리적 거버넌스 방식을 만드는 데 도움이 된다. 이 책은 연대가 어떻게 대안적 공동체를 강화하고 사회적·정치적 영역에서 헤게모니적 지배에 대한 공중의 대항을 촉진할 수 있는지 살펴본다. 이는 이 문제를 글로벌 사회정책, 영국의 지역개발, 경쟁과 기업가적 주체를 촉진하려는 노력에 대한 선별된 사례 연구를 통해 탐구한다.

『마르크스주의 연구*Marxism 21*』에 곧 실릴 논문(2025)은 국가권력에 대한 전략관계적 접근법의 발전과정에 대해 논의할 것이다. 이와 달리 한국어판 서문에서는 이 책이 출간된 이후의 이론적 궤적을 추적하고자 했다. 문화정치경제학은 내 전체적인 접근법의 주요한 확장이며, 나 이링 섬의 영향을 받았다. 이 접근법은 개발국가, 위기의 교육학, 시민사회를 제자리에 두는 나의 다른 작업에서 더욱 확장되었다.

이 책은 국가이론, 국가, 국가권력에 대한 계획되지 않은 시리즈 중에서 가장 최신의 것으로 정세의 변화와 관심사의 변화를 반영하고 있다. 이 책은 그전의 책들과 세 가지 주요 측면에서 다르다. 첫째, 이 책은 2차 세계대전 이후의 자본주의 국가나 자본주의 사회의 국가에 초점을 맞추는 대신 국가의 계보학, 국가 형성의 시기 구분, 현대국가, 현재 예측할 수 있는 미래의 추세(달리 말하면 현재적 미래)에 대해 논한다. 둘째, 이렇게 넓은 범위를 다루기 때문에 이 책은 국가 연구의 개념적 틀을 제시한다. 이 틀은 더 넓은 맥락에서 활용되고, 더 이론적인 접근들에 통합될 수 있으며, 여러 다른 입장에서 적용될 수 있다. 셋째, 이 책은 다양한 이론적 입장들에 근거하고 있고 때로는 간략히 비판을 하기도 하지만, 가능하고 생산적일 경우 이러한 입장들을 날카롭게 서로 구별하기보다 종합하는 데 관심이 있다. 따라서 나는 하나의 특수한 접근법에 초점을 맞출 때에도 그것이 이 책에서는 다루지 않는 다른 접근법들과 맺을 수 있는 연결고리, 교차점과 유사점에 대해서도 언급한다.

이 책은 여러 해 동안 국가이론의 문제들과 때때로 씨름하고 특히 유럽에 있는 실제 국가들을 비판적으로 탐구한 결과다. 그 외에 나는 정치경제학 비판, 특히 전후 자본주의, 세계시장의 발전, 위기 경향에 대한 비판에 더 집중했다. 이것은 나의 분석이 왜 자주 자본이론이나 계급이론에서 출발하는지 설명해준다. 그러나 앞에 언급했듯이, 이는 여러 선택지 중 하나일 뿐이다. 어떠한 진입점entry point도 선험적으로 특권화될 수 없고 오직 특수한 맥락에 있는 특수한 문제들에 대해 그것이 갖고 있는 설명력과 관련해서만 인정받을 수 있을 따름이다(3장 참조). 여러 학자가 그들의 성찰과 역사적 분석 또는 나와 개인적으로 주고받은 의견을 통해, 그리고 몇몇 경우에는 정곡을 찌르는 비판으로 내가 국가를 이해하는 방식에 영향을 주었다. 나와 대화한 사람들은 그들이 누군지 알 것이며, 그들의 영향은 텍스트와 참고문헌에 분명히 드러나 있다.

　나는 끝없는 영감의 원천인 여덟 명을 언급하고 싶다. 나는 니코스 폴란차스Nicos Poulantzas를 겨우 한 번 만나봤을 뿐이지만 신선한 통찰과 자극을 얻기 위해 정기적으로 그의 글을 다시 읽는다. 알렉스 데미로비치Alex Demirović는 지칠 줄 모르는 비판적 지성과 이론적 지혜의 열정적인 원천이다. 요아힘 히르쉬Joachim Hirsch는 국가에 대한 최고의 유물론적 분석 중 하나를 내놓았으며 그것을 독일에 비판적으로 적용했다. 윱 에서Jupp Esser는 국가이론의 주장을 경험적으로 엄밀하게 검증하는 것이 중요함을 강조했다. 마틴 존스Martin Jones는 내게 경제지리학과 정치지리학을 소개해주고 여러 해 동안 지지해준 공저자이자 대화자였으며, 그의 영향은 5장과 책 전체에서 명백히 드러난다. 울리히 브란트Ulrich Brand는 이론적 작업이 사회정치운동과 결합할 수 있음을 환기시켰다. 미카엘 브리에Michael Brie는 베를린의 로자 룩셈부르크 재단에서 나를 환영해주고 이론과 실천의 해방적 통일이 중요함을 강조했다. 그리고 마지막이지만 결코 그 중요성이 덜하지 않은 나이링 섬Ngai-

Ling Sum은 경제 분석뿐만 아니라 국가 분석에 대해 여러 함의를 가지고 있는 정치경제학의 문화적 전환을 나와 함께 정교화했다.

최종 저술 단계에서 2015년에 최종 원고를 제출할 때까지 이 책을 부드럽게 재촉하고 인도해준 폴리티 출판사Polity Press의 루이즈 나이트 Louise Knight와 파스칼 포셰론Pascal Porcheron에게도 특별히 감사의 말씀을 전한다. 이 책의 최종 원고는 콜린 헤이Colin Hay와 익명의 세 심사위원의 논평, 마누엘라 테쿠산Manuela Tecusan의 식견 있고 매우 전문적인 편집의 도움을 받았다.

이 책의 저술은 부분적으로 2011년부터 2014년까지 경제사회과학연구회ESRC: Economic and Social Research Council의 교수 연구비 지원 Professorial Research Fellowship(RES-051-27-0303) 기간 동안 이루어졌다. 물론 ESRC나 위에 언급된 친구와 동료들은 이 책이 저지른 실수나 빠뜨린 내용에 대해 책임이 없다. 실로 통상적 면책조항들이 통상적이지 않은 강력한 효력으로 적용된다.

이 책을 욥 에서와의 추억에 바친다. 그는 2010년에 암으로 너무 일찍 세상을 떠났지만 영감을 주는 동료이자 비판적 대화자이고 소중한 친구였다.

헤이그에서

2015년 3월 21일

표 목차

약어

BC 기원전before Christ

DHS 국토안보부Department of Homeland Security

ECB 유럽중앙은행European Central Bank

ESM 유로안정화기구European Stability Mechanism

EU 유럽연합European Union

IMF 국제통화기금International Monetary Fund

KWNS 케인스적 복지 국민국가Keynesian welfare national state

MECW 마르크스-엥겔스 전집 영어판*Marx/Engels Collected Works*, 50 vols(Progress
Publishers: Moscow, Lawrence & Wishart: London, and International
Publishers: New York, 1975~2005)

OECD 경제협력개발기구Organisation for Economic Co-operation and Development

Q 그람시의 옥중수고*quaderno*(notebook)

SRA 전략관계적 접근법strategic–relational approach

STF 시공간적 조정spatiotemporal fix

TPP 환태평양경제동반자협정Trans-Pacific Partnership

TTIP 범대서양무역투자동반자협정Transatlantic Trade and Investment Partnership

TPSN 영토·장소·스케일·네트워크territory, place, scale, network

UK 연합왕국(영국)United Kingdom

UN 국제연합United Nations

USA 미합중국United States of America

USA PATRIOT Act 미국 애국자법. 테러리즘의 차단과 방지에 요구되는 적절
한 도구의 제공을 통한 미국 통합·강화법Uniting and Strengthening America by
Providing Appropriate Tools Required to Intercept and Obstruct Terrorism(2001)

주요 번역어

국가와 관련된 주요 용어 중 책의 여러 부분에서 나오거나 맥락에 따라 의미가 달라지거나 가독성을 위해 복수의 번역어를 적용한 용어를 중심으로 다음과 같이 옮겼다. 한 단어에 둘 이상의 번역어가 있는 경우는 앞에 나온 단어가 주된 번역어다.

anarchic   (맥락에 따라) 무정부적 또는 비위계적

authority   권위, (또는 기관으로서) 권위체, (또는 ~할 수 있는, 정치적~, 주권적~) 권한

balance of forces   세력균형

capitalist type of the state   자본주의적 유형의 국가 또는 자본주의적 국가 유형

coercion   강제력 또는 강제

constitutional power   제헌/구성권력

contemporary state   현대국가

country   (고국, 거주국, 각국 등의) 국, (또는) 나라

denationalization   탈국민국가화

destatization   탈국가화

equilibrium of compromise   타협적 균형

ethico-political/ethical-political   윤리-정치적

exceptional regime/state   예외체제/국가

formal sovereignty   공식적 주권, (맥락에 따라) 형식적 주권

governance   거버넌스

government   통치 또는 정부

government(al) overload   정부(의) 과부하

governmentality   통치성

governmentalization   통치화

hegemony   헤게모니, (또는 국제관계의 맥락에서) 패권

hegemonic vision   헤게모니적 비전

heterarchical   다중위계

hierarchical 위계적, (또는 무정부, 다중위계와 대조해서) 단일위계적

international system 국제체계

interstate system 국가간체계

island states 섬나라, (또는 투발루 군도에서는) 군도

juridico-political 법-정치적

leadership 지도력, (또는 공식적·법률적 맥락에서는) 리더십

local state/authorities 지방정부

metagovernance 메타거버넌스

mode of intervention/representation 대표/개입 양식

modern state 근대국가

nation (맥락에 따라) 민족, 국민, 또는 국민/민족

nation building 민족건설, (또는 맥락에 따라) 국민/민족건설

national (스케일이나 국적을 가리킬 때) 국민국가적, (인구를 가리킬 때) 민족적, 국민
    적/민족적, (영토범위를 가리킬 때) 일국적 또는 국내

national interests 국가이익, (또는 가독성을 위해) 국익

national popular 국민적·대중적

national scale 국민국가 스케일

national state 국민국가

nationalism (이데올로기를 가리킬 때) 민족주의, (방법론을 가리킬 때) 국민/민족주
    의 또는 국민국가주의

nationhood 민족성

nation-state 민족국가

normal states 정상국가

people 인민

political process (좁은 의미의) 정치과정, (또는 넓은 의미의) 정치적 과정

political regime 정치체제

political system 정치체계

polity 정체

postnational state 포스트국민국가

power(s) 권력, (또는 복수형으로 정부의 구체적 힘/직위와 관련될 경우, 대통령의 효율

적~) 권한

regime　(체계보다 하위의 추상 수준에 있는) 체제

regional state　지역국가

representation(al)　대표(제), (또는 맥락에 따라) 대변

rule of law　(맥락과 가독성에 따라) 법치 또는 법치주의

social base　사회적 기반

social formation　사회구성체

social relations　(맥락과 가독성에 따라) 사회적 관계[관계에 초점] 또는 사회관계[사
　　회에 초점]

Staatsnation　국가민족(헌정적 애국주의에 기초한 국민/민족)

Staatsvolk　국가인민(법적인 국민)

state　국가, (또는 중의적으로는) 상태 또는 사태

state building　국가건설

state form　국가 형태

state formation　국가(의) 형성, (또는 복수인 경우) 국가 구성체

state project　국가 프로젝트

state strength　국가 강도

state system　국가체계

state-nations　다민족국가

statehood　국가성

stateness　국가특성

states in capitalist society　자본주의 사회의 국가

statism　국가주의

statization　국가 중심 재편(일반적으로는 '국가화'로 번역됨)

superstate　초국가

supranational　초국가적

system　체계, (또는 맥락에 따라) 제도[예: 선거제도]

transnational　초국적, (또는 맥락에 따라) 초민족적, 초국민적, 초국민국가적

world of states　국가들의 세계

world state　세계국가

1장

서론

'근대국가modern state'는 수 세기 동안 정치적 풍경의 일부였다. 간혹 지평선 끝에 희미하게만 보일 때도 있었지만 말이다. 그러나 국가에 대한 사회과학적 관심은 영고성쇠를 거듭했고, 사회과학의 초점은 다른 곳으로 이동했으며, 사회과학적 접근들은 시류와 유행에 따라 변한다. 사실 다른 분야에서와 마찬가지로 여기서도 사회과학자들은 문제를 해결하기보다는 문제에 싫증을 내는 것처럼 보인다. 새로운 세대의 학자들이나 새로운 인식공동체가 오래된 이론의 새로운 잠재력을 발견하고 새로운 문제와 연구 기회를 접하거나 다른 학파나 분과학문에서 새로운 통찰, 메타포 또는 패러다임을 채택할 때 관심은 되살아난다. 이러한 관점에서 나의 분석은 국가와 국가권력에 대한 이론적 작업이 여전히 유의미하다는 것, 그리고 '국가'가 가리키는 대상이 변화함에 따라 국가이론을 갱신하는 작업이 필요함을 보여주는 것을 목표로 한다. 이러한 목표는, 이 책의 여러 다른 곳에서, 때로는 순차적으로 때로는 반복적으로 수행되는 다섯 가지의 서로 연관된 작업을 통해 추구된다. 지면의 제약은 이 모든 작업이 동일한 정도나 동일한 강도로 이루어질 수 없다는 것을 뜻한다. 하지만 나는 각각의 작업이 가진 탐색적 가치heuristic value와 그것들을 조합함으로써 얻는 이익이 드러날 수 있도록 각각의 작업에 대해 충분히 서술했기를 희망한다.

첫 번째 작업은 국가와 국가권력을 분석하는 여섯 가지 전략을 개관하는 것이다. 이 작업은 처음에는 국가에 관해 더 많은 질문을 불러일으키지만 우리가 이 전략들을 결합해서 그것들 각각의 강점을 활용한다면, 이 여섯 가지 전략은 이 주제의 복잡성을 다룰 수 있는 강력한 탐색적 도구를 제공할 것이다. 그렇다고 내가 일반적이고 초역사적인 국가이론을 발전시키는 데 전념하는 것은 아니다. 나는 그러한 야심을 오랫동안 거부해왔으며, 그 이유는 다른 곳에 서술되어 있다(Jessop 1982: pp. 211~213). 이는 국가 분석에 있어서 (메타)이론적·인식론적·방법론적 다원주의를 지지한다는 것과, 특수한 이론적·실천적 맥락 속에서 가장 적절한 진입점과 입장이 무엇인지 주의 깊게 고려한다는 것을 의미한다.

두 번째 작업은, 국가에 관한 질문에 잠정적으로 답할 뿐이지만, 정치적 조직의 한 형태로서 국가의 고유한 성격을 포착하고 국가의 제도적·시공간적 다양성을 분석할 수 있도록 국가를 정의하는 것이다. 나는 유럽 대륙적 전통의 국가론이 강조하는 근대국가의 세 가지 핵심 요소에 네 번째 요소를 더한다. 그것은 근대국가에 있어 정당성의 원천이 국가 프로젝트state projects에 있다는 것이다. 이 네 가지 요소는 다양한 이론적·실천적 목적을 위해 더 확장될 수도 있고 한정될 수도 있다. 이 수정된 접근법은 국가의 다중적인 과거와 현재들을 탐색하고 가능한 미래들을 추측할 수 있는 토대도 제공한다.

앞의 두 가지 작업보다는 간략한 세 번째 작업은 근대국가의 역사적 의미론historical semantics[▼], 즉 국가를 묘사하는 전문화된 어휘들의 출현과 정착을 살펴보는 것이다. 그리고 실로 이는 상위정치high politics[국가의 생존에 필수적인 군사·안보·외교 등]에서든 일상생활에서든 국가와 연관된 의미체계 내에서 언급되는 여러 다양한 제도와 계산양식·실천·상상계imaginaries[▼▼]를 구성·정착·재생산·인도하는 데 있어 그러한 어휘들이 수행하는 역할을 살펴보는 것이다. 이러한 작업은 중요하다. 국가가 국가성statehood[▼▼▼]의 측면에서 명시적으로 개념화되기 이전에도 정치조직의 한 형태로서 존재했다는 주장을 하더라도 말이다. 이 작업은 사상사나 지성사 또는 정치사상사를 검토하는 것 이상의 작업을 수반한

[▼] 역사적 의미론historical semantics이란 의미와 의미체계의 역사적 형성에 대한 연구를 가리킨다. 대표적으로 라인하르트 코젤렉Reinhart Koselleck을 대표로 하는 독일의 개념사 연구, 독일 사회학자 니클라스 루만Niklas Luhmann의 의미체계 연구, 프랑스 아날학파École des Annales의 심성사histoire des mentalités 연구, 영국 케임브리지 학파Cambridge School의 언어맥락주의적 사상사 연구 등이 있다(Sum and Jessop 2013 참조).

[▼▼] 제솝은 '상상계' 개념을 프랑스의 철학자 루이 알튀세르의 생생하게 체험되는 이데올로기에 대한 분석에서 착안했으며, 이는 사회적 행위자들이 세상을 계속 살아갈 수 있도록 의미를 만드는 체계를 가리킨다. "상상계란 개별 주체의 지극히 복잡한 세계에 대한 생생한 체험을 틀 짓거나 그 세계에 대한 집단의 계산을 안내하는 (엄격히 규정된 경계가 없는) 기호학적 양상블이다. (중략) 상상계가 없다면 개인은 세상을 '계속' 살아갈 수 없고, (조직과 같은) 집합적 행위자는 환경과 관계를 맺거나 결정을 내리거나 또는 어느 정도 일관된 전략을 추구할 수 없다."(Bob Jessop, "Recovered imaginaries, imagined recoveries: a cultural political economy of crisis construals and crisis management in the North Atlantic financial crisis," pp. 234~254. In Mats Benner (ed.), *Before and Beyond the Global Economic Crisis*(Edward Elgar Publishing, 2013) 제솝은 이 개념을 통해 우리가 사회관계의 전체 앙상블에 직접적으로 관여할 수 없고 오직 상상적 재구성을 통해서만 관여할 수 있음을 주장하는 동시에 만약 사회관계의 전체 앙상블에 대한 우리의 상상이 부적절하다면 그에 기초한 개입은 효과적이지 않을 것이라는 점을 강조한다.

[▼▼▼] '국가성'이란 특정 정치 공동체가 국가가 되기 위해 갖추어야 할 기본 요건을 의미한다. 보통은 영토·인구·주권(또는 정부나 국가장치)이 제시되나, 이 책에서 제솝은 '국가관념'을 네 번째 요소로 추가하고 영토·인구·장치의 복잡성과 확장성을 드러내면서 현대국가의 변화를 추적한다.

다. 이는 의미론적 변화와 사회변동 사이의 연관, 그리고 이러한 맥락에서, 국가의 본성과 목적에 대한 논쟁을 탐구하는 데까지 확장된다. 이 작업은 또한 국가 개념의 의미체계가 출현하기 전에 국가와 유사한 정치적 권위체를 묘사하는 데 쓰였던 언어에 대한 비판적 성찰을 요청한다. 그리고 그것은 국가제도와 실천에 비해 영토에 덜 초점을 두는 새로운 정치제도와 실천을 묘사하는 거버넌스governance와 메타거버넌스meta-governance 개념의 의미체계를 촉발한 사회변동에 대해서도 비판적 성찰을 요청한다.

국가의 역사의미론은 또한 국가이론의 유럽 중심주의적 성격에 문제를 제기하고, 이를 기초로 (유럽 중심적) 국가이론이 유럽적 국가 형성의 중심부 바깥에서 영토적으로 조직된 정치적 권위체의 형태를 설명하는 데 적실성이 있는지 의문을 제기한다. 특히 그러한 의문은 다른 정치체제의 통치자들과 신민들이 유럽 국가의 대표들—약탈자, 무역상, 탐험가, 선교사, 외교관, 정복자 등—과 마주치기 이전의 시기에 대해 제기된다. 이러한 성찰은 상이한 형태의 정치조직, 정치체제, 국가 유형이 갖는 역사적 특수성을 드러내는 데 도움이 될 수 있다.

네 번째 작업은 앞의 세 가지 작업들에서 나온 것이지만 역으로 그것들을 수행하는 데 영향을 준다. 그것은 특히 세계시장에서 선진 자본주의 체제에 속한 국가와 국가권력의 핵심적 측면들에 관한 이론적 성찰을 제시하는 것이다. 이 작업은 나의 관심사와 전문지식을 반영하지만, 그렇다고 선진 자본주의 국가를 존재론적으로나 규범적으로 우선시하려는 것은 아니다. 특히 이들 국가는 [선진 자본주의와 구별되는] 다른 지배 형태들도 존재하는 국가들의 세계a world of states에 속해 있기 때문이다. 그럼에도 시장을 매개로 한 이윤 지향적 자본축적은 세계사회의 지배적인 사회조직 원리이며, 이는 근대국가의 자본주의적 특성에 초점을 맞추는 것을 정당화한다. 그것이 유일하게 유용한 진입점이라는 것을 함축하지만 않는다면 말이다(Jessop 1990, 2002, 2011, 2015a 참조). 독자들에게 전략관계적 관점에서 다른 종류의 국가와 국가권력을 연구하는 데 필요한 개념들과 아이디어를 제공하려면 선진 자본주의 국가에 대한 이론적 작업의 설명력뿐만 아니라 다른 작업들의 결과가 필요하다.

다섯 번째 작업은 대부분의 장에서 수행되며, 이 작업은 국가, 국가권력, 국가 의미론, 정당성에 대한 주장, 나아가 국가이론 그 자체를 지배와 이데올로기에 대한 비판에 회부한다. 이러한 비판은 국가가 중립적인 도구나 선의의 행위자라는 견해를 거부한다. 대신 그것은 국가라는 정치조직의 한 형태와 그것이 정치체제 속에서 구현되는 양상에 새겨져 있는 권위와 지배의 비대칭성, 특정한 시기에 특정한 장소에서 착취·억압·지배의 패턴을 재생산하는 국가의 구조적이고 전략적인 역할, 그리고 그러한 비대칭성들과 그 효과에 도전하고 그것들을 변형하고 전복할 가능성에 대해 비판적으로 접근할 것을 요구한다. 국가에 대한 비판은 불량국가, 주변국가, 약탈국가, 폭력국가, 전체주의 국가 또는 권위주의 국가에 국한되어서는 안 되며, 통상적으로 선량한 자유민주주의 체제로 묘사되는 국가들에까지 확대되어야 한다. 일반적인 지배란 없으며 일반적인 형태의 지배도 없다. 지배의 형태는 (자연-사회관계를 포함한) 지배가 이루어지는 사회적 장의 성격에 따라 달라지며 지배의 형태들은 서로 중첩된다(4장 참조). 따라서 비판의 대상이 되는 지배양식이 무엇인지 분명히 해야 한다.

국가와 국가체계state system의 역사는 실제의 국가(간)체계(inter)state systems에 대한 이론적 탐구뿐만 아니라 정치철학, 규범적 정치이론, 지정학·지경학적 설명의 역사와 긴밀히 연결되어 있다.▼ 사실 이 다섯 가지 지적 활동의 분야는 서로 다른 근거와 합리성을 통해 국가의 형성과 변형에 중요한 역할을 해왔다. 반대로 국가(간)체계의 형태와 기능의 변화는 국가에 대한 철학적·규범적·이론적 성찰의 선도적인 형태와 스타일에 점진적이든 단절적이든 변동을 일으켜왔다.

따라서 우리는 이 다섯 가지 분야가 국가장치와 국가권력의 변동을 일으키고 반영하는 경합의 장이라고 이해해야 한다. 사실 국가 당국이 정치철학·정치이론·국가이론에 무관심한 경우는 거의 없다. 국가 당국은 이러한 사상과 이론들(나아가 유기적 지식인들organic intellectuals, 지지자들, 그 제도적 기반)을 서로 차별하고, 자신들이 현재 선호하는 국가 전통이나 기획과 가장 적게 충돌하는 이론을 촉진하며, 자신들이 두려워하는 것들을 반박하고 주변화하고 억압하는 경향이 있다. **반대**를 감시하고 관리하는 것은 **동의**를 조작하는 것만큼이나 중요하다. 따라서 국가의 역사에 접근하는 한 가지 방법은 (둘 중에 어느 하나가 선도하거나 뒤처져 있든 간에) 국가와 관념적 변화의 공진화co-evolution를 연구하는 것이다. 관념론적이든 제도주의적이든 유물론적이든 이러한 접근법의 예시가

▼ 국가체계는 사회와 구별되는 좁은 의미의 국가의 제도적 측면을 가리키는 개념으로, 더 넓은 사회와의 관계 속에서 규정되는 넓은 의미의 국가와 구별되는 개념이다. 국가간체계는 이런 좁은 의미의 국가들 사이의 제도화된 관계를 가리킨다는 점에서 사회를 포함한 나라들 사이의 관계를 가리키는 국제체계international system와 구별된다.

되는 문헌들은 많다. 이 책이 그러한 책들 중 하나는 아니다. 그러나 이 책은 때때로 국가와 국가권력을 형성시킨 철학적 입장, 규범적 정치이론, 정책 패러다임들과 대결할 것이다.

비록 이 책은 국가론의 **역사**에 초점을 맞추지 않지만, 이 주제에 대해 몇 가지 간략한 언급을 하려 한다. '근대국가'와 국가체계의 기원은 근대국가라는 혁신에 관한 여러 경쟁하는 철학적 성찰들과 연관되어 있다(장 보댕Jean Bodin, 에메리히 드 파텔Emmerich de Vattel, 휴고 그로티우스 Hugo Grotius, 프란체스코 귀차르디니Francesco Guicciardini, G.W. F. 헤겔Hegel, 토머스 홉스Thomas Hobbes, 이매뉴얼 칸트Immanuel Kant, 존 로크John Locke, 니콜로 마키아벨리Niccolò Machiavelli, 사뮤엘 푸펜도르프Samuel Pufendorf, 장 자크 루소Jean-Jacques Rousseau를 생각해보라).[1] 이러한 성찰들은 부분적으로는 수행적performative이기도 했다. 즉 성찰의 대상이었던 바로 그 제도의 형성에 기여했던 것이다. 마찬가지로 19세기에 국가의 공고화는 국가이론·법학·정치과학·정책학·행정학에서 나온 영향력 있는 작업과 관련되어 있다. 1920년대와 1930년대는 권위주의 또는 전체주의 체제에 대한 이론·정당화·비판과 더불어 자유주의 국가의 변화하는 형태와 기능, 나아가 위기와 강렬한 대결이 일어난 또 다른 시기였다. 비슷하게 국가이론과 체제이론regime theory이 (특히 유럽의 전후 복구와 관련해) 전쟁 직후의 서구에서, 그리고 다시 1970년대와 1980년대의 서구에서 재생되었다. 이는 부분적으로는 전후 국가 형태의 위기, 탈식민화 이후의

---

1   유럽뿐만 아니라 다른 곳에서도 시공간에 걸쳐 다른 종류의 국가가 형성될 때에도 이와 비슷한 철학적 성찰이 동반되었다.

국가건설에 대한 관심, 동아시아의 수출 지향적 개발국가developmental state에 대한 관심에서 촉발된 것이었다.

1990년대의 비교적 한가한 시기가 지난 후 국가의 일반적 형태와 기능에 대한 해명은 다시 한 번 최상위의 이론적·정치적 과제로 복귀했다. (소비에트 블록의 붕괴에 따라 국가와 민족 건설에 있어 국민국가의 역할은 더욱더 중요한 것이 되었지만) 후기 근대사회에서 국민국가의 위기는 새로운 국가이론적 관심과 노력을 낳았다. 새로운 이론은 주권국가 제도 너머를 봄으로써 정치에 대한 대안적 설명을 발전시키고자 했다. 자본주의와 사회주의의 차이와 이들 각각의 국가 형태에 대한 관심은 자본주의와 정치체제의 다양성에 대한 관심으로 이동했다. 국민국가와 민족국가에 대한 관심은 지구-지방 변증법과 다층적 거버넌스multi-level governance로 이동했다. 국가의 상대적 자율성과 계급적 성격에 대한 관심은 권력의 미시물리학과 정체성 정치에 대한 관심으로 이동했다. 더 최근에는 북대서양과 유로존의 금융위기와 경제위기, 국가의 위기관리 역할, 심각한 국가 재정위기와 부채위기로 국가권력의 한계와 지구적 거버넌스 문제에 대한 관심이 되살아났다. 또 다른 자극이 된 것은 이슬람 칼리프체제를 포함한 아랍 또는 이슬람 국가의 독특한 특징에 대한 관심과 더불어 주로 중동이나 북아프리카에서 발생한 국가실패와 이른바 불량국가들이다.

국가와 관련된 문헌의 범위는 너무 방대해서 한 명의 학자로는 통달하기는커녕 검토하는 것도 불가능하다. 이 책은 여러 쟁점을 다루고 다양한 분과학문과 학제적 접근에 의지한다. 개념사와 역사의미론은, 전자가 개념의 계보학과 화용론적 활용에 관심을 갖고 있고, 후자가 개념의 새로운 생성·변화와 사회변동 사이의 역사적 관계에 관심을 갖고 있어 관심사가 서로 다르다. 하지만 이 둘은 국가에 대한 관념이나 상상계를 탐구하는 데 있어 결정적으로 중요한 지적 원천이다(예: Bartelson 1995; Koselleck 1985; Palonen 2006; Skinner 1989; 이 두 가지 접근법에 대해서는 Sum and Jessop 2013 참조). 나는 **이데올로기 비판**Ideologiekritik에 유용한 비판적 담론 분석critical discourse analysis의 통찰에도 의지한다. 지배의 한 형태로서 국가성의 핵심 문제들에 대한 나의 분석은 국가이론의 유럽 대륙적 전통과 1970년대와 1980년대에 마르크스주의적 외양 속에서 일어난 국가이론의 부활에 크게 의지하고 있다. 이를 보충하는 것은 행정학·정치경제학·국제관계학에서 행해진 법학-정치학적 학술작업이다. 국가의 역사적 구성이라는 문제에 있어서 중요한 준거점이 되는 것은 고고학·인류학·역사제도학·역사기록학historiography이다. 특히 여러 형태의 통치와 거버넌스의 앙상블로 간주되는 국가의 최근 변동은 권력의 미시물리학·통치성governmentality·국가통치술statecraft에 관한 연구를 통해 조명한다. 이러한 목록은 계속될 수 있다. 하지만 지적 원천들의 전체 범위는 적절한 때가 되면 분명해질 것이다.

국가의 문제를 다루기 위해 필요한 지적 원천들의 범위는 아래에 전개될 세 가지 핵심 주장을 보여준다. 첫째, 국가에 관해서는 초역사적인 이론은커녕 일반이론도 있을 수 없다는 것이다. 여기서 일반이론이 다른 종류의 탐구를 참조하지 않고 국가의 기원·발전·결정을 이해하고 설명하려는 단일이론으로 이해된다면 특히 더 그렇다. 둘째, 더 넓은 사회관계들과 접합되어 있는 복합적 형태의 정치적 결사체, 기구apparatus, 장치dispositif▼, 앙상블 또는 아상블라주assemblage▼▼로서 국가체계는 여러 가지의 이론적 진입점entry points과 정치적 입장standpoints 에서 연구될 수 있다(입장에 대해서는 Lukács 1923; Hartman 1979; Harding 1987; Smith 1990; Calhoun 1995 참조). 실로 상이한 주체 위치에서 체험되는 국가권력의 현상학을 연구하는 것뿐만 아니라 국가관념, 국가체계, 국가간체계, 국가권력을 공약 가능commensurable하지만 상이한 이론적 관점으로 분석하는 것에도 지적인 가치가 있다. 셋째, 국가체계를 사회의 외부와 상위에 서 있는 것으로 물화시키는 경향이 있음에도 이 체계는 조만간 국가들이 착근되어 있는 세계사회에 연관되지 않을 수 없게 된다. 이는 흥미로운 일련의 부분-전체 패러독스part-whole paradox를 제기한다(3장).

이러한 맥락에서 나는 국가 형성state formation과 국가체계가 적어도 여섯 가지 관점에서 분석될 수 있고 또 그렇게 분석되어왔다고 제안한

▼　영미권에는 '국가장치'라는 개념이 알튀세르의 '이데올로기적 국가장치les appareils idéologiques d'État' 개념을 통해 들어왔고, 본래 영어에는 푸코가 알튀세르와 자신의 개념을 구별하기 위해 쓴 'dispositif'에 대응하는 단어가 없다. 물론 최근에 푸코 연구자를 중심으로 dispositif도 영어권에서 쓰이고 있고, 제솝도 몇몇 경우에 이 말을 쓰지만 대부분은 '국가장치apparatus'라고 표현한다. 푸코는 알튀세르의 'appareil' 개념이 공식적인 국가기구만 가리킨다고 오해하고, 이 개념이 권력의 탈중심성·복수성·미시성을 제대로 사유하지 못한다고 해석했다. 대신 그는 더 포괄적이고 미시적으로 작동하는 권력의 기제를 나타내기 위해 'dispositif' 개념을 사용했다. 하지만 사실 알튀세르가 이데올로기적 국가장치를 강조한 것은 바로 권력의 그러한 특성을 사유하기 위해서였다(진태원, "마르크스와 알튀세르 사이의 푸코", 『철학사상』 68, 2018: 195~237쪽 참조). 따라서 이 책에서는 apparatus와 dispositif가 국가장치를 가리킬 경우는 모두 '장치'로 번역한다. 다만 이 둘을 구별해야 할 경우나 군사·행정·안보 등 공식적 국가장치의 하위단위를 가리킬 경우에는 apparatus를 '기구'라 번역하고 필요시 원어를 병기한다.

▼▼　아상블라주는 프랑스의 철학자 질 들뢰즈Gilles Deleuze가 말한 배치agencement 개념의 영어식 표현으로, 프랑스의 철학자 브뤼노 라투르Bruno Latour의 행위자-연결망 이론actor-network theory을 통해 널리 쓰이게 되었다. 최근 도시학을 비롯한 한국의 사회과학계에서 종종 프랑스어식 발음으로 표기되고 있는 이 개념은 여러 다양한 요소들의 접합을 통해 형성된 상대적으로 통일된 전체를 가리키는데, 아상블라주가 상이한 것들의 얽힘이라는 의미가 강하다면 배치는 결합이나 통일의 의미가 강하다(이승원, "도시 구성체와 도시 커먼즈", 『공간과 사회』 33권 4호, 2023, 176쪽 각주 1).

다([표 1-1] 참조). 특정한 이론적 또는 실천적 목적에 적합하게 이들 중 하나 또는 그 이상의 관점을 채택하는 것은 국가가 다형적polymorphous인 제도적 앙상블로서 갖는 복합성을 드러낸다. 서로 다른 시점들이 국가와 국가권력의 다양한 측면을 드러낼 수 있는 것이다. 게다가 각각의 관점에는 특수한 맹점이 있어 다른 시각에서는 볼 수 있는 것들을 보지 못하게 한다. 따라서 **공약 가능한** 관점들을 결합하는 것은 더 복합적인 분석을 가능하게 하고, 이러한 분석은 겉보기에 서로 모순되는 국가에 관한 진술들을 더 포괄적인 분석적 도식 안에 결합시킨다. 이는 국가에 대한 관찰과 진술의 진리 값이 그것들이 발화되는 맥락에 따라 어떻게 달라지는지를 드러낸다(이러한 관찰들이 얽혀 있는 '교직된 맥락들contextures'의 중요성에 관해서는 Günther 1973 참조). 이러한 주제들은 또한 국가의 다형적多形的 성격과도 관련된다(2장 참조).

　[여섯 가지 접근법 중] 첫째는 국가의 '역사적 구성historical constitution'에 대한 관점이다. 이것은 국가를 구성하는 특수한 부분들의 경로의존적 역사 또는 계보를 연구한다. 이 책의 5장은 이러한 접근법을 채택해 단순하거나 복잡한 족장사회chiefdom▼에서 초기 형태의 국가와 제국에 이르는 경로를 탐색한다. 이 관점은 상비군, 근대적 조세체계, 합리적 관료제, 법치, 의회, 보통선거권, 시민권, 다른 국가들의 승인 등과 같은 근대국가의 핵심적인 요소들의 발전과 통합을 연구하는 데에도 적용할

▼　'족장사회'란 대개 혈연관계를 기반으로 일부 가족이나 가문 출신의 족장chief이 공식적 지배권을 독점하는 전근대적이고 전산업적인 위계적 정치조직체다. 씨족이나 부족을 기반으로 한 비공식적 지배권에 바탕을 둔 '부족사회tribal society'와 구별되며, '족장국가'로도 번역될 수 있지만 국사 교과서에서는 '군장국가君長國家'로 표현된다. 이 책에서는 국가state와 구별하기 위해 '족장사회'로 번역한다.

[표 1-1] **국가 분석에 대한 여섯 가지 접근법**

접근법	초점	핵심 주제	관련 분과학문
역사적 구성	• 1차적 국가 형성, 이후 국가의 진화, 국가장치의 다양한 구성요소들의 계보	• 정치적 권위의 영토화 • 국가장치의 핵심적 특징들 • 국가위기, 실패, 혁명	• 고고학·인류학·지정학·역사학·군사학·조직학·행정학
형태적 구성	• 지배 형태로서 (역)기능하는 국가, 국가와 체제의 유형, 기능적 분화	• 기능에 부합하는 형태 대 기능을 저해하는 형태 • '상대적 자율성' • 민주주의와 독재	• 역사유물론·국제관계학·법학·정책과학·정치과학·국가이론
제도주의 분석	• 국가 부처들 간의 관계 • 제도적 앙상블로서 존재하는 국가(체계) • 제도적 설계	• 제도적 동형성 또는 상보성 • 경로의존과 경로형성	• 여러 분과학문의 역사적·조직적·네트워크적·사회학적 제도주의
행위자 중심적 제도주의	• 국가 관리자와 다른 국가 행위자, 정치적 행위자와 정치적 행태, 세력 균형	• 지도력, 의사결정, 정치적 계산, 정치적 충원, 사회적 기반, 헤게모니	• 행위자-연결망 이론, 역사적 제도주의, 정책연구, 사회학
결합태 분석	• '국가와 사회' • '국가와 문명' • 사회적 착근embeddedness	• 맥락 속의 국가, 역사적 균열, 토대-상부구조, 사회화societalization▼	• 비교정치학·지리학·역사학·역사사회학·정치경제학
국가 의미론, 정치적 담론	• 국가의 개념, '관념으로서 상상되는 국가', 국가와 국가체계의 철학과 이론	• 국가 프로젝트, 정치적 상상계, 정책 서사, 윤리-정치적·헤게모니적 비전, 이데올로기 비판	• 개념사, 비판적 담론 분석, 문화연구, 정치철학과 이론, 기호학

출처: 저자 자신의 독자적 정리.

▼　제솝에게 '사회화Vergesellschaftung'란 '사회효과society effects'가 산출되는 과정을 가리킨다. '사회' 또는 '사회 일반'이라는 어떤 특성과 본질을 가진 하나의 기본적 분석 단위의 존재는 당연시 될 수 없다. 사회적 관계에는 항상 주변적이고 모순적인 요소들이 있고, 서로 경쟁하는 상이한 사회화 프로젝트들이 있기 때문이다. 따라서 사회적 세계는 특정한 질서를 보장하는 특정한 '사회효과'를 산출하는 과정으로 이해되어야 한다(Jessop 1990의 서론 참조). 이는 사회 규범의 내면화를 가리키는 일반적인 사회학 용어인 '사회화socialization'와는 구별되어야 한다.

수 있다.[2] 그리고 이와 관련해서 이 관점은 봉건제가 해체되거나 전복될 때 왜 근대국가가 다른 형태의 정치조직보다 지배적인 정치 형태로 빈번하게 선택되고 결국 보전되었는지를 고찰할 때 쓰일 수 있다(Tilly 1975; Spruyt 1993).

둘째, 때때로 국가의 '형태적 구성formal constitution'이라고 불리는 것, 즉 사회관계의 독특한 한 형태로서 국가가 가진 성격에 주목하는 또 다른 일군의 작업들이 있다. 역사적 구성에 대한 연구가 통시적 접근을 요구한다면, 국가의 형태적 구성에 대한 연구는 좀 더 공시적인 접근을 요구한다. 여기서 쟁점은 주어진 국가 유형이 가지고 있는 여러 특성이 서로 상보성complementarity—때로는 동형성isomorphism—을 갖고 있느냐다(동형성과 상보성의 차이에 대해서는 Amable 2009; Crouch 2005 참조).▼ 이 접근은 근대국가가 다른 제도적 질서들과 분명히 구획되어 있고, 더 복합적이고 다면적인 사회질서에 사회적으로 착근되어 있거나 뒤얽혀 있

2 주요 연구들로는 막스 베버Max Weber(1978), 오토 힌체Otto Hintze(1975), 오토 브루너Otto Brunner(1992)의 고전적인 설명이 포함된다. 그리고 좀 더 최근에는 페리 앤더슨Perry Anderson(1974a, 1974b), 어니스트 바커Ernest Barker(1966), 로버트 보니Robert Bonney(1995), 새뮤얼 파이너Samuel Finer(1997b, 1997c), 하이데 게르스텐베르거Heide Gerstenberger(2008), 마이클 만Michael Mann(1986, 1996), 지안프랑코 포기Gianfranco Poggi(1978), 제임스 스트레이어James Strayer(1970), 찰스 틸리Charles Tilly(1992)의 연구가 있다.

▼ (제도적) 동형성이란 상이한 조직이나 기관들이 관료제처럼 동질적인 제도적 구조를 띠고 있는 것을 가리킨다. 이러한 동질화는 강제, 모방, 규범적 압력을 통해 일어난다(Paul J. DiMaggio and Walter W. Powell, "The Iron Cage Revisited: Institutional Isomorphism and Collective Rationality in Organizational Fields," *American Sociological Review*, Vol. 48, No. 2, April 1983, pp. 147~160). (제도적) 상보성이란 여러 제도가 사회에 개별적인 영향을 주는 것이 아니라 공동으로 영향을 주며, 따라서 단순히 (서로 충돌할 수도 있는) 최선의 제도들을 배열하기보다 서로 어울리는 제도들을 배열하는 것이 사회적 효율성을 위해 더 낫다는 사실을 가리킨다(Amable 2009; Masahiko Aoki, "The Contingent Governance of Teams: Analysis of Institutional Complementarity", *International Economic Review*, Vol. 35, No. 3, August 1994: pp. 657~676 참조).

는 한 부분으로서보다는 그 자체로서 연구될 수 있는 한에서 근대국가의 연구에 더 적합하다. 이러한 접근법을 통해 우리는 근대국가가 어떻게 사회의 다른 영역들과 형태적으로 분리(탈착근)되고 자신의 고유한 정치적 합리성(국가이성raison d'état)과 작동방식modus operandi을 획득하며, 왕권신수설이나 자연법과 같은 가치 대신 자신만의 정치적 절차에 따름으로써 고유한 헌정적 정당성을 주장하는지를 연구할 수 있다. 3장과 4장은 이 접근법을 채택하지만 이 책의 모든 장은 국가가 다형적이며, 사회조직화 원리의 변화 또는 특정한 난국과 정세에 따라 상이한 형태를 취할 수 있다는 것을 강조한다(국가의 다형성에 대한 더 자세한 논의는 2장 참조).

셋째, 국가에 대한 다양한 제도주의적 접근들이 있고, 그들 모두는 어떻든 '제도가 중요하다'고 가정한다. 제도주의적 접근은 제도가 사회적 실천들의 복합체로 이루어져 있다는 매우 포괄적이고 구체성이 떨어지는 견해를 따른다. 이에 따르면 사회적 실천들은 (1) 규칙적으로 반복되고, (2) 정의된 역할과 사회관계에 연결되어 있으며, (3) 특정한 형태의 담론, 상징 매체, 커뮤니케이션 양식과 관련되어 있고, (4) 사회규범에 따라 승인되고 유지되며, (5) 사회질서에 중요한 영향을 준다. '제도institution'라는 용어는 또한 더 넓은 사회에 중대한 영향을 주고 마치 하나의 단일체처럼 움직이는 조직이나 사회체를 가리키는 데에도 쓰인다.▼ 이러한 제도의 예로는 국가의 행정부·입법부·사법부뿐만 아니라 초국적 기업, 은행, 자본과 노동의 최상급 단체, 사회적으로 인정받는 종

▼ institution에는 제도라는 뜻뿐 아니라 '기관'이라는 뜻도 있다.

교적 신앙을 들 수 있다.

합리적 선택 제도주의의 패러다임은 아래에서 무시되지만,[3] 역사적·네트워크적·조직적·사회학적 제도주의, 그리고 (구성주의적 또는 담론적 제도주의라고도 알려진) 관념적 제도주의 모두는 국가와 정치에 대해 유용한 통찰을 준다.[▼] 제도주의적 작업은 제도나 특정한 제도적 아상블라주를 연구하는 것을 넘어서 다른 주제들에까지 확장되었다. 그 주제들에는 개별적인 제도 형태들의 차이, 제도 간 관계의 배치, 제도의 역사, 질서 또는 기능적 체계들, 제도적 동형성 또는 상보성, 제도들 그리고 그들 간의 관계에 대한 설계와 거버넌스가 포함된다(정치학에서 제도주의의 유형에 대해서는 Hall and Taylor 1996 참조. 관념적 제도주의를 포함한 여러 제도주의에 대한 비판적 검토로는 Sum and Jessop 2013 참조).

넷째, 행위자 중심적 제도주의agent-centred institutionalism는 사회적 세력들이 특정한 제도적 맥락 속에서 어떻게 그들 자신과 다른 이들의 역사를 만드는지 연구한다. 이러한 연구들은 특정한 제도적 배열들에 대해 더 상세한 분석을 수행하고 이러한 제도적 배열들이 다양한 종류의 개인과 집단 행위자들에게 허용하는 차이의 범위에 대해 고찰한다.

3 　그린과 샤피로Green and Shapiro(1996)는 합리적 선택이론에 대한 유용한 비판을 제공한다.

▼ 　제도나 조직에 주로 관심을 기울였던 구제도주의와 대비해 제도와 행위의 구체적 관계에 관심을 두는 이러한 접근들을 신제도주의new institutionalism라고 한다. 제도주의는 대체로 제도가 사회현상을 설명하는 데 있어 중요하게 고려해야 할 변수라고 주장하지만 각 접근마다 초점이 상이하다(Bob Jessop, "Institutional (re-)turns and the strategic-relational approach," *Environment & Planning A*, 33: pp. 1213~1235). 역사적 제도주의는 제도를 지속시키는 역사적 경로의존성에 주목하고, 사회학적 제도주의는 조직 문화와 규범에 초점을 두는 반면, 합리적 선택 제도주의는 제도를 거래비용 증가, 무임승차 등 사회적 딜레마의 해결책으로 본다. 한편, 관념적ideational 제도주의는 제도의 형성과 변동에 있어서 관념의 역할에 주목한다(하연섭, 『제도분석: 이론과 쟁점』 2판, 다산출판사, 2011 참조).

행위자를 다룰 때 행위자 중심적 제도주의의 이론가들은 개인보다는 복합적 행위자에 초점을 맞춘다. 또한 그들은 맥락에서 자유로운 일반적 조건보다는 특정한 행위자들의 무리 속에 있는 행위자들의 이해관계, 정체성, 행위 지향, 자원과 여러 다른 형태의 상호작용(예: 협상, 다층적 의사결정 또는 위계적 명령)에 초점을 맞춘다.

이 접근법은 개별 행위자들의 동기와 행태에서 논의를 시작하는 방법론적 개체주의를 회피한다. 그리고 제도의 공표된 기능이나 특정한 구조적 배치에 따라 부과되는 불가피한 제약들에 특권적 지위를 부여하는 기능주의적·구조주의적 설명을 거부한다. 대신 이 접근법은 상이한 제도적 질서들이나 기능적 하위체계들에서 출현하는 논리와 역동성에 초점을 맞춘다. 또한 그것은 그러한 논리와 역동성이 특정한 사회작용의 장(여러 층위와 장소에서 이루어지는 상호작용이나 다공간적multispatial 영역을 포함)에서 여러 다른 행위자에게 부여하는 비대칭적인 기회에 초점을 맞춘다. 이 접근은 전략관계적 접근(3장)과 유사하며, 거버넌스, 국가 실패, 정상국가와 예외국가normal and exceptional states에 대한 나의 설명에 영향을 주었다(7, 9장). 하지만 이는 (신)다원주의 전통과 다르다. (신)다원주의 전통은 훨씬 더 행위자 중심적이고 제도를 제약과 기회의 원천으로 인식할지라도 주의를 덜 기울인다(다원주의 비판으로는 Connolly 1969 참조; 이 패러다임에 대한 비판적 옹호로는 M. J. Smith 1990 참조; 국민국가 보다는 새롭게 출현하고 있는 세계정치를 지향하는 신다원주의에 대한 설명으로는 Cerny 2010 참조).[4]

다섯째, 결합태 분석figurational analyses은 광의로 해석된 '국가–시민 사회' 관계에 초점을 맞추고 국가의 형성을 더 광범위한 역사적 발전 속에서 이해하려고 한다.[•] 그 예로는 관료적 제국의 흥망성쇠에 관한 슈무얼 에이젠슈타트Shmuel Eisenstadt의 저작(1963), 국가와 문명의 해체와 통합 국면을 포함한 아주 긴 장기지속longue durée에 대한 노르베르트 엘리아스Norbert Elias의 연구(1982), 빔 블록먼스Wim Blockmans의 중세의 대표제에 대한 연구(1978)를 들 수 있다. 지난 400~500년간 이루어진 유럽의 국가 형성에 대한 스테인 로칸Stein Rokkan의 연구(1999), 새뮤얼 파이너의 정부 역사에 대한 권위 있는 세 권의 연구(Finer 1997a, 1997b, 1997c), 마이클 만의 사회권력의 역사에 관한 거대한 프로젝트(Mann 1986, 1996, 2012a, 2012b)도 그러한 예에 속한다. 이 접근법은 역사제도주의와도 친화성이 있다. 결합태 분석과 역사적 제도주의의 특정한 형태들은 아래에 개진될 주장들 중 일부에 영향을 주었다.

여섯째, 개념사와 역사의미론은 국가라는 관념의 출현, 근대 초기의 국가 개념(그리고 그와 연관된 개념체계)의 정착, 서유럽에서 국가관념의 확산, 국가 내부와 그 너머에서 벌어지는 국가권력에 대한 투쟁의 모습을 결정하는 다양한 정치적 상상계, 국가 프로젝트, 헤게모니적 비전

---

4   다원주의는 정치이론에서 두드러지는 하나의 규범적 전통이기도 하지만 여기서는 다루지 않는다. 그러나 예를 들어 코널리Connolly(1983, 2005), 비센부르크Wissenburg(2009) 등을 참조하기 바란다.

▼   '결합태'란 독일 사회학자 엘리아스가 창안한 개념으로 "인간 사이에 형성된 상호의존의 그물망, 즉 인간을 연결하는 상호 지향적이고 의존적인 구조"를 가리킨다. 그에 따르면 가족, 학교, 기업, 국가, 세계, 스포츠 게임 등 모든 인간관계는 결합태로서, 개인과 집단의 상호작용을 통해 끊임없이 변화하는 동태적인 과정이기도 하다. 따라서 이는 '구성태' 또는 '배치configuration'와 구별되면서도 밀접한 관계에 있다(Tânia Quintaneiro, "The concept of figuration or configuration in Norbert Elias' sociological theory", *Teoria & Sociedade* 12(1), 2004: pp. 54~59). '구성태'라는 표현이 낯설기 때문에 이 책에서는 이를 '배치'로 번역한다. 제솝은 이 책의 1장과 2장에서 주로 '결합태'라는 말을 쓰지만 책의 나머지 부분에서는 주로 '배치' 개념을 쓰며, 이는 아상블라주의 개념과 유사하게 '우연적으로 전체를 형성하는 요소들의 접합articulation of elements to form a contingent whole'을 가리킨다.

hegemonic vision을 분석하는 데 활용되어왔다. 이와 관련해 비판적 담론 분석은 어떻게 담론이 국가의 모습을 만들어내고 국가에 대한 행위를 이끄는지를 탐구한다. 여기서는 특정한 정책 패러다임뿐 아니라 폭넓은 정치적·경제적 비전이 이와 관련된 탐구의 대상이 된다. 정치적 세력들의 행동 방향을 이끄는(기껏해야 일시적으로 지배적이거나 헤게모니적인 담론에 불과한) 경쟁적 비전들이 여럿 있다는 것을 고려한다면, 이러한 탐구는 국가가 다기능적이고 다맥락적인 앙상블polyvalent, polycontextual ensemble이라는 견해를 강화한다. 국가의 다기능적·다맥락적 성격은 특히 **국가 일반**the state이 작동하고operate 있다는 여러 스케일과 현장을 고려할 때 분명해진다. 그것은 다시 한 번 국가의 제도적 통합이라는 문제와 국가 기능과 권력의 배분이라는 문제를 조명하게 한다.

이 간략한 서론 이후에 1부는 몇 가지 기본적인 이론적·방법론적 쟁점을 다룬다. 여기에는 세 개의 장이 들어 있다. 2장은 국가의 개념을 살펴보고 국가의 영토, 장치, 인구 사이의 관계에 초점을 두는 국가의 '3대 요소'에 대한 접근법을 채택한다. 하지만 통상적인 것처럼 보이는 이 접근법은 네 번째 요소를 도입함으로써 약간 변형된다. 그 요소는 국가 행위의 본성과 목적을 규정하는 '국가관념' 또는 국가 프로젝트다. 3장은 국가는 주체나 사물이 아니라 사회적 관계라는 주장을 발전시킨다. 이 이해하기 쉽지 않은 주장은 국가의 요소들에서 국가권력으로 다시 주의를 돌리게 한다. 전략관계적으로 말하면, 국가권력이란 정체polity, 정치politics, 정책policy의 형태·목적·내용에 영향을 주려는 여러 세력 사이의 변동하는 균형이 제도와 담론의 매개를 통해 응축condensation(반영reflection과 굴절refraction)된 것이다. 그리고 나서 이 장은 국가와 국가권력을 탐구하고 그것들을 더 넓은 자연적·사회적 맥락에서 이해하는 데 도움이 되는 탐색적 틀을 제시한다. 국가의 4대 요소 이론과 관련해 말하자면, 이 장은 주로 국가장치와 국가관념에 관심을 두고 있다. 4장은 권력, 이해관계, 지배에 대해 몇 가지 일반적인 논평을 하고 이것들을 지배의 한 가지 중요한 차원, 즉 계급권력과 국가권력 간의 관계에 연결 짓는다. 이 장은 이 문제에 대한 통상적인 해석에 도전하며, 대안적이고 전략관계적인 설명을 제시한다. 이 설명은 자본주의적 유형의 국가capitalist type of state와 자본주의 사회의 국가state in capitalist society를 의미 있게 구별할 것을 주장하고 국가의 다형적 성격을 재차 강조한다.

2부는 국가성의 4대 요소, 국가의 형태적 배치configuration, 국가의 실질적 성격에 관한 앞서의 주장들을 확장하고 보완하는 세 개의 짧은 장으로 이루어져 있다. 5장은 협소하게 이해되는 영토성의 문제를 넘어서는 국가의 사회공간적 조직을 살펴본다. 이 장은 세 가지 쟁점에 주목한다. 첫째로 1차적 국가 형성의 측면에서 국가의 계보를 고찰한다. 즉 '국가'가 정치권력의 영토화를 통해 최초로 등장한 여러 사례를 폭넓게 살펴보는 것이다. 둘째, 이 장은 2차적 국가 형성의 복잡성에 대해 간략히 살펴본다. 셋째, 이 장은 국가성과 (국가의 4대 요소 중 하나인) 영토성 사이의 명백한 연결고리를 밝히는 데 그치지 않고 장소, 스케일, 네트워크, 그리고 좀 더 일반적으로는 사회공간성의 측면에서 국가성을 고찰한다. 6장은 영토적 측면에서 국가성의 또 다른 요소인 인구로 주의를 돌린다. 이 장은 국민국가national state와 민족국가nation-state를 구별하고, 상상된 공동체인 민족의 유형들을 식별하며, 시민사회와 국가·국가

권력의 관계를 살펴본다. 7장은 통치와 거버넌스 간의 관계라는 형식을 통해 국가장치와 국가권력이라는 주제로 되돌아간다. 이 접근법은 두 가지를 목적으로 한다. 한편으로 그것은 다양한 형태의 거버넌스를 조절하고 조정하는 국가의 역할이라는 프리즘을 통해 국가권력의 행사방식을 살펴봄으로써 국가에 대한 덜 형태중심적인 설명을 제공한다. 다른 한편으로 그것은 상이한 거버넌스 양식들의 특성, 거버넌스의 실패 경향, 거버넌스 실패 문제에 대처하는 국가의 역할을 고찰한다. 거버넌스와 관련된 이러한 국가의 역할은 국가 자체의 주도로 수행되거나 다른 사회세력들의 요구를 최종적으로 수취함으로써 수행된다.

3부는 국가의 최근 역사와 현재 역사, 대안적인 (현재적) 미래들과 관련되어 있는 세 개의 장으로 구성되어 있다. 8장은 변동하고 있는 세계시장과 국가들의 세계 사이의 관계를 살펴보고 지구화가 국가의 영토적·시간적 주권을 약화시키고 있는지를 고찰한다. 이 장은 [사회과학에서] 빈약하게 개념화된 이 주제가 일단 재정식화되고 이 책이 발전시킨 탐색적 이론틀에 기초해서 탐구된다면 흥미로운 결과를 산출할 수 있다고 주장한다. 9장은 자본주의와 자유민주주의 사이의 선택적 친화성을 살펴보고, 권위주의적 국가주의authoritarian statism의 부상을 고찰하며, 예외상태/국가state of exception가 '새로운 정상성the new normal'이 되고 있는지 질문한다. 10장은 몇 가지 놓친 연결고리들과 미결 문제들에 대해 약간의 논평과 함께 이 책을 끝맺는다. 또한 이 장은 앞으로 수십 년간 국가의 미래를 좌우할 가능성이 큰 몇 가지의 광범위한 거시적 추세를 살펴본다.

1부
—

국가의 개념 · 관계 · 실재

2장

국가의 개념

국가를 명확히 정의하는 것은 어렵다. 일부는 불가능하다고까지 주장한다. 특히 이러한 형태의 정치조직이 그렇게 긴 역사를 가지고, 그렇게 많은 형태를 취하고, 그렇게 빈번히 바뀔 때는 더욱더 그렇다. 이러한 문제들은 국가관념의 서술적 타당성과 규범적 힘에 의문을 제기하게 하고, 특히 그러한 관념이 정치권력을 혼란스럽게 하고 물신화하거나 또는 신화화하는 것은 아닌가 하는 질문을 던지게 한다. 심지어 국가이론이 지칭하는 '그것it'이 있다고 가정하는 것도 문제적이다.▼ 이러한 문제는 국가와 국가권력에만 고유한 것은 아니다. 이 문제는 가족, 법, 화폐, 사회적 관계로서의 자본, 종교와 같은 다른 사회현상에도 적용된다. 실로 독일의 니힐리스트 철학자 프리드리히 니체Friedrich Nietzsche는 "전체 과정을 통틀어 기호들이 집중되어 있는 모든 개념은 정의하는 것

▼ 여기서 '그것'은 일반적 속성을 가진 실재로서 존재하는 국가를 가리킨다. 국가의 일반성 또는 나아가 국가의 실재 자체를 의문시하거나 부정하는 접근들이 있기 때문에 여기서는 따옴표를 쳐서 표시하고 있다.

이 불가능하다. 역사가 없는 것만이 정의될 수 있다"고 선언했다(1994: p. 53). 니체는 처벌(물론 그 자체는 국가와 연관되어 있다)에 대해 논하고 있지만, 그의 말은 고정된 지시체가 없는 개념을 정의할 때 생기는 문제를 잘 보여준다. 이는 분명히 국가들과 국가간체계라는 움직이는 목표물에도 적용된다. 움직이는 목표물 또는 이동하는 지시체가 무엇인지 근본적으로 논쟁의 대상이 되는 경우, 달리 말하면 그것들이 중요한 이론적·규범적 질문을 제기하는 경우 문제는 더 복잡해진다. 이 때문에 국가와 국가권력에 대해 비교역사학적이고 역동적인 분석—그 주제가 논쟁적이라는 것에 민감해야만 하는 분석—이 요청된다.

루마니아의 실존주의 작가 에밀 시오랑Emil Cioran은 니체의 주장을 직접 고찰하지 않는다. 대신 그는 이 정의의 문제에 대해 또 다른 방식으로 반응하는 것처럼 보인다. "우리는 오직 절망 속에서만 정의를 내릴 수 있다. 공허함에 외양을 부여하려면 (중략) 우리는 하나의 공식을 가지고 있어야만 한다"고 그는 말했다(Cioran 1975: p. 48). 이러한 견해에 따르면 우리는 국가에 대한 우리의 무능하고 무력한 몰이해—심지어 '국가'가 정말로 존재하는지 입증할 수 있는 능력의 근본적인 부재—때문에 국가에 대해 정의를 내리도록 강요받는다. 국가에 대한 정의는 이른바 '국가의 일/사태affairs of state'에 대한 분석을 '계속 해나가기' 위해서, 아니면 정치적 실천이 국가권력의 행사와 관련되어 있는 세계에서 '계속 살아가기go on' 위해서 불가피하다.

영국의 역사사회학자 필립 아브람즈Philip Abrams는 다른 반응을 내놓는다. 아브람즈는 시오랑의 주장을 직접적으로든 간접적으로든 고찰하지 않지만 시오랑의 주장을 거꾸로 뒤집는 것처럼 보인다. 아브람즈는 만약 국가가 하나의 외양(그는 그것을 '가면'이라고 부른다)이라면 그것은 공허함을 감추는 것이 아니라 정치적 실천의 진정하고도 끔찍한 현실을 보지 못하게 한다고 주장한다. 정치적 삶의 심층구조로서 국가가 존재한다는 거짓된 믿음은 지배를 공고화하는 실체적인 정치제도와 실천들의 실제 역할을 은폐한다(Abrams 1988; 더 상세한 내용은 아래 참조).

국가이론이 직면한 문제에 대한 이러한 상반된 견해들—즉 정의할 수 없는 것을 정의하고, 텅 빈 것을 감추고, 실제로 존재하는 것을 폭로해야 한다는 것—중에서 아래에서 개진될 입장과 가장 가까운 것은 마지막 견해다. 일단 특수한 종류의 사회관계로서 국가의 다형적이고 다맥락적인 특성을 무시하기보다 인정한다면 국가라는 개념의 명백한 어려움에 대해 절망할 필요는 없다. 실제로 3장은 국가, 국가의 재구조화, 국가의 전략적 방향 재설정, 사회적 갈등 속에서 쟁취의 대상이 되는 국가의 성격을 분석할 때 직면하는 문제들을 해결하기 위한 하나의 시각('전략관계적 접근법')을 제시한다.

국가 연구의 어려움에 관한 노트[1]

국가는 다양한 진입점과 입장에서 탐구되어왔다. 이것은 국가 분석에 논쟁적인 성격을 부여한다. 국가 분석의 이러한 성격은 잘 알려져 있다(또는 관점에 따라서는 악명 높다). 국가는 정치적 지도력의 행사에 관

---

1   이 절의 제목은 이후에 논의할 아브람즈의 논문(Abrams 1988)에서 따온 것이다.

여하고 원칙적으로는 정치적 주체들에 집합적으로 구속력 있는 결정 collectively binding decisions을 집행하는 일에 관여하는 제도·조직·상호 작용의 복합적 앙상블(또는 일부 학자들이 부르듯이 '아상블라주')이다. 이 제도·조직·상호작용은 시공간적으로 다양한 범위와 행위 지평[예: 지방·지역·국가 또는 단기·중기·장기]을 가지고 있으며, 국가 목표를 추구하기 위해 일련의 국가역량과 다른 자원들을 동원한다. 이러한 복잡성 때문에 일부 분석가들은 특수한 사례에 초점을 맞추고 국가성과 국가권력의 일반적 문제들을 무시하게 되었다. 사실 여러 이론가는 국가라는 개념이 모호하거나 지적이지 않다면서 거부했고, 대신에 가치의 권위적 배분이나 집합적 목적 달성을 지향하는 기능적 체계로서 작동하는 정치에 초점을 둘 것을 제안했다(Almond 1960; Easton 1965; Parsons 1969). 다른 이들은 개인적 지향과 행동(예: Coleman 1990; Elster 1982) 또는 특정한 미시적 맥락(Foucault 1980)에서 나타나는 정치적 관계들의 미시적 기초에 초점을 맞추었다. 하지만 그들은 정치적 행태가 그 자체로 탐구할 만한 체계적이고 창발적emergent인 속성을 가지고 있느냐는 문제는 옆으로 제쳐두었다. 그러나 이들 중 그 어떤 접근법도 국가에 대한 고찰의 필요성을 완전히 피하지 못한다. 정치에 대한 일관된 관심은 적어도 정체·정치·정책에 일정한 주의를 기울일 것을 요구하기 때문이다 (Heidenheimer 1986 참조. 지구적 정치에 대해서는 Lipschutz 2005 참조).

그리스어 **폴리테이아**politieia에서 파생된 '정체polity'는 특정하게 정치적인 행위를 위해 독특한 지형·범위·영역·장·지역을 만들어내는 제도적 매트릭스다(Weber 1978, 1994; Palonen 2006). 이것은 **포괄적 의미의** in its inclusive sense 국가성에 해당하는 것으로 이 장과 3, 7, 9장에서 논의된다.

이에 더해 정치는 상당히 정적인 공간적 지시체를 가리키는 정체政
體와 달리, 본질적으로 역동적이고 끝이 열려 있으며 다양한 것이다. 그
것은 정치적 실천의 형태·목적·대상을 가리킨다. 그것은 국가의 아키
텍처architecture와 더 넓은 정치적 영역에 관한 쟁론과 더불어, 정치적 계
산법 또는 국가권력의 목적에 대한 견해(또는 둘 다)를 수정하기 위해 국
가 외부에서 일어나는 투쟁을 포함한다. 이러한 정치는 실현 가능한 정
책의 집합을 제약한다. 즉 그것은 가능성의 예술art of the possible로서 정
책을 수립하는 것을 제약한다.

이렇게 정치가 국가의 전반적인 전략적 방향과 '정책 노동'의 분할
에 관한 것이라면, 정책이란 국가의 개입과 방관, 의사결정과 비결정이
일어나는 특수한 장을 가리킨다. 그럼에도 어떤 정책들은 정치를 변형
시킨다(신자유주의 정책의 탈정치화 효과 또는 개인적인 것이 정치적이라는 페미
니즘의 주장이 낳는 재정치화 효과를 보라. 탈정치화에 대해서는 Jessop 2014b 참
조). 또한 어떤 정책들은 정치적 실천을 변화시킨다. 예를 들면 이들은
세력균형을 바꾸고 새로운 정치적 주장과 운동을 촉진한다.

이러한 국가 개념의 수렁을 다루면서 필립 아브람즈는 또 다른 접근
방식을 주장했다(Abrams 1988). 그는 국가를 주제로 연구하는 세 가지
방식을 식별했는데 그중 하나는 이중으로 잘못되었지만 나머지 두 가
지는 잠재적으로 국가 분석에 유용한다고 지적했다. 이 세 가지 방식은
다음과 같이 요약할 수 있다.

1. 국가가 실체적인 통일적 개체, 행위자, 기능 또는 관계라는 **국가에**

대한 물화된 설명reified account of the state. 국가는 사회의 나머지 부분과 분리되어 있으며 정치생활을 구조화하는 필수적이지만 숨겨진 메커니즘이라고 상정된다.[2]

2. 제도·기관·실천의 현실적·구체적 결합체인 **국가체계**에 대한 접근. 국가체계는 어느 정도 광범위하게 퍼져 있고, 경제나 다른 사회적 관계들과 어느 정도 연관되어 있으며, 기껏해야 오직 상대적으로만 통일되어 있다.[3]

3. 명백한 **이데올로기적 힘**idée-force인 **국가관념**state idea에 대한 접근. 이러한 이데올로기적 힘은 복종의 정당화를 통해 자본주의 사회의 정치적·경제적 지배를 은폐하는 잘못된 집합적 표상에 뿌리내리고 있다.

아브람즈는 **국가**가 통일된 개체라는 환등상적phantasmagorical[4] 개념이, 제도화된 정치권력의 파편화된 체계로서 **국가체계**가 갖고 있는 본래의 분열된 성격을 모호하게 한다고 주장했다. 그것은 또한 대부분은 아니더라도 많은 사람들이 **국가관념**에 자신들이 이데올로기적으로 포

---

2 여기서 아브람즈는 실제로는 '국가의 개념concept of the state'이라고 쓰고 있다. 이 글의 다른 곳에서도 등장하고 개념사와 역사의미론 연구에서 분석된 국가 개념과 혼동하지 않도록 여기서는 '개념'을 '설명account'으로 대체했다.

3 여기서 **국가체계**란 국가간체계가 아니라 단일국가(아브람즈에게 이는 암묵적으로 영토적 국민국가를 구성하는 다소 일관된 제도와 실천의 아상블라주를 가리킨다.

4 고대 그리스어에서 유래한 형용사로, '환등상phantasmagoria'에서 파생되고 '다중적인', '변동하는', '허상적인', '유령과 같은'을 의미한다. 이 단어를 상품 물신주의나 정치적 환각과 관련짓는 마르크스의 용법에 대해 일부 주석들은 '환등상적'이라는 말이 1802년 런던에서 열린 착시 전시회를 배경으로 소개되었다고 한다. 이 전시회는 스펙트럼 기술을 이용해 유령을 나타나게 하고 다시 사라지게 했다.

박되어 있다는 것을 깨닫지 못하게 한다. 그들은 헤겔주의와 유사한 용어로 국가를 공동 이익에 따라 일하는 사심 없는 시종으로 이해한다. 따라서 사회과학자들에게 문제는 국가의 신화를 해체하고 근본적으로 그 정체를 폭로하면서 **국가가 실체적·통일적 개체로서 '언제나 이미' 존재하는 것은 아님**을 입증하는 것이다. 이는 국가요원들과 그 밖의 다른 이들이 실제로 존재하는 국가체계에 약간의 일시적이고 불안정한 통일성이나마 부여하려고 하고 다양한 행위의 장들에 있는 공식적 정책들 사이에 상대적인 일관성을 창조하려고 하는 노력들에 대해 연구할 수 있는 공간을 연다.

그것은 또한 **국가관념** 그리고 그것이 정치 무대의 주인공들에 행사하는 물신주의적 지배력을 비판할 수 있는 공간을 열고, 그러한 비판을 촉구한다. 실로 '국가'라는 물화된 개념을 포기할 때에만 우리는 국가관념에 내재한 모든 지저분한 복잡성을 염두에 두면서도 국가체계에 대한 진지한 연구를 시작할 수 있고, 여러 다른 국가관념에 대해 진지한 비판을 수행할 수 있다(Abrams 1988: p. 82). 그런 후에야 우리는 '국가관념' 때문에 생기는 국가에 대한 오인을 뛰어넘어 국가를 있는 그대로, 그 자체로, 그것의 정치적·사회적 맥락 속에서 살펴볼 수 있을 것이다.

이러한 결론은 특정한 역사적 맥락 속에서 발생한 국가의 개념과 구체적인 국가관념들—국가를 사심 없는 시종으로 보는 데 국한되지 않는 국가관념들—의 발전에 초점을 둔 사례 연구의 가치를 보여준다. 그러한 **지적 계보학**의 작업은 의미체계의 역사에, 좀 더 느슨하게는 정치 사상의 역사에 기초하고 있다. 예를 들면 특수한 시대에 수많은 말 중에서 왜 특수한 낱말이나 개념이 선택되어 특수한 역사적 장치, 즉 근대국가를 서술하게 되었는가(그리고 아마도 왜 그것을 구성하는 데 기여하게 되었는가)? 달리 말하면, 왜 '국가'(그리고 estado, état, Staat 또는 stato와 같은 어원학적 동의어)가 '왕국regnum', '국체body politic', '공화국res publica', '군주국monarchia', '영역realm', '네이션nation', '시민사회civil society', '커먼웰스commonwealth' 등과 같이 경쟁관계에 있던 말들을 제치고 서유럽의 특정한 정부 유형, 그리고 그것이 전 세계적으로 확산된 형태를 서술하는 용어로 받아들여졌는가? 반대로 말하면 왜 역사적으로 특정한 의미를 갖는 '국가'의 역사적으로 특수한 의미체계가 국가 형성의 역사적 과정보다 수 세기, 아니 실로 1,000년이나 뒤처지게 되었는가?

일부 사회과학자들은 근대적 국가 개념이나 형태가 등장하기 이전에는 국가나 국가와 유사한 아상블라주가 존재하지 않았다고 주장한다. 예를 들면 역사사회학자 리처드 라크만Richard Lachmann은 국가의 기원을 유럽에서 자본주의가 발흥한 약 500년 전에서 찾는다(Lachman 2010: viii). 군사사가인 마르틴 반 크레벨트Martin van Creveld는 근대국가의 부상이 1300~1648년의 시기부터, 그리고 국가의 쇠퇴가 1975년 이후부터 시작되었다고 한다. 그 사이의 3세기 동안 국가는 명확한 정체성을 가지고 국가요원들과는 구별되는 고유한 주권적·영토적 '조합corporation'으로 운영되었고, 자신의 경계, 국가이익national interests과 영토 내의 시민을 보호하려 했으며, 두 차례의 세계대전에서 최고점에 도달하고 난 후, 권력을 다른 기관들에 이양하면서 쇠퇴하거나 단순히 붕괴했다는 것이다(van Creveld 1999).

두 학자는 그들이 제시하는 시기 이전에는 부족tribe, 족장사회, 도시국가, 제국, 신정국가가 존재하기는 했지만 안정화된 국가가 거의 없었다고 주장한다. 이러한 주장은 국가이론과 국가 연구의 범위에서 인간 역사의 많은 부분을 제거하고 그 부분을 국가 연구의 선사시대로 만든다(이 주장에 대한 비판으로는, 근대국가의 발흥을 1776년에 찾고 분명한 경계를 가진 국민국가의 발흥을 1815년에서 찾기는 하지만 통치와 국가 형성의 역사가 5,200년 전부터 시작한다는 관점에 기초한 Finer 1997a: pp. 1~15, 31, 99~103 외 여러 곳 참조. 또한 더 넓은 지리적 범위를 다룬 연구로는 Breuer 2014: pp. 9~38 참조).

이 문제는 또한 국가이론과 정치사회학에서 나타나는 '전통적인' 국가와 '근대적인' 국가 사이의 흔하지만 잘못된 구별에서도 발견된다. 때때로 유럽 중심주의적이기도 한 이 접근에 대한 대안은 정치권력의 영토화라는 양상에 초점을 맞추고 근대국가에 대한 대안적인 정치적 상상계와 근대국가의 선행 형태들에 대한 서술을 찾아보는 것이다. 좀 더 일반적으로 말하면, 나는 이 다양한 제도적·조직적 형태들을 관통하고 이러한 형태들이 공유하는, 국가와 유사한 특성을 만드는 것은 바로 특정한 영토의 인구에 대한 정치적 권력을 수립·행사·공고화하려는 노력이라고 주장한다. 이러한 국가 형태를 수립하려는 노력은 근대국가의 관념이 등장하기 전에 시작되었지만, 결국 한때 역사적으로 실현 가능했던 다른 형태들을 제치고 우연한 승리를 거두게 되었다(5장과 10장 참조).

앞 단락에서 서술한 분석적 접근은 국가의 형태적 구성, 즉 상대적으로 일관되고 상보적이며, 재생산 가능한 국가 형태의 발전에 대한 연구뿐만 아니라 국가의 역사적 구성·변형·붕괴에 대한 연구와도 매우 다르다. 이 접근은 특정한 시기와 공간 또는 장소에 대한 비교역사학적인 사례 연구를 요구한다. 그리고 경험적·이론적으로 가능한 한에서 이는 이러한 에피소드들의 연속을 국가체계와 국가간체계의 변화라는 세계사적 시각에서 이해하도록 요구한다. 이러한 접근법은 또한 역사적 구성, 형태적 구성, 이와 연관된 국가관념을 결합하는 결합태 분석을 포괄할 수 있다. 그리고 이 분석은 이데올로기와 지배에 대한 비판에 좋은 기초가 될 수 있다.

이러한 쟁점들을 염두에 두고 이 장은 여러 다른 이론적 전통에서 보는 국가에 대한 몇 가지 정의(또는 국가의 핵심적인 특징)를 소개한다. 또한 이 장은 국가와 정치체계가 더 넓은 일련의 사회관계들의 일부이며 더 넓은 배열 속에 그것들이 어떻게 착근되어 있는지를 언급하지 않고서는 제대로 이해할 수 없다고 주장한다. 주권국가들은 위풍당당하게 고립되어 사회의 나머지 부분을 감독하면서 존재하는 것이 아니다. 주권국가들은 다른 제도적 질서들(대표적으로 경제·법 체계), 그리고 그것들과 연계된 '시민사회들'과 긴밀히 연결되어 있다('시민사회들'에 작은따옴표를 붙인 것은 시민사회를 정의하는 것도 국가와 비슷하게 어렵고 논쟁적이며, 거기에 흔히 유토피아적 기대가 투여된다는 점을 알리기 위한 것이다).

국가가 맺는 사회적 관계는 국가들마다 크게 다르다. 실로 다른 질서들로부터 얼마나 자율적이든 국가권력(더 정확히는 복수의 국가권력들)의 행사와 효과는 특정한 국면에서 국가장치state apparatus의 특정한 부문을 차지하는 변동하는 정치인들과 국가 공직자들을 통해서 활성화되며, 국가의 내부뿐 아니라 외부에 존재하는 세력들의 지배적인 균형을 반영한다(3장). 따라서 국가 하나에만 초점을 맞춰서는 국가의 구조적 권력과 역량을 완전히 포착할 수 없으며, 당연하게도 국가와 국가권력에 대한 상이한 설명들은 서로 다른 사회이론들과 연관되어 있다.

그렇다면 국가란 무엇인가?

앞에서 암시했듯이 이 무해하게 들리는 질문은 국가 연구자들이 직면한 심각한 문제를 숨기고 있다. 어떤 이론가들은 국가의 존재 그 자체(또는 적어도 국가 연구의 가능성과 가치)를 부인하지만, 대부분의 이론가는 여전히 국가(또는 아브람즈를 따라 국가체계, 그리고 더 큰 이유로 국가간체계)가 실재하며, 그것이 가능하고 타당한 연구주제를 제공한다는 것을 받아들인다. 그러나 이러한 폭넓은 합의를 넘어서면 우리는 개념의 무질서와 마주친다. 핵심적인 질문은 다음과 같다. 법적 형태, 강제력, 제도적 구성과 경계들, 내적 작동과 계산양식, 선포된 국가 목적, 더 넓은 사회를 위한 기능 또는 국제체계에서 차지하는 주권적 위치 중에서 어느 것이 국가를 가장 잘 정의하는가? 국가는 사물인가, 주체인가, 사회적 관계인가, 아니면 정치적 행위의 방향을 잡는 데 도움을 주는 구성물인가? 국가특성stateness은 변수인가, 그렇다면 그것의 중심적 차원들은 무엇인가? 국가와 법, 국가와 정치, 국가와 시민사회, 공과 사, 국가권력과 미시적 권력관계들 사이의 관계는 무엇인가? 국가는 고립된 단위로서 간주될 때, 정치체계의 부분으로서 간주될 때, 또는 더 넓은 사회구성체나 세계사회의 한 요소로 간주될 때 중 어느 때 가장 잘 연구될 수 있는가? 국가들은 영토적·시간적 주권을 가지고 있는가, 또는 제도적·의사결정적·작동적 자율성을 가지고 있는가, 그렇다면 이러한 주권 또는 자율성의 원천과 한계는 무엇인가?

일상언어는 이러한 질문에 답하는 데 큰 도움이 되지 않는다. 그것은 때때로 국가를 주체로 묘사하는데, 이 경우 국가는 가공의 인물

persona ficta, 법인personne morale, 영속적인 '단독법인corporation sole' 등과 같은 특정한 법적 의미에서가 아니라 호명적呼名的 의미에서, 즉 국가가 어떠한 이름으로 불리는가 하는 측면에서 주체로 묘사된다. 국가는 마치 의식, 의지, 행위능력을 부여받은 개인 또는 집합적 주체인 것처럼 언급되거나 논해진다(호명interpellation에 대해서는 Althusser 1971을 참조). 따라서 국가는 이것 또는 저것을 한다거나 해야만 한다, 또는 그만두어야 한다고 말해진다. 이와 비슷하게 현실주의적 국제관계론은 상식에서는 크게 벗어나지만 세계정치에서 국가를 마치 독자적인 정신과 이해관계가 있는 단일 행위자처럼 취급한다(예: Morgenthau 1954; Waltz 1979).

이와 마찬가지로 국가는 특정한 경제적 계급, 사회계층, 정당, 공식적 카스트나 다른 종류의 행위자들이 특수한 기획이나 이해관계 또는 가치를 증진하기 위해 활용·구동·활성화·조종·감시·변조하는 사물적 도구, 기계, 엔진, (국가라는) 배▼, 사이버네틱 장치나 규제적 장치로서 논의되기도 한다. 그러나 설사 그렇다 하더라도 어떻게 국가가 **마치** 하나의 통일된 주체인 **듯** 행위를 할 수 있으며, 무엇이 그것에 '사물적' 통일성을 부여할 수 있을까? 일관성 있는 답을 찾기는 어렵다. 국가라는 것이 가리키는 대상은 시간·장소·맥락뿐만 아니라 국가를 향해 행동하는 세력들, '그것'이 작용하는 상황 등에 따라 크게 달라지기 때문이다.

▼ 고대 그리스의 철학자 플라톤Platon이 『국가Politeia』 5권에서 도시국가 폴리스Polis를 배에 비유한 데서 나온 은유다. 플라톤은 항해기술을 가장 잘 아는 자가 선장이 되어야 하는 것처럼 국가의 통치술을 가장 잘 아는 철인이 국가의 지도자가 되어야 한다고 주장했다. 이후 서구 문명권에서는 국가의 운영을 종종 항해에 비유하며, 우리나라에서도 한국을 '한국호'와 같이 비유적으로 일컫는 경우가 있다.

1부 국가의 개념·관계·실재

첫째, 국가를 주체로 취급할 수 있다면 국가의 주체적 성격subjectivity은 어디에서 찾을 수 있는가? 전근대국가에서 이는 아마도 너무 쉽게 답변될 수 있을 것이다. 그것은 지배자의 인격이다. 그 정확한 출처는 불분명하지만 이를 보여주는 것은 아마도 프랑스의 루이 14세가 했다는 "짐이 곧 국가다L'état c'est moi"라는 선언이다. 그가 이 말을 임종 시에 했는지 아니면 프랑스 의회의 의원들이 그가 내린 칙령의 권위에 도전했을 때 했는지에 대해서는 의견이 갈린다. 그러나 전자의 경우엔 그가 "나는 떠나지만 국가는 영원히 남을 것이다Je m'en vais, mais l'État demeurera toujours"라고 말했다는 보고도 있다. 흥미롭게도 첫 번째 진술은 국가가 국왕이라는 인격에 체화되어 있음을 나타낸다. 반면에 두 번째 진술은 국가가 어떠한 개인에게서도 분리된 몰인격적 특성을 가지고 있음을 가리킨다.

이러한 국가와 개인의 분리는 국가의 개념이 영토 내부에서 좋은 '상태state of affairs'를 만들어내는 데 책임이 있는 지속적이고 몰인격적인 장치를 묘사하는 데 점점 더 많이 쓰였다는 점에서 잘 드러난다(Boldt et al. 1992; Luhmann 1989; Skinner 2009). 국가의 개념은 (1) 정체를 특수한 인물, 행위능력 또는 제도(폴리스polis, 시민civitas, 왕국regnum, 절대권imperium 등)와 동일시했던 것과 (2) 현대의 기능적으로 분화된 사회에서 정치적 지배가 더욱더 추상적인 성격을 띠게 되는 것을 역사적으로 대조시킨다. 기능적으로 분화된 사회에서, 국가를 중심에 둔 정치체계는 그 제도와 작동이 더 넓은 사회와 분리[탈착근]되어 있으며 국가는 몰인격적 권력의 형태를 취한다. 몰인격적 권력은 국가의 이름으로 권력을 행사하는 이들과 분리되었고, 나중에는 때때로 정부를 구성하는 정당들이나 정치적 동맹세력들과도 분리되었다. 15세기 유럽의 '군주의 거울'▼ 문헌은 신분status, 재산estate, 국가state 사이에 의미의 미끄러짐 semantic slippery이 있었음을 드러냈다. 이러한 논저들은 지배자들에게 그들이 어떻게 해야 자신들의 **신분**을 유지하고 자신들의 지배권역 내부의 **평화로운 상태**peaceful state of affairs를 유지하며, 기능적인 **국가장치**를 유지할 수 있는지에 대해 조언했다(Skinner 1989; Viroli 1992).

한편, 16~17세기에 절대주의를 정당화한 자연법 전통은 새롭게 등 상한 최고의 단일 주권적 권위체, 그 국가의 관직을 가지고 국가를 위 해 권력을 행사하는 사람들, 그리고 자신들의 이름으로든 아니든 주권 적 권위가 행사되는 대상인 인민들을 분명히 구별한다. 게다가 평화의 상태a state of peace란 주어진 영토 영역에서 발생하는 것이므로 평화를 보장하는 국가장치란 영토 그 자체에 대한 지배를 가리키게 된다. 간단 히 말해, 초기에는 서로 경쟁하던 복수의 용어에 내포된 상이한 함의들 과는 대조적으로, 국가의 의미체계는 이 새로운 형태의 정치권력의 영 토화가 가진 독특한 특징을 강조하게 되었다. 더구나 정치체계 그 자체 가 내부적으로 점점 더 복잡하게 됨에 따라 법-정치적 담론도 헌법·행 정법·공법의 틀 안에서 점점 더 복잡해졌다(Luhmann 1989: pp. 107~108; Nettl 1968; Loughlin 2014). 끝으로 일단 이렇게 국가에 대한 새로운 어휘 가 출현하게 되자, 그것은 국가의 제도적 통합과 전략적 지향에 핵심적 인 역할을 하기 시작했다(Jessop 1990: pp. 347~349).

▼ 군주를 대상으로 한 유럽 중세의 통치술 교본들을 가리킨다. 가장 잘 알려진 예로는 마키아벨리의 『군주론 *Il Principe*』이 있다.

정치적 제도화의 과정은 두 군주의 대조적인 발언에서 드러난다. 17세기에 루이 14세Louis XIV는 자신이 국가를 체현한다면서 "짐이 국가다"라고 발언했다. 이와 달리 18세기에 프로이센 황제 프리드리히 2세Friedrich II는 자신이 "국가의 제1종복"이라고 주장했다. 프리드리히 2세는 자신의 지위를 왕권신수설보다는 업적으로 정당화하려 했던 것이다(Brubaker 1992: p. 58). 이와 관련된 주제는 '왕실 모독Lèse majesté', 즉 주권자와 그/그녀의 직계가족 또는 다른 국가의 수장에 대한 모독이나 위해다. 오늘날에도 이 개념은 몇몇 헌법(예: 덴마크·요르단·말레이시아·모로코·사우디아라비아·스페인·태국)에 남아 있으며, (실재하는 것이든 상상된 것이든) 그러한 모독 또는 위해는 지도자의 인격(예: 요제프 스탈린Joseph Stalin, 아돌프 히틀러Adolf Hilter, 무아마르 카다피Moammar Qaddafi, 김일성) 또는 긴밀한 유대를 맺고 있는 고위층(예: 미얀마의 군사정부)과 자신을 동일시하는 독재정부의 처벌을 받아왔다. 이러한 죄는 국기를 태우거나 주화를 위조하는 것과 같이 국가 상징을 공격하는 행위에도 적용될 수 있다. 그러나 근대국가의 발전과 더불어 권위는 점점 더 몰인격적인 것이 되고, 그것의 '인격성'은 법적 허구로 간주된다. 이제 왕실 모독은 (국가와 그에 속한 인민에 대한 **반역**과는 구별되는) 반정부 행위에 대한 **선동**죄로 흡수되었다. 국가의 이러한 몰인격적인 성격은, 국가가 맺은 계약과 의무의 연속성뿐만 아니라, 국가의 이름으로 행위를 하는 개인들이 갖게 되는 권위, 특히 (의사)헌법적 문서에 따라 규정된 직위를 차지하고 있을 때 갖게 되는 권위를 뒷받침한다.

헤겔과 같은 관념론적이고 사변적인 철학자들은 국가가 초개인적·초자연적 지능을 부여받은 지적 주체라고 상정할지 모르겠지만, 우리는 바디우(Badiou 2005: p. 87)처럼 다음과 같이 질문할 수 있다. 국가는 생각하는가? 또는 국가에는 문자 그대로든 은유적으로든 정신이 부재하는 것인가?(Marx 1975) 국가이성과 국가의 지성은 어디에 있는가? 더 일반적으로 말하면, 정신노동과 육체노동의 분업에 있어서 국가의 역할, 그리고 국가와 국가관념을 구성하는 데 있어서 지식인이 하는 역할을 어떻게 고찰할 수 있을까?(국가와 지식인의 역할에 대해서는 Balasopoulous 2012 참조)

우리는 국가를 하나의 실제하는 또는 허구적인 법·정치적 **대문자 주체**Subject라고 보는 관점에서 벗어나, 국가의 대행자state agent로서 행동하는 복수의 **소문자 주체들**subjects에 대해 질문할 수 있다. 이는 주인-대리인 이론과 관련해 흥미로운 질문을 제기한다. 한편으로 국가를 대신해서 의사결정을 하고, 적절한 경우 물리적 폭력이 뒷받침하는 정치적 권한을 행사하도록 권위를 부여받은 이는 누구인가? 다른 한편으로 그리고 좀 더 까다로운 질문을 던지자면, 이 주인-대리인 관계에서 누가 또는 무엇이 주인의 자리를 차지하는가? 대행자들은 누구(또는 무엇)를 대리해 행동하는가? 이에 대한 답은 국가에 소속된 것으로 여겨지는 제도/기관들의 목록에 달려 있다. 국가의 핵심적 장치들을 국가의 대행자로 식별하는 것은 비교적 쉽다. 그러나 국가장치의 목록이 확대되면 그것은 점점 더 어려워진다.

예를 들면 1960~1970년대 선진 자본주의 사회에서 발생한 스태그플레이션 동안 '국가의 경제적 이익'을 위해 소득정책을 감시한 노동조합 지도자들은 국가장치의 가장자리에 포함되는가? 국가의 침략전쟁을 거짓되게 정당화하거나 고문을 단지 '고도의 심문기법'이라고 포장하는 국가의 말을 수용하는 미디어의 소유자들과 이에 순응하는 언론인들은 국가장치에 포함되는가? 전쟁을 위해 민간 기업이 고용한 용병들, 그리고 국가가 자신의 정치군사적 목적을 위해 지원하는 민병대는 국가장치에 포함되는가? 이데올로기적·정치적·경제적으로 규제를 공동으로 생산하거나 규제기관을 포획하는 외부자들의 이해관계는 국가장치에 포함되는가? 국가를 움직이는 내부적 계층구조, 병렬 권력 네트워크parallel power networks▼, 외부와의 정책 연결망 등을 연구하게 되면 더 큰 문제가 생긴다. 여기서 우리는 고급 비밀정보에 대한 사용허가를 받고 전략의 정교화, 정책수립, 정책집행에 기여하는 국가 외부의 행위자들을 언급할 수 있다(이러한 종류의 '심층국가deep state'에 대해서는 3장과 9장 참조).

둘째, 국가의 '사물성thingness'에 대한 흔한 설명은 국가를 구성하는 기관들을 나열하는 것인데, 이는 핵심적인 일군의 기관들을 식별하지만 국가의 외부 경계는 점점 더 모호해진다. 정치이론가 랄프 밀리반드Ralph Miliband는 『자본주의 사회의 국가*The State in Capitalist Society*』(1969)라는 카타르시스적인 현대의 고전에서 이 접근법을 채택했다. 그

▼ 병렬 권력 네트워크란 공식 정부기관과 나란히 작동하는 비공식적이거나 대안적인 권력구조를 가리킨다. 이러한 네트워크에는 영향력 있는 인물·집단·조직이 포함될 수 있으며, 이들은 상당한 영향력과 권력을 행사하지만 공식적으로 책임을 질 의무가 없을 수 있다. 일부 상황에서 병렬 권력 네트워크는 대중에게 직접 책임을 지지 않으면서 의사결정 과정에 영향력을 행사하는 그림자 정부 또는 배후 그룹을 의미할 수 있다. 한국에서 이는 대개 '비선秘線 권력'이나 '비선 실세'로 일컬어진다. 이러한 비공식적 권력 네트워크는 부패, 투명성 부족, 기존 제도권 밖에서 권력을 공고히 하려는 시도 등 다양한 이유로 나타날 수 있다. 풀란차스는 『파시즘과 독재*Fascisme et dictature*』(1970)에서 파시즘과 같은 예외국가의 특징 중 하나로 압력 집단에서 민병대에 이르는 다양한 병렬 권력 네트워크가 막후에 침투함으로써 일어나는 국가장치와 정당의 이중화dupliation를 들고 있다(Poulantzas 1974: pp. 328~330).

는 핵심적인 정부기관들을 '정부, 행정부, 군대와 경찰, 사법부, 지방정부와 의회'라고 명시적으로 정의하면서 논의를 시작한다(1969: p. 54). 그러나 그는 곧 반사회주의 정당들, 대중매체, 교육기관, 노동조합 지도자들, 시민사회의 다른 세력들을 더 넓은 국가체계의 일부로 포함시켰다 (Miliband 1969: pp. 180~211, 220~227; cf. Miliband 1977: pp. 47~50). 프랑스의 마르크스주의 철학자 루이 알튀세르Louis Althusser도 1960년대 말에 저술한 "이데올로기와 이데올로기적 국가장치Ideology and Ideological State Apparatus"에 관한 유명한 논문에서 이와 비슷한 접근법을 취했다. 그는 상대적으로 통일된 억압적 국가장치와 다양하고 상대적으로 자율적인 이데올로기적 국가장치를 구별했다(Althusser 1971). 전자가 국가의 핵심부(행정·입법·사법과 경찰-군사기구)를 구성하고 있다면, 이데올로기적 국가장치는 가족, 교육, 종교조직과 미디어를 포함한다.▼ 그러나 강제력에 더 의존하는 억압적 국가장치에도 결정적인 이데올로기적 계기가 있다. 이데올로기적 국가장치는 이데올로기에 더 의존하지만 그 이면에는 여전히 강제력이 예비되어 있다.

밀리반드와 알튀세르의 것과 같은 포괄적인 국가장치의 목록— 예를 들면 안토니오 그람시Antonio Gramsci와 니코스 풀란차스가 제시한 다른 목록들도 있다—은 국가기관이 '공'과 '사'를 나누는 법적 경

▼ 진태원에 따르면 알튀세르가 이와 같이 사적 영역에 속하는 것으로 여겨지는 여러 제도까지 '국가'장치로 부른 까닭은 공적인 것과 사적인 것을 구별하는 부르주아적 자유주의 이데올로기를 비판하고 부르주아 계급의 지배는 개인들의 생활공간까지 장악해야 안정된다는 것을 가리키기 위해서다. 또한 그것이 공적 영역에 대한 국가제도라는 인상을 주는 '기구'가 아니라 '장치'로 번역되어야 하는 까닭도 여기에 있다(진태원, "과잉결정, 이데올로기, 마주침: 알튀세르와 변증법", 「자음과 모음」, 9, 2010년 8월호, 1049쪽 참조).

계의 양쪽 모두에 존재한다는 것을 종종 인식하게 만든다(국가의 구성 constituting에 대해서는 아래 참조). 그러나 이러한 공과 사의 경계는 국가를 법적으로 신비화하고 결과적으로 정당화할 뿐이라고 때때로 묵살당하기도 한다. 하지만 이렇게 공과 사의 경계를 묵살해버리면 민주주의 체제와 전체주의 체제를 거의 구별할 수 없게 될 위험이 있다(9장).

확대된 기관들과 장치들의 목록을 제시하면서 [국가를 주체와 사물로 묘사하는] 이러한 두 가지 설명은 하나의 기관—설사 그것이 행정부처일지라도—을 담당하고 있다고 해서 국가체계 전체에 대한 통제를 확고히 하는 것은 아니라는 점을 정확히 제시한다. 게다가 국가는 '사람들의 조직a peopled organization'(Jones 2007: pp. 17~20)이므로 국가요원들은 정해진 절차를 따르지 않을 수도 있고 자신들의 재량을 행사해 지배적인 국가 프로젝트를 추진할 수도 있다(Finer 1997a, 1997b, 1997c도 참조). 국가 전체를 통제하는 문제는 국가가 공식적으로든 비공식적으로든 국제적·초국적 질서에 통합되어 있거나 다른 국가에 종속되어 있을 때 특히 분명하게 드러난다. 또한 국가장치들의 목록은 정확히 무엇 때문에 이러한 기관들과 장치들이 국가의 외부보다 내부에 있는 것으로 취급되는지를 묻게 만든다.

국가를 주체로 보든 사물로 보든 두 경우 모두 답은 기능주의적이다. 밀리반드는 국가의 본질적인 기능이 지배계급의 이익을 보호하는 것이라고 주장했다(Miliband 1969: p. 3). 그리고 알튀세르는 국가의 기능이 계급으로 분할된 사회의 사회적 응집성social cohesion을 보장하는 것이라고 주장했다(Althusser 1971).▼ 그러나 국가성의 특질이 그렇게 폭넓은 기능들로 규정된다면, 특히 그 기능들이 원래 선포된 목적보다는 그것이 낳는다는 효과와 동일시 될 경우, 국가에 관련된 기관들의 목록을 [그러한 기능을 수행하는 모든 것을 포함하는] 사회관계의 전체 장으로 확대 하면 안 될 이유가 무엇이란 말인가? 국가장치들의 목록은 그 수가 좀 더 제한되고 국가에 대한 일상적인 이해에 대응할 때 더 그럴듯하게 보 일 수도 있다. 그러나 그런 목록들도 무엇이 그 기관들에게 **국가성**이라 는 고유한 성질을 부여하는지를 분명하게 설명하지 못한다. 저명한 독 일의 사회과학자 막스 베버Max Weber가 말했듯이 국가(또는 그것의 역사 적 선行자들)가 배타적으로 수행하는 역할은 고사하고, 국가가 한 번도 떠맡은 적이 없는 활동이나 국가가 언제나 수행하는 활동이란 없기 때 문이다. 그는 이 때문에 국가의 기능에 입각해 국가를 미리 정의하는 것 은 부정확하며, 이것은 국가에 대해 다른 접근법이 필요하다는 것을 가 리킨다고 주장했다.

3대 요소 접근법

베버의 대안적 접근은 국가를 **목적**보다는 **수단**의 측면에서 정의하는 것이었다. 즉 그는 국가가 수행하는 기능이나 표방하는 목적보다 국가 의 고유한 조직 형태와 역량의 관점에서 국가를 정의했다. 그래서 그

▼   사회적 응집성이란 일반적으로 사회 구성원들 간의 유대감·소속감·연대감 등을 바탕으로 사회가 하나로 결속되어 있는 정도를 나타내는 개념이지만, 알튀세르와 풀란차스 등의 구조적 마르크스주의에서는 사회 를 통합하고 체제를 유지하는 국가 개입과 지배 이데올로기의 효과를 나타내는 개념이다(Althusser 1971; Poulantzas 1973 참조).

는 **근대국가**(모든 국가가 아니라는 것에 주의)가 "정해진 영토 내에서 **정당
한 물리적 폭력에 대한 독점**을 (성공적으로) 주장하는 인간 공동체이고,
여기서 '영토'는 국가의 또 다른 특징이다"라고 정의했다(Weber 1994:
pp. 310~311). 이 맥락에서 '인간 공동체'는 영토 내에서 지속적인 지배
력을 행사하는 '필수적compulsory 정치조직'의 행정요원에 국한된다(cf.
Weber 1978: pp. 53~54; cf. Weber 1994: p. 313). 이 정의는 영토가 '사람들
로 채워져 있다peopled'—그는 이를 다른 곳에서 살펴본다—고 가정
한다.

　베버는 폭력의 독점이 여러 가지 방식으로 정당화될 수 있다고 주장
했다. 그중 가장 중요한 정당화의 양식들로는 왕권신수설과 왕조 계승
을 포함한 전통적 권위, 카리스마적 지배, 집합적으로 구속력 있는 결정
을 내릴 수 있는 권한의 양도와 행사를 규정하는 공식적 헌법[형태적 구
성]을 들 수 있다. 베버는 여기서 강제력에 관한 자신의 언급에 단서를
단다. 국가는 각각의 영토 내에서 자신의 존재를 보호하고 전체적인 정
치질서를 유지하기 위해 대개는 비폭력적인 수단을 사용한다는 것이
다. 이를 위해 국가가 수행하는 기능과 활동들은 매우 가변적이며, 국가
는 정치적 공동체**로서** 그러한 기능과 활동들을 일반적 가치 기준에 따
라 정당화할 방법을 찾아야 한다(Weber 1968: pp. 54~56, 902, 905~906).
마지막으로 지적할 것은 처음에는 근대국가의 규정적 특징으로 간주
했던 것(폭력의 정당한 행사를 규정하는 국가의 권리)이 베버의 설명에서 금
방 사라진다는 것이다. 그가 국가행정에 통일성을 부여하는 관료제와
그것이 수행하는 결정적 역할로 주의를 돌리기 때문이다(1968: p. 56,
pp. 212~226, 956~1003). 간단히 말해 여러 정의 가운데 가장 유명한 베

버의 정의조차도 일단 채택되자마자 실재하는 국가의 복잡성을 허용하도록 수정되었다는 것이다(베버의 국가이론에 대한 훌륭한 검토로는 Anter and Breuer 2007 참조; 베버와 이후에 논의될 두 명의 다른 선도적인 독일 이론가인 카를 슈미트Carl Schmitt와 프란츠 노이만Franz Neumann에 대해서는 Kelly 2003 참조).

베버의 정의는 유럽 대륙적인 헌법이론·법이론·국가이론 전통의 '3대 요소'에 대한 접근법과 관련되어 있다(예를 들면 Jellink 1905; Heller 1983; Kelsen 1945; Schmitt 1985 참조). 이 접근법은 국가 간의 상호승인 문제에 관심을 갖는 국제법에서도 흔하게 채택한다. 이 접근법이 식별하는 국가의 3대 요소는 다음과 같다. (1) (국가권력Staatsgewalt, 국가장치Staatsapparat, 국가주권Staatshoheit이라고 다양하게 묘사되는) 일반적 권력과 특정한 권력 둘 다가 부여된, 정치적으로 조직화된 강제적·행정적·상징적 장치, (2) 어느 정도는 분쟁 없이 국가장치의 지속적인 통제 아래에 있는 분명하게 구획된 핵심적 국가영토Staatsgebiet, (3) 국가의 정치적 권위와 결정에 구속되는 영속적이거나 안정적인 인구(국가인민Staatsvolk▾). 명시적으로 법적-정치적 언어를 쓰지는 않지만 이와 비슷한 생각들은 국가 형성에 대한 인류학적 연구에서도 발견된다(5장).

나는 이제 일반적인 국가이론·헌법·국제법의 관점에서 각각의 요소를 살펴볼 것이다. 첫째, 국가에 대한 일반이론은 주로 이 요소들이

▾ 독일어에서 Staatsvolk는 법적 의미의 국민을 가리키나 제솝이 제시하는 사회학적인 국민/민족nation 개념과 구별하기 위해 이 책에서는 '국가인민'이라고 번역한다. 사회학적인 국민/민족 개념에 대해서는 이 책의 6장을 참조하고 독일어의 관련 개념들에 대해서는 도희근, "국민과 국적", 『울산대학교 사회과학논집』 9(2): pp. 59~74를 참조하기 바란다.

국내에서 서로 어떤 관계를 맺고 있느냐에 관심이 있으며, 그것들의 제도적 특성을 강조한다. 일반적 국가이론의 이러한 관심은 국가의 역사적 또는 형태적 구성뿐 아니라 제도주의적 접근법의 질문들과 양립 가능하다(1장 참조).

둘째, 헌법에 초점을 맞추는 것은 강점이자 약점이 된다. 한편으로 정치권력의 영토화만큼이나 헌정화는 근대국가의 핵심적 특징이다. 특히 법치에 근거한 합법적 권위를 서로 다른 옳고 그름의 규범을 가진 군벌이나 마피아 스타일 조직의 지배와 구별하고자 한다면 말이다. 다른 한편, 세계 역사에서 헌법적 정당성은 전통적이거나 카리스마적인 권위 또는 '힘이 곧 정의'인 날것의, 때때로 잔혹한 현실에 비해 꽤 최근의 것이다. 게다가 국가들의 세계는, 법치가 없고 대개는 내부에 대한 실효적 주권도 없는 실패하고 있는 국가, 실패한 국가, 붕괴된 국가 또는 그림자 국가shadow state를 포함한다.

셋째, 일부 정치학자들은 실용적 또는 법률주의적 관점에서 '대내적 국가internal state'에 초점을 두는 것을 수용할 수 있으나, 국제법은 국가성의 대외적 차원도 살펴본다. 여기서 쟁점이 되는 것은 어떤 국가도 공식적으로 외부의 권위에 종속되어서는 안 된다는 원칙이다. 국가는 자신의 영토 내부에서 그리고 자신의 인구에 대해서 주권을 가지고 있어야 한다. 그러나 세계시장과 지구적 거버넌스에 관한 여러 연구가 지적하듯이, 국가 주권은 내적으로나 외적으로나 다양한 방식으로 도전받고 있다(8장 참조). 이와 관련해 이슈가 되는 것은 '초강대국superpowers'(가장 대표적으로는 탈냉전기의 미국)의 영토외적인 영향력이다. 이것은 다른 주권국가들의 대내적·대외적 권리를 여러 가지 방식으로 무효화시킨다. 이 문제는 다른 시기에 있었던 제국과 제국주의에 대해서도 함의를 가진다(5, 8, 9장 참조). 그러나 지금은 국가의 3대 요소를 다시 살펴볼 것이다(요약은 표 2-2 참조).

국가장치

이 말은 인구와 다른 국가와의 관계에서 주권적 권한이 있으며 정치적으로 조직화된 강제적·행정적·**상징적** 장치를 가리킨다. 이는 국가권력이 대내적 목직을 위해 행사되든 내외적 방어를 위해 행사뇌든 직섭적이고 즉각적인 강제력에 국한되지 않는다는 것을 가리킨다. 사실 대부분의 국민이 국가권력을 정당한 것으로 여긴다면, 상징폭력과 대립되는 물리적 폭력을 동원하지 않더라도 보통 순응하게 되며, 이러한 순응을 매개하는 것은 대개 국가와는 거의 관련이 없어 보이는 미시적 기술이다(cf. Foucault 1980; Bourdieu 1998; Bratsis 2006; Miller and Rose 2008; Neocleous 2000).

또한 우리는 사법체계를 통해 정상적이고 간헐적으로 행사되는 강제력coercion을 비상시의 공개적이고 대개는 제약되지 않는 물리력force의 사용과 구별할 수 있다. 폭력violence에 과도하게 의존하는 것은 설사 그 폭력이 효과적이라도 정당성이 약하다는 것을 가리킨다. 폭력에 대한 과도한 의존은 대개 국가위기 또는 심지어 국가실패의 징후다. 폭력 이상의 어떤 것에 권위의 근거를 두는 일의 중요성은 가장 초기의 국가들에서조차 분명히 드러난다. 군사력뿐만 아니라 의례적이거나 카리스마적인 권위와 연결된 관료제적 형태들(또는 적어도 관공서나 이와 관련된 관리들의 위계질서)이 등장했던 것이다(Service 1975: 10; Breuer 2014).

간단히 말해 조직화된 강제력의 상대적 독점은 여러 형태의 '경성권력hard power' 중 단지 하나의 국가역량일 뿐이며, 사회문화적 관계에 뿌리를 둔 다양한 형태의 '연성권력soft power'과 일반적으로 공존한다. 미국의 정치학자이자 국제관계 이론가이며 영향력 있는 대외정책 고문인 조지프 나이Joseph Nye는 경성권력과 연성권력이 현명하게 혼합된 '스마트 권력smart power'을 옹호한다(Nye 2004).

그럼에도 많은 국가가 자신의 합법성legality을 일상적으로 위반한다. 공개적으로든 공무상 비밀이라는 베일 아래서든, 자국에서든 외국에서든, 테러·물리력·속임수·부패를 조합해 권력을 행사하는 것이다(국가범죄의 여러 다른 형태에 관해서는 Maran 1989, Barak 1991, Giraldo 1996; Reno 1998; Campbell and Brenner 2000; Green and Ward 2004; Bayart, Ellis and Hibou 2009; Rothe 2009; Wilson 2009 참조; 크고 작은 부패에 관해서는 Dobel 1978; Kang 2002; Bratsis 2003; Satter 2003; Tsoukalas 2003; Kofele-Kala 2006 참조). 개별적인 국가권력의 대행자들 또한 부정한 방법으로 크고 작은 치부致富를 쌓기 위해 국가권력을 남용할 수 있다.

더구나 법적 주체로 간주되는 모든 국가는 예외적 상황에서 헌법이나 특정한 법률조항을 유예할 권리를 보유하거나 유예할 필요성이 있다고 주장한다. 1920~1950년대에 저술 활동을 했던 독일의 유명한—또는 악명 높은—법·정치 이론가인 카를 슈미트는 '주권자란 예외상태를 결정하는 자'라고 주장하기까지 했다(Schmitt 1985: p. 5; cf. Scheuerman 1994; Agamben 2005; Boukalas 2014a, 이 책의 9장도 참조할 것).[5] 그 결과인 '비상사태states of emergency'는 적어도 원칙적으로는 특정한 위협이나 문제와 결부되어 일시적으로 선포된다. 초기에 이런 비상사태는 주로 안보 이슈에 국한되었으나 최근에는 경제적 비상사태까지 그 범위가 확장되었다(Scheuerman 2000). 그러나 몇몇 경우에 비상사태는 영구적으로 선포될 수도 있으며, 이는 일시적 독재보다는 지속적인 독재를 정당화하기 위해 이용된다.

간단히 말해, 심지어 슈미트적인 학자들에게도 주권은 치안권력의 형태든 군사력의 사용이라는 형태든 국가폭력과 완전히 등치되지 않는다. 독일의 사회학자 헬무트 빌케Helmut Willke는 국가자원의 유형을 분류하는 간단한 방법을 제안했다(1992). 그는 권력을 행사하기 위해 홀로 또는 서로 결합해서 쓸 수 있는 일반적 수단 네 가지를 구별했다. 그것들은 물리력·법·화폐·지식이다. 앞의 세 가지는 직관적으로 수긍할 만하지만 네 번째 것은 약간의 설명이 필요하다. 지식은 수천 년간 국가권력의 중요한 한 축이었으며 여러 형태의 정보수집, 정치적 계산, 감시를 포함한다(예: '국가처럼 보기seeing like a state'에 대해서는 Scott 1998 참조; 국가의 '정보자본informational capital'에 대해서는 Bourdieu 2014 참조). 사실 '통계statistics'란 초기에는 국가가 자신의 목적을 위해 수집한 인구와 경제에 대한 데이터를 가리키는 것이었다. 푸코Foucault의 유명한 연구를 포함해 여러 연구가 더 일반적인 권력-지식의 연관성을 밝혀왔다(1982, 2007, 2008). 그리고 안보국가security state의 부상과 함께 정보는 국민·사회·경제·환경의 안전을 추구하는 국가역량에 결정적인 것이 된다.

---

5 같은 텍스트 『정치신학Political Theology』에서 이후 슈미트는 주권자는 "극한적 긴급상황인지 아닌지를 결정할 뿐 아니라, 그것을 평정하기 위해 무엇을 해야 하는지를 결정한다"고 쓰고 있다(1985: p. 7, McCormick 2004: p. 203n에서 재인용).

이러한 국가 자원의 유형에 대한 분류를 바탕으로 빌케는 **근대국가** 발전의 4단계를 구별했다. 각각의 단계는 네 가지 중 한 가지 권력 매체 medium of power의 상대적 우위를 특징으로 한다. 그의 분석은 또한 독일의 정치학자인 슈테판 랑게Stefan Lange가 정교화한 바 있으며, 그것은 [표 2-1]에 요약되어 있다.

첫 번째 단계는 영토 안보국가Sicherheitsstaat의 단계로, 국경을 방어하고 내부에 질서를 부과하기 위해 물리력을 동원·전개했다. 다음은 법치주의 헌정국가Rechtsstaat로 국내 질서를 보장하고 국제평화를 증진하기 위해 법에 의존했다. 세 번째로 등장한 것은 사회국가Sozialstaat로 여러 다른 형태와 등급의 시민권과 연관되어 있는 사회적 안전[사회보장]

[표 2-1] **근대국가의 누적적인 탄생**

시간 축	역사적 단절	사회적 담론	선도적 학문	권력 기반	정치를 조종하는 매개체	국가 형태
15~17세기	세속화	권력의 문제	군사학	군대와 경찰	강제력	절대주의 국가 또는 안보국가
18~19세기	제헌	합법성의 문제	법학	처벌체계	법	헌정국가
19~20세기	산업화	빈곤의 문제	정치경제학	재정적 역량	화폐	사회국가 또는 복지국가
20~21세기	기술화	리스크의 문제	정보학	커뮤니케이션 네트워크	정보	감시/감독 국가

출처: Lange(2003: p. 57)를 번역하고 정리했음.

을 증진하기 위해 조세와 국가신용을 활용했다. 빌케에 따르면 근대국 가의 발전에서 가장 최근의 단계는 감시/감독국가Supervisionsstaat다. 이 개념은 한 단어로 번역하기 어렵다. 이 말에는 집단 지성에 대한 상대 적 독점의 결과로 감시를 수행하는 국가**와** 감독 또는 훈육역량을 통해 통제력을 행사하는 국가 둘 다를 함축하기 때문이다(Willke 1997; Lange 2003도 참조). 국가 개입의 범위가 확대되고 국가역량이 연성법soft law과 반성법reflexive law▼, 목표화된 지출, 지식에 더욱더 의존하게 됨에 따라, 전통적인 정치 지도자들과 국가 관리자들은 전문가들이 제안한 해결 책을 폭넓은 **정치적** 관점에서 판단해야 하는 상황에 점점 더 처하게 된 다(cf. Gramsci 1971: p. 28 = Q12, §1).[6] 이러한 변화는 통치government에서 (메타)거버넌스(meta)governance로의 전환에서도 나타난다(이에 대해서 는 3, 7, 9장 참조).

국가영토

폭력의 정당한 독점이 국가 분석에 있어 하나의 진입점이라면, 또 하나의 진입점은 정치적 권위의 영토적 조직화다. 어떤 이론가들은 이 것이 근대뿐만 아니라 근대 **이전**에도 국가의 본질적인 특성이었다고 간 주한다(예: Luhmann 1989). 이러한 정치적 권위의 영토화는 근대적 국가 간체계 속에서 실효적으로 지배하는 모든 국가에 하나의 공통된 형태

▼   연성법이란 법적 구속력이 없는 법을 말하고 반성법이란 사회적 행위를 직접 규제하지 않고 조직, 절차, 조
    종 권한의 분배를 규제하는 법이다.
6   그람시 연구자들 사이에서는 관련 번역본이 있는 경우 해당 번역본에 대한 출처 표기 외에도 원본 노트
    (quaderno 또는 Q)와 단락(§) 번호를 인용하는 것이 일반적이다.

를 명확하게 부여하며, 그럼으로써 권위의 탈국가화를 판별하고 다른 맥락에서는 국가실패를 판별하는 중요한 기준을 제시한다. 그것은 또한 정치 일반(예: 조직 내 정치)과 국가권력의 행사를 지향하는 정치를 구별하는 기초가 된다.

영토화territorialization란 지면the earth을 어느 정도 명확히 구획된 영역들로 분할하는 것을 가리킨다. 이 영역들을 통치하는 것은 이 영역의 거주민들에 구속력 있는 결정을 부과할 권한이 부여된 정치적 권위체다(Delaney 2005). 이러한 의미의 영토territory가 **대지terra**라는 더 일반적인 개념과 혼동되어서는 안 된다. 대지는 가장 넓은 의미에서의 '땅land', 즉 토지와 지하, 바다, 바다 밑 물속과 해저, 위에 있는 하늘과 바깥 우주를 포괄하는 지상에 있는 것the terrestrial을 가리키며, 영토화라는 특정한 정치적 과정에 가변적이고, 기술적으로 조건 지어지며 관계적인 '원재료'를 제공한다.

중앙에 집중된 정치적 권위체가 없는 토지는 간혹 무주지terra nullius, 즉 주권자가 없는 토지(현재의 드문 예로는 남극 대륙을 들 수 있다)라고 선포된다. 해양에서 이와 유사한 것은 '공해公海'다. 근대적인 베스트팔렌 국가Westphalian state▼의 등장에서 중요한 계기가 된 것은 다음과 같은 교황의 선언이었다. 그것은 바로 독립적이고 주권적인 기독교 국민국가들이 유럽을 통치할 것이고, 전쟁은 오직 국가들 사이에만 수행

▼ 베스트팔렌 국가란 유럽의 30년 종교전쟁을 끝내기 위해 1648년 독일 베스트팔렌에서 체결된 평화조약으로 성립된 국가 모델을 가리킨다. 이 조약으로 유럽 각국은 자신의 영토 내에서 종교 문제를 포함해 모든 것을 결정할 수 있는 최고권위, 즉 주권을 인정받게 되었다. 이후 등장한 베스트팔렌 국가의 개념은 국가를 사회와 분리된 채 그 위에 군림하는 주권권력으로 본다.

될 수 있으며(이는 내전을 금지했다), 무주지로 간주된 신세계는 포르투갈과 스페인 사이에 분할되고 그 지배자들이 적합하다고 생각하는 대로 유럽의 자연법 전통에 따라 식민화되어야 한다는 것이었다. 물론 좋은 통치에 대한 약속은 지켜지기보다는 깨지는 경우가 더 많았다(Schmitt 2003 참조).

분명히 이 원재료[대지]의 성격은 주권에 대한 주장에 차이(예를 들면 대륙국가와 군도群島국가의 차이)를 만들어냈고,▼ 여러 다른 종류의 영토 분쟁(예: 해협 항해권)을 촉발했다. 이러한 주장과 분쟁이 바로 시정학·관세법·국제법의 소재다. 바다와 하늘에 서로 다른 원리들이 적용되고, 이에 따라 영토화에 적용된 원칙과 관행들이 오락가락하게 된다. 이에 대한 한 가지 예는 개별 국가들이 '공해公海상의 자유'와 '영해상의 주권' 중에 무엇을 우선시하는지가 때에 따라 바뀌고 그에 따라 국가 간 분쟁이 발생한다는 것이다. 더구나 해양기술이 변화하고 항공기술이 진화함에 따라 영토화의 범위도 변화했다(예를 들면 영토는 '영해', 독점적 해양경제수역, 대륙붕, 공해의 연속으로 이루어져 있다).[7] 영토가 고정되어 있다고 생각할 수도 있지만 선박과 항공기는 **국민국가적**national 정체성identities

---

▼ 「해양법에관한국제연합협약및1982년12월10일자해양법에관한국제연합협약제11부이행에관한협정」에 따르면 연안국의 주권은 영토와 해안에서 직선으로 12해리(22,224킬로미터) 떨어진 인접해역(영해)까지 미치지만, 군도국가의 주권은 100해리 이내에서 군도의 가장 바깥쪽 섬의 가장 바깥지점과 드러난 암초의 가장 바깥지점을 연결해 그은 직선 군도기선에 둘러싸인 군도수역에까지 미친다(2, 3, 47, 49조).

7 항공여행의 초창기에는 주권의 범위가 특정 국가의 영토 위쪽과 바깥쪽으로 얼마나 멀리 뻗어 있는지에 대해서 이와 비슷한 분쟁이 있었다. 서로 다른 상업적·정치적·군사적 이해관계가 영공(또는 대기권)과 우주공간의 경계에 대한 여러 경쟁적인 정의들에 나타난다(Bernhardt 1989). 이는 특히 상업적 우주여행에 대한 현재의 전망과 관련해서 여전히 논쟁이 되고 있다(Listner 2012).

을 가지고 있을 뿐만 아니라 **주권적 영토**의 지위도 가질 수 있으며, 따라서 원치 않는 [외국의] 개입을 받지 않는다(Bernhardt 1989).

'전방위적 지배권'을 위한 새로운 투쟁, 즉 땅·바다·하늘뿐만 아니라 우주공간과 사이버공간을 통제하려는 투쟁에서 보이듯이, 영토분쟁의 범위도 기술과 전략적 이해관계에 따라 달라진다(Bernhardt 1989; Haanapple 2003: pp. 1~27; Engdahl 2009). 이제 지상, 영토, 가장 최근에는 통신telematic(또는 더 넓게는 사이버공간)이 지도적 재현의 대상이 된다. 국가는 국가 프로젝트와 더 넓은 목적의 일부로서 이들을 지도에 담는 데 관여해왔다(Escolar 1997; Biggs 1999; Hannah 2000; Elden 2007, 2010; Barkan 2011).

영토화는 구멍 난 경계와 (오아시스나 의례 장소와 같이) 방어와 개발의 대상이 되는 중요한 결절점crucial nodes으로 이루어진 공간을 배회하는 수렵채집인 또는 유목민 집단에서 단순하고 복잡한 족장사회를 거쳐 초기 형태의 국가와 제국에 이르기까지 여러 다른 형태를 취한다(van der Pijl 2007: 5장).[8] 유목민 제국은 초기 중화제국과의 관계 속에서 몽골연합이 단계적으로 진화했듯이, 때로는 정주민 제국의 그늘 아래에서, 그리고 부분적으로는 거기에 기생하면서 발전했다(Finer 1997a, 1997b; Barfield 2001; van der Pijl 2007). 유목민 제국들은 나중에 칭기즈칸이 세운 유라시아 몽골제국과 그 속국들의 기초가 되었다(Amitai-Preiss and Morgan 2000 참조). 영토에 대한 통제는 또한 봉건적 생산양식의 규정적

---

8 이와 대조적으로 롬인Roma[집시] 또는 다른 이동하는 공동체들은 이미 다른 국가가 통제하고 있는 영토 내에서 일시적으로 이동하고 정착할 자유를 추구한다.

특징이었으며, 이는 세계시장을 확장과 재생산의 궁극적인 시공간 지평spatio-temporal horizon으로 삼는 자본주의적 생산양식과 구별된다. 한마디로 영토화나 그 결과를, 1648년의 베스트팔렌 조약으로 수립되었다는 '베스트팔렌적' 국가간체계와 동일시하는 것은 잘못이다. 그것은 19~20세기 동안 오직 단계적으로 불완전하게 실현되었을 뿐이다.

베스트팔렌 체제의 강력한 탄생(창설) 신화, 특히 그 단절적 특성에 대해서는 의문을 제기할 만한 타당한 역사적 근거가 있다. 사실 베스트팔렌 조약은 독립국가나 성제를 수립하기보다는 신성로마제국의 존속에 기여할 것이라는 기대를 받았다(Schmitt 2003). 신성로마제국은 결국 여러 베스트팔렌 국가로 대체되거나 서서히 쇠약해지기보다는 대륙의 새로운 패권국으로 떠오른 나폴레옹 치하의 프랑스가 개입하면서 종말을 맞았다(Beaulac 2004). 그럼에도 이 체계는 신화적으로, 잠재적인 전 지구적 정치체계를 일련의 배타적인 영토들로 분할하는 것으로 보통 여겨진다. 이렇게 분할된 영토들은 **법적으로** 다른 국가의 권위에 종속되지 않는, 서로를 승인하고 정당화하는 국가들의 통제를 받는다. 이와 대조적으로 봉건제는 흔히 부분적으로 중첩되거나 덧붙여진 영토들이 복잡하게 얽혀 있는 조각보라고 여겨진다. 봉건제적 영토에서는 "서로 다른 법적 관할권들이 지리적으로 뒤섞여 있고 계층화되어 있으며 복수의 충성 대상, 비대칭적 종주권, 변칙적인 고립영토들이 매우 많다."(Beaulac 2004: p. 189) 이러한 정치체제들의 조각보는 때때로 신중세주의 또는 신봉건제의 모습으로 현대에 부활했다고 여겨진다(5장 참조).

베스트팔렌적 영토 원칙은 옳든 그르든 현대의 정치투쟁에서 주요한 준거점이 되며 정치적 사안들을 국내 문제와 국제 문제로 나누는 근

거가 된다. 이러한 준거점은 그 원칙을 부정하는 방식으로 쓰일 수도 있
는데, 예를 들면 일부의 학자들은 이 체제가 해체되어 이전의 영토 조직
형태로 되돌아가고 있다고 제안한다. 또한 이 준거점은 행위의 다양한
경계들boundaries, 국경들borders, 변경들frontiers이 때로는 서로 일치하
고 때로는 서로 어긋남을 드러내고, 정치적 행위에서 우선시되는 층위
나 스케일이 변화함을 강조하는 데 도움이 될 수 있다.▼ 후자는 다층적
이거나 다공간적인 통치와 거버넌스를 수반한다(5, 7장 참조). 또한 더 일
반적으로 이러한 원칙들은, 아니면 적어도 토대적 신화로서 이 원칙들
을 되풀이하는 것은 지구적 스케일에서 일어나는 지정학적 상호작용에
상징적·제도적·조직적 기초를 제공한다. 지정학적 상호작용은 그것을
다스리는 강제적인 규칙이 없다면 본질적으로 무정부적이 될 것이다(베
스트팔렌 국가에 대해서는 특히 Kratochwil 1986; Osiander 2001; Ruggie 1993;
Spruyt 1993; Teschke 2003 참조).

국가인구

본래 '거주하다to populate'와 '인구population'라는 단어는 어떤 장소
나 공간에 사람들이 거주하게 되는 것을 가리켰다(McNicoll 2003; Petit
2013). 그것을 뭐라 부르든, 이러한 과정을 촉진하는 노력은 도시국가나
영토국가는 물론이고 족장사회 이전부터 있었다. 사람들과 토지는 산
업화 이전의 사회에서도 핵심적인 경제적·군사적 자원이었기 때문이
다. 더 최근에 이러한 노력은 거대공간Großraum(거대한 땅덩이) 또는 생

▼ 정치적·경제적·문화적 행위의 경계가 때로는 서로 일치하고 때로는 서로 일치하지 않음을 말한다.

활공간Lebensraum(거대한 인구를 가진 국가를 지탱하기 위해 필요한 추가적인 영토와 자원들)에 대한 투쟁에서 나타난다. 생활공간이라는 용어는 나치의 지정학과 연관되어 있기 때문에 더는 쓰이지 않지만 이는 여전히 국가들의 주요 관심사다. 또한 인구에 대한 관심은 출산율·결혼·이주·노화 등과 관련한 인구정책들, 그리고 일상적·생애적·세대 간 재생산의 장치이자 조직인 가족에 관한 더 넓은 질문과 관련한 정책들에서도 드러난다.

인구정책과 관련된 또 다른 측면으로는 의도적인 인구 이동이나 인구 감소(후자의 경우에는 집단학살로 이어질 수 있다) 노력도 있다. 이는 정치적·경제적 이익을 위해서나 처벌의 한 형태로서, 아니면 '인종주의'나 종족 간 적대감에 기인해서 발생할 수 있다(Levene 2005a, 2005b). 인구[라는 대상]는 또한 '인구 구성populousness', 즉 주민의 숫자·연령·구성·성질·역량에 대한 관심과 관련되어 있다(Biller 2000; Curtis 2002; Petit 2013). 인구가 장소나 공간에 거주하는 가구·가족·사람들과 같이 계량되고, 범주화되고 통치되는 대상을 가리키게 된 것은 최근에 들어서다.[9] 최초로 기록된 인구통계조사(인구수뿐만 아니라 소유물·재산·자원도 조사)는 약 6,000년 전의 메소포타미아 국가들까지 거슬러 올라간다. 그 이후로는 국가와 다른 권위체들이 인구통계조사를 조직하게 되었는데, 이는 재정·생산·종교·치안·군사·우생·목회와 같은 다양한 목적을 위한 것이었다. 인구통계조사는 사회적 분업과 분할에 쓰이는 범주와 분

---

9 맥니콜McNicoll은 영국에서 이 단어가 처음 쓰인 시기를 1771년으로 보고 있으며(2003: p. 731), 최초의 공식 인구조사는 1800년에 승인되었다.

류를 발생시킨다. 특히 그것은 과세·조공·병역·치안을 포함한 다른 통치적 실천들과 결합될 때 논쟁적인 과정이 된다(Ojakangas 2012).

미셸 푸코Michel Foucault가 강조했듯이 인구는 해부정치anatomo-politics와 생명정치bio-politics▾ 둘 다의 대상이다. 이들은 각각 개인의 몸을 훈육하고 인구를 통치한다. 달리 말하면 국가의 인구는 단순히 국가영토에 거주하거나 국가영토를 통과해 지나가는 개인들의 총계가 아니다. 그것은 국가의 유형, 역사적 시기, 정치체제에 따라 다양하게 변하는 국가정책의 다소 복잡한 대상으로서 해석되고construe 구성되고constitute 통치되는 것이다. 예를 들면 '근대'국가에서 인구는 다음과 같은 특성을 갖는다.

인구는 사람들의 숫자로 이해되지 않는다. 대신 그것은 건강, 출생, 사망률, 연령, 성별, 혼인력nuptiality, 생식력fecundity, 부양비dependency ratio▾▾ 수준 등과 같이 여러 변화하는 특성의 측면에서 이해된다. 인구는 고유한 합리성과 내재적 역동성을 가진 대상으로서 특정 유형의 직접적 개입의 목표가 될 수 있다(Thompson 2012: p. 42).

▾ 푸코는 '해부정치'와 '생명정치'를 근대에 새롭게 등장한 두 가지 주요한 권력기술로 제시한다. 17~18세기에 등장한 '해부정치'가 감옥이나 학교에서처럼 다중 속의 개인을 면밀히 감시/분석해서 그 신체와 행동을 규율하는 기술이라면, 18세기 말에 등장한 '생명정치'는 개인들을 생물학적 법칙에 따라 제어되는 인구이자 생산기계로 대상화해 조절하는 기술이다(Foucault 1977, 2008; 미셸 푸코, "권력이란 무엇인가", 이상길 옮김, 『권력과 공간』, 문학과지성사, 2023, 24~30쪽 참조).

▾▾ 인구학에서 혼인력은 주어진 기간(1년) 동안의 인구당 혼인 수를 뜻하고, 생식력은 인구집단의 출산 잠재력을 가리킨다. 부양비는 유소년인구(0~14세)와 고령인구(65세 이상)의 합을 생산가능인구(15~64세)로 나눈 백분비로 인구의 연령구조를 나타낸다.

따라서 통치의 대상으로서 인구의 등장은 "새로운 지식 질서, 새로운 개입 대상, 새로운 형태의 주체성, (중략) 새로운 국가 형태의 창조"를 수반한다(Curtis 2002: p. 507; cf. Dean 1990; Petit 2013; 인구의 등장이 지식을 국가 자원으로 본 빌케의 설명과 어떻게 관계되는지, 그리고 더 일반적으로는 '통계학'의 중요성과 어떻게 관계되는지도 주목하라. 통계학에 대해서는 Woolf 1989; Kalpagam 2000; Petit 2013 참조). 나아가 근대국가의 정책가들은 인구를 통치하는 데 있어 이주, 과세, 가족정책, 교육과 직업훈련, 보건, 주택정책, 공산계획과 같은 문제들을 고려한다. 끝으로 인구와 생명정치적 실천에 대한 관심은 도시국가와 영토국가를 넘어 식민지배에까지 확장되었으며, 늦어도 1930년대 이후에는 보건 등 전 지구적 정책 차원에서도 나타났다(Bashford 2006; Kaasch and Martens 2015).

국가를 구성하는 세 가지 요소 중 인구라는 요소는 때로는 감정 공동체Gemeinschaft, 민족성nationhood의 공유된 감각, 그리고 공유되는 의무·권리·혜택에 기초한 공통의 시민권을 함축하는 것으로 해석된다. 이는 동일한 정치적 결사체Gesellschaft에 소속된 이들이 공유하는 감각과는 반대되는 것이다. 그러나 국가 형성사의 견지에서 볼 때 국가가 이러한 것들을 함축한 시기는 거의 없다. 고대 이집트와 히브리 국가는 공유된 정체성을 가진 매우 드문 예외(Finer 1997a: p. 3 참조)에 속하며, 시민권은 현대국가에서도 전혀 보편적이지 않다. 인구란 국가의 권위에 종속된 사람들로 구성되어 있다고 간주하고, 여러 다른 형태의 국가와 정치체제에서 이러한 주체들이 어떻게 구성되는지를 고찰하는 것이 더 적절하다. 의무와 권리(국가에 대항하는 권리 포함)를 지닌 시민권은 그중 오직 하나의 양상에 불과할 뿐이다. 국가영토와 장치에 연관되어 있는 인구의 조직화는 전형적으로 주어진 국가의 경계 내외에서 포용뿐만 아니라 **배제**도 제도화한다.

여기서 흥미로운 하나의 예는 '제3의 주권공간'과 관련된다. 이는 식민국가 또는 정착민 국가의 무제한적 권력과, 국가의 경계 내에서(또는 실제로는 그것을 가로질러) 원주민들이 갖는 부분적인 주권 사이의 관계를 말한다(Bruyneel 2007). 이는 역설적인 상황을 만들어낸다. 원주민들은 자신들의 풍속·관습·전통이 민족의 개념을 결여하고 있을 경우에도 '민족적' 주권에 대한 그들의 권리를 인정받기 위해, 그들 자신이 합법성과 정당성을 부인하는 국가의 법과 그와 관련된 법-정치적 담론을 자주 이용해야 한다(Purvis 1998). 이 역설은 헌법적·국제법적·인권법과 관련해 추가적인 문제를 제기한다. 그것은 국가만이 국적과 시민권을 결정할 수 있어야 하는가, 바꿔 말하면 국가만이 어떤 사람들을 무국적 상태로 만들거나 최근에 제도화되고 여전히 다툼의 대상이 되고 있는 인권을 박탈할 수 있어야 하는가 하는 문제다.

덧붙이자면 국가가 통치하는 인구는 국민/민족화·젠더화·'인종화'와 그 밖의 다른 정체성에 기반을 둔 분할에 종속된다. 또한 그것은 불균등한 지방적·지역적·국민국가적 영토발전의 패턴뿐 아니라 계급 구성과 관계에 따라서도 분화되어 있다. 국민적/민족적 정체성national identity은 영구적으로든, 국가 발전의 특수한 단계에서든, 아니면 특정한 국면에서든, 포용과 배제의 한 근거가 된다. 이러한 의미에서 '국민/민족국가nation-state'는 국가권력의 영토화의 특수한 한 형태를 가리킨다. 그것은 이미 공고화된 것이든, 잠재적으로 실현 가능한 것이든, 아니면 순전히 염원의 대상이든, 사회적으로 구성된 국민적/민족적 정체성을 기초로 해서 발생한다(6장). 사실 "영토의 구획은 국민/민족 형성 정책에 시기적으로 앞서고, 후자는 전반적인 원리로서 아직 완전히 현실

[표 2-2] **전통적인 3대 요소 이론의 여러 측면**

	국가장치 state apparatus	국가영토	국민 (국가인민state people)
규정적 특징	• 분업화되고 특정한 국가역량을 지닌 특별 요원	• 국가당국의 통제를 받는 경계가 있는 영토	• 국가의 인구
비슷한 개념	• 기구appareil • 장치dispositif • 국가주권	• 국경, 변경, 한계limes, 영역domain, 범위realm, 지역regions	• 거주민 • 체류자 • 제헌/구성권력pouvoir constitué
외부적 차원	• 다른 주권국가에 의한 국가주권의 승인	• 역외영토, 식민지, 보호령, 속국 • 치외법권 주장	• 외국인, 난민, 무국적자
국가위기	• 국가역량의 실패, 정당성 위기, 망명정부	• 불안정한 국경, 점령	• 인구 감소
국가실패	• 행정적 실패, 정당성 상실	• 군사적 패배 • 영토주권의 상실	• 강제적 이주, 집단학살, 내전, 이중권력, 분할된 충성심
일면적 분석의 사례	• 국가와 마피아적 조직을 구별 못 함.	• 흐름의 공간과 장소, 스케일, 네트워크 사이의 접합에 대한 간과	• 방법론적 국민/민족주의methodological nationalism▼
특징	• 조직화된 물리력으로 환원할 수 없음. • 다차원적이거나 다층적일 수 있음. • 비민주적이거나 비합법적일 수 있음. • 국가조직을 통치하는 헌법이 있을 수 있음.	• 지형, 지상, 통신과 혼동하지 말 것. • 인접할 필요 없음(예: 고립영토enclave와 역외영토exclave). • 범위가 민족적일 필요 없음.	• 감정 공동체, 민족, 시민권과 같지 않음. • 해부정치와 생명정치에 종속 • 주체/국민subjects은 개인들뿐 아니라 '법인' 행위자일 수 있음.

출처: 독자적인 정리.

화되지 않았다. 반면에 영토적 국가성의 원리는 전 세계적으로 확립되었다."(Albert and Brock 1996) 마지막 쟁점은 국가가 자국 영토 내에 근거를 두거나 활동하고 있는 다양한 종류의 결사체나 조직에 대해 어떻게 구속력 있는 권한을 행사하는지, 그리고 정말로 그들에게 개별 시민들과 동일한 권리가 부여되는지와 관련된다.

근대국가의 인구와 관련한 다섯 가지 쟁점은 다음과 같다. (1) 타국의 국가 승인, (2) 민족자결의 권리, (3) 인구와 (그것이 어떻게 이해되든) '국민/민족' 사이의 관계, (4) 인구와 시민권 사이의 관계(사회적 포용과 배제, 정치적 권리의 문제를 포함), (5) 국가에 소속되어 보호받을 공식적 권리와 이와 관련된, 무국적자들의 권리에 대한 국제법적 문제. 나는 여기서 첫 번째 쟁점만 간략히 다루고 나머지는 6장에서 다룰 것이다.

국가에 대한 승인에는 사실상의 승인, 외교적 승인, 법적 승인이라는 세 가지 형태가 있다. 이러한 구별은 19세기 초 남아메리카에서 스페인 식민지들의 분리독립에서 기원한다. 승인의 형태는 승인하는 정부의 의향에 달려 있으며, 그 성격에 있어 법적인 만큼이나 정치적이다. 일반적으로 3대 요소 중심의 접근법을 따르자면, 국가에 대한 승인은 특정한 **영토**에 거주하는 **인구**가 실효적인 지배력을 가진 **공적 권위** 아래에서 조직되어 있느냐에 달려 있다. 공적 권위는 대내적 주권이나 제헌/구성권력constituent power(달리 말하면 헌법을 규정할 수 있는 권력)을 갖고 있

▼ 이 개념은 지리학에서는 주로 방법론적으로 국민국가 스케일national scale 외의 다른 공간적 스케일을 경시한다는 뜻의 '방법론적 (국민)국가주의'라고 번역되나, 이 맥락에서는 민족, 국민 또는 시민권자 이외의 다른 인구를 경시한다는 뜻이므로 '방법론적 국민/민족주의'로 번역했다.

고, 이에 더해 공식적으로 대외적 주권을 행사해야(달리 말하면 다른 국가에 공식적으로 종속되어 있지 않아야) 한다.[10] 국제법은 또한 (1) 국가성에 대한 관련 법적 기준에 따른 **국가에 대한 승인**과 (2) 정부의 정당성과 다른 국가들의 실리적 계산과 연관된 **정부에 대한 승인**을 구별한다. 선택의 범위는 불승인을 통한 적대적 개입과 조건부 승인에서 긍정적 포용까지 다양하다. 어떤 국가들은 오직 국가만을 공식적으로 승인하고, 다른 국가들은 공식적으로든 실질적으로든 '망명 중'이거나 '대기 중'인 정부를 포함해 정부를 승인한다.[11] 국가 승인은 외교적·정치적으로 까다로운 문제다. 특히 분리독립에 대한 시도나 동일한 영토에 대해 통제권을 주장하는 경쟁관계의 정부가 있을 경우, 또는 외국 세력들이 다른 망명정부나 대기 중인 정부를 선호할 경우 그렇다(Talmon 1998). 국가 승인은 국제법에 대한 종속을 배제하지 않는다. 비록 어떤 국가들(예: 미국)은 국제법에 명시되어 있거나 새롭게 등장하는 의무의 일부 또는 전체에 대해 면제를 요구하지만 말이다.

국가의 3대 요소에 대한 재고찰

일단 3대 요소 접근법(차후 여기에 네 번째 요소를 더할 것이다)을 분석의 유용한 출발점으로 받아들이면, 우리는 이 세 요소들 모두와 **그것들**

---

10 최근의 도발적인 저서에서 옌스 바르텔슨Jens Bartelson은 국가 간 관계에서 주권의 인정은 더는 국경을 방어하고 국가 내에서 주권적 권한을 행사하는 능력에 달려 있지 않으며, 이제는 그 권력이 상상된 국제 공동체의 규범과 가치에 따라 책임감 있게 행사되는지에 달려 있다고 주장한다(2013).

11 전자의 경우 쿠데타나 외국의 침략 때문일 수 있고, 후자의 경우 현 정부의 정당성에 대한 부정이나 전복 계획 때문일 수도 있다.

사이의 상호관계를 고찰해야 한다. 세 요소들은 담론적·제도적으로 다양하게 접합될 수 있다. 예를 들면 프랑스 혁명 이후에 등장한 논쟁적인 자코뱅적 공식은 "하나의 민족, 하나의 영토, 하나의 국가un peuple, une terre, un état"인 반면, 나치 독일에서 그것은 "하나의 민족, 하나의 제국, 하나의 총통Ein Volk, ein Reich, ein Führer"이었다. 마찬가지로 제도적으로 영토화, 장치 만들기, 인구 또는 민족건설 사이의 순서 매김과 정치적 우선성 부여에는 폭넓은 다양성이 있다. 여러 사례 중 서로 대조되는 두 가지 역사적 예를 들자면, 이탈리아 통일 이후에 뒤따른 과제("이탈리아가 만들어졌으니 이제 이탈리아인을 만들어야 한다Italia fatta, bisogna fare gli Italiani")와 유태인들의 국가를 건설하려는 시온주의 기획이 있다. 이러한 개념적·실제적 문제들을 간과할 때 생기는 결과는 여러 다른 종류의 일면적 분석이 만드는 왜곡들에서 드러난다.

- 국가장치와 국가역량에 대한 일면적인 관심은 국가 지도층과 그들이 선도하거나 다스리는 인구 사이에 분업이 출현함을 강조한다. 이러한 일면적 관심의 극단적인 형태는 국가를 "무장한 남자들, 감옥들, 기타 등등의 특별한 집단"으로 축소하는 것이다(Lenin 1917). 이것은 국가를 군벌, 폭력단의 갈취, 마피아 같은 조직폭력 집단과 구별하기 어렵게 한다(Tilly 1975; Volkov 2000; Breuer 204; 그러나 시칠리의 국가 형성에서 마피아가 한 역할에 대해서는 Blok 1975 참조). 근대국가를 규정하는 핵심적인 특징이 강제력과 **그 밖의 다른** 국가권력 행사 **양식들**이 갖는 **정당성**이 된 것은 바로 이러한 이유 때문이다. 행정적 또는 억압적 기관으로서 국가가 갖는 고유한

속성에 대한 일면적인 관심은 또한 국가를 독립변수로 보는 국가 중심적 접근에 영향을 미쳤다. 이러한 연구들은 국가의 독특한 정치적 자원들이 어떻게 근대사회를 침투·통제·감독·순찰·훈육하는지 잘 보여준다. 특히 사회세력들의 다원주의적 세계가 유의미한 기동의 가능성을 열어놓음으로써 비국가세력의 저항이 일어날 경우에도 그렇게 할 수 있다. 또한 국가의 정치적 자원들은 국가 관리자들이 다른 행위자들과 이해관계에 반대해서 자신들의 관료적·경력적·정치적 이해관계를 추구할 수 있게 해준다(예: 현대의 고전으로는 Evans, Rueschemeyer, and Skopol 1985; Skocpol 1979; Nordlinger 1981; Mann 1984; Giddens 1985; Bourdieu 2014도 참조할 것).

- 국가영토에 초점을 두는 것은 부족, 씨족, 동족 집단 간의 분절적 차별화를 중심으로 조직된 '동족gentile' 사회(cf. Engels 1972; Service 1975; Wright 1977; Finer 1997a; 5장도 참조할 것), 또는 좀 더 최근의 용어로는 유목민 사회(cf. Deleuze and Guattari 1983)와의 대조에 기반을 두고 있다. 국가영토에 대한 연구는 또한 국가의 영토적 범위를 확대함으로써 국가권력을 발전시키는 전근대적 경향과, 주어진 영토에 대한 통제를 심화시키는 근대국가적 경향을 대조하는 데도 쓰일 수 있다. 그러나 이러한 견해들은 국가가 없는 사회들도 영토를 전유하는 자신들만의 방식이 있었다는 사실을 간과한다. 예를 들면 일반적으로 유목민 집단은 인정을 받기는 하지만 명확한 경계가 없고 촘촘하지 않은 영토 위에서 활동한다. 또한 그러한 견해들은 정치적 권력의 탈영토화와 재영토화를

일면적으로 강조하고 정치적 공간을 조직하는 다른 형태들을 간과할 수 있다. 이와 관련된 쟁점으로는 국가영토의 연속성을 해치는 고립영토enclave와 역외영토exclave▼의 존재가 있다. 외부영토성extraterritoriality[또는 치외법권] 또한 이와 관련되며 적어도 두 가지 형태가 있다. 하나는 다른 외부영토에 국외 거주자를 위한 별도의 사법체계를 두는 것(예: 19세기 중국, 일본, 오토만제국에 살았던 유럽인들을 위한 별도의 법정)이고, 다른 하나는 2차 세계대전 이후의 법률 제국주의로, 이는 힘이 곧 정의라는 격언과 미국 법 규범의 우월성, 미국 예외주의와 미국의 고유한 지구적 역할에 대한 주장에 근거하고 있다(이러한 예들에 대해서는 Kayaoğlu 2010 참조).

- 마지막으로 국민state subjects에 대한 일면적인 관심은 인구문제에 대한 인구통계학적인 집착이나, (원시적인 것이든 상상된 것이든 구성된 것이든) '국민/민족'으로서 국가인민Staatsvolk이 갖는 성격, 또는 시민권 체제citizenship regimes에 대한 관심으로 이어질 수 있다. 하지만 이는 다른 형태의 지배·복속·배제를 간과할 수 있다. 또한 그것은 '방법론적 국민/민족주의'를 부추길 수도 있다. 즉 그것은 하나의 경제·정치·사회질서가, 하나의 주어진 **민족국가** 또는 하나의 주어진 **영토적 국민국가**national territorial state의 권위에 대한 복속에 따라 규정된다는 가정을 강화할 수 있다. 그럼에도 우리는 하나의 인구가 국민으로서든 시민으로서든 주민으로서든 또

▼ 고립영토란 다른 국가에 완전히 둘러싸여 있는 영토를 가리키고, 역외영토란 본토에서 떨어져 있는 영토를 가리킨다.

는 외국인으로서든, 어떻게 총계적 지배 대상으로 구성되는지, 이들이 어떻게 통치의 기초(예: 개인, 가구, 공동체, 인구)로 조직되는지, 그리고 결사체와 기업, 다른 집합체들이 어떻게 개인 구성원의 권리·의무와는 분리된, 독자적인 권리와 의무를 가진 법적 주체로 구성되는지 질문해야 한다. 그리고 국민/민족 건설, 국민/민족의 유형, 포용, 배제, 불평등의 문제, 디아스포라diaspora와 이주에 대한 논쟁 등을 탐구하는 것은 분명히 가치 있다(6장). 끝으로 급진 민주주의 이론의 관점에서 우리는 인구 또는 그 내표사들이 '제헌/구성권력', 즉 헌법을 제정하고 인민주권을 행사하는 권한을 갖게 되는 조건에 대해 질문할 수 있다.

이론적인 관점에서 국가에 대한 일반적인 설명을 발전시킬 때 생기는 또 하나의 질문은 국가의 쇠퇴·위기·실패에 대해서도 별도의 유사한 설명이 필요하냐는 것이다. 여기서 제안하는 답은 국가에 대한 일반이론이 있을 수 없듯이 국가의 쇠퇴·위기·실패에 대한 일반이론도 없다는 것이다. 그럼에도 아래에서 설명할, 국가권력에 대한 전략관계적 접근법은 그러한 사건이나 과정들이 발생할 추상적 개연성에 대해 지적한다. 추상적 개연성을 설명하는 것은 주어진 쇠퇴·위기·실패 사례의 실제 원인들에 대한 특정한 설명에 선행하는 것인 동시에 그것과는 독립적인 것이다(cf. Kenway 1980). 달리 말해 우리는 위기가 생겨날 수 있는 일반적 조건들에 대해 성찰할 수도 있고, 이와 다른 절차를 통해서는 특정한 위기들의 특정한 원인들에 대해서도 고찰할 수 있다. 만약 사회관계들의 특정한 형태 또는 집합에 내재한 위기의 경향과 반反경향을 식별할 수 있다면, 상대적 안정의 시기뿐만 아니라 불안정·쇠퇴·위기 또는 실패의 시기에 대한 설명도 용이해질 것이다. 그러한 안정과 위기의 조건들과 경향들은 여러 다른 추상 수준levels of abstraction▾에서 검토될 수 있다. 국가와 그 특수한 사례들을 여러 다른 역사적·비교적 맥락에서 살펴볼 수 있듯이 말이다. 나는 국가의 영토 통제권, 작동상의 통일성, 정치적 권위를 당연시하는 본질주의적 설명을 거부한다. 이렇게 볼 때, 국가에 그러한 특징들이 존재한다면 그것은 실천적이고 우연적인 성취로서, 지속적으로 재생산되고 강화되어야만 하는 것이라는 결론이 나온다. 마찬가지로 위기에 대한 본질주의적인 설명을 거부함으로써 우리는 똑같이 추상적인 관점에서 위기의 주요 장소들과 개연적 형태들을 식별할 수 있다(다양하지만 다소 추상적인 예들에 대해서는 [표 2-2], [표 3-1], [표 6-1], [표 7-1] 참조; 추가적인 글과 사례를 보려면 3, 4, 7, 8, 9장 참조).

따라서 국가 쇠퇴, 국가실패 또는 국가의 후퇴는 아래와 같은 형태를 취할 수 있다.

1. 행정적 실패, 정당성 위기 또는 정당성 상실을 통한 국가역량의 실패. 그 결과 통치의 본성과 목적에 관해 국가 프로젝트에 명시되어 있는 집합적 목표가 달성되지 못한다.

▾ '추상 수준' 또는 '추상화의 수준'이란 실재를 이해하기 위해 복잡하고 구체적인 현실로부터 좀 더 단순화된 본질적 관계나 구조에 이르기까지 단계적으로 추상화한 결과 나뉘게 되는 서로 다른 분석 수준을 가리킨다. 예를 들어 자본의 분석에 있어 '자본 일반', '경쟁하는 많은 자본들', '구체적 개별 자본' 등은 서로 다른 추상화의 수준 또는 위계를 나타낸다.

2. 국가영토에 대한 통제력 상실. 이는 재난·정복·병합·분리독립, 다층적 통치multi-level government의 부상, 주권을 둘러싼 집권세력과 혁명세력의 투쟁에 따라 한 영토 안에서 발전하는 이중권력, 또는 치외법권이나 면책특권(또는 둘 다)에 대한 주장의 출현으로 일어난다.

3. 국가인민의 해체. 이는 집단학살, 강제 이주 또는 인구 감소와 같은 과정을 통해서 일어나거나 내전, 이중권력, 충성심의 분열과 같은 다른 경로를 통해서 일어난다.

정치권력의 영토화*에 대한 추가 논의

오늘날 국가의 대다수와 가장 강한 국가들 모두는 각자의 (넓은) 영토에 대해 서로 인정하는 공식적 주권을 누리고 있으며, 때로는 냉랭할지라도 서로 외교관계를 수립하고 있다. 게다가 이들 국가의 국민들은 원칙적으로 공통의 법률 아래 있고, 그들은 이상적으로는 자신들의 국가가 (그리고 아마도 하위정부들이) 영토 내에서 정당한 권한을 행사하고 있다고 인정해야 한다. 이러한 의미에서 모든 국가는 평등하다. 그럼에도 극히 드문 예외를 제외하면 주권적 도시국가들과 작은 섬나라들은 유의

▼ '정치권력의 영토화territorialization of political power'란 우리말에서는 다소 생경한 어법이지만, 여기서는 정치권력이 정신적·종교적·이동적·네트워크적인 형태가 아니라 영토적인 형태를 띠게 되는 것을 가리킨다. 즉 정치권력이 반드시 영토에 기반을 두거나 영토를 관리해야 하는 것은 아니지만, 그것이 영토를 기반으로 조직되고 영토를 관리하려고 하는 한 그것은 영토화된 정치권력이라고 할 수 있다.

1부 국가의 개념·관계·실재

미한 지경학적·지정학적 힘을 가지고 있지 않다. 사실 1919년 국제연맹League of Nations이 결성되었을 때 일부 아주 작은 국가들은 영토가 매우 작고 인구도 적은 데다 군대가 없어 회원국의 의무를 다할 수 없다는 이유로 회원가입을 거부당했다(예: 안도라·리히텐슈타인·모나코·산마리노, Ferguson and Mansbach 1989: p. 26 참조). 그럼에도 나중에 그 국가들은 국제연합UN: United Nations에 속하게 되었다. 하지만 그들은 극히 작은 영향력을 가지고 있으며 종종 주요 강대국들 간의 전략적 게임에서 노리개가 된다. 이러한 상황은 세계가 완전히 국가를 중심으로 재편statization되었다는 주장에 일정한 한계가 있음을 가리킨다(Reinhard et al., 1999; Schuppert 2010: 2; Albert 2005).

정치권력의 영토화에는 즉시 세 가지 조건이 따라 붙는다. 이는 3장과 5장에서 더 상세하게 설명할 것이다. 첫째, 정치권력의 영토화와 그러한 권력이 행사되는 대상으로서 인구의 형성은 투쟁에 근거한 역사적 성취물이다. 또한 영토와 인구는 기존의 국가를 유지·변형·전복하려는 제헌적·제도적·조직적 투쟁을 통해 재생산(또는 변형)된다. 이렇게 볼 때, [투쟁의 결과에 따라] 정치권력은 엄격하게 구획된 영토와 느슨하게만 연관된 방식으로도 행사될 수 있다(예: 유목민 사회 또는 다른 국가 없는 사회, 네트워크 거버넌스, 정부 없는 지배governance without government, 카리스마적 지배, 바티칸이나 이슬람 움마ummah▼와 같은 초국적 종교 권위체, 비공식적 제국, 또는 대표자들이 통치하는 공동체들의 협의제 정치연합consociational

---

▼ 움마는 종교나 역사를 공유하는 공동체로서 혈통적·지리적 공동체와 대비된다. 범이슬람주의의 맥락에서 볼 때 움마는 이슬람 신자들의 정치공동체를 뜻할 수 있다.

confederations).[12]

둘째, 영토화에는 여러 다양한 형태가 있다. 베스트팔렌적인 영토적 국민국가는 정치권력을 영토적으로 조직할 수 있는 역사적으로 가능하고 실제로 공존 가능한compossible 여러 가지 양식들 중 하나일 뿐이다. 정치권력을 영토적으로 조직하는 다른 양식들에는 족장사회, 봉건제, 공국principalities, 도시국가, 절대주의, 제국, 종주국, 조공관계, 속국 또는 종속국client state, 근대적인 제국–식민지 블록, 식민지 등이 포함된다(Braudel 1985; Dodgshon 1987, 1998; Anderson 1996).

셋째, 몇 가지 다른 영토화 형태들(예: 도시국가, 종속국가, 고립영토 국가▼, 군벌, 전제정, 비공식적 제국)이 베스트팔렌 체제와 함께 여전히 공존하고 있으며 새로운 국가성의 표현들(예: 유럽연합EU: European Union)이 나타나고 있다. 옳든 그르든 이제까지 확인된 새로운 영토화의 양식으로는, 조직 원리로서 재등장한 제국, 전 지구적 국가(의 전망), 새로운 형태의 한자동맹Hanseatic League인 세계도시들의 네트워크, 핵심적인 경제적·정치적 행위자로 부활한 하위지역들, 월경越境, cross-border적 지역협력, 신중세주의, 초국가적 블록, 서구 복합체 국가conglomerate state(Shaw 2000), 그리고 배태 중에 있는 영구평화 지향 세계국가(또는 전 지구적 거버넌스)가 있다. 영토화 형태의 복잡성은 유럽연합에 대한 서

---

12 협의제 정치연합은 "비영토적 연합으로서 그 정체polity는 '캠프camp', '섹터sector' 또는 '필라pillar'라고 불리는 '영구적이고' 세대를 초월한 종교적·문화적·종족적·이념적 집단들로 나뉜다. 이들은 함께 결합되어 각 집단 지도자들의 연합 아래 공동으로 통치된다."(Elazar 1991: xiv; cf. Lijphart 1969)

▼ 영토가 다른 한 국가에 완전히 둘러싸여 있는 고립영토 국가의 예로는 이탈리아에 둘러싸인 바티칸시국Vatican City과 산마리노San Marino를 들 수 있다.

로 다른 해석들에서 더욱 잘 드러난다. 유럽연합은 지리적 스케일이 재편된 '국민'국가, 중세의 정치적 조각보의 부활, 탈주권적 권위 형태, 베스트팔렌적 초국가, 협의체 또는 새로운 유형의 제국으로 다양하게 해석된다(Beck and Grande 2007; Brenner 2004; Costa and Magnette 2003; Anderson 1996; Friedrichs 2001; Segesvary 2004; Shaw 2000; Taylor 2004; Ohmae 1995; Voigt 2000; Wendt 2003; Zielonk 2001, 2006; Ziltener 2001 참조). 게다가 하트와 네그리Hardt and Negri(2000)에 따르면 주권적 영토국가의 세계는 단일하고 비영토적이며 네트워크로 연결된, 지구적 수준에서 움직이는 제국으로 대체되고 있다(새로운 영토화 형태들에 대해서는 8장 참조).

국가의 다형적 성격

국가의 복잡성에 대한 중요한 비교역사적 접근법으로 국가는 다형적이라는 견해가 있다. 자연과학에서 다형성polymorphy이란, 하나의 종이 일생 동안 여러 형태를 통과하거나, 상호 교배할 수 있는 능력을 해치지 않고도 여러 가지 형태를 취할 수 있는 것을 뜻한다. 또는 화학으로 눈을 돌리면 하나의 물리적 복합체가 둘이나 그 이상의 내구성 있는 형태로 결정화crystallize될 수 있다는 것을 뜻한다. 이와 유사하게 마이클 만은 자본주의 사회의 국가가 필연적으로 자본주의적이라는 견해를 비판하면서, 국가의 조직과 역량이 다양한 형태를 취할 수 있다고 주장했다(Mann 1986). 즉 그것은 일차적으로 자본주의적일 수도 있고 군사적

일 수도 있으며, 신권정치神權政治, theocratic적이거나 민주적일 수도 있다. 이는 세력균형에 따라 국가가 다양한 형태를 취할 수 있기 때문이다. 사회세력들은 국가 앙상블과 권력의 행사에 영향을 주고, 이에 따라 국가의 지배적인 결정화 형태가 도전받을 수 있으며 국면에 따라 변화할 수 있다. 다른 학자들의 작업을 바탕으로 이러한 국가 형태의 목록에 덧붙일 수 있는 것들로는 관료적 전제정(Wittfogel 1957), 테크노크라트적 지배(Bentham 1789), 종족 또는 인종국가(Goldberg 2002), (종족 분리에 기초한) 인종 분리주의 국가(Price 1991), 가부장세 국가(MacKinnon 1989, Brown 1992), 윤리-정치적 국가(Gramsci 1971) 등이 있다.

비슷하게 정치지리학자 피터 테일러Peter Taylor(1994)는 근대적 국가 간체계가 장기 16세기에 기원한 이래 영토적인 '권력을 담는 그릇power-container'으로서 국가의 역할이 여러 방향으로 확장되었다는 것을 지적한다. 그 역할에는 (1) 전쟁 수행과 군사적 방어, (2) 중상주의적 봉쇄와 경제적 국부의 발전, (3) 국민/민족화된 정치-문화적 정체성의 촉진, (4) 민주적 형태의 정치적 정당화legitimation의 제도화, (5) 다양한 형태의 사회복지 제공이 포함된다. 따라서 근대 초기 유럽의 전쟁기계와 중상주의 시대의 부를 담는 그릇wealth containers에서 2차 산업혁명기의 개발주의적 국민국가와 제국주의 국가, 포드주의-케인스주의 시기의 국민적 복지국가에 이르기까지, 국가는 매우 다양한 정치-규제전략을 전개했고, 매우 다른 유형의 사회경제적 활동들을 국경 안에 '담기' 위해 영토성의 원리를 이용하려고 시도했다. 영토 경계는 역사적으로 특수한 전략들과 끊임없이 갱신되는 시도들의 매개체이자 결과물로 가장 잘 이해할 수 있다. 이러한 전략들 때문에 국가 내부와 국가들 사이에는 다양한 정치경제적 활동의 지리가 형성된다(Newman and Paasi 1998).

국가의 이러한 상이한 결정화 형태를 이해하는 한 가지 방법은 사회를 조직하는 지배적인 원리가 무엇인지, 그것이 국가의 형성과 변형에 어떤 역할을 하는지 살펴보는 것이다. 서로 경쟁하는 사회조직의 원리들 중에는 시장화, 대내외적 안보, 환경관리, 시민권, 법치주의, 민족주의, 종족성, 신권정치 등이 있다. 이들(또는 그 밖의 것들) 중 어느 것이라도 적어도 일시적으로는 지배적이 될 수 있고 또 실제로 지배적이 되었던 적이 있으며, 그렇게 되면 국가권력의 결정화에 반영되는 경향이 있다. 따라서 자본축적이 사회적 세계의 복잡성을 연구하는 데 있어 언제나 가장 좋은 진입점인 것은 아니다. 비록 국가안보나 민족건설을 우선시하는 것처럼 보이는 국가들이 나중에 실제로는 자본에 유리한 정책을 추구하는 것은 아닌지 질문을 제기할 수 있지만 말이다(예: 동아시아의 개발국가들).

대안적인 형태의 결정화가 가능하다는 것은 국가 형성의 역사적 의미체계와 가변적인 정치적 상상계, 국가 프로젝트가 왜 중요한지 잘 보여준다. 사실 (군대, 관료제, 조세, 법체계, 입법부와 같이) 근대국가를 구성하고 있는 다양한 부문의 정확한 기원이 무엇이든, 이들이 하나의 상대적으로 일관된 제도적 앙상블로서 조직되는 것은 국가관념의 출현에 결정적으로 의존한다. 따라서 국가 담론은 다른 제도적 질서에서 정치의 영역을 분리하는 데 핵심적인 역할을 했고, 신비화로든 자기동기화self-motivation로든 아니면 자기서술self-description로든, 여전히 국가를 각 사회구성체에 연결된 정치적 관계들의 복합적인 앙상블로 만들어내고 있다. 국가–시민사회의 경계는 물질적으로뿐만 아니라 담론적으로 구성되기 때문에 국가 관리자들은 국가권력을 행사하는 과정에서 바로 그 이동 가능한 경계를 활용할 수 있다.▼ 그리고 이는 사회세력들의 반대나 저항을 불러일으킬 수 있다. 또한 이러한 국가-시민사회의 구획은 정치 현장에 있는 다른 행위자들이 '국가'를 향해 어떻게 행동하는지를 규정한다. 그들은 그것이 존재한다는 **가정**as if하에 행동하게 된다. 그리고 정치와 국가에 대한 지배적이거나 헤게모니적인 상상계는 통치의 성격·목적·이해관계를 형성하는 데 결정적인 역할을 할 수 있다(cf. Gramsci 1971; Mitchell 1991; Bartelson 1995, 2001; Neocleous 2003).

간단히 말해 [국가에 특정한 형태를 부여하고 국가-시민사회의 경계를 특정하게 구획하려는] 여러 다른 국가 프로젝트들과 사회화 프로젝트들이 경쟁하고 있다는 사실은 근대국가가 항상(또는 단 한 번이라도) 본질적으로 자본주의적이라는 것을 배제한다. 더구나 축적이 국가의 제도적 매트릭스에 깊숙이 착근되어 있을 때조차도 근대국가의 국가 관리자들(정치인들과 공직자들)은 대개 축적 이외의 다른 기능적 요구들과 시민사회의 다른 압력들을 고려한다. 이는 그들이 국가의 제도적 통합성과 영토 내의 사회적 응집성을 보장하려 하기 때문이다.

이러한 접근법은 실제로 존재하는 국가 구성체들과 아상블라주를 지배적인 사회조직화 원리의 다기능적·다형적 결정화로 본다. 지배적인 사회조직화의 원리는 특정 국면에서 가장 긴급한 문제가 무엇이냐

▼ 국가-시민사회의 경계란 바꿔 말하면 공과 사 또는 국가와 민간 부문 사이의 경계를 가리킨다. 이 경계선이 움직일 때마다 사회세력들의 반발이 생길 수 있다. 예를 들면 의료보험 등 공공서비스나 공공자산의 사유화는 노동계급의 반발을 불러일으킬 수 있으며, 반대로 수익성 있는 사업의 국유화는 자본가계급의 반발을 불러일으킬 수 있다.

에 따라 달라지며, 장기간을 지배하는 일반적 결정체들과 특정한 상황에서 출현하는 특수한 결정체들을 산출한다. 이 접근법은 결정화가 일어날 수 있는 축이나 프로젝트들의 범위와 시공간 매트릭스에 대해 도발적인 질문을 제기한다.** 이것은 시공간 속에서 발생하는 서로 다른 제도적 질서들 사이의 통합과 잠재적인 괴리에 관한 까다로운 문제를 제기한다. 그것은 국가가 여러 경쟁하는 국가 프로젝트 또는 사회화 프로젝트(또는 둘 다) 때문에 효과적으로 기능하지 못할 수도 있다는 것이다. 정확히 이러한 불완전성 때문에 아브람즈는 국가라는 **물화된** 개념을 포기하고 (경쟁하는 국가 프로젝트들과 관련된) 국가관념 또는 (국가권력의 상이하고 불완전한 결정화를 나타내는) 국가체계를 선호했다. 이 맥락에서 국가체계는 일부 프로젝트들의 제도화와 정당화를 통해 성취되는 '국가효과state effects'를 수반한다. 물론 여기에는 그 모든 틈새적·주변적·비상관적·저항적·모순적인 요소들이 부가된다. 좀 더 일반적으로는 사회구성체에도 같은 생각이 적용될 수 있다. 그래서 주어진 사회의 성격은 그것의 집단적 정체성과 그 정체성이 어떻게 지배적인 사회제도와 관행에 반영되느냐에 따라 달라질 것이다(cf. Jessop 1990, 2007b).

이와 연관된 하나의 생각은 국가가 다맥락적polycontextual이라는 것이다(Willke 1992). 다형적 결정화가 국가 프로젝트와 사회화 프로젝트들 간의 경쟁에서 도출되는 국가효과를 가리킨다면, 다맥락성은 이러

** 비판사회과학에서 시공간 매트릭스의 개념을 최초로 제시한 것은 풀란차스다. 그에 따르면 자본주의 국가의 영토(공간)와 역사(시간)는 한편으로는 (자본주의 생산양식, 즉 착취와 사회적 분업에 본질적인) 시공간적 분화·분절·불연속성, 다른 한편으로는 (동질화를 통해 국가 시장, 국토, 역사를 창출하는 국가권력 행사로 형성되는) 통합·통일·연속성이라는 두 가지 대조적인 경향의 결합을 특징으로 한다(Poulantzas 1978).

한 효과들이 다중적 맥락 속에서 복합적 성격을 갖게 된다는 것을 가리킨다. 국가의 맥락들은 서로 착근되거나 뒤얽힌 위계 속에 있을 수 있다. 그래서 국가와 국가권력은 다형적**이자** 다맥락적이다. 이는 다교직 맥락적polycontextural이라는 말로도 묘사될 수 있다.

국가는 여러 장소와 스케일에 존재하고 각각의 맥락에서 상이한 과업을 수행한다. 따라서 국가는 맥락에 따라 다르게 나타날 것이다. 그것은 어떤 때는 주로 이런 모습으로, 다른 때는 저런 모습으로 나타날 것이다. 이것은 국가에 왜 행정국가, 헌정국가, 협입국가, 민주주의 국가, 국민국가, 민족국가, 네트워크 국가, 가부장제 국가, 안보국가, 조세국가, 초국적 국가, 복지국가 등과 같이 여러 다른 형용구로 묘사되는 다양한 대안적 정의들이 있는지를 설명한다. 그것은 또한 왜 동일한 '종류'의 국가에 대해서도 맥락에 대한 감수성이 큰 연구가 필요한지, 그리고 왜 여러 다른 접근법들을 서로 공약 가능하게 만들려는 노력이 필요한지 설명한다.▼

▼ 여기서 다맥락성 또는 다교직맥락성이란 서로 다른 맥락들이 서로 교직되어 있고 그들 사이에 단일한 위계서열이 없다는 것을 말한다. 즉 국가를 둘러싼 여러 맥락이 서로 밀접한 관계를 맺으면서도 복수의 위계서열 속에 있기 때문에 국가효과가 복합적인 양상으로 나타남을 뜻한다. 예를 들면 경제정책과 사회정책의 맥락은 서로 구별(예: 각각 경제성장과 사회안정을 추구)되면서도 연관(예: 사회안정 없이는 불가능한 경제성장, 경제성장 없이는 확대하기 어려운 사회정책)되어 있으며, 경제정책의 맥락과 사회정책의 맥락 사이에 고정된 위계서열이 있는 것은 아니다. 상황과 지역에 따라 전자가 우선시될 수도 있고 후자가 우선시될 수도 있으며, 그들 사이의 위계서열은 시대와 장소에 따라 달라진다. 결국 국가는 동시에 여러 다른 맥락 속에 있고 이 맥락들 간의 위계서열이 다양하면서도 변동하기 때문에 국가는 여러 특성이 복합된 모습으로 나타난다. 따라서 국가를 이해하려면 국가를 둘러싸고 있는 다양한 맥락과 그러한 맥락을 강조하는 다양한 접근법을 통합하거나 접합해야 한다.

국가특성이라는 변수

앞선 진술들, 특히 3대 요소 중심의 접근법을 고려한다면 '국가'의 존재 [특성]가 예/아니오로 단순히 판단될 수 없다는 것은 분명하다. 이러저러한 추상적 유형 또는 이념형에 비해 실제로 존재하는 국가가 비교역사학적으로 어떻게 변화해왔는지에 대한 관심이 오랫동안 계속되고 규칙적으로 되살아나는 것은 바로 이 때문이다. 따라서 어떤 이론가들은 국가를 개념적 변수로서 주목하고 국가를 규정하는 관념, 제도 또는 역량의 다양한 현존을 살펴본다(예: Nettl 1968; Badie and Birnbaum 1983; Schmitter 1996; Evans 1997; Fukuyama 2003; Axtmann 2004). 다른 이론가들은 독특한 정치적 형태로서 국가의 차별화된 현존을 살펴본다. 이러한 접근은 국가관념의 역사를 살펴보고 그것이 제도적으로 크게 변화했다는 것을 강조한다. 이러한 문제들은 지방적 수준에서 국제적 수준까지 모든 영토적 수준과 스케일에서 연구되어왔으며, 이러한 연구는 중간 수준meso-level에서 나타나는 다양성에 상당한 관심을 기울여왔다.

이와 관련된 한 가지 쟁점은 국가 강도state strength를 높이는 요인에 관한 것이다. 국가 강도란 대내적으로는 국가가 영토 내의 사회세력에게 권위를 행사할 수 있는 역량을 가리킨다. 그리고 이는 대외적으로 국가간체계 내에서 한 국가가 갖는 힘을 가리킨다(이에 관해서는 Handel 1990 참조). 국가 강도에 대한 관심은 국가가 사회의 나머지 부분을 관통하고 조직하는 역량에 대한 관심과 흔히 관련되어 있다. 국가역량에 대한 관심은 특히 약탈국가와 개발국가에 관한 최근의 이론적·경험적 작업에서 두드러진다. 약탈국가는 자신의 경제와 시민사회에 본질적으로 기생적이고, 전제적 명령을 통해 권력을 행사하며, 결국에는 경제·사회·국가 그 자체를 허물어뜨릴 수 있다. 이와 대조적으로 개발국가는 하부구조적이고 네트워크적인 권력을 갖고 있으며, 이를 겉으로 보기에는 시장에 순응적인 방식으로 활용한다(예: Castells 1992; Evans 1989, 1995; Johnson 1987; Weiss 1998; Weiss and Hobson 1995).▼ 이러한 문헌들의 주요 문제점 중 하나는 이들이 다맥락적 접근을 취하는 대신 강한 국가와 약한 국가를 일률적으로 대조한다는 것이다. 강함(과 약함)에 대한 해석의 다양성은 일관된 분석을 한층 더 어렵게 만든다. 국가들은 대규모 공공 부문, 권위주의적 통치, 강력한 사회적 지지, 약하고 유동적인 시민사회, 응집력 높은 관료제, 개입주의 정책 또는 외부의 간섭을 제한하는 힘이 있다는 이유로 강한 국가로 묘사되어왔다. 가장 심각한 것은, 일부 연구들이 강함을 순전히 결과의 측면에서 정의함으로써 동어반복의 위험에 빠진다는 것이다(이에 대한 리뷰로는 Clark and Lemco 1988; Migal 1988; Önis 1991; Waldner 1999 참조). 이에 대한 가능한 이론적 해결책은 정책 영역, 시간, 국면에 따라 변화하는 국가역량의 범위를 탐구하는 것이다. 이러한 방법으로 우리는 특정한 국가역량을 검증할 수 있다.

▼ 개발국가, 발전국가 또는 발전주의 국가는 동아시아의 국가 주도 경제발전 경험에 대한 연구에서 나온 개념이다. 미국의 정치학자 찰머스 존슨Chalmers Johnson은 일본의 경제발전을 주도한 것은 통상산업성MITI: Ministry of International Trade and Industry(현 경제산업성)의 자율적이고 합리적이며 발전 지향적인 관료들이었다고 주장하면서 이를 최초로 개념화했다(Johnson 1982). 이후 미국의 사회학자 피터 에반스Peter Evans는 이러한 개발국가의 자율성이 사회에서 고립된 독단적 자율성이 아니라 사회에 '착근된 자율성embedded autonomy'임을 밝히고, 사회와 연계가 없는 국가의 자율성은 오히려 사회의 잉여를 수탈하고 발전을 저해하는 약탈국가predatory state를 초래한다고 주장했다(Evans 1995). 이러한 개발국가론은 근대국가의 자율성을 강조하는 막스 베버의 이론과 근대국가의 하부구조적 권력infrastructural power을 강조하는 마이클 만의 이론과 친화성을 갖는다.

예를 들면 경제적 성과를 촉진하는 데 효과적인 정책 분야와 경제 부문이 무엇인지, 그리고 그렇게 경제적 성장을 촉진할 수 있는 행위의 시공간 지평과 상황이 무엇인지 알 수 있는 것이다. 이를테면 저기술 부문의 추격형 수출 주도 성장을 촉진하는 국가역량은, 일단 저기술 부문을 따라잡고 나면 지식집약 부문의 혁신 주도형 경쟁력을 강화하는 데는 같은 수준의 효과를 발휘하지 못할 수 있다.

국가를 구성하기

국가이론은 국가를 하나의 분석 대상으로 당연시할 수 없다. 하지만 그것은 고도로 가변적인 **국가효과들**을 생산하는 실천들을 탐구할 수 있고 또 탐구해야만 한다. 이는 국가의 제도적 아키텍처와 활동의 변화에 관심을 가질 것을 요청한다.

예를 들면 배디와 비른보움Badie and Birnbaum은 이와 관련해 다음과 같이 쓴 바 있다.

심지어 오늘날에도 여전히 중앙권력과 국가가 둘 다 있는 정치체계(프랑스), 국가는 있지만 중앙권력은 없는 정치체계(이탈리아), 중앙권력은 있지만 진정한 국가는 없는 정치체계(영국과 미국), 중앙권력도 진정한 국가도 없는 정치체계(스위스)를 구분하는 것이 가능하다. 앞의 두 경우 비록 정도에는 차이가 있을 수 있지만 국가는 시민사회를 지배하고 시민사회의 조직에 대해 책임이 있다. 뒤의 두 경우 시민사회는 스스로 조직한다. 그러므로 국가가 강력한 관료제를 통해 사회체계를 운영하려는 사회들(프랑스가 이념형이고 프로이센·스페인·이탈리아도 비슷한 경로를 밟았다)과 시민사회가 스스로 조직할 수 있는 역량이 있기 때문에 강력한 국가와 통치 관료제가 필요 없는 사회들(영국이 이념형이고 미국과 스위스와 같은 '협의제 민주주의 국가들consociational democracies'도 비슷한 경로를 밟았다)을 구별하는 것이 가능하다(1983: pp. 103~104).[13]

미셸 푸코는 '국가효과'라는 관념에 훨씬 급진적인 색깔을 입힌다.

만약 국가가 오늘날 있는 것과 같은 것이라면, 그것은 정확히 국가의 내부와 외부에 동시에 있는 통치성 때문일 가능성이 크다. 국가의 영역 안에 들어와야 하는 것과 들어오면 안 되는 것, 공적인 것과 사적인 것, 국가의 능력 안에 있는 것과 능력 밖에 있는 것 등을 끊임없이 정의하는 것이 통치의 전술이기 때문이다. 따라서 말하자면 국가의 존속과 한계는 통치성[▾]이라는 일반적 전술에 근거해서 이해해야 한다(Foucault 2007: pp. 109~110).

---

13 파이너는 중앙집권적이고 표준화된 행정과 동질화된 문화·언어·법률의 유무를 기준으로 역사적 범위가 훨씬 더 광범위한 또 다른 유형론을 제안했다(Finer 1997a: p. 13).

▾ 통치성이란 법과 금지에 기초한 중세의 주권권력과 대조되는 현대의 특유한 권력형태인 규율권력·생명권력·사목권력 등과 관련된 정치적 심성/합리성, 인구통계학과 정치경제학 지식, 안전, 통치장치 등의 앙상블을 가리킨다. 이는 한편으로 정치와 경제를 자유주의적인 방식으로 접합/분리시킴으로써 국가를 사회와 구분되는 제한된 영역으로 만들어내고 다른 한편으로는 자발적으로 예속화되고 스스로의 삶에 책임을 지는 자기 통치적 주체를 생산한다(Foucault 2007, 2008 참조).

그렇다면 국가통치술은 주권권력의 행사에 국한되지 않는다. 그것은 정치적 영역을 다양한 비정치적 영역과 구분하는 실천들로 확장되고, 이를 바탕으로 정치-비정치의 분할을 넘나드는 통치 활동의 복잡한 기술에까지 확장된다. 팀 미첼Tim Mitchell도 이와 매우 비슷한 점을 지적한다.

국가는 공간조직, 시간적 배열, 기능의 특정화, 감독과 감시라는 세세한 과정의 효과로 분석되어야 한다. 이 과정은 세계가 근본적으로 국가와 사회로 분할되어 있다는 외양을 만들어낸다. 현대정치의 본질은 이 분할의 어느 한쪽에서 형성된 정책이 다른 한쪽에 적용된다거나 다른 한쪽이 그것을 만들어낸다는 것이 아니라, 이러한 분할선lines of difference을 생산하고 재생산하는 것이다(1991: p. 95).

두 경우 모두 국가통치술과 통치성의 핵심은 특정 쟁점들을 사적·기술적·관리적 문제로 (재)정의해 공공연한 정치적 의사결정과 투쟁적인 정치에서 제거하는 것에 있다(Miller and Rose 2008: 이 책의 7장도 참조). 나아가 영토성에 대한 앞의 논의에서 지적한 대로 [국가-사회의 분할과] 유사한 방식으로 구성된 물질적·담론적 국경들이 지구를 **상이한** 국가들과 사회들로 분할하고, 새롭게 등장하고 있는 세계사회 내부에 다소 복잡하게 분절되고 계층화된 국가간체계를 만들어낸다. 국가의 경계와 시간 지평은 한 번 정해지면 영원히 고정되는 것이 아니며, 이들의 변화는 정치적 과정과 국가역량에 영향을 준다(5장과 8장 참조).

마지막으로 안토니오 그람시는 자신의 고유한 마르크스주의적 관점에서 다음과 같이 말했다.

국가라는 일반적 개념 속에는 시민사회의 개념에 준거될 필요가 있는 요소들이 포함되어 있다(이러한 의미에서 국가='정치사회+시민사회', 달리 말하면, '강제라는 철갑으로 보호되는 헤게모니'라고 말할 수 있다). (Gramsci 1971: p. 263 = Q6, §88: 763~764)

그람시는 특수한 경제적·정치적·사회적 프로젝트와 전략들을 중심으로 국가**와 비국가**의 제도·실천을 접합하는 사회관계로서 국가를 연구했다. 그는 국가권력, 정치적 동맹의 형성, 하위계급 세력의 해체에서 사적 제도, 조직, 운동이 중심적 역할을 한다고 강조했다. 명시적으로 '사적인' 결사체들의 영역으로서 '시민사회'는 국가의 확대된 부분이고 한층 더 강한 이유로는 정치와 정책의 확대된 부분이다. 이러한 통찰은 그 이후 '지구적 시민사회'의 개념에도 적용되었다.

이러한 논의들을 토대로, '3대 요소' 접근법은 담론적·물질적 실천의 역할에 주목함으로써 보충될 수 있다. 담론적·물질적 실천은 국가의 영토 경계를 한정하고, 주어진 사회에서 국가라는 제도적 앙상블과 그 밖의 제도적 질서·일생상활 사이의 구분을 재규정한다. 이러한 실천은 또한 국가와 국가권력의 성격과 목적을 규정하는 데에도 관련된다. 나는 이미 그러한 측면에서 영토 경계를 논한 바 있다(8장도 참조할 것). 여기서는 위에서 언급한 다른 구분선, 즉 정치적 영역을 하나 이상의 명시적으로 비정치적인 영역들과 구획하는 방식에 대해 몇 가지 추가 의견을 제시한다. 이러한 구획은 사회관계나 사회적 이슈를 정치적 영역과 비정치적 영역 중 어느 한편에 위치시킨다. 비정치적 영역은 정치적 영역의 **외부에** 있는, 특별한 표시가 없는 잔여 영역들(예: 국가 대 사회, 공공 대 사사) 아니면 고유한 제도적 질서, 작동논리, 주체, 관행에 따라 표시된 영역들(예: 종교적·경제적·법적·교육적·과학적 장들)로 구성되어 있다. 이러한 구분선은 때때로 당연시되더라도 자연스러운 것이 아니다. 그것은 반드시 통제police되어야 하고, 재정치화되거나 재활성화될 수 있다. 마찬가지로 정치적 영역과 비정치적 영역 사이의 경계선을 재규정하려는 시도들은 표시가 없는 쪽에 마땅히 속하는 것이 무엇인지, 또는 좀 더 특정하자면 주어진, 분명히 구획된 비정치적 영역에 속하는 것이 무엇인지에 대한 논쟁과 다툼을 불러일으킬 수 있다.

이[정치·비정치의 재규정]는 정치화(심지어 정체화politization에 대해서도 말할 수 있다)의 공간을 만들어낸다. 정치화는 정체의 경계를 비정치적 영역으로 확장하고, 비정치적 영역들을 정치적 요인, 이해관계, 가치, 세력 아래 놓음으로써 일어난다. 반대로 탈정치화depoliticization는 예를 들면 신성화·시장화·사법화·과학화(전문지식화), 또는 푸코적 용어로는 규율적·통치적 실천에 따른 통치화governmentalization와 자기책임화 self-responsibilization를 통해 정치의 확장된 경계를 되돌릴 것이다. 만약 이 과정이 정치와 비정치 영역의 구획에 대해, 그리고 표시가 없는 쪽이나 주어진, 분명히 구획된 비정치적 영역에 마땅히 속하는 것이 무엇인지에 대해 논쟁과 다툼을 불러일으킨다면 역효과가 일어날 수 있다(cf. Jessop 2014b).

국가가 담론·구조·기술·행위의 측면에서 경제·가족·종교·스포츠·예술 또는 '시민사회' 같은 다른 제도적 질서들과 관계되어 있다는 것에 주목한다고 해서 국가가 고유하게 발생시키고 매개하는 과정들을 배제하는 것은 아니다(사실 그것은 국가에 고유한 과정들을 가정하는 것이다).

정치적 투쟁은 전형적으로 이러한 다른 장소들과 이들과 관계된 투쟁 형태로부터 상대적으로 자율적이다. 그리고 국가는 그것에 고유한 자원과 역량 덕분에 다른 장소들과 투쟁 형태들의 작동과 재생산을 촉진할 수 있다(물론 그 역도 성립한다). 또한 국가는 반대로 그것들을 방해하고 약화하고 파괴할 수도 있다. 이러한 일이 일어나는 방식은 분절, 중심부–주변부, 기능적 분화 등 사회화의 형태에 따라 다양하고, 생성 중인 세계사회에서 여러 다른 질서들 또는 체계들이 서로 통합되는 정도에 따라 달라진다. 또한 동일한 국가의 자율성은 다양한 사회세력들이 국가를 상대로 투쟁을 수행하거나 이들 세력 자신의 물질적·관념적 이해관계에 따라 국가 특성의 일부 또는 전체에 대한 변형을 시도할 수 있도록 동기를 부여한다.

국가의 4대 요소 정의

일부 독자들은 이러한 노선의 주장을 거부하거나, 또는 거부하지 않는다 할지라도 적어도 이러한 주장이 '국가이론'을 발전시키려는 시도의 타당성을 의심한다고 우려할 것이다. 이러한 우려는 어느 정도 정당하다. 국가에 대한 이론적으로 건전한 설명은 국가라는 제도적 앙상블보다 훨씬 더 많은 것에 주목해야 하기 때문이다. 그러나 이는 극복할 수 없는 문제가 아니다. 따라서 나는 곧바로 다른 쟁점들로 넘어가기보다는 국가의 일반적 정의를 제시하고 그것이 낳는 여러 결과 중 몇 가지를 살펴보겠다. 국가체계와 국가관념에 대한 나의 주장들을 받아들인다면,

국가에 대한 일반적인 정의는 그 어떤 것이라도 통상적인 국가의 세 가지 핵심 구성요소와 함께 제4의 요소로서 국가 담론과 정치적 상상계를 언급해야 한다. 나의 제안은 다음과 같다.

국가장치의 핵심은 사회적으로 착근되고 규칙화되어 있으며, [상이한] 전략들에 대해 선택적[차별적]으로 작용strategically selective하는 제도와 조직들(국가장치Staatsgewalt)의 상대적으로 통일된 앙상블로 구성되어 있다. 또한 사회적으로 용인된 국가장치의 기능은, 영토와 동일시되는 상상된 정치공동체의 공동 이익이나 일반의지(국가관념Staatsidee)의 이름으로, 주어진 영토 영역(국가영토Staatsgebiet)에서 집합적으로 구속력 있는 결정을 사회의 구성원들(국가인민Staatsvolk)에게 규정하고 집행하는 것이다(Jessop 1990: p. 341을 수정).

이 정의는 특수한 유형의 정치적 지향을 가진 특수한 형태의 거시정치 조직으로서 국가가 갖는 일반적 특성의 측면에서 국가를 식별한다. 또한 그것은 국가가 정치적 영역에, 그리고 사실 더 넓은 사회에 연결되어 있다는 것을 가리킨다. 이러한 정의는 특정한 국가들과 정치체제에 대한 연구뿐만 아니라 국가들이 출현하고 진화하고 위기에 빠지고 변형되는 조건들에 대한 연구를 인도하는 지침이 될 수 있다. 이 정의는 또한 정치적 담론에 수반되는 모순과 딜레마들을 국가에 대한 작업의 핵심에 놓는다. 일반의지나 공동 이익에 대한 주장들은 국가체계의 핵심적인 특성이며, 국가를 직접적인 정치적 지배나 폭력적인 억압과 구별시키기 때문이다. 이렇게 볼 때, 이 정의는 다음과 같은 여섯 가지 부

연설명을 필요로 한다.

1. 국가 핵심부의 위, 주변, 아래에는 국가를 이루는 핵심적 앙상블과의 관계가 불분명한 제도와 조직들이 있다. 국가체계는 사회에서 완전히 분리될 수 없으며, 그 제도적 경계들이 무엇인지는 종종 다툼의 대상이 된다. 이것은 국가가 결코 완전히 폐쇄될 수 없으며 국가 제도의 통합성을 달성하려는 어떤 노력도 어렵게 만든다는 것을 의미한다. 게다가 국가체계의 작동 또한 사회 도처에 흩어져 있는 다양한 미시정치적 실천들에 달려 있다. 국가체계의 작동은 국가의 '핵심부'에서 조율되지만, 현실 속에서보다는 의도나 열망 속에서 조율될 뿐이다. 국가체계는 국가 간 관계의 장에서 새롭게 등장하고 있는 국가와 유사한 기관들과도 관계를 맺는다.

2. 이들 기관과 조직, 이들 사이에 앙상블을 형성하는 접합, 이들과 더 넓은 사회와의 연결이 갖는 성격은 모두 사회구성체의 성격과 역사에 달려 있다. 예를 들면 자본주의적 유형의 국가는 봉건적 유형의 국가와 다르다. 게다가 체제의 형태도 자본주의 사회마다 다르다. 국가의 다형성에 대한 질문은 여기서도 중요하다. 국가 형태의 구별은 역사사회학과 비교정부론의 소재다.

3. 사회에 대한 국가의 정치적 기능들이 사회적으로 승인된다는 것이 정상국가를 규정하는 특성일지라도 사회적 승인이 제도화되고 표현되는 형태는 다양하다. 사실 내가 국가의 기능들이 '사회적으로 승인된다'고 하는 까닭은 그 기능들의 내용이 부분적으로

는 정치와 관련된 다양한 담론·상상계·프로젝트를 통해 구성되기 때문이다. 하나의 국가[정체]에도 국가의 과제와 더 넓은 사회에 대한 기여[정책]에 영향을 주는, 서로 경쟁하는 여러 정치적 상상계들[정치]이 있으며, 이들은 상호 모순적일 수 있다. 이처럼 정치적 상상계들의 경합은 정체·정치·정책의 삼자 구별이 특별히 의미 있게 드러나는 하나의 지점이다. 더구나 예상되는 바대로 이러한 정치적 상상계의 문제는 지배와 이데올로기의 비판에 직접적 함의가 있다.

4. 강제력은 국가의 **궁극적인** 제재수단이지만, 국가는 자유롭게 쓸 수 있는 다른 개입수단들도 갖고 있다. 물질적이고 상징적인 이러한 수단들의 접합과 사용은 다양한 모순과 딜레마를 수반하며 중요한 전략적 쟁점들을 제기한다(2장).

5. 공동 이익과 일반의지가 국가관념에 따라 관리되는 사회는, 일상 담론과 이론적 작업에서 가끔씩 국가와 혼동되기도 하지만, 국가만큼이나 경험적으로 당연시될 수 없는 것이다.[14] 사회의 경계와 정체성은 대개 국가가 건설되고 재생산되고 변형되는 것과 동일한 과정을 통해서 만들어진다. 이 과정은 국가인민이 정의되고 형성되는 데 핵심적인 역할을 한다(6장). 이러한 맥락에서 국가관념이나 국가 프로젝트는 국가 권위의 일반적인 정당화(예를 들면 베버의 관점에서 전통적·합리적·법적·관료적 정당화) 방식을 가리키지 않는다. 그것은 특정한 시기에 더 넓은 사회에 대한 국가의 성격과

---

[14] 국민국가와 사회의 이론적 혼동은 '방법론적 국민국가주의'를 낳는다.

목적을 제시하는 정치적 상상계를 가리킨다.

6. 공동 이익과 일반의지라는 정치적 수사가 무엇을 제시하든 그것 들은 언제나 '허상적illusory'이다. 그것을 정의하려는 시도들은 전 략적으로 편향된 구조적이고 담론적인 지형에서 일어나며, 다양 한 이해관계·의견·가치의 차등적인 접합과 총합을 수반하기 때 문이다. 공동 이익 또는 일반의지란 언제나 비대칭적이며 어떤 이해관계는 주변화하는 동시에 다른 이해관계에는 특권을 부여 한다. 가능한 특수 이익들을 모두 포괄하는 일반 이익이란 결코 없다(4장도 참조할 것). 이러한 생각은 아브람즈의 '국가관념' 개념 에 담겨 있으며, 이데올로기 비판의 발전을 위한 중요한 근거가 된다.

중간 결론

이제 우리는 네 가지 중요한 교훈을 얻을 수 있다. 첫째, 나는 지배체계 로서 국가를 논할 때 실제로 존재하는 국가체계의 복잡성에 주목하고 국가관념의 혼란스러운 역할을 인정하라는 아브람즈의 조언을 옹호하 겠다. 이러한 관점에서 볼 때 국가이론의 목적은 국가를 탈신비화하거 나 푸코의 표현으로 "왕의 목을 베는 것"(Foucault 1980: p. 121), 즉 주권 적 국가를 정치분석의 특권적 위치에서 끌어내리는 것이어야 한다. 둘 째, 이러한 결론은 역사적 의미론, 지배 비판, 이데올로기 비판을 결합 한, 국가에 대한 비판적 개입의 토대를 마련한다. 세 번째의 예비적 교훈은 국가란 복합적이고 다형적인 실재라는 것이다. 국가는 한 가지 요소나 여러 가능한 결정화 양상들 중 하나에 일면적으로 주목하기보다는 여러 진입점과 입장에서 볼 때 가장 잘 분석할 수 있다. 그럼에도 (네 번째로) 개념적 혼란에서 벗어나 분석을 한층 더 진전시키기 위해서는 국가에 대한 예비적 정의가 필요하다. 앞에서 제시한 네 가지 요소에 기초한 정의는 분석의 출발점을 제공할 수 있지만 그것이 끝이 되어서는 안 된다.

이 분석을 좀 더 구체화하기 위해 개념들의 위계를 설정할 수 있다. 이러한 개념화는 국가성이라는 추상적이고 공식적인 개념에서 고도로 특정화된 유형의 정치체제로 하향할 수 있다. 가장 추상적인 수준에서는 국가가 정치조직으로서 갖는 일반적인 요소들을 확정하는 설명이 요구된다(앞의 논의 참조). 이는 국가 형성사와 비교분석 모두에 통찰을 줄 수 있다. 국가성 개념의 아래에는 서로 다른 사회구성체 유형과 결부된 여러 다른 국가 유형들이 놓인다. 사회구성체의 유형은 예를 들면 지배적인 생산양식이나 주축이 되는 사회조직화의 원리에 따라 구별된다. 다음으로 우리는 국가 유형의 전형적인 역사적 변형태들을 기술하고, 그다음 수준에서는 정상국가 유형과 예외국가 유형[15], 그리고 그것들의 변형태를 구별할 수 있다(9장). 한층 더 나아간 단계는 대표양식, 내부 아키텍처, 개입 형태, 사회적 기반, 국가 프로젝트, 헤게모니적 비전에 따라 체제의 유형을 나누는 것이다(3장).

---

[15] 정상적인 것과 예외적인 것은 오직 주어진 국가 유형과의 관계 속에서만 규정될 수 있다. 자본주의적 유형의 국가에서 정상적인 것은 민주공화국의 형태들과 동일시된다(7장).

이러한 개념들의 위계는 여러 다른 일반성의 수준에서 국가, 국가관념, 국가권력의 비판을 수행할 수 있게 한다. 그러한 비판의 수준들은, 국가가 사회의 일반의지의 체현이라기보다 지배장치라는 초역사적인 아나키즘적 비판부터 '경제적 비상 상황'에서 국가의 건전한 금융 유지 책무와 국익을 명목으로 대형 금융기관들을 구제하고 주민들에 대해서는 긴축을 시행하는 정책들에 대한 구체적인 비판에 이르기까지 다양하다. 또한 이와 같은 위계화된 개념들은 국가에 대한 단 하나의 정의보다 국가를 분석하는 데 훨씬 더 나은 기초를 부여하며, 하나의 변수로서 국가특성을 살펴보는 데 필요한 도구를 제공한다. 이 접근법이 무엇인지는 앞으로 여러 장에서 살펴볼 것이다.

3장

국가를 사회적 관계로 이해하기

이 장은 국가에 대한 전략관계적 접근법strategic-relational approach을 상세히 설명한다. 이 접근법SRA은 국가에서 국가권력이라는 주제로 초점을 옮기며, 국가는 사회적 관계라는 수수께끼 같은 주장에 기반을 두고 있다. 이 주장은 겉보기에 순환논리적인 여섯 부분으로 이루어진 명제로 번역될 수 있으며, '국가'를 다음과 같은 용어로 생산적으로 분석할수 있게 해준다. (1) 더 넓은 자연적·사회적 환경과 연결된 (2) 여러 기회와 제약이 다양하게 조합된 구체적 국면에서 (3) 정체·정치·정책의 형태·목적·내용에 대해 영향력을 행사하려고 하는 (4) 여러 세력의 변동하는 균형이 (5) 제도와 담론을 통해 매개된 응축(반영과 굴절)으로서 (6) 국가권력의 행사. 이 장은 이렇게 지나치게 압축적인 명제를 해명하고 그것의 탐색적 가치를 보이려고 한다. 4대 요소 접근법의 관점에서 볼 때, 이 장은 주로 국가장치와 국가관념에 관심을 두고 있다. 그 이후의 장들은 다른 요소들을 더 상세히 고찰한다.

전략관계적 접근법

전후 그리스의 정치이론가 니코스 풀란차스는 지적으로 가장 생산적인 시절을 프랑스 파리에서 보냈다. 그는 무엇보다도 카를 마르크스와 안토니오 그람시의 작업에 기초해서 국가 연구의 난점들에 대해 지배적 주류보다 더 나은 해법을 제안했다. 그의 해법은 전간기의 이탈리아 파시즘과 독일 민족사회주의에 대한 그의 역사적 재해석, 그리고 1970년대 그리스·포르투갈·스페인의 군부독재 붕괴에 대한 동시대적인 분석에서 도출된 것이다. 그는 국가가 사회적 관계로서 가장 잘 연구될 수 있다고 주장했다. 이는 국가가, 사물(더 정확히는 제도적 앙상블)로 간주되든 아니면 주체(더 정확히는 특정한 정치적 역량과 자원의 저장소)로 간주되든, 결코 수동적인 도구나 중립적인 행위자가 아니라는 것을 함축한다. 대신에 "'자본'처럼 **그것은** (중략) **세력들의 관계, 좀 더 정확히는 계급들과 계급분파들 사이의 세력관계의 물질적 응축이며, 그것은 국가 안에서 필연적으로 특정한 형태로 표현된다.**"(1978: pp. 128~129, 강조는 원문).▼ 이러한 설명은 국가의 계급적 성격에 대한 풀란차스의 관심을 나타낼 뿐만 아니라 좀 더 일반적인 설득력을 갖고 있다. 그것은 국가가 일부 행

▼ 마르크스는 『자본론』 1권에서 자본은 마치 스스로 증식하는 것처럼 보이지만 사실은 역사적으로 형성된 자본과 임금노동 사이의 사회적 관계 속에서만 그러한 '자기증식'이 가능하다고 지적했다. 따라서 자본의 '자기증식'의 구체적인 모습, 즉 생산기술과 방식, 노동착취, 자본축적 등 자본의 구체적인 형태와 운용방식은 자본과 노동(그리고 이 관계를 규제하는 국가, 더 넓은 사회, 국제관계) 사이의 구체적인 역학관계에 따라 달라진다. 이와 마찬가지로 국가와 국가권력의 구체적인 형태도 국가를 둘러싼 구체적인 사회적 역학관계에 따라 달라진다. 특히 풀란차스는 국가가 취하는 구체적인 형태를 세력관계의 '물질적 응축material condensation'이라고 표현했다. 이는 국가체계와 장치가 여러 다른 계급을 포함한 사회세력들 간의 상호작용과 투쟁을 통해 특정 세력에 더 유리하게끔 형성되고 변형된다는 것을 의미한다.

위자와 이해관계를 다른 것들보다 특권화하는 내재적 편향성을 갖고 있다고 상정한다. 그러나 이러한 편향성이 실제로 실현되는지, 어떻게 실현되는지, 어느 정도까지 실현되는지는 변동하는 세력균형과 그들의 전략과 전술에 달려 있다. 풀란차스는 사회적 갈등과 모순이 국가 자체의 내부에서 재생산되지만 그것은 국가의 특정한 조직과 운영 형태를 반영한다고 덧붙였다(Poulantzas 1978; 풀란차스의 저작에 대한 논평으로는 Jessop 1985; Wissel 2007; Bretthauer et al., 2011 참조).

필자는 이 독특한 관점을 전략관계적 접근법으로 정교화했다. 그것은 처음에는 국가이론의 장에서 시작했지만 나중에는 구조와 행위라는 좀 더 일반적인 문제에 대한 접근법으로 발전했다(Jessop 2007b). 다른 이들, 특히 영국의 정치학자 콜린 헤이도 전략관계적 접근법을 정교화하고 조작화하고 응용했다(Hay 1995, 2002; Brenner 2004; Heigl 2011; Clark and Jones 2012; Valler, Tait and Marshall 2013, Boukalas 2014a). 전략관계적 접근법을 활용하는 이들은 국가의 (존재하지 않는) '본질'을 포착하려는 시도를 거부하고, 대신 국가의 변동하는 형태·기능·효과를 연구하는 데 유용한 이론적·방법론적 도구들을 정교화하려고 한다. 전략관계적 접근법은 국가를 실체적이고 통일된 사물이나 단일한 행위자로 보는 대신 그 초점을 넓혀 국가장치뿐만 아니라 **국가권력**의 행사와 효과를 포착하려고 한다. 국가권력은 국가체계 내에서, 국가체계를 통해 그리고 국가체계에 대항해 각자의 이익을 추구하려는 세력들 간의 변동하는 균형의 우연적[상황적]contingent▾ 표현이다. 정치적인 또는 정치와 관련된 투쟁은 (언제나 허상일 뿐인) 공동 이익에 관한 합의를 목적으로 하는 논쟁에서 공개적이고 체계적이고 유혈적인 내전이나 집단학살까지 여러 가지 형태를 취할 수 있다. 변동하는 세력균형은 제도·담론·통치술을 통해 매개된다. 그것은 더 넓은 정치체계와 주변 사회관계에 착근된 국가장치의 특정한 제도적 구조와 절차에 따라 조건 지어진다. 다른 한편, 국가역량의 효과성은 국가의 공식적 경계 너머에서 움직이는 세력들과의 연계에 달려 있다. 이들은 '힘의 증폭자'로서 행동하거나 역으로 국가의 개입을 분산시키고 뒤집거나 가로막는다.

국가체계의 구조적으로 각인된 전략적 선택성structurally inscribed strategic selectivity과 다양한 전략을 가진 경쟁하는 세력들 사이의 상호작용은 '국가효과'를 발생시킨다(Jessop 1990: p. 9; cf. Mitchell 1999; Foucault 2007; Bourdieu 2013).[▼▼] 이 접근법의 발전은 국가체계에 대한 아브람즈의 주장을 해석하고 정교화하는 데 도움이 되며, 이를 국가라는 지배체계에 대한 다양한 유형의 왜곡이나 오인과 연관 짓는 데 도움이 될 수 있다. 이 접근법은 또한 경로의존성path dependency과 경로형성path shaping이라는 쟁점을 중심으로 국가이론에서 구조-행위의 변증법을 이해하는 한 가지 방법을 제시한다.

전략관계적 접근법이라는 이름은 관계론적 관점에서 구조와 행위의 의미를 재규정함으로써 도출된 것이다. 그것은 행위의 전략적 맥락과 행위의 변형적 힘을 강조한다. 이러한 관점에서 구조란 행위자들에

▼   전략관계적 관점에서 볼 때 '우연적'인 것이란 완전한 무작위성이 아니라 특정 조건에 따라 달라지는 상황적 가변성을 뜻한다.

▼▼ '구조적으로 각인된 전략적 선택성'이란 전략관계적 접근법의 핵심 개념으로서, 특정한 전략과 세력에 구조적으로 유리(그러나 결정적이지는 않은) 사회적 조건들을 말한다. 사실 이러한 편향성은 국가체계와 장치뿐만 아니라 더 넓은 사회구조에도 새겨져 있으며, 사회적 상호작용과 투쟁 속에서도 생겨나고 작동한다는 점에서 구조에 각인되어 있지만 정세에 따라 변화할 수도 있다.

따라 달라지는 차별적인 제약과 기회에 존재한다. 이제 행위작용agency 은 해당 행위자들뿐만 아니라 구조에 따라서도 달라지는 전략적 역량 에 달려 있다. 서로를 보완하는 이 한 쌍의 명제들은, 구조가 모든 행위 자들을 동등하게 제약하거나 도와준다고 간주하는 평범한 주류적 접근 과 대조될 수 있다. 특히 전략관계적 접근법은 제약과 기회의 편향된 구 성을 특정 전략들과의 관계 속에서만 이해할 수 있음을 강조한다. 특정 세력들은 주어진 시간 지평[예: 장기 또는 단기] 내에서 특정 이익[예: 경제 적 또는 정치적 이익]을 추구하고 이에 따라 제약과 기회는 달라진다. 이러 한 전략의 추진은 다른 세력들도 자신들의 이익을 위해 특정 전략을 추 진한다는 것을 고려하면서 이루어진다. 이것은 정치적으로 유의미한 행위자들(개인 또는 집단)이 행위의 경로를 선택할 때 '전략적 맥락'의 분 석에 관여함으로써 이러한 차별적 특권화를 고려하는지, 그리고 만약 그렇다면 어떻게 고려하는지를 고찰해야 함을 뜻한다. 달리 말하면, 그 들은 얼마나 관례적으로 또는 습관적으로 행동하는가, 아니면 반대로 상이한 공간적 행위 지평에 따라 변화하는 '가능성의 예술'이라는 관점 에서 현재의 상황을 평가하는가?

구조들은 **절대적으로 구속**하기보다 오직 [상이한] **전략들에 대해 선 택적[차별적]으로 작용**하기 때문에, 행위가 구조적 제약을 압도하거나 우회하거나 또는 전복시킬 수 있는 여지는 언제나 존재한다. 마찬가지 로 주체들은 결코 통일되어 있지 않고 (자신들의) 전략적 행위에 영향을 주는 조건들을 완전히 알고 있지 않으며, 전략적 성찰이나 학습을 수행 할 수 있는 여건을 완전히 갖추고 있지 않다. 그렇기 때문에 그들이 자 신들의 전략적 목표를 대부분 실현할 수 있다는 보장은 없다. 사실 대부분의 주체들에게 그런 일은 일어나기 어렵다. 게다가 특정한 세력의 정체성·이해관계·자원·목표·전략·전술이 변하면 특정한 구조들과 결부되어 나타나는 제약과 기회도 변한다. 한편, 국가를 통해 구성된 전략적 지형 위에서 활동하는 계산적 주체들은 부분적으로는 과거의 국가 개입뿐만 아니라 현 국가체계(대표 형태, 내적 구조, 개입 형태)의 전략적 선택성에 따라서도 구성된다. 현 국가의 편향성은 전략적 선택성의 과거 패턴들과 (성공적이었든 아니었든) 전략적 선택성을 변형하기 위해 채택된 전략들이 상호작용한 결과다. 나는 곧 이 전략적 선택성을 국가체계의 여섯 가지 차원과 그것의 더 넓은 사회질서에 대한 착근과 연결 지어 설명할 것이다.

여기에 경로의존성과 경로형성이 나선형적으로 작동한다. 특정한 구조를 재조직하고 전략적 방향을 재조정할 수 있는 기회 자체는 구조적으로 각인된 전략적 선택성에 달려 있다. 예를 들면 특정한 국가 구조에 각인된 제약이나 기회를 제거하거나 변형하기 위해서는 여럿의 시공간적 행위 지평 위에서 전략을 추구하고 상이한 맥락에 놓여 있는 서로 다른 사회세력들을 동원하는 것이 필요할 수 있다. 시간이 지남에 따라 성찰적으로 재조직된 구조, 그리고 반복적으로 선택된 전략과 전술이 공진화를 통해 비교적 안정된 질서를 발생시킨다. 그러나 이는 문제들을 다른 곳에 전가하거나 미래로 지연시킴으로써 안정성을 확보하는 제도적·시공간적 조정institutional and spatio-temporal fixes의 앙상블에도 달려 있을 것이다(4, 7장).

세력균형 또한 특정한 세력들의 조직·전략·전술의 변동에 따라서뿐만 아니라 경제와 국가, 나아가 더 넓은 사회구성체의 전략적 지형 변동에 따라서 변화한다. 특정 국가의 유형·형태·체제는 국가권력을 획득하기 위해 각기 채택하는 전략에 따라, 다른 세력들보다 어떤 세력들에게 좀 더 접근 가능할 것이다. 이것은 국가성의 형태 변동에 대한 역사적 분석이 필요함을 가리킨다. 예를 들면 국가 유형(예: 봉건제 대 자본주의), 국가 형태(예: 절대주의, 자유주의, 개입주의), 정치적 대표양식(예: 민주주의 대 전제정), 정치체제(예: 군부독재, 파시즘, 관료적 권위주의와 같은 예외체제exceptional regimes 또는 의원내각제, 대통령제, 대중적인 국민표결제 민주주의plebiscite democracy▼와 같은 민주적 체제), 특수한 정책수단(예: 케인스적 수요관리 대 신자유주의적 공급중시 정책) 등이 이에 해당한다(Jessop 1982, 1990, 2007b 참조). 국가의 역사적·형태적 구성은 언제나 과거의 투쟁에서 비롯된 결과이며 투쟁을 통해서 재생산되거나 변형된다.

국가는 권력을 행사할 수 없다. 국가란 그 안팎에 있는 여러 다른 세력에 불평등한 기회를 제공하는 권력의 중심들과 역량들의 앙상블에 불과하기 때문이다. 달리 말하면 권력을 행사하는 것은 국가 그 자체가 아니다. 대신 (복수의) 권력들을 활성화시키는 것은 국가의 특정한 부분과 특정한 정세 속에 위치한 정치인들과 국가 공직자들의 변동하는 집

▼ '국민표결' 또는 '플레비시트plebiscite'란 기울어진 정치지형에서 독재 권력 강화를 위해 시행되는 (특정 이슈에 관한) 전체 국민의 표결을 가리키며, 주로 헌법 개정에 관한 국민투표를 뜻하는 '레퍼렌덤referendum'과 달리 부정적인 함의를 가지고 있다. 따라서 '국민투표제/국민표결제 민주주의plebiscitary democracy' 또는 '플레비시트 민주주의'란 지도자가 투표로 선출되지만 일단 권력을 잡으면 그 권한에 대한 제한이 거의 없는 정부형태를 가리킨다. 플레비시트 독재 또는 지도자 민주주의leadership democracy라고도 불리는 이러한 정부형태에서 지도자는 대중에게 직접 호소하고 종종 국민표결을 통해 승인을 구하며 자신이 국민의 의지를 구현한다고 주장한다. 막스 베버는 '직업으로서의 정치(Politik als Beruf, 1919)'에서 이를 카이사르주의Caesarism와 연결해 언급했으며, 그 대표적인 예로는 고대 로마의 율리우스 카이사르, 프랑스의 나폴레옹 3세 정권 등을 들 수 있다(Gerhard Caper, "Caesarism in Democratic Politics—Reflections on Max Weber", March 22, 2007, Social Science Research Network: https://ssrn.com/abstract=1032647).

단들이다. 이 '내부자들'은 국가권력의 행사에서 핵심적인 역할을 하는 행위자들이지만 언제나 특정 국가의 안팎에 걸쳐 있는 더 넓은 범위의 세력균형과의 관계 속에서 행동한다. 국가 그 자체는 고사하고 국가 관리자에 관해서만 말해보자면, 권력의 행사는 국가체계와 그것의 고유한 역량 너머로 확장되어 있는 복합적 사회관계들을 감춘다. 기능적인 근대국가에서 국가권력의 헌정화와 집중화는 구체적인 공직자와 기관에 공식적인 책임을 물을 수 있게 하고, 선거나 기타 토론장에서 정치적 행위자들을 문책하는 데 유용할 수 있다. 그러나 이는 국가 내부와 그 너머에서 권력이 복잡하고도 [다른 것들을 통해] 매개되는 방식으로 순환한다는 사실을 왜곡하는 것이기도 하다. [국가 안과 밖을 넘나드는] 권력의 애매한 성격을 드러내는 것은 종종 국가 관리자들 자신이다. 때때로 그들은 일반적인 전략노선이나 특정한 정책을 도입하고 실행한 공을 인정해달라고 자랑스럽게 요구한다. 그러나 다른 경우 그들은 국가 행위나 그 결과에 대한 책임을 권력투쟁 중인 다른 사회세력들(또는 불가항력 force majeure)에 흔쾌히 떠넘기려고 한다.

국가권력(그리고 이와 관련된 책임·약점·무능함)이 어떤 방식으로, 어느 정도로 실현되는지는 국가 안팎에 위치한 구체적인 사회세력들의 행위·반동·상호작용에 달려 있다. 한편, 사회세력들의 상호작용은 국가와 그것을 포괄하는 정치체계 간의 구조적 연결, 국가 관리자들과 다른 정치세력들 간의 전략적 연계, 국가와 정치체계를 더 넓은 환경에 연계시키는 상호의존과 사회연결망의 복잡한 그물에 달려 있다.

이러한 주제들을 살펴보는 것은 국가장치와 국가권력을 분석하는 데 있어 전략 개념의 역할이 얼마나 중요한지 잘 보여준다. 국가의 다양한 층위와 부처들 사이의 내적 갈등과 경쟁뿐만 아니라 사회적 모순과 정치적 투쟁을 고려할 때, 통일된 정치세력으로 행동할 수 있는 국가의 역량은—그렇게 할 수 있는 한—상대적으로 일관되고 통일적인 국가 프로젝트가 국가장치 내에서 얼마나 널리 받아들여지느냐에 달려 있다. 국가권력의 행사에서 전반적인 전략노선을 분별할 수 있다면, 그것은 미셸 푸코와 니코스 풀란차스가 강조했듯이 국가체계의 선택성을 통해서 가능해진 전략적 조율strategic coordination 덕분이다. 그리고 풀란차스에 따르면 그것은 국가의 공식적 구조들을 횡단하고 통일하면서 시민사회와 연결하는 병렬 권력 네트워크 덕분이기도 하다(Foucault 1980, 2007; Poulantzas 1978; 다음 절과 9장의 '심층국가deep state'에 관한 진술과 비교할 것).

자본주의 사회의 국가를 분석하는 데 적합한 전략 개념들로는 다음과 같은 것들이 있다. 국가 외의 다른 곳에서 기원할 수도 있지만 국가의 후원 아래 경제발전, 그리고 특히 자본주의적 맥락에서는 차등적 축적differential accumulation(즉 어떻게 도출되든 평균 이상의 경쟁력과 이윤)▼을 이루려는 **경제전략**, 국가의 제도적 통일성을 만들고 재생산하려는 **국가 프로젝트**, 더 넓은 사회에 대해 국가가 갖는 성격과 목적에 관한 **헤게모니적 비전**이 있다. 이 전략들은 기술적·경제적·법-정치적·사회적 상상

▼ '차등적 축적'이란 캐나다와 이스라엘의 정치경제학자 조나단 닛잔Jonathan Nitzan과 심숀 비클러Simshon Bichler가 강조하는 자본축적의 양상이다. 그들에 따르면 자본은 이윤 극대화를 목표로 하지 않으며, 자본의 이윤율도 평균화되지 않는다. 지배적 자본은 (항상 상대적으로만 평가될 수 있는) 권력의 획득을 추구하며, 따라서 (가격 인상 등으로 이윤 폭을 확대하거나 시장을 독점적으로 장악함으로써) 평균적인 이윤을 초과하는 것을 목표로 한다(조나단 닛잔·심숀 비클러, 『권력 자본론』, 홍기빈 옮김, 삼인, 2004 참조).

계들에서 나온 요소들의 특정한 접합을 포함한다. 또한 이들의 성공 여부는 주어진 사회구성체의 심층구조와 논리, 그리고 세계시장·국가간 체계·세계사회 편입에 달려 있다. 그러한 전략·프로젝트·비전은 새로운 동맹, 전략, 시공간적 행위 지평에 따라 열릴 수 있는 국면적 기회뿐 아니라 지배적인 제도적 질서와 세력균형이 부과하는 주요한 구조적 제약들에 주목할 때 성공할 가능성이 가장 높다. 물론 [자본주의 이외의] 다른 사회화의 원리 또는 일련의 다른 사회세력, 정체성, 관념적·물질적 이익과의 관계 속에서 탐구할 수 있는 다양한 종류의 상상계와 전략도 있다.

이 접근법은 처음에는 국가와 정치적 세력균형을 매개로 한 정치적 계급지배를 설명하기 위해 발전했다. 하지만 이는 다른 형태의 사회적 지배를 설명하는 데도 생산적으로 확장될 수 있다. 여기에는 젠더·종족성·'인종'·세대·종교·정치성향·지역 등이 포함된다(그러나 결코 이것들에 그치지 않는다). 사실 구체적이고 복합적인 현상을 적합하게 이론화하고 설명하려면 계급 이외에도 다른 준거점과 설명 원리에 대한 관심이 필요하다. 국가를 이런 방식으로 탐구한다고 해서 국가를 통해 생겨나고 매개되는 특정한 구조와 과정이 배제되는 것은 아니다. 오히려 사실은 그러한 구조와 과정이 전제된다.

이러한 설명을 특정한 정치적 시기·단계·국면에 대한 상세한 분석으로 번역하기 위해서는 다음과 같은 세 가지의 서로 연관된 계기에 대한 연구가 필요하다. (1) 복합적인 제도적 앙상블로서 국가의 역사적 또는 형태적 구성. 이는 변동하는 세력균형을 반영하고 변형하는, 시공간적으로 특화된 패턴을 가진 '구조적으로 각인된 전략적 선택성'을 특징으로 한다. (2) 특정한 국면에서 일어나는 정치세력과 전략의 역사적·실질적 조직화와 형상화. 여기에는 국가장치 전체에 각인된 전략적 선택성에 대해 성찰하고 대응하는 정치세력의 역량이 포함된다. (3) 전략에 대해 선택적인 지형 위에서 또는 거기서 거리를 두고 벌어지는 세력들 사이의 상호작용. 그들은 즉각적인 목표를 추구하거나, 세력균형 또는 국가와 국가의 기본적인 전략적 선택성을 변형하려 한다. 국가건설은 5장에서 다루고 여기서는 국가의 역사적·실질적 조직화에 대해 논할 것이다.

국가의 여러 차원

전략관계적 접근법을 발전시키기 위해서는 가장 기본적인 국가 형태부터 특수한 국면 속에 있는 특정한 체제의 수준까지 연구할 수 있는 국가의 여섯 가지 차원을 살펴보는 것이 유용하다([표 3-1] 참조). 이 여섯 가지 차원 중 세 가지는 주로 형태적이고 제도적인 측면과 관련된다. 그것들은 (1) 정치적 대표의 양식들과 그것들 사이의 접합, (2) 제도적 앙상블로서 국가의 수직적·수평적·횡단적 접합, 그리고 다른 국가들과의 관계와 구획, (3) 국가 개입의 여러 메커니즘·양식과 그것들 사이의 전반적인 접합이다. 각각의 차원에는 그것에 고유한 구조적으로 각인된 전략적 선택성이 있으며, 이들은 서로 분석적으로 구별되지만 경험적으로는 모두 중첩된다. 그 밖의 다른 세 가지 차원은 국가의 담론적이고 행위 지향적인 측면과 관련되어 있으며, 국가의 좀 더 형태적인 특성에 내

[표 3-1] **국가의 여섯 가지 차원, 이와 관련된 위기 경향**

차원		정의	전략관계적 접근법에 대한 중요성	위기의 측면
세 가지 형태적 차원	대표양식	• 이는 사회세력들에 국가장치와 역량에 대한 접근권을 부여	• 국가에 대한 접근권의 불평등 • 국가와 거리를 두고 저항할 수 있는 능력의 불평등	• 대표성의 위기
	접합양식	• 국가의 계층과 부처들의 제도적 아키텍처	• 국가정책의 입안·결정·실행역량에서 나타나는 불평등	• 제도적 통합성의 위기
	개입양식	• 국가 안팎의 개입양식	• 상이한 개입의 영역과 메커니즘	• 합리성 위기
세 가지 실질적 차원	국가의 사회적 기반	• 제도화된 사회적 타협	• 국가, 국가 프로젝트, 특정한 정책 집합, 헤게모니적 비전을 확보하기 위해 '인구'에 대해 물질적·상징적으로 양보할 수 있는 능력의 불평등한 배분	• 권력 블록의 위기 • 정당과 국가에 대한 환멸 • 소요, 내전, 혁명
	국가 프로젝트	• 국가와 국가 행위역량의 작동적 통일성 확보	• 국가 부서와 행위자들을 지도함으로써 통일된 국가체계의 불가능성을 극복	• 정당성 위기
	헤게모니적 비전	• 사회구성체에 대한 국가의 본성과 목적을 규정	• 공공선 등의 관점에서 정의된 정당성을 국가에 부여	• 헤게모니의 위기

출처: 독자적인 이 장의 주장에 근거해서 요약 정리함.

용과 전략적 의미를 부여한다. 이 차원들은 (4) 국가에 안정된 핵심적 지지층을 제공하고 국가로부터 주요한 물질적 또는 상징적 수혜를 받는 사람들로 이루어진 사회적 기반social bases, (5) 국가의 내적 통일성과

(정책수립의 양식 등) 작동방식을 만들어내는 '국가 프로젝트', (6) 더 넓은 사회 또는 세계에 대한 국가의 성격과 목적을 규정하는 '헤게모니적 비전'이다. 마지막 두 가지는 '부분-전체' 패러독스와 관련된다. 이 패러독스는 국가가 주어진 사회구성체의 여러 제도적 질서 중 단지 (통일성이 문제시되는) 하나의 제도적 질서에 불과하지만, 특이하게도 그 사회 전체의 통합성과 응집성을 보장하는 책임을 맡고 있다는 것을 가리킨다.

세 가지 형태적 차원과 세 가지 실질적 차원 사이의 표면적인 일대일 대응(대표-사회적 기반, 아키텍처-국가 프로젝트, 개입-헤게모니적 비전 사이의 대응)은 의도된 것이 아니다. 이들은 설명의 목적을 위해서 분석적으로 구별되었지만, 각각의 대응 **내부에는** 연결고리뿐만 아니라 잠재적 괴리가 있고 각 차원들은 서로 교차하면서 연결되어 있다. 마지막 주의사항은 이 여섯 가지 차원이 국민국가의 수준에서만 연구되어서는 안 된다는 것이다. 영토적 국민국가의 전성기에조차도 국가들은 다른 공간적 조직 형태와 다른 스케일에서 일어나는 정치적 실천들의 틀에 접합되어 있었기 때문이다. 국민국가가 정치권력 영토화의 주요한 형태였던 시대 이외의 다른 시기와 장소에서는 공간적 조직의 복합성이 훨씬 더 중요했다(5장 참조).

이 여섯 가지 차원은 완전하지는 않지만 함께 놓았을 때 국가의 주요 측면들을 분석하고, 국가의 '정상적' 형태와 '예외적' 형태(9장)를 비교하고, 개별 국가들과 그들의 전략적 선택성이 갖는 혼종적 성격을 서술할 수 있는 기본적인 틀을 제시한다. 사실 국가체계의 내부조직은 대표 형태와 개입 형태 간의 위계를 유지하는 데 핵심적인 역할을 한다. 이들 형태 사이의 부조화는 국가 내부의 위기로 이어질 수 있다. 1920년대와 1930년대에 연구된 잘 알려진 예로 대중정치의 부상과 국가의 경제적 개입 확대에 따라 일어난 자유주의적 의회주의의 위기를 꼽을 수 있다(Schmitt 1988; Scheuerman 1996). 좀 더 일반적으로 이 여섯 가지 차원의 매트릭스는 2장에서 제시된 3대 요소 접근법으로는 포착할 수 없는 국가위기의 다양한 측면을 확인해준다. 여기에는 국가의 대표성 위기, 제도적 위기, 합리성 위기, 정당성 위기, 권위의 위기, 헤게모니의 위기가 포함된다.[1]

정치적 대표양식과 접합

정치적 대표양식이 헌법에 공식적으로 규정되어 있을 수도 있지만 헌법에 규정된 제도들은 가장 중요한 정치적 대표의 메커니즘이 아닐 수도 있다. 어떤 것들은 좀 더 상징적이고 '위엄 있는' 것일 수 있고, 어떤 것들은 설사 비공식적인 것일지라도 좀 더 '효율'적인 것일 수 있다. 월터 배젓Walter Bagehot은 자신이 도입한 이러한 구별을 이용해 잉글랜드 헌법에서 군주와 내각이 수행하는 역할을 비교했다(1963). 오늘날의 지배에 대한 비판에서 한 가지 핵심적인 문제는 국가의 '효율적'인 부분들을 '위엄 있는' 부분들에서 분리하는 것이다(9장 참조). 이와 유사하게, 중요한 사실상의de facto 정부 부처들을 묘사하기 위해 봉건제적 은유를 활용하는 경우도 있다. 잘 알려진 예는 '제4부/신분fourth estate'(보통 언론사를 가리키지만 간혹 군중, 인민 대중 또는 프롤레타리아를 가리키기도 한다)[2]

1 　대표성의 위기, 헤게모니의 위기, 유기적 위기의 개념은 그람시에서, '합리성 위기'와 '정당성 위기'는 하버마스에서, 제도적 위기는 풀란차스에서 유래한 것이다(Gramsci 1971; Habermas 1975; Poulantzas 1970).

과 '제5부/신분fifth estate'▼(노동조합, 소셜미디어 네트워크 또는 새로운 프레카리아트 등 다양한 것을 가리킨다)이다.[3] 또 다른 유용한 개념은 '병렬 권력 네트워크'다(위에서도 언급했지만 아래에서 더 상세히 살펴볼 것이다). 우리는 행위가 일어나는 다양한 장소와 스케일에서 실제의 정치적 대표양식을 식별하고 이러한 양식들이 어떻게 공식적·비공식적으로 작동하는지를 포착해야 한다. 이러한 정치적 대표양식의 작동에 따라 정치세력들은 정치적 구성체, 의사결정과 집행의 중심부에 차등적으로 접근한다. 이를 통해 그들은 자신들의 우연적인[상황에 따른] 물질적 이해관계와 무조건적인 관념적 이해관계(또는 가치)를 표명하고 증진할 수 있다.[4]

비록 정치와 정책에서 가장 중요한 것은 좁은 의미의 국가장치에 대한 접근권이지만, 공식적 결정이 (잠재적인) 지지와 저항을 고려해서 이루어지는 한 정치적 대표는 국가와 멀리 떨어진 곳에서도 일어난

---

2   칼라일Carlye(1908)에 따르면 이 표현의 일반적인 용례는 1787년 에드먼드 버크Edmund Burke가 성직자·귀족·하원을 견제하는 언론의 역할에 대해 서술한 데서 유래한다.

▼   중세 프랑스의 전국신분회États généraux는 성직자·귀족·평민의 세 부분으로 이루어진 신분제 의회를 가리키는데, 여기서 성직자와 귀족을 제외한 모두를 제3부/신분third estate이라고 했다. 여기서 'Estate'는 신분뿐만 아니라 국가를 구성하는 한 부분을 가리킨다. 마찬가지로 제4부와 제5부도 신분이라는 뜻을 함께 가지고 있다.

3   각각 테일러, 더튼, 알레그리와 치카렐리의 저술을 참고하라(Taylor 1978; Dutton 2009; Allegri and Ciccarelli 2014).

4   막스 베버는 사회적 행동을 이끄는 동기와 계산을 분류하기 위해 이러한 구분을 만들었다. 물질적 이익의 계산은 도구적이며 상대적 비용과 편익을 지향하고 결과에 관심이 있는 반면, 이념적 이익을 지향하는 행위는 무조건적이며 "성공의 전망과는 무관하게 어떤 윤리적·미적·종교적 또는 다른 형태의 행동 자체가 가지고 있는 가치에 대한 의식적 믿음으로 결정되는" 가치와 관련된다(Weber 1978: pp. 24~25). 베버는 이 연구에서 (관습에 기반을 둔) 전통적 행위와 (감정에 따라 동기 부여된) 정서적 행위에 대해서도 논의했다. 전통은 합법적인 권위(지배Herrschaft)의 원천이 될 수 있으며, 정서적 행위는 카리스마 또는 복수심과 같은 감정에 관련될 수 있다(9·11 테러 이후 미국의 외교정책이 여기에 해당할 수 있다).

다. [선거, 법적 청원, 주민참여제, 공청회, 노사정 협의체 등] 공식적인 대표의 통로들이 중요하기는 하지만 이들은 정당, 다양한 유형의 조합주의 단체, 로비·압력 집단, 신구 사회운동과 국가 관리자들이 수행하는 역할과의 연관 속에서 이해해야 한다(선거제도의 영향력에 대해서는 Grofman and Lijphart 2003 참조. 정당에 대해서는 아래 참조). 이 행위자들은 모두 국가에 사회적 기반과의 연결고리를 제공하고 그것을 조직하는 데 도움이 된다. 정치의 미디어화도 점점 더 중요해졌다. 미디어는 정치적 이해관계와 요구의 전달자이자 그 자체로 고유하면서도 내적으로 분화된 하나의 세력이 되었다(정치의 미디어화에 대해서는 Cook 2005; Esser and Strömback 2014; Luhmann 2000; Meyer 2002; Kriesi et al., 2013 참조). 그러므로 헤게모니적 미디어에 접근할 수 없는 집단은 '정상적'인 조건에서는 주변화되는 경향이 있다. 하지만 하위 헤게모니 또는 대항 헤게모니를 추구하는 미디어 채널은 그보다 덜 제도화된 대중정치의 형태로 정치적 동원을 촉진할 수 있다. 탈집중화된 소셜미디어와 이른바 '블로그스피어blogsphere'를 최근에 '제5부'라 부르는 까닭은 이 때문이다.

그게 전부라고 주장하지만 않는다면, 다음과 같이 대표양식의 다섯 가지 이념형을 나열하는 것은 유용하다. 그것들은 후견주의·조합주의·의회주의·다원주의와 국가이성이다. **후견주의**clientelism는 정치적으로 매개된 자원을 유리하게 할당하는 것과 정치적 지지를 교환하는 대표형태다. 이는 종속적인 고객client과 상위의 후견인patron 간의 위계적 관계를 수반한다. 이것은 명망가들이 운영하는 간부정당cadre parties▾, 후견정당patronage parties, 고전적인 정당조직 정치party machine politics와도 연관되어 있다.

조합주의corporatism는 주어진 경제공간의 분업 속에서 사회적으로 지정된 기능·역할·작업을 토대로 한 정치적 대표 방식이며, 그 구성원들이 실질적으로 상이한 기능을 수행하는 '조합들corporations' 간의 형식적 등가성을 특징으로 한다. 이는 다양한 기능적 조합들(예: 고전적인 사례로는 이탈리아 파시즘) 또는 삼자주의tripartism(예: 고전적인 사례로는 대서양 포드주의 시기의 대기업, 대형노조, 큰 정부 사이의 노사정 협의체)에서 나타날 수 있다.▼▼ 거의 100년 전에 막스 베버가 주목했듯이 조합주의 조직들은 분파주의에 취약하고(Weber 1994: pp. 351~352), 이는 그들의 대표 역할에 한계를 부여한다. 좀 더 일반적으로 추상적인 측면에서 고려할 때, 여기서 정의된 것과 같은 조합주의는 폭넓은 사회적 분업 속에서 상이한 역할을 수행하는 집단들을 연결하는 네트워크 거버넌스의 유형에서도 발견된다(7장 참조).

　　의회주의parliamentarism는 **형식적으로** 평등한 개별 '시민들'이, 선출된 입법부나 집정부political executive▼▼▼에 대해 투표권과 이와 관련된 권리를 행사함(여기에는 '위엄'보다는 '효율적' 권한을 가진 대통령을 직접 선출

▼　간부정당이란 정치자금 후원에 기초해 소수의 명사·간부·의원 중심으로 느슨하게 조직된 정당으로 선거권이 제한된 19세기 유럽과 미국에서 발전한 정당 형태다. 이는 보통선거권이 도입된 후 대중 당원 확대와 당비를 통한 재정 충당을 통해 발전한 위계적 대중정당mass party과 구별된다(Maurice Duverger, *Political Parties: Their Organization and Activity in the Modern State*, London: Methuen & Co. Ltd, 1959, 참조).

▼▼　대서양 포드주의Atlantic Fordism란 2차 세계대전 이후 포드주의 대량생산 방식과 생산성 상승. 케인스주의적 계급 타협과 조절양식의 결합에 따라 성립된 북미와 서유럽의 성장모델을 가리키며, 삼자주의란 조합주의의 한 형태로 노동·자본·국가의 삼자가 모여 중요 경제·사회 정책을 협의하고 결정하는 모델을 가리킨다.

▼▼▼　집정부執政府란 '정치를 집행하는 관청'을 뜻하며 고위급 선출직·정무직 공직자들로 구성되어 있다. 행정부는 정치인, 고위 관료, 하급 관료로 이루어져 있고, 그중에서 '집정부'는 정치적 과정을 통해 선출되거나 임명되는 대통령, 국무총리, 장관 등 고위 정치인들과 관료를 가리킨다. 따라서 '행정부' 전체와는 구별된다.

하는 것이 포함된다)으로써 정책수립에 간접적으로 참여하는 대표양식이다. 실질적 평등의 정도는 선거운동에 들어가는 돈의 역할과 출처에 따라 매우 다를 수 있다(악명 높은 사례로는 2010년 미국의 시민연합 대 연방선거관리위원회Citizens United v. Federal Election Commission 판결[▼] 참조). 의회주의는 정치조직의 영토적 기반(지역 선거구)과 관계되어 있으며, 대개 정당조직이 매개한다(정당 형태와 정당 동학dynamics의 변화에 대해서는 정당에 대한 아래의 보론 참조).

다원주의pluralism는 자발적 회원들로 구성된 정치세력들이 국가장치에 접근할 수 있는 제도화된 통로에 기반을 두고 있다. 그러한 정치세력들은 분업에서 담당하는 기능이 아니라 시민사회에 뿌리를 둔 이해관계나 대의명분을 대표하며, 국가의 관련 부처에서 그 정당성을 인정받는다. 국가장치에 대한 접근권은 결코 균등하게 배분되어 있지 않다. 그것은 그 유명한 '공평한 경쟁의 장'에서 일어나지 않는다. 더구나 다원주의적 조직들은 국가의 구조와 작동 논리에 적응해야 하는 압력에 직면한다. 그리고 반대로 국가와 거리가 먼 곳에서 일어나지만 그럼에도 정치적 계산에 포함되는 '파괴적' 행동들이 발생할 가능성은 항상 존재한다.

[▼] 시민연합 대 연방선거관리위원회558 US 310(2010)는 선거자금 지출 규정에 관한 판례다. 보수주의 비영리기관인 시민연합이 2008년 민주당 대선후보 힐러리 클린턴Hilary Clinton에 비판적인 영화를 텔레비전으로 방영하려고 하자, 연방법은 이를 금지했다. 이에 미국 대법원은 2010년 1월 21일 5대 4로 정부가 비영리기관, 영리기업, 노동조합과 기타의 결사체들이 언론비용을 독자적으로 지출하지 못하도록 한 것은 위헌이라고 판결했으며, 이는 기득권 세력의 정치적 영향력을 키우는 판결로서 큰 논란의 대상이 되었다("Citiznes United v FEC", Federal Eelction Commision, https://www.fec.gov/legal-resources/court-cases/citizens-united-v-fec/ 참조).

이 맥락의 다원주의는 정치학의 이론적·방법론적 접근인 (신)다원주의와는 구별해야 한다. 이 접근법의 세 가지 핵심적인 차이는 다음과 같다. 첫째, (신)다원주의는 헌법해석론이나 제도주의적 접근에 대립해서 발전한 접근법이다. 그 자체로 (신)다원주의는 갈등과 경쟁, 정당연합 건설을 정치적 안정과 변동을 이끄는 힘으로 강조한다. 둘째, (신)다원주의적 전략과 전술은 (후견주의·의회주의·조합주의를 포함한) 여러 다른 종류의 정치적 지형들 위에서 펼쳐질 수 있으며, 따라서 고유한 대표양식이 아니다. 셋째, 정치학에서 (신)다원주의는 내가 위에서 제안한 다원주의의 정의에서처럼 '시민사회'에 뿌리를 둔 이해관계와 대의명분에 따라 제한되기보다는 동등하게 다양한 권력자원·이해관계·가치를 지닌 넓은 범위의 개인과 집단 행위자들을 포함한다(cf. Bentley 1908; McFarland 2004; Cerny 2010).

이 장에서 발전시킨 전략관계적 접근법은 여러 다른 세력들 간의 변동하는 균형에 관심이 있다는 점에서, 서로 가로지르고 교차하는 집단들과 사회세력들에 대해 민감하다는 점에서, 그리고 갈등과 경쟁, 정당연합 건설에 관심이 있다는 점에서 (신)다원주의와 약간의 유사성이 있다. 그러나 (신)다원주의는 제도, 제도적 질서와 사회적 배치들에 구조적으로 각인된 전략적이고 선택적인 [상이한] 비대칭성들에 분석적으로 동등한 비중을 부여한다는 점에서 전략관계적 접근법과 다르다(일반적인 관점에서 이러한 주장들을 받아들이고 이러한 주장들이 신다원주의에 통합되었다고—내게는 별로 설득력 없게—주장하는 최근의 진술로는 Cerny 2010: pp. 10~11 등 참조). 더구나 내가 이 책과 다른 저작에서 개진한 전략관계적 접근법의 특정한 버전과 비교할 때, (신)다원주의는 자본관계의 특수성, 특히 그 본질적인 구조적 모순, 전략적 딜레마, 사회적 적대, 시장을 매개로 한 이윤 지향적 축적이라는 사회조직화 원리의 상대적 우위, 이에 따라 현대사회에 형성되는 제약과 기획의 전반적 패턴을 다루는 데 덜 적합하다.

여기서 고찰되는 다섯 번째 대표양식인 **국가이성**Raison d'état은 공식적인 대표의 통로 없이 국가가 개입하는 극한적 사례다. 그것은 국가 자체의 안보, 사회의 안전, 또는 어떤 중요한 국가적·공공적 이익이 위협을 받고 있다고 호소함으로써 그러한 개입을 정당화하려고 한다.[5] 주권적 권력은, 설사 그 행위가 정상적으로는 월권적ultra vires인 것('권한을 넘어서는 것', 즉 법적 권위를 초과하는 것)이거나 단순히 불법적인 것일지라도 '안보'를 유지하는 데 필요한 것으로 여겨지는 어떤 행동에든 관여하려고 할 수 있다. 많은 경우 국가의 이익과 인민의 이익은 서로·혼동되며, 이들 중 하나 또는 둘 다를 들먹이면서 비상사태가 선포되고, 더 일반적으로는 예외국가의 관행들이 정당화된다(비상사태, 위임독재와 입헌적 독재commissarial and constitutional dictatorships, '심층국가deep state'와 예외체제에 대해서는 9장 참조).

국가이성은 비공식적인 대표 채널에 연결될 수도 있다. 그중에는 국가의 공식적 경계를 넘어 서로 교차하는 네트워크와 권력의 복합체를 수립하는 병렬 권력 네트워크와 같은 것들이 있다. 이들은 국가의 견고

5   여기에 나오는 국가이성이라는 개념은 필립 서니Philip Cerny의 국가이성 대 세계이성의 개념 쌍에서 등장하는 개념과는 확연히 다른 것이다. 서니에게 전자는 국민국가 중심의 통치 합리성을 가리키고, 후자는 아직 부상하고 있는 세계의 정치적 상부구조를 지향하는 좀 더 초국적이고 신다원주의적인 통치성을 가리킨다 (2010: 여러 곳, 특히 27, 157, 175, 244, 269, 297, 306쪽 참조).

한 핵심hard kernel을 형성하면서, 합법과 불법의 사이에 있는 회색 영역에서 움직이고 주요한 정치과정과 정책적 이슈를 만들어낸다. 이 현상을 특수한 맥락에서 가리키는 데 쓰이는 다른 용어들로는, '이중국가dual state'(Morgenthau 1962, Fraenkel 1941), 때로는 교회를 가리키지만 그보다 더 자주 경찰·군대·보안기관을 가리키는 '국가 내의 국가 state within the state', '안보국가'(Tunandr 2009), '심층국가'(Park 2008, Scott 2014a), '제4기관'(Engelhardt 2014)이 있다.

국가이성의 원리는 최근 수십 년간 더욱더 중요해졌다. 그것은 테러와의 전쟁에서 언급되고 있다. 테러 그 자체는 그 의미가 탄력적으로 확장되고 있는 말로서 정치적 항의, 시민 불복종, 심지어 내부고발과 탐사보도까지도 포괄한다. 법치주의에 기초한 국가에서 [비상상태를 선언하는 것과 같이] 국가이성을 내세우는 것은 대개 사법적 개입(실시간 거부), 후속조사, 사후적 제재의 대상이 되거나, 정치가 '평소와 같은 일상'으로 되돌아간 후에는 입법·선거를 통해 제재의 대상이 될 수 있다. 그러나 권위주의적 국가주의의 공고화와 더불어 이러한 법치주의의 원리는 이제 준수되기보다는 위반되는 경우가 더 많다(9장 참조).

이러한 대표 형태들은 정치세력들 자신이 구성되는 방식과 그들이 국가체계에 접근할 수 있는 능력에 일정한(그러나 완전히 결정적이지는 않은) 영향을 준다. 따라서 의회주의는 정치적 파편화와 경제적 범주의 해체를 부추기는 반면, 개별 시민권, 서로 경쟁하는 재무적·금융적 집단과 의뢰인 집단의 이해관계, 비경제적인 정체성, 지역주의territorial divisions라는 구상에는 우호적이다. 이와 대조적으로 조합주의는 경제적 계급들을 고유하고 형식적으로 동등하며 상호의존적인 기능적 집단들로 조직하려고 하며, 이들 집단 모두가 상호협동과 협조적 행위로 이익을 얻을 것으로 기대한다. 따라서 조합주의는 생산자 집단이 양극화되고 적대적인 모순적 계급으로 조직되는 것을 막으려 하며, 쟁점들을 탈정치화하는 데 활용될 수도 있다. 예를 들면 조합주의적 조직 형태는 종종 장기적인 경제적·사회적 쟁점들을 다루기 위해 도입된다. 이 경우 사회의 복잡한 상호의존 때문에 장기적 협력이 요구되고, 그에 따라 해당 정책 영역은 선거주기와 의회적 갈등이라는 단기적 시간 지평의 외부에 놓이게 된다. 이는 관련 조직이나 적어도 그 지도자들이 '비정치적인' 방식으로 행동함으로써 국익을 위한 정책을 시행할 것(예: 삼자 협의체를 통한 임금 억제)이라는 인지적·규범적 기대에 따른 것이다.

후견주의와 다원주의는 특정한 '경제적·조합적economic-corporate' 이해관계와 '시민적·조합적' 이해관계▼의 특수주의적▼▼ 재생산을 촉진하고, 교착상태와 답보상태 또는 사리 추구적인 전술적 동맹에 근거한 중도주의 연합으로 이어질 수 있다. 이와 대조적으로 의회주의는 정당들이 더욱 많은 세력을 아우르는 국가 프로젝트와 헤게모니 프로젝트hegemonic projects를 내세워 정치적 지지를 동원할 수 있게 하고, 이를 통

▼ '경제적·조합적' 이해관계란 특수한 집단에 고유한 경제적 이해관계를 말하고 '시민적·조합적' 이해관계란 특수한 집단에 고유한 시민적 이해관계를 말한다. 그람시는 시민사회에서 특정한 집단이 헤게모니(지도력)를 얻으려면 '경제적·조합적' 단계를 넘어 더 넓은 '국민적·대중적national-popular'인 의식·의지·이해관계를 갖춰야 한다고 주장했다(Gramsci 1971). 여기서 '국민적'은 '민족적'으로, '대중적'은 '민중적'이나 '인민적'으로 번역될 수도 있으나, 한국어에서 '민족'은 주로 혈통적 동일성을 가진 집단을 가리키고, '민중적'이나 '인민적'은 주로 특정한 정치적 입장과 연결되어 협소한 느낌을 주기 때문에 이질적인 집단과 세력들을 포괄하는 확장적 헤게모니를 표현하는 데 부적합하다고 판단해서 쓰지 않았다.

▼▼ 특수주의particularism란 보편주의의 반대말로서 특정 집단의 특수한 이해관계를 우선적으로 추구하는 경향을 말한다.

해 포용적인 정치적·지적·도덕적 지도력을 공고화하는 데 도움이 될 수 있다.

그럼에도 여러 대표양식이 혼합된 형태들이 존재한다. 지지를 얻기 위해 정치적 후견이나 보상을 대가로 제공하거나, 국민적·대중적 프로젝트보다 분파적 이해관계에 호소하는 강령을 따르는 정당들이 그 예다(정당에 관한 보론 참조). 정치적 대표양식의 이러한 정치적 효과의 마지막 예는 조합주의가 생산자 집단에 혜택을 주는 대신 소비자뿐만 아니라 선거라는 통로를 통해 대표성을 얻으려는 세력들을 희생시킨다는 것에서 찾을 수 있다. 형태적 측면과 별도로, 대표양식의 선택성은 경쟁하고 있는 세력들, 그리고 대표와 개입 사이의 연결에도 달려 있다. 대표의 통로는 예외체제에도 존재한다. 여기서 권위주의와 전체주의 국가 사이의 주요 차이는 특정한 관념적·물질적 이해관계를 추구할 수 있는 범위의 차이에서 찾을 수 있다(Linz 2000과 9장 참조).

대표 형태는 또한 의회에서 대표성을 얻으려는 세력들의 정체성과 조직에 영향을 준다. 그리고 이는 다시 이 세력들 또는 그들 사이의 권력 균형을 변화시키려는 관점에서 대표 형태를 재조직하려는 노력들을 낳는다. 이러한 이유로 계급이 국가의 외부에 독립적으로 미리 구성되어 있거나 단순하고 수동적인 도구로 조작될 수 있는 정치세력이라고 보아서는 안 된다. 계급들은 경제적 행위자의 객관적 범주로 이해할 때 일차적으로 사회적 생산관계 속에서 차지하는 위치로 규정되지만, 그들의 정치적 무게는 자신들의 경제적·비경제적 이해관계를 표현하는 조직 형태와 개입수단에 따라 달라지기 때문이다. 이러한 의미에서 정치적 계급투쟁은 무엇보다도 계급을 정치세력으로 구성하는 투쟁이며, 이러한 투쟁은 계급 간 투쟁에 앞서 일어난다고 말할 수 있다 (Przeworski, 1977: pp. 371~373).

이러한 고찰은 다른 정치세력들에 대해서도, 그들이 일차적으로 계급에 기반을 두고 있든 그렇지 않든 적용될 수 있다. 이는 국가를 구조적으로 사회적 투쟁에 일정한 영향을 행사하는 정치적 (계급)지배의 체계로 연구할 수 있다는 견해를 강화한다. 국가는 세력균형과 정치행위의 형태들을 결정하는 역할을 통해 그러한 영향력을 행사할 수 있다. 이러한 결론을 가장 크게 뒷받침하는 것은 특정한 대표양식들을 재조직하고 전체 대표 체계 내에서 그것들이 차지하는 비중을 수정하려는 시도들의 이면에서 작동하는 전략적·전술적 계산들의 존재다. 물론 극단적인 경우에 이러한 계산은 선거 원리의 정지나 특정한 정치조직에 대한 금지를 초래할 수도 있다(9장 참조).

국가의 제도적 아키텍처

이 차원은 국가체계 내부의 수직적·수평적·횡단적 조직에 관한 것이다. 이 조직은 국가의 영토적이거나 기능적인 부분들 사이의 권력 배분으로 표현된다. 여기서 명백한 쟁점들은 정부에서 입법부와 행정부가 차지하는 상대적 비중이, 공식적으로 규정된 것이든 통상적인 상호작용을 통해 단순히 재생산된 것이든, 얼마나 되느냐, 그리고 외부 권위 또는 권력(사법부·교회·군중)이 행정부의 행위를 감시하고 거부할 수 있는 공식적인 범위가 어느 정도냐이다. 또한 행정기구의 다양한 부문 사이의 상대적 비중, 행정부 내부 조직에서 법·화폐·지식이 하는 역할, 국가 공직자의 채용 메커니즘과 그들이 자신의 공직과 행정수단을 사유화하는 정도, 국가의 행정적 통일성의 형태와 정도에도 주목해야 한다. 이러한 제도와 규칙을 너무 엄격하게 규정하면 제도적 혁신과 예상 밖의 충격에 대한 적응 가능성을 제한할 수 있다(아래의 비상사태에 대한 논의 참조). 여기서 점점 더 중요해지고 있는 것은 중앙적·지방적·지역적 또는 유사국가적para-statal 지배 형태들 사이의 관계뿐만 아니라 영토적 국민국가와 새롭게 등장하고 있는 초국적·초국가적 국가 형태 사이의 관계다. 5,200년의 국가 역사에 관한 파이너의 연구에 따르면 이러한 제도적 구조가 얼마나 잘 설계되어 있는지와 국가가 얼마나 상대적으로 통일된 행위를 할 수 있는 역량을 갖고 있는지가 오래 지속되는 정부를 만드는 비결이다(Finer 1997a, 1997b, 1997c).

제도적 아키텍처architecture▼의 개념은 국가장치에 대한 정적인 견해를 함축할 수 있다. 그러나 국가와 더 넓은 정치체계의 내부에서 정치적 분업을 재조직하려는 시도는 계속 일어난다. 이러한 시도는 제도를 분화시키거나 탈분화시키고, 새로운 층위나 스케일을 추가하고, 특수한 주제의 업무를 국가의 다른 부처들로 이동시킴으로써 일어난다. 정치의 '정상적'인 형태는 정부 부처에 따라 달라진다. 예를 들면 입법부에서는 편파적이고 적대적인 정치가, 집정부에서는 '국가이익'(단지 정당화를 위한 것일지라도)에 대한 관심이, 관료제에서는 합리적·법적 행정이, 법원에서는 형식적인 법적 추론이, 대법원에서는 헌법 해석이 정상

▼ 아키텍처란 본래 건축물의 구조를 가리키지만 여기서는 국가체계의 내부적인 제도적 구조를 가리킨다. 구조 structure란 말 대신에 아키텍처라는 말을 쓴 것은 전자는 문화와 규범까지 포함하는 가장 높은 추상 수준의 포괄적 개념인 반면, 아키텍처는 더 낮은 추상 수준에 있는 구체적인 구조를 가리키는 말이기 때문이다.

적인 정치 형태다. 그 결과로 나타나는 견제와 균형, 길항력은 가능성의 예술인 정치를 제한할 수 있으며, 큰 변화가 모색될 때 정치과정에 마찰과 지연을 일으킬 수 있다. 이러한 일은 행정부나 사법부의 공직들 또는 '의사 비정부기구quango: quasai-autonomous nongovernment organizations'의 핵심적인 자리들이 엽관제도를 통해 분배되거나, 관료들이 '분노나 열정이 없는sine ir et studio' 훌륭한 베버적 공직자로 행동하지 않고 자신들의 개인적·편파적·분파적인 정치적 과제를 가질 때 일어날 수 있다(Peters and Pierre 2004). 마찬가지로 규제 당국자들이 규제의 행위·대상·주체를 [외부의 이익집단과 함께] 공동으로 생산하는 것은 규제포획regulatory capture▼, 즉 향후 수익성 좋은 취업기회를 제공할 수 있는 부문에 대한 자발적인 복종을 초래할 수 있다.

　제도적 아키텍처의 차원을 무시하면 국가는 외부의 요구와 지지가 알 수 없는 방식으로 어느 정도 특정한 정책들로 번역되고 다시 외부로 산출되는 '블랙박스'로 보이게 될 것이다. 이 '블랙박스'론은 '투입'과 '산출'이 엄격히 구별될 수 있다고 가정하는데, 이는 체계이론가들이 '내투입withinputs▼▼'이라고 부르는 것을 간과한다. 더 중요한 것은 이 견해가 국가체계 그 자체를 정치적 지배양식으로 유지하는 것과 관련된 넓은 범위의 독특한sui generis 조직 형태들과 국가통치술을 무시한다는 것

▼　규제포획이란 국가의 규제가 특정한 이익 집단의 로비에 포획되는 것을 말한다. 이는 특정 집단에 유리한 방향으로 규제를 이끈다. 퇴직 공무원에 대한 일자리 제공과 취업한 퇴직 공무원의 정부 부처에 대한 로비는 규제포획에서 흔히 사용되는 수단이다.

▼▼　'내투입'이란 체계 내부에서 발생하는 투입요소를 말한다. 이 맥락에서는 국가체계 내부의 요구나 합리성을 가리킨다.

이다. 정치적 지배양식으로서 국가체계를 유지하기 위해서는 국가의 지속적 운영에 필요한 자원(예: 재정·인사·정보·행정수단)의 동원뿐만 아니라 상이한 국가 부처들과 활동들 간의 형태적·실질적 조율이 필요하다. 여기서 결정적으로 중요한 것은 서로 경쟁관계에 있는 세력들과 이해관계들 사이에서 적절한 균형을 찾는 것이다(고대 국가들이 군대를 통제하고 종교 사제의 요구를 조절할 때 직면한 문제에 대해서는 Finer 1997a 참조). 제도적 앙상블이자 사회적 지배의 기관으로서 국가장치의 통일성을 확보하는 것은 쉽지 않다. 국가에는 국가통치술, 국가과학, 중상주의, 관방학cameralistics(수입 증가와 지출 통제를 포함한 공공재정에 대한 학문)[6], 행정학, 신공공관리 등과 같이 자신만의 전문 분야와 지침이 있다.

국가의 형태적·제도적 통일성은 전형적으로 관료제의 성장과 관련되어 있다. 이에 따라 (1) 행정수단의 소유와는 분리된 직업적 공무원이라는 특별한 범주가 만들어지고, (2) 관료들은 국가의 상이한 층위와 부처를 연결하는 위계적인 명령 계통 속에서 법적·재정적 책임이라는 공식적 규칙에 종속된다. 관료제의 성장은 업무 분담의 전문화와 명령·집행 단계의 증가를 수반한다(족장사회에서 1차적 국가 형성으로 이행할 때 관료제화가 수행한 역할은 5장에서 논의한다). 그러나 이러한 형태적 통일성이 동시에 실질적인 통일성이 될 수 있느냐는 명령 계통의 최상위에 있는 집정부의 통일성에 달려 있다. 국가도 '사람들의 조직'(Jones 2007)이기 때문에 국가의 통일성은 국가체계의 여러 다른 수준이나 부서에 있는 공

---

6 이 용어는 '금고'라는 뜻의 라틴어 'camera'에서 유래한 것으로, 독일어로 '금고'라는 뜻의 'Kammer'를 만들어냈다.

직자들의 저항이나 비협조로 억제되거나 약화될 수 있다.

더구나 관료제적 형태들은 일반적인 법률이나 정책을 법치주의에 따라 집행하는 데는 적합할지라도, 임기응변적이고 자유재량적인 형태의 개입, 거대한 일과성 프로젝트, 참여적 형태의 의사결정과 집행에 대한 반응에는 그다지 적합하지 않다(cf. Offe 1975). 실제로 국가체계의 형태적 통일성의 전제조건인 관료제가 오히려 축적, 정당성, 사회적 응집성을 목표로 하는 정책의 실질적 유효성을 제한할 수도 있다. 명확한 절차에 따라 통치되는 공식적 관료제와 함께 좀 더 비공식적·탄력적·임기응변적인 개입 양식이 공존하는 것은 바로 이 때문이다. 조합주의, 공사협력public-private partnership▼, 외주, 규제되는 자율규제regulated self-regulation 등은 공과 사의 구별을 아우르는 혼종적 메커니즘의 상이한 예들이다. 이러한 혼종적 메커니즘들은 제도적 앙상블**로서** 국가의 공식적 경계를 규정하는 과정에 흥미로운 문제를 발생시킨다. 이들은 또한 잠재적인 후견주의적 퇴행이나 특수한 '경제적·조합적' 이익의 추구를 통해 국가의 실질적 통일성을 위협한다. 이는 관료제의 메커니즘이 전체를 아우르는 집정부 당국을 통해 통제되거나 국가 행위의 상대적 통일성을 확보할 수 있는 상호 교차적 네트워크를 통해서 통제될 필요가 있음을 보여준다.

국가체계의 다양한 부처들('의사 비정부기구'나 그와 유사한 기관들을 포

▼ 공사협력이란 정부(공공 부문)과 사적 부문이 협력해서 공공 서비스나 인프라를 제공하는 것을 말한다. 본래는 민간의 참여를 통해 정부실패를 방지하기 위한 목적으로 도입되었지만 국가가 제공해야 하는 공공 서비스와 인프라를 민간의 수익창출 기회로 만드는 사영화privatization를 초래하기도 한다.

함) 사이의 접합은 권력관계를 구조화하는 데 도움이 된다. 특정한 부처들의 상대적 우위는 특정한 물질적·관념적 이해관계의 헤게모니를 보증할 수 있다. 예를 들면 영국에서 재무성-영란은행 결합체Treasury-Bank of England nexus가 맡은 지배적인 역할은 국내외 상업자본과 은행자본의 헤게모니가 구조적으로 결정되도록 만드는 데 중요한 요소였다(cf. Ingham 1984; 이와 유사한 '달러-월스트리트 체제Dollar-Wall Street regime'에 대해서는 Gowan 2000 참조). 이러한 헤게모니는 현재까지도 계속되고 있다. 영국 정부가 지난 30년 동안 시티City of London가 국제적 자본의 금융중심지로서 얻는 이익을 증진하고 런던과 잉글랜드 남동부의 나머지 지역에 유리한 신자유주의적 금융지배 축적체제를 추진해왔기 때문이다. 마찬가지로 30여 년간 일본의 통상산업성MITI: Minstry of International Trade and Industry은 산업정책을 통해 일본 산업자본의 이익을 적극적으로 지원해왔다(cf. Johnson 1982).

미국 국가안보국National Security Agency은 1949년 이래 미국의 대외안보정책에서 강력하고도 끊임없이 확장되면서도 대체로 숨겨진 역할을 수행해왔다(Stuart 2009; Glennon 2014). 그것은 미 국방부Pentagon와 함께 미국의 정치적·경제적 정책기구를 구성하는 중요한 부분이기도 하다(Weiss 2013). 미국의 국내적 권력구조에 근본적인 변동을 일으키고 있는 더 최근의 예로는 영구적인 예외상태의 부상에 핵심적인 계기가 된 국토안보부Department of Homeland Security의 설립과 팽창을 들 수 있다(Boukalas 2014a; cf. Hodai 2013).

구조적으로 특권화된 분파가 진정으로 헤게모니적이 되기 위해서는 이러한 구조적 지배에 널리 지지를 받는 '헤게모니 프로젝트'가 결합되어야 한다. 그러나 이러한 조건이 충족되지 않더라도 국가 구조는 그 밖의 다른 계급이나 계급분파에 유리한 프로젝트의 추진을 약화시킬 수 있다. 이는 영국 노동당 정부가 1964~1970년의 집권기 동안 추진한 산업 현대화와 경제계획 프로젝트의 실패에서 볼 수 있다. 노동당 정부는 경제부Department of Economic Affairs 내에 산업자본에 우호적인 새로운 부서를 설치하고 산업의 재조직화를 촉진하는 다른 계획들도 추진했지만, 재무성과 영란은행은 여전히 지배적 위치를 유지했고 그들의 재정·지출·통화정책에 대한 권력을 통해 영국 결손 포드주의flawed Fordism▼의 위기를 은행자본에 유리하게 이용할 수 있었다. 이러한 긴장의 가장 최근 예로는 '메인스트리트'와 '월스트리트' 사이의 대립을 들 수 있다. 국민국가적·초국적·국제적 국가장치들 내부에서 이자 낳는 자본이 구조적으로 지배하는 덕분에 이윤을 발생시키는 자본에 유리한 체계적 인프라 투자가 주변화되었던 것이다(Ingham 1984; Gowan 2000; Harvey 2005; Peet 2011; Lapavitsas 2013). 이것은 헤게모니가 장기적으로 변동하기 위해서는 새로운 '헤게모니 프로젝트'뿐만 아니라 변화된 세력균형의 지속을 보증하는 국가체계의 재조직이 필요하다는 것을 가리킨다.

국가의 내부구조는 '정상'체제와 '예외'체제를 구별할 때도 결정적으로 중요하다. 정상국가들은 일차적으로 (후견주의·조합주의·의회주의·

▼ 전후 영국의 산업 쇠퇴를 설명하는 개념의 하나로 강력한 노조의 작업장 통제와 고용주의 저항 등으로 포드주의 대량생산 방식이 영국에서 성공적으로 정착되지 못했음을 가리킨다(Ian Clark, "Employer Resistance to the Fordist Production Process: 'Flawed Fordism' in Post-War Britain," *Contemporary British History*, 15(2), 2001: pp. 28~52 참조).

다원주의와 같이) 상이한 '민주적' 대표양식 중에서 어느 것이 상대적으로 지배적인지에 따라 범주화될 수 있는 반면, 예외국가들은 일차적으로 (군부, 관료제, 정치경찰, 안보부처, 파시스트 정당, 종교경찰, 경제부처 등과 같이) 상이한 국가장치들 중에 어느 것이 상대적으로 지배적인지에 따라 분화될 수 있기 때문이다. 정상국가의 경우 국가장치들의 위계는 정치체제들과 그것들의 다양한 선택성을 구별하는 또 하나의 수단을 제시한다. 그리고 예외체제의 경우에는 특히 지배적인 국가장치에 대해 [사회세력의 의사를 전달하는] 다양한 대표 채널 중 어느 것이 상대적으로 우선시되는지 살펴보는 것이 중요하다.

국가의 대표 형태와 내부 아키텍처를 결합하면, '전제적 권력despotic power'의 형태와 정도를 이해할 수 있는 초보적인 시각을 얻을 수 있다. 전제적 권력이란, 마이클 만에 따르면 시민사회 집단들과 일상적이고 제도화된 교섭 없이 자유롭게 행위를 할 수 있는 국가의 능력을 뜻한다 (Mann 1984: pp. 187~188). 위에 소개한 [정상체제와 예외체제의] 구별은 전제적 권력이 발생할 만한 **잠재성**을 평가할 수 있는 좀 더 섬세한 방법을 제공하지만, 실제 전제적 권력의 정도는 국가의 사회적 기반, 국가 프로젝트와 정치적 상상계의 성격, 국가권력이 강제력뿐만 아니라 헤게모니를 동반하는 정도에 따라서도 달라질 것이다.

국가 개입의 메커니즘·양식과 전체적인 접합

이 차원은 좁은 의미의 국가체계의 경계를 넘어서는 다양한 개입 형태와 관련된다. 개입 형태는 공적인 것과 사적인 것 사이의 경계를 구획하고 변동시키는 국가의 역할(cf. Mitchell 1991)뿐 아니라 개입에 이용할 수 있는 제도적·조직적 메커니즘과 자원에 관련된다. 이러한 요소들은 가능성의 예술을 빚어낸다. 국가가 전제적으로(또는 단독으로) 행위를 하든 아니면 다른 정치세력과 다소 공공연한 동맹을 맺거나 협의하든 상관없다. 결과적으로 국가 개입의 차원은 마이클 만이 국가의 하부구조적 권력infrastructural power이라고 일컫는 것과도 관련된다.▼ 이는 정치적 결정에 기초해 영토 전역에서 사회를 관통하고 사회관계를 조직하는 국가의 역량을 가리킨다(Mann 1984: p. 189; cf. Mann 2008).[7] 이러한 국가의 개입 역량은 언제나 관계적이다. 설사 아무런 저항에 부딪히지 않더라도 국가는 전능할 수 없다. 모든 개입 양식에는 강점뿐만 아니라 약점도 있기 때문이다. 일반적인 개입수단들은 조직화된 강제력, 법치의 일반적 표준 또는 좀 더 우연적이고 성찰적인 종류에 순응하는 법률, 신용과 조세를 포함한 화폐, 지식으로 일단 분류할 수 있다(Willke 1992).

그러나 이 불완전한 거시적 분류는 국가권력의 미시물리학[미시적 개입]에 대한 좀 더 상세한 연구로 보충되어야 한다. 국가권력의 미시물리학에 대한 분석은 오늘날 특히 푸코, 행위자-연결망 이론actor-network theory, 규율과 정상화에 대한 그 밖의 실천 중심적 설명들과 결부된다(예: Foucault 1980, 2008a, 2008b; Latour 2005; Law 2009; MacKay 2006; Scott 1998; Miller and Rose 2008). 그럼에도 이러한 분석은 국가통치술 연구에

▼ 영국 출신의 미국 사회학자 마이클 만은 근대국가의 고유한 특징으로 '하부구조적 권력'을 든다. 이는 일련의 물질적 하부구조를 통해 시민사회의 활동을 조율하며 시민사회에서 자원을 동원할 수 있는 능력을 가리킨다(예: 인구에 대한 정보수집, 징병, 징세, 관료행정 등). 이와 달리 '전제적 권력despotic power'은 시민사회와의 제도화된 교섭 없이 행위를 할 수 있는 능력(예: 강제력)을 가리킨다(Mann 1984).

7 합리적 관료제, 영토 통합, 현대적 통신 시스템, 대중교육의 부상은 하부구조적 권력을 강화하며, 산업화된 전쟁은 전시 희생을 보상하기 위해 사회적 포용을 위한 노력(또는 그에 대한 약속)에 동기를 부여할 수 있다.

서 더 오랜 역사를 가지고 있다. 이러한 좀 더 미시적인 관심은 국가장치의 외부 경계와 그 밖의 다른 제도적 질서, 시민사회, 생활세계 사이의 중첩에 관한 쟁점을 제기한다. 국가와 다른 제도적 질서들을 연결하는 독특한 실천의 집합인 거버넌스와 통치성에 대해 관심이 증가한 것은 이 때문이다(7장).

작은 논평을 하나 더하자면, 국가의 두 가지 다른 형태적 특성과 관계되는 적어도 한 가지 국가 개입의 측면이 있다. 그것은 조세국가라는 성격이다. 국가의 수입, 특히 (처음에는 종종 전쟁과 관련되기도 한) 조세 수입에 대한 필요는 '대표 없이 과세 없다'는 원칙을 근거로 대표(제)가 확장하게 된 계기였다. 화폐는 특히 국가가 전제적 권력에서 하부구조적 권력으로 이동하면서 국가의 핵심 자원이 되었다. 또한 조세 수입은 국가 활동에 자금을 조달하거나 정부의 대출금이나 채무에 담보 역할을 하는 데 쓰이며, 이에 대한 국가의 직접적 의존은 국가와의 관계에서 상인이나 자본이 갖는 권력의 원천이 된다(4장 참조).

게다가 이러한 조세 수입에 대한 의존은, 선거나 정책에 따른 것이든 군사적·경제적 요청에 따른 것이든 국가 지출에 대한 요구와 결합되면서 재정·금융위기로 이어질 수 있다. 이러한 위기는 외부에서 기원하거나 국가체계 내부에서 발생한 압력에서 파생될 수 있다. 여기에는 (대표의 유무와 상관없이 발생하는) 과세권의 위기와 조세 저항 또는 회피의 위기, 국가장치 내부의 제도적 통합과 조율의 위기, 위기의 국가 개입 역량에 대한 영향(예: 조세 기반의 약화), 국가의 특수한 조세체제를 뒷받침하기 위해 동원된 사회적 기반의 와해나 해체에 따른 정당성 위기, 국가 프로젝트 실패로 약화된 정치적 소속감esprit de corps에 따른 행정의 기

강해이와 방향 상실, 사회에 대한 정부의 성격과 목적에 관한 헤게모니의 위기(cf. Haberams 1976; Poulantzas 1979)가 포함된다. 역으로 슘페터 Schumpter가 주목했듯이 재정·금융위기가 국가의 위기를 촉발하거나 기존의 국가위기를 심화시킬 수 있다(1954). 이는 정치적 대표제의 재설계, 국가의 내부구조와 운영의 개혁, 국가 개입의 정도와 양상의 변화, 국가의 사회적 기반에 대한 재구성, 국가전략의 재정의, 헤게모니와 더 큰 유기적 위기의 해결을 위한 동의와 강제 사이의 균형 변화에 대한 요구들을 낳을 수 있다(cf. Gramsci 1971; O'Connor 1973 참조).

국가권력의 사회적 기반

이 차원이 중요한 것은 국가가 '투표', '항명', 폭력의 위협을 순간적인 힘의 벡터들▼로 계산하거나 측정하는 메커니즘 이상의 것이기 때문이다. '사회적 기반'이란 국가체계의 기본적 구조, 국가의 운영 양식과 국가의 목표를 지지하는 사회세력들의 특정한 배치를 가리킨다. 그 세력들이 어떤 주체들로 식별되는지, 또 어떤 정치적 행위자들로 (탈)조직되는지는 상관없다. 국가 형성 초기부터 현대에 이르기까지 군사조직, 사회적 계층화, 사회적 기반은 권력의 전반적인 배치에 있어 중요한

▼ 원문은 'parallelogram of forces'로 되어 있으며 직역하면 '힘의 평행사변형'이다. 그러나 이는 '힘의 벡터들'로도 번역될 수 있다. 벡터는 수학과 물리학에서 크기와 방향을 모두 갖는 양을 뜻하며, 종종 두 가지 벡터로 이루어진 평행사변형으로 그려진다. 예를 들면 두 가지 물체 A와 B가 각각 다른 크기의 힘과 방향으로 움직이면서 물체 C를 끌어당긴다면 C는 A와 B가 인접한 평행사변형의 대각선 방향으로 A와 B의 합만큼 움직인다. 국가이론에서도 국가가 여러 세력의 벡터에 따라 그 중간인 대각선 방향으로 이동한다는 것과 유사한 시각, 다시 말해 국가가 계급 간의 힘 관계로 환원된다는 시각이 있다. 하지만 제솝은 국가권력이 그러한 계급 관계를 그대로 반영하지는 않으며, 따라서 그 이상의 것이라고 주장한다.

요소였다(cf. Andreski 1968; Finer 1975; Finer 1997a: pp. 15~23, 59~64). 더 일반적인 관점에서 사회적 기반의 구성은 불안정한 타협적 균형unstable equilibrium of compromise을 수반하며, 이는 국가체계 안에서 굴절된 모습으로 나타난다. 이러한 균형은 국가체계의 안팎에서 대표되는 다양한 사회세력들이 추진하는 여러 프로젝트와 요구를 반영하며 그것을 통해 구성된다. 그들은 그 속에서 대표성을 추구하거나 국가의 현재적 형태·기능·활동에 이의를 제기한다.

대중적 세력에 대한 대표는 중요하다. 특히 대중이 (일반적으로 1870년대 이후 서구 선진국들의 선거권 확대에 따라) 정치에 공식적으로 참여하기 시작하면서 그렇게 되었다. 그러나 사실 대중은 국가의 형태에 따라 다른 방식으로이긴 하지만 언제나 중요했다. 예를 들면 고대 도시국가, 봉건제도, 고전적 제국, 그리고 궁정제도를 갖추고 중심-주변부를 나누는 방식으로 조직된 사회들은 서로 다른 사회적 기반을 지니고 있을 뿐 아니라 서로 다른 사회적 기반의 조직방식을 가지고 있다. 근대국가에서 이러한 정치적 지지는 '합의'로 환원될 수 없으며, 대중통합(또는 실제로는 배제)의 특정한 양식에 달려 있다. 정치적 지지를 이끌어내는 대중통합의 양식은 대중적 요구들을 전달·변형·우선시하고, 기저의 '불안정한 타협적 균형'을 유지하는 데 필수적인 물질적 양보의 흐름을 관리한다.

그렇다고 대중통합이 특정한 정책에 대한 갈등을 배제하는 것은 아니다. 그러한 갈등은 정치적 선택의 한계를 설정하는 합의된 제도적 틀과 수용된 '정책 패러다임' 안에서 일어난다. 물론 사회적 기반은 이질적이며, 상이한 사회세력들의 국가에 대한 헌신은 정세에 따라 달라진다. 국가를 통해 상이한 사회세력들에게 전달되는 물질적 양보, 상징적 보상, 억압의 비중에도 큰 차이가 있다. 이 차이는 대개 지배적인 국가 프로젝트와 헤게모니적 비전, 그리고 이들이 정치의 형태와 내용에 미치는 영향과 관련되어 있다.

근대국가의 사회적 기반을 규정하는 제도화된 사회적 타협을 분석하는 데 유용한 두 가지 개념은 권력 블록power bloc과 헤게모니 블록hegemonic bloc이다(Gramsci 1971). 권력 블록은 지배계급과 그 분파들 간의 지속 가능한 동맹으로 이루어져 있으며, 정치현장에서 권력정치를 구조화하고 '가능성의 예술'을 규정한다. 권력 블록은 선거에서 하나 또는 그 이상의 자연적 통치정당natural governing parties▼을 통해 대표될 수 있다. 하지만 권력 블록의 지속 가능성은 성장 양식의 존속과 더불어 더 넓은 국가체계 내에서 그것이 차지하는 견고한 자리—국가 프로젝트(아래 참조)에 유의미한 영향력을 행사할 수 있는 자리—에 근거한다. 헤게모니 블록은 특정한 헤게모니 프로젝트를 뒷받침하는 데 동원되는 국민적·대중적 세력들의 광범위한 앙상블을 가리킨다. 헤게모니 블록은 그것이 존재하는 한 지배계급, 지지계급, 대중운동과 지식인들의 역사적 통일성을 반영한다. 그것은 지배계급과 대중적 세력 모두에게 정치적·지적·도덕적 지도력을 행사할 수 있는 하나의 계급(또는 계급분파)

▼ '자연적 통치정당'이란 일당 우위 정당체계one-party dominant system에서 장기간 반복적으로 집권하는 정당을 일컫는 말이다. 의원내각제에서는 과반수를 얻지 못하더라도 연립정부 구성을 주도하면서 반복적으로 집권하는 정당을 가리킨다. 그 사례로는 1877년 그랜트Ulysses S. Grant 대통령 집권 이후 1933년 민주당의 루스벨트Franklin D. Roosebelt 대통령이 당선될 때까지 두 번의 예외를 제외하고 계속 집권한 미국의 공화당, 패전 이후 역시 두 번의 예외를 제외하고 계속 집권해온 일본의 자유민주당, 1963년 대통령 선거부터 1997년 선거를 통한 최초의 여야 정권교체 이전까지 민주공화당—민주정의당—민주자유당—신한국당으로 이어진 한국의 보수여당 등을 들 수 있다.

이 조직하는 지속 가능한 동맹에 달려 있다. 여러모로 권력 블록과 헤게모니 블록의 발전은, 적절한 공격·방어 전략과 전술을 통해 본질적으로 불안정한 타협적 균형을 관리할 수 있는 능력에 달려 있다. 그러한 능력은 역사적 블록historical bloc, 달리 말하면 경제적 토대, 법적·정치적 조직과 도덕적·지적 장 사이의 상호적 지지관계를 창출하는 데 도움이 되며, 반대로 역사적 블록도 그러한 능력을 강화시킨다(4장 참조).

그람시는 가끔 국가의 경계를 구획하지 못한다는 비판을 받기도 한다. 그러나 그는 국가장치보다 국가권력 행사의 방식에 더 많은 관심을 가지고 있었다. 그에게 국가권력이란 국가 그리고 더 넓은 정치체계와 사회 전반에 자리 잡은 다양한 기관과 세력 사이의 관계에 따라 형성되는 것이었다. 바로 이 때문에 그는 정치사회와 시민사회 사이의 관계들을 접합하고 매개하는 정당체계와 지식인들의 역할을 강조했다. 지도자들과 국가 공직자들은 정당에서 교육을 받는다(Gramsci 1971; cf. Migliaro and Misuraca 1982: p. 81; Sassoon 1980: pp. 134~150과 여러 곳). 이러한 관계들이 국가의 고유한 전략적 역량과 국가 밖 세력의 지배에 대한 순응 가능성에 결정적인 영향을 준다. 이 때문에 그람시의 개념들 중 많은 수가 정치생활의 주관적 요소들(상식, 정체성, 의지 형성, 지도력, 교육 등)을 다룬다(Jaeger 1979).

특히 그람시는 정당과 다른 대표제 조직들뿐만 아니라 '유기적 지식인'에게 핵심적인 조직구성의 역할을 부여했다. 유기적 지식인은 윤리적·법적·문화적 기관들의 안팎을 가로지르며 활동한다. 지식인들은 그들의 사회적 기원, 지적 분업에서 차지하는 위치, 시공간적 위치, (있다면) 조직에서 맡은 책임, 그리고 계급, 다른 사회세력들, 정당과 맺는 관계에 따라 다른 역할을 수행한다(Portelli 1972). 그들은 국가 형태의 생산에 적극적으로 참여하고 국가의 사회적 논리에 대한 자생적 철학을 정교화한다(Bourdieu 2014). 또한 그들은 헤게모니, 하위 헤게모니, 대항 헤게모니의 생산과 재생산에도 참여할 수 있다.

정당에 대한 보론

정당은 국가의 여섯 가지 차원 모두에 걸쳐 정치권력을 조직화하는데 핵심적인 역할을 수행한다. 정당과 정당체계는 국가 형태와 정치체제에 따라 다양한 모습을 취하는데, 그중에는 정상적인 정당정치가 금지되었을 때 등장하는 '암흑의회black parliamentarism'도 있다.[8] 정당들은 정치적 경쟁 형태의 변동(특히 대중적 선거권의 도입), 국가 개입(특히 강제력·법률·화폐·지식) 형태의 변동, 정치의 전문직화, 외부의 정치적·비정치적 환경에 따라 변화한다. 개별적인 정당들과는 구별해야 하는 정당체계는 자유민주주의 체제에서 결정적으로 중요한, 실로 대체 불가능한 요소다. 이것은 정당들이 공식조직으로서, 국가권력의 영토화와 불가분의 관계에 있음을 함축한다. 영토적으로 정의된 선거구들에 대한 대표는 영토화된 국가권력을 전제로 한다. 막스 베버가 언급했듯이 정당과 영토적 국가권력 사이의 이러한 관계는 경제적 결사체들에서 관찰되는 관계와 대조된다(Weber 1994). [정당과 달리] 경제적 결사체는 선거에서 모을 수 있는 개인들의 투표가 아니라 자신들의 경제적 권력에

---

8   이 용어는 그람시에서 유래한 것(Gramsci 1971: p. 252 = Q14, §74: 1743)으로, '암시장black market'이라는 개념과 유사하다.

기초해 정책을 만들어내기 때문이다. 또한 이는 정당들이 국민국가 내부의 영토적 선거구라는 지형 위에서 활동하면서 지방적·지역적·국민국가적 경향을 띤다는 것을 의미한다. 이는 경제적 결사체들이 (때로는 전략적 또는 전술적으로 민족적 '얼굴'을 내세움에도) 국제적이거나 세계시민주의적인 성격을 띨 수 있는 것과 대조된다. 이러한 제약은 유럽연합과 같은 연방체제에도 적용된다. 유럽 단위 '정당들'은 각 국가 정당들의 변화하는 동맹 또는 복합체에 기초해 있는 것이다.

정당은 정책들을 강령으로 묶음 포장함으로써 정치적 쟁점의 복잡성을 축소하는 데 핵심적 역할을 한다. 정당은 또한 정치체계의 부분-전체 패러독스에 대처한다. 즉 정당은 특수 이해관계를 대표하고, 고정된 영토 내의 정치적 과정에 초점을 둔 허상적인 국민적·대중적 이해관계에 특수 이해관계를 통합함으로써 부분과 전체를 중재한다. 이 역할을 수행함에 있어 자연적 통치정당과 그 밖의 다른 강령 중심 정당들은 구사회운동과 신사회운동, 압력단체, 저항운동 등 여러 다른 이해관계들과 국가, 조합주의 네트워크, 미디어 기관들 사이를 중재해야 한다.

부분-전체 패러독스는 (1) '자연적 통치정당'이 되고자 하는 것과 (2) 특수 이해관계 또는 단일 이슈를 대표하는 데 집중하는 것 사이에서 전략적 선택을 할 때 나타난다(Gamble 1973). 이와 유사하게 뮐러Müller와 슈트룀Strøm은 득표 극대화, 정책 형성, 공직 획득 사이에서 잠재적인 선택 곤란에 직면하는 정치 지도자들의 트릴레마trilemma에 대해 논했다(1999). 그들은 이 선택지들의 절충안trade-off이 우세한 선거제도와 구성원의 면면, 정당 자금, 경쟁적 정당체계의 전략적 구성, 정책에 대한 정당 영향력의 가시성, 입법부와 행정부의 균형 등에 따라 만들어진다는 것을 전략관계적 관점에서 보여준다.

모든 경우에 정당은 선거공학적 기계로서 표를 얻어야 한다. 이는 선거를 통해 통치에 영향을 주기 위해서다. 이런 측면에서는 [당선이 아니라] 반대표조차도 효과가 있다. 이것은 의원내각제와 대통령제에서 정당정치가 언제나, 실제 또는 잠재적인 득표에 대한 계산과 그 득표가 세력균형과 의사결정에 미치는 영향을 중심으로 돌아가기 때문이다. 따라서 질서정연한 정당체계에서 이루어지는 정당 간 경쟁의 특성을 고려하면 정당관계와 의회정치에서는 타협이 우세한 **경향**이 있다. 물론 선거나 입법안에 관해 타협한다고 해서 국가실패를 초래하는 역기능적 정당체계가 아니라는 법은 없다. 그럼에도 이러한 입법적 타협의 가능성은 투표용지의 **최종 비율**ultima ratio을 배경으로 하는 의회제도의 가장 큰 장점 중 하나다. 다시 말해 타협이 이루어진다면, 그것은 타협을 하지 않을 경우 이후의 선거 또는 투표가 모든 관련자에게 다소 바람직하지 않은 결과를 낳을 수 있다는 인식에 따른 것이다. 요약하면 득표에 대한 실제적이거나 가상적인 계산은 현대의 선거경쟁과 의회정치 수행에 필수적인 요소다.

정당은 분명히 정치적 대표의 수단이지만, 국가의 다른 측면들과 관행들을 만들어낸다. 특히 적어도 명목상으로라도 민주적인 정치체계에서는 그러한 역할을 한다. 이러한 정치체계에서 의회의 정당들은 여전히 입법과 일반 규칙에 대해 공식적인 책임을 지며, 아무리 국가 밖에서 영향력이 큰 의회 밖 조직이나 운동이라도 정당을 대체할 수는 없다. 이는 입법자들이 비상사태 기간 동안 자신들의 정상적 기능을 포기하기로 동의할 때도 해당된다(9장 참조). 마찬가지로 정당 간 경쟁의 공식적 규칙을 결정하는 것도 입법부에서 대표된 정당들이다. 이러한 측면에서 미디어와 사법부는 기껏해야 교정적인 역할을 할 뿐이다. 또한 정당들은 정당의 재정과 선거구 구획에 관한 규칙에도 영향력을 행사하며, 이를 위해 공정한 수단을 활용하거나 게리맨더링gerrymandering▼을 포함한 반칙을 저지른다(Greven 2010).[9]

정당은 또한 **좁은 의미와 포괄적 의미 모두에서** 국가장치의 핵심 부분들(예: 관료제, 법원, 공기업, 국가 소유 미디어, 대학, 재단)을 식민화하고, 특수 목적을 위해 이러한 지위를 이용할 수 있다. 그리고 그러한 한에서 정당은 국가의 제도적 아키텍처에서 핵심 요소가 될 수 있다(정당국가Parteienstaat, 정당지배partitocrazia와 같은 개념 참조).[10] 예를 들면 정당은 후견주의, 정실인사patronage, 정치권력과의 비정상적 거래, 크고 작은 부정부패 등을 통해 여러 형태의 국가 개입에 직접 관여할 수 있다(Tsoukalas 2003). 정당과 정당체계의 일반적인 역할은 (때로는 반대세력을 해체하고 분열시킴으로써) 국가의 사회적 기반을 조직하고 확보하는 것이다. 그뿐만 아니라 정당은 (특히 후견주의 정당이라기보다 '이데올로기적' 또는 강령 중심 정당일 때) 국가 프로젝트를 정교화하는 데 결정적으로 중요한

▼ 게리맨더링이란 자신의 당선에 유리하게 지리적 구획과 다르게 기이한 모양으로 선거구를 조정하는 것을 뜻한다. 이 말은 1812년 미국 매사추세츠 주의 주지사 게리Elbridge T. Gerry가 자신에게 유리하도록 만든 선거구가 전설상의 괴물 샐러맨더Salamander와 비슷해 보인다며 이 둘의 이름을 합성한 데서 생겨났다.

9 미국 공화당은 최근 몇 년간 표심을 압박하는 기법들을 활용하느라 바빴다. 공화당은 시민연합 대 연방선거관리위원회 소송에 대한 2010년 대법원 판결(558 US 310)을 악용하고, '독립적인' 정치단체를 설립해서 자금을 모금하고 지출했으며, 이 독립 정치단체들과 후보자의 공식적 선거운동 사이의 연계를 숨기기도 했다.

10 전후 선진 자본주의의 국가 형태인 정당국가는 강력한 국가의 전통과 정치화된 관료제가 있는 포스트 파시즘과 포스트 권위주의적 민주주의 국가(독일·오스트리아·이탈리아·그리스)에서 더 흔했다(Leibholz 1966; von Beyme 1993).

기관이 될 수도 있다. 마찬가지로 정당은 안정된 시기와 위기 국면 모두에서 헤게모니적 비전을 접합하고 전달하는 것을 돕는 데도 중요한 기관이 될 수 있다.

요약하면, 정당 형태(또는 형태들)와 정치권력의 행사에서 정당이 하는 역할에 대한 진지한 분석은 국가의 모든 측면을 포괄할 것이다. 이에 대해 설명하는 것은 또 다른 책 한 권을 필요로 한다. 그래서 여기서는 자유민주주의적 대표 형태를 채택하고 있는 선진 자본주의 국가의 정당들, 정당과 정당체계의 형태들, 대표를 조직하고 통치 프로그램과 정책을 개발하는 정당의 역할, 정당의 이러한 역할이 국가의 사회적 기반과 국가 프로젝트에 대해 미치는 영향에 초점을 맞추고자 한다.

현대적 정당체계는 **정체들**(국가들)이 국민 의회를 갖춘 영토적 국민국가의 형태를 취해가던 시기에 출현했다. 정당들은 분명 그 이전에 생겨났으며, **정치**와 **정책**의 핵심 문제들을 중심으로 활동했다. 하지만 이들은 정치적 조류나 느슨한 파벌로 활동하면서 특정한 정책을 추진, 변경 또는 저지하고 개인적 이익을 챙기기 위해 책략을 꾸미는 경향이 있었다. 그러한 활동들은 대중정치보다는 궁정암투에 더 가까운 것이었다. 정상국가에서 부상한 대중정치는 현대적 정당체계의 모습을 결정했다. 이는 특히 선거권이 확대되고 더 많은 인구가 마을이나 농촌보다 도시에 살게 됨에 따라 일어난 일이다. 정당은 대중적 선거에서 표를 얻기 위한 경쟁을 조직하고, 유권자를 동원하고, 정부의 의사결정에 참여할 수 있는 직무권한을 획득하는 데 결정적으로 중요해졌다. 하지만 의회가 대표라는 핵심적 역할을 상실한 예외국가에서 정당은 이와는 다른 기능을 수행한다(앞과 9장 참조).

이렇게 볼 때 정치적 대표politics of representation를 일차적으로 지향하는(특히 다당제에서 협소하게 특수주의적일 수 있는) 정당과, 권력의 획득과 행사를 지향하는 정당을 구별하는 것은 중요하다. '통치정당governing parties'은 정치적 대표에 대한 감수성과 국가권력의 '요청'[11]을 결합한 정당이다(Gamble 1973 참조). 이들은 협소한 조직적 의미에서 이해될 수도 있고 넓은 정치적 기능의 측면에서 이해될 수도 있다. 통치정당들은 헤게모니를 생산하는 데 중요한 세력이다(Gramsci 1971; Portelli 1972; Elfferding 1985). 그들은 지배적 계급분파들 또는 계급들 사이의 차이를 관리하고 그들 사이에 순전히 단기적인 전술적 동맹을 넘어서는 합의를 도출하는 데 중요한 역할을 한다. 지배적 계급은 국가 프로젝트와 헤게모니적 비전을 확보하는 통치역량을 유지하기 위해, 그들의 계급 기반을 재생산하고 재조직하기 위해, 그와 동시에 그 기반을 넘는 국민적·대중적 의지의 형성을 통해 헤게모니를 잡기 위해 자신들을 끊임없이 재조직해야 한다(Gramsci 1971; Elfferding 1983, 1985). 나아가 그람시가 언급했듯이 자신들의 이해관계를 일반적인 것으로 만들고, 동맹을 결성하고, 부르주아의 지배를 정상적인 것으로 만드는 통치정당에는 또 다른 측면이 있다. 그것은 반대자들을 주변화·비합법화·해체하려는 시도에서 보인다(Gramsci 1971: p. 102 = Q1, §44). 그람시는 이러한 역할의 '가장 우아한 형태'가 반대세력의 지도자들과 지식인들을 부르주아 계

---

11 이러한 '요청'은 (부분적으로는 정당을 통해) 담론적으로 구성되지만, 물질적 토대도 가지고 있다. 이러한 '요청'은 축적전략, 국가 프로젝트, 헤게모니적 비전과 연결되어 있으며, 이들 사이에 유기적인 관계가 있는 것으로 판명될 경우 권력 블록을 공고히 하고 역사적 블록을 변형하거나 통합하는 데 도움이 된다(Gramsci 1971: pp. 366~367 = Q 10 II, §6).

급과 부르주아 정당으로 흡수함으로써 반대세력을 (은유적으로) 참수하는 것이라 묘사했다. 그 밖에 다른 것들로는 중상모략, (종종 지배적 정당 또는 지배세력과 연합한 대중매체의 지지를 동반하는) 토론 배제, 행정권력과 군사·치안 권력의 도움을 받는 투옥·추방·'실종'이 있다.

정상국가의 현대적 정당들에는 세 가지 주요 역할이 있다. 이 역할들은, 상이하지만 종종 경로의존적인 방식들로 조합되어 서로 다른 정당체계를 발생시킨다. 첫째, 기성 정당established parties이 있다. 이들은 대중적 선거권이 도입되었을 때 이미 정부에 진출해 있었으며, 정실인사의 오래된 체계와 새로운 기회 모두를 활용할 수 있었다. 이러한 정당들은 지역의 명망가들과 정치인들에 대한 지지를 조직하는 데 집중하며, 이 지역 인사들은 공직이라는 전리품을 전달할 능력과 의지가 있는 정치 지도자들을 지원한다(Weber 1994; Duverger 1954: pp. 63~71; Shefter 1994: p. 29). 이러한 정당들은 종종 명망가 정당 또는 간부정당notable or cadre parties이라고 불린다. 그 예로는 미국의 민주공화당Democratic-Republican Party과 연방주의당Federalist Party▼, 영국의 자유당과 보수당이 있다(Weber 1994).

둘째, 새로운 정당들이 특정 지리적 영역과 공간을 넘어서 수많은 활동가를 조직·조율하기 시작했다. 또한 이들은 선거권과 그 밖의 다

▼ 민주공화당은 토머스 제퍼슨Thomas Jefferson과 제임스 매디슨James Madison이 1792년에 창당한 미국의 자유주의 정당으로 건국 초기에 연속으로 집권했으나 1820년대에 분당되면서 사라졌다. 그 파벌 중 일부를 계승한 것이 현대 미국 민주당이다. 연방주의당은 1789년 알렉산더 해밀턴Alexander Hamilton이 창당한 미국의 최초의 정당으로 보수적이고 국가주의적인 성향을 띠었으나 1825년에 완전히 해체되었다. 이후 현대 미국의 공화당에 영향을 미쳤다.

른 정치적·경제적 권리의 (추가) 확대를 위한 선전 활동과 정책 강령을 기반으로 한 득표·대중선거 운동을 시작했다. 이러한 정당에서 후보자·대의원·지도자들은 정기·임시 전당대회 같은 메커니즘과 선출된 정당 집행부를 통해 당원들에게 책임을 진다. 대중이 일단 정치무대에 참여하기 시작하면, 정당 지도부에 카이사르주의적이거나 카리스마적인 성격이 생긴다. 같은 이유로 이 정당 형태는 전형적으로 "노동조합, 농민연맹, 교회, 정당분파 같은 대중조직의 네트워크에 의존하기 때문에 정실인사에 의존할 필요가 없다."(Shefter 1994: p. 29) 이러한 정당들은 '대중통합정당mass integration parties'이 발전하는 조직적 기반이 되었다(Neumann 1956). 그 예로는 노동계급, 가톨릭, 보수파 또는 민족주의적인 대중에 기초한 1차 세계대전 전후의 정당들이 있다(Weber 1994). 노동계급 정당의 발전은 조직화된 자본주의의 성장, 자유주의적이기보다 개입주의적인 국가, 입법부보다 행정부에 대한 정치적 권한의 집중, 유의미하게 조직된 생산자 집단, 조합주의적 대표의 부상과 일치한다. 이들 대중통합정당은 사회의 여러 다른 영역과 사회세력을 서로 연결하고, 더 넓은 집합적 이해관계에 호소하며, 원칙에 기초해 강령과 공약을 만든다. 이 공약들은 그들의 계급 기반, 신앙 그룹, 고유한 사회적·도덕적 환경, 특수한 세계관이나 그 밖의 다른 균열에서 도출될 수 있다(Häusler and Hirsch 1987; Lepsius 1993; Rokkan 1999; Shefter 1994; Gunther and Diamond 2003; Puhle 2002). 그 구체적인 형태가 무엇이든, 대중통합정당은 부르주아 민주주의 정치체제에서 자유주의 국가가 개입주의 국가로 이행하는 데 핵심적 역할을 수행했다.

세 번째 정당 형태는 전간기의 미국에서 출현했다. 이후 이는 2차 세계대전의 종식에 따라 서유럽에 확산되었으며 대서양 포드주의의 전성기에 공고화되었다. 이것이 바로 '포괄정당catchall party' 또는 국민정당 Volkspartei이다(Kirchheimer 1966, 1969). 이 정당은 상업적·전문적 마케팅과 대국민 홍보 활동을 통해 득표를 극대화하는 기계로, 선거에서 중도적 지지 기반을 확보하기 위해 스윙보터swing voters나 부동층 유권자에 호소한다. 포괄정당의 지도자들은 특정한 계급적 지지 기반에 대한 호소를 포기하고 풀뿌리 당원 이외의 출처에서 정당과 선거자금을 동원했다. 예를 들면 그들은 선거자금을 개인 당비 납부보다 국고, 거대 기부자들과 공개되거나 비공개된 외국의 초국적 이해관계자들에서 동원했다. 이들은 충성도 높은 유권자로 구성된 전통적인 핵심 선거구의 지지를 유지하는 것보다 스윙 선거구의 핵심적 스윙보터를 확보하는 데 더 관심이 있었다(Crouch 2004; Blyth and Katz 2005; Rohrschneider and Whitefield 2012). 더구나 자원봉사 노동력을 제공할 수 있는 조직들(예: 노동조합, 교회)은 홍보 전문지식과 선거자금을 조달해주는 '빅 머니'보다 그 가치가 줄어들게 되었다.[12] 전후 사회적 타협과 합의가 공고해지면서 정당들은 선거에서 지지를 극대화시킬 수 있는 요구들을 자신들의 강령에 포함시킬 수 있게 되었다. 거기에는 좌파·우파 이데올로기의 빛깔이 입혀질 수도 있지만, 그러한 요구들은 사실은 선거공학적인 목적을 위해 채택되는 것이다.

포괄정당은 대중통합정당보다 훨씬 더 규율화되고 중앙집권적이

---

[12] 최근의 반대 사례는 오바마의 첫 번째 대선 캠페인이었다. 하지만 이는 단기간에 그쳤다. 오바마 행정부가 원상태로 되돌아가고 선거운동을 하는 데 돈이 훨씬 더 중요해졌기 때문이다.

되었다. 이는 선거에서 점점 더 승리의 조건이 되고 있는 정당적 통일성을 유지하기 위한 것이었다. 그리고 이에 따라 정당 지도자들과 간부들은 점점 더 자율적이 되었다. 국민적 대중매체의 발전과 상업 텔레비전의 보급에 힘입어, 이 정당들은 지역의 전통적인 지지기반을 완전히 잃지 않고도 그 지향에 있어서 점점 더 '전국적national'인 성격을 띠게 되었다(Rohrschneider and Whitefield 2012). 이는 정당조직이 과두제로 또 한걸음 나아갔음을 드러냈다(Michels 1962). 그리고 이는 정당 엘리트들이 자신들을 국가와 더 동일시하도록 만들었다. 이는 그들이 정치'를 위해' 살기live 'for' politics보다 정치'로 먹고' 살게live 'off' politics 되었기 때문이다(Weber 1994). 이는 사실 포드주의적 대중정당의 정당 형태였다. 1950년대부터 1970년대에 이르는 대서양 포드주의와 케인스적 복지국민국가KWNS: Keynesian welfare national state의 전성기에 포괄정당들은 투표의 90퍼센트 또는 그 이상을 얻었다. 그러나 시간이 지남에 따라 스윙보터를 향한 경쟁은 계급 투표의 약화class dealignment를 낳았고, (때로는 정당 일체감 약화partisan dealignment라고도 하는) 특정 정당에 대한 애착의 약화를 낳았다. 이는 유권자들의 지지가 더욱 예측하기 어렵게 변했기 때문이다. 그리고 이는 포괄정당 형태에 위기의 씨앗을 뿌렸다(아래와 9장 참조).

일부 논평가들은 1960~1970년대 이후 정당 형태에 새로운 발전이 있었다고 주장한다. 이 새로운 정당 형태를 묘사하기 위해 쓰는 새로운 범주들로는 카르텔 정당(Katz and Mair 1995), 의사결정 구조를 개선한 간부정당(Koole 1994), 선거전문가정당(Panebianco 1988), 권위주의적 대중정당(Poulantzas 1978)이 있다. 카르텔화는 '자연적' 통치정당들이 옹호하는 정책들이 하나로 수렴한다는 것("대안은 없다There is no alternative")과, 일부 쟁점들이 선거 의제에서 빠지고 탈정치화되는 것에서 확인된다고 할 수 있다. 하지만 이러한 현상은 정당과 국가에 대한 환멸Partei- and Staatsverdrossenheit, 즉 광범위하게 정당 또는 국가에 대해 염증을 느끼는 상태에 대응해 저항정당, 반체제 정당, 사회운동이 등장할 수 있는 공간도 창출한다.

다른 논평가들은 정당 지도자들에게 주목과 권위가 집중되는 '정치의 대통령제화' 추세를 관찰했다(Poulantzas 1978; Poguntke and Webb 2007). 그들은 또한 정당이 국가에 사회를 대변하기보다 정반대로 사회에 국가―병렬 권력 네트워크를 포함―를 대변하기 시작하는 추세도 관찰했다. 이 경향과 관련해, 예를 들어 카츠와 메어Katz and Mair는 정당의 대중적 기반 축소를 정당과 국가 간 연계의 성장이 보상한다고 주장한다. 정당은 더는 국가와 시민사회 사이의 중개자―정당 언론과 방송 매체를 통해 유지되는 중개자―로 행동하지 않는다. 반대로 이제는 국가가 시민사회와 정당의 중개자다. 국가기금, 후원, 국가가 규제하는 공공매체와 독립매체, 다른 국가 자원들에 대한 접근이 정당의 생존과 당원에 대한 보상능력에 결정적으로 중요하다. 국가 보조금으로 채용된 의회 내의 정당 직원들이 중앙당 직원보다 더 중요하게 된다. 중앙당 직원들도 다른 부가소득을 얻기 위해 국가 보조금에 의존한다. 게다가 국가는 정당 간 민주주의와 정당조직의 다른 측면들도 규제한다(Katz and Mair 1994: pp. 8~10; 이 책 9장도 참조).

이와 병행하는 추세는 정치인들과 유권자들 사이의 직접 의사소통 증가다. 이 의사소통은 대중정당을 우회하고, 그 결과 당원들은 불필요하게 된다. 이는 선거운동이 외주화되고 대중매체가 더 큰 역할을 하기 때문이다. 이것은 공론장의 위축과 연관되어 있다. '제4부/신분'의 영향력이 커지고 여론은 '포퓰리즘적 복화술'—언론과 정당이 민중의 이름으로 말함으로써 여론을 다시 만드는 현상—을 통해 조작된다(Hall 1983: p. 29, 35, 37). 이러한 여론 조작은 인터넷, 블로그스피어와 다른 소셜미디어를 통해 가능해진, '제5부/신분'의 등장을 유발했다. 끝으로 현재의 정당들은 의사결정을 하는 엘리트들을 포함해 정치계급을 충원하던 과거의 중요한 역할을 상실하고 있다. 정당들은 그 역할을 경영전문대학원, 정책대학원, 컨설팅 회사에 빼앗기고 있다. 이 과정은 국제화가 진행되고 초국가적 거버넌스가 더 중요해짐에 따라 강화된다(Rüb 2005: p. 406ff). 정당들은 당원이라는 자신들의 사회적 기반을 등한시하고, 지도자, 전문적 활동가, 돈을 위해 일하는 동조적 전문가, (지지자가 아닐 수도 있는) 순수한 전문가, 정당·로비·영리조직 또는 국내정치와 국제정치, 기타 제도권을 오가는 로비스트 집단으로 구성된 복합적 조직인 카르텔 정당으로 변모하고 있다(Crouch 2004: pp. 72~73; Wedel 2009). 따라서 콜린 크라우치Colin Crouch는 다음과 같이 예측한다.

21세기의 고전적인 정당은 (중략) 대중운동 기반과는 거리가 멀어진 채 자체 생산되는 내부 엘리트 집단이 될 것이다. 이 엘리트들은 많은 기업 안에 확고하게 둥지를 틀 것이고, 이 기업들은 다시 여론조사, 정책 자문, 득표 활동을 하청업체에 의뢰하는 데 필요한 자금을 댈 것이다. 그 대가로 엘리트들은 자신들이 집권했을 때 정치적 영향력을 행사하려는 기업에 대해 우호적인 태도를 보이게 될 것이다(Crouch 2004: p. 74).

앞의 분석은 개별 정당을 전체 정당체계 속에 위치시키고 그들의 위치가 어떻게 국가의 제도적 구조와 연관되는지를 고찰하는 것이 중요함을 보여준다. 정당들 사이의 관계는 정당들이 정치세력을 (탈)조직하고 집합적 의지를 발전시키는 역할을 수행하는 데 결정적으로 중요하다. 정치적 삶의 중심이 되는 균열들을 규정하고 국민적·대중적 의지가 생성될 수 있는 틀을 만들어내는 것은 정당체계 안에서 벌어지는 정당들의 상호작용이다. 다른 한편, 국가의 제도적 매트릭스는 정당체계가 취하는 형태에 영향을 미친다. 여기서 다시 우리는 복잡한 변증법과 대면하게 된다. 예를 들면 의회를 희생하고 행정부처가 권력을 얻으면 정당의 역할이 변화하고 더 주변화되는 반면, 정치적 대표와 정치적 상상계의 접합이 이루어지는 다른 통로들이 더 중요해진다. 정책 네트워크와 기능적 대표와 같은 다른 통로들이 정치적 조직화에서 종종 결정적으로 중요한 역할을 하게 된다(7장).

의원내각제의 정당과 대통령제의 정당 간의 몇 가지 기본적인 차이는 정당체계의 작동에서 제도적 맥락이 중요함을 보여준다. 후안 린츠Juan Linz에 따르면 대통령이 직접 선출되고 실질적인 (위엄보다는 효율적인) 권한을 갖는 대통령제는 정부, 강령, 광범위한 공공정책을 생산하고 유지하는 정당의 역할을 축소시키는 경향이 있다(1994). 대통령이 입법부에서 정당들이나 교체되는 다수파들의 지지에 의지할 수 있을 경우 특히 더 그렇게 될 수 있다. 반면 정당들이 대통령에 반대할 경우 대통령은 비당파적·초당파적·반당파적 노선으로 선거운동을 할 수 있다. 또한 대통령이 어느 정도 대중의 직접적인 신임을 받고 있는 경우, 입법자들은 선거구의 이해관계를 대변하는 데 집중할 수 있다. 그러나 이는 넓은 집합적 의지보다 특수한 이해관계에 봉사하는 특수주의의 위험을 초래한다. 이는 다수제적 소선거구제single-member, majoritarian electoral system를 채택하고 있는 미국의 경우처럼 정당의 결속력, 규율, 이념적·강령적 헌신이 결여되는 결과를 낳을 수 있고, 추가로 뇌물과 부패에 특별히 취약하게 만들 수 있다(미국 정치의 부정부패 유형에 대한 최근의 훌륭한 연구로는 Strether 2015 참조). 반대로 의원내각제는 입법부와 행정부 사이의 유대를 강화하고, 선거 승리와 집정부에 대한 안정적인 지지의 조건인 정당 내 규율을 강화하는 경향이 있다. 물론 이는 정형화된 사실 stylized facts▼이며, 이러한 묘사가 특정 상황에 얼마나 잘 적용될 수 있는지는 광범위한 세력균형의 양상에 달려 있다(Linz 1990a, 1990b도 참조. 그리고 이에 대한 비판으로는 Mainwaring and Shugart 1997 참조).

정치체제의 구조적 선택성structural selectivity에 대한 추가적인 예로는 아렌트 레이파르트Arend Lijpahart의 '협의제 민주주의consociational democracy'에 관한 연구를 들 수 있다. 이러한 형태의 민주주의는 종종 파편화와 분열의 위험에 대한 공통된 인식 때문에 사회적 합의를 지향하며, 그 예는 레이파르트의 고국인 네덜란드에서 찾을 수 있다. 레이파르트는 인과관계나 공진화의 쟁점들을 건드리지 않으면서도 협의제적 (또는 합의제적) 정당체계가 존재했던 체제들과 단순 다수당이나 제1당이 지배하는 다수제majoritarian system▼▼ 사이의 핵심적 차이에 주목했다.

▼ '정형화된 사실'이란 영국의 경제학자 니콜라스 칼도Nicholas Kaldor의 개념으로 세부사항에 있어서 틀릴지라도 경험적 데이터를 요약하고 모델구성에 유용하게 쓰일 수 있도록 단순화된 사실을 가리킨다(N. Kaldor, *Economics without Equilibrium*, Cardiff: University College Cardiff Press, 1985 참조).

그는 다섯 가지 차이를 식별했다. 그에 따르면 다수제는 (1) 행정권력이 공유되기보다 집중되고, (2) 행정부-입법부 간 균형보다 행정부의 지배가 우세하며, (3) 다당제보다는 양당제가 존재하고, (4) 정당체계가 여러 개의 서로 교차하는 균열들보다 한 가지의 큰 균열을 중심으로 조직되어 있으며, (5) 비례대표제보다 단순 다수대표제plurality system를 통해 의원들이 선출되는 경우에 더 흔히 나타난다. 영국은 다수제이고, 오스트리아와 독일은 다수제의 이념형에 가까우며, 그 밖에 다른 유럽 국가는 대부분 합의제라는 그 반대편 끝에 자리하고 있는 것으로 나타났다(Lijphart 1999; 선거와 대표 제도의 전략적 선택성에 대한 좀 더 일반적인 설명으로는 Lijphart 2008 참조).

정당체계의 위기?

민주적 대표기관들은 사회세력에 대한 유연하고도 유기적인 조절과, 헤게모니에 대한 매끄러운 계산과 재조직화를 용이하게 한다. 이는 대의기관이 국민적·대중적 이익에 대한 여러 가지 경쟁적 비전을 구성하고 추진할 수 있는 게임의 규칙과 구조화된 공간을 제공하기 때문이다(cf. Poulantzas 1978). 세이무어 마틴 립셋Seymour Martin Lipset과 스테인 로칸은 이러한 대의제의 적응력을 약 400년에 걸친 국가와 민족 건설, 경제발전 과정을 통해 확인했다. 이는 네 가지의 결정적으로 중요한 균열들에 기반을 두고 19세기 초에서 1920년대 사이에 등장한 수많

▼▼ 다수제 민주주의란 다수결을 통해 의사결정을 하는 민주주의를 말한다. 협의제 또는 합의제 민주주의와 달리 다수당이 모든 권력을 독점하는 경향이 있다.

은 정당의 생존에서 드러난다(Lipset and Rokkan 1967; Rokkan 1999; Linz 2002). 그 네 가지 균열들은 (1) 중앙집권적 세속국가 대 교회조직의 특권(또는 더 넓게는 세속적 정체성과 가치 대 종교적 정체성과 가치), (2) 민족국가 형성 과정에서 나타나는 중심부 대 주변부(반대편 지역정당, 분리주의 정당, 기타 소수파 정당을 통해 나타나는 균열), (3) 토지적 이해관계 대 산업적 이해관계(부분적으로는 보호무역 대 자유무역의 분쟁에서 나타나는 균열이지만, 유치산업과 내수산업도 관세보호를 요구함), (4) 소유주 대 세입자·노동자·종업원 사이의 대립(좌우의 대립에 연관된 균열)과 관련되어 있다. 이 중 네 번째 균열은 정당체계에 마지막으로 나타난 균열이었다. 이를 바탕으로 립셋과 로칸은 정당 발전의 경로의존적인 순서를 제시했는데, 이 순서는 신생정당이 대중의 지지를 동원하는 능력에 영향을 주는 제도적 문턱들과도 관련된다. 그 역사적 순서는 종교개혁과 반종교개혁, 프랑스 혁명과 반혁명, 산업혁명이었다. 1920년대에 유럽에서 등장한 정당체계는 파시즘, 권위주의적 통치, 국가 연합으로 혼란에 빠졌음에도 1960년대까지 유의미하게 남아 있었다.

그러나 정당과 정당체계에는 위기가 반복된다. 이 위기는 더 넓은 정치체계와 국가체계의 변동을 반영하는 것이다. 정당체계의 위기는 종종 국가의 위기와 결부되어 있으며, 특히 그 위기가 자연적 통치정당에 영향을 주는 경우 더욱 그렇다. 국가권력의 작동에 상대적 통일성이 있다 해도 그것은 헌법이 보장할 수 있는 것도 아니고, 국가 내부에 있는 세력들의 힘의 벡터들로 단순히 설명될 수 있는 것도 아니다. 국가의 통일성은 특정한 종류의 '정당정신party spirit'을 촉진하고 관리하는 정치적 지도력의 행사에서 비롯된다. 그러한 정당정신은 국가에 형태와 일관성을 부여하고 국가를 이기주의와 집단적 특수주의를 초월한 국민적·대중적 의식에 연결시킴으로써 국가의 통일성을 이끌어낸다. 정당과 정당체계의 위기에도 정당은 특히 형식적인 민주주의 체제에서, 대체 불가능한 것은 아닐지라도 고도의 적응력을 가진 정치조직 형태다.

정당체계의 위기는 1970년대와 1980년대에 발생한 대서양 포드주의와 그 국가 형태인 케인스적 복지 국민국가의 위기를 통해 설명될 수 있다. 의원내각제와 대통령제 모두 계급 투표와 정당 일체감의 약화, 투표율 감소, 선거의 변동성 증가, 정당자금 조달과 당원 충원의 위기, 경제적·정치적 위기에 직면한 정당과 정강정책의 방향성 상실 탓에 대표성의 위기를 경험했다. 경제적·재정적 위기는 물질적 양보의 여지를 제한했다. 신조합주의적 위기관리가 전개됨에 따라 정당과 입법부가 경제·사회정책에서 수행하는 역할은 이미 축소되어버렸고, 정당 간에 정강정책을 차별화할 수 있는 여지도 줄어들었다. 더구나 국제화는 이미 의문시되고 있던 케인스적 복지 국민국가 정책의 효과를 약화시키고(Jessop 2002), 초국가적·초국민적supra- and trans-national 정치의 비중을 증가시켰다. 그 결과 정당의 영향력은 행정당국, 생산자 집단, 기업 로비에 비해 줄어들었다. 이렇게 복합된 대표성·합리성·정당성의 위기는 한동안 시민사회의 재발견과 중요성에 대한 인식으로 이어졌다. 이는 다양한 신사회운동의 폭발적 성장과 더욱 참여적이거나 직접적인 형태의 민주주의에 대한 요구에서 비롯된 것이었다. 또한 이러한 위기는 소수파 정당, 저항정당, 포퓰리스트 정당, 반체제 정당의 부상과도 한동안 연관되어 있었다(Blyth and Katz 2005).

그럼에도 사회운동은 정당을 대체하지 않으며 대체할 수도 없다. 사회운동은 일반적으로 단일이슈에 초점을 맞추고, 효과적인 통치와 거버넌스를 위해 타협할 의향이 낮으며, 타협하라는 압력도 적게 받는다. 이러한 의미에서 사회운동은 일관성 있는 강령이나 국가 프로젝트를 개발하기보다는 정치적 의제를 파편화하는 경향이 있다. 이들은 강한 의지를 가진 소수자들을 적어도 일시적으로는 동원할 수 있지만, 운동조직의 취약성 때문에 그들의 장기적 지지를 유지하기는 어렵다 (Kornhauser 1959; Dalton and Kuechler 1990; Giugni 1998; Cox and Nilsen 2014). 사회운동은 이슈에 따라 성장과 쇠퇴를 반복하며, 존속하기 위해서는 자신을 재발명해야 한다. 신사회운동은 전체적으로는 좀 더 유연하지만 개별적으로는 훨씬 더 취약하다. 마찬가지로 소수파 정당, 저항정당과 반체제 정당의 생존은 그 조직들의 적응능력과 의지에 달려 있다. 이들에게는 돈에 좌우되는 선거경쟁의 압박과 그들이 정부를 구성하거나 연립정부에 포함될 경우 '책임 있게 행동'해야 한다는 압박에 적응할 수 있는 능력과 의지가 필요하다. 이러한 맥락에서 소수파 정당은 두 가지 선택 사이에서 갈등을 겪는다. 하나는 '대표의 정당parties of representation'으로 남아 주변적인 자극제 역할을 하면서 소소한 양보를 얻어내는 것이고, 다른 하나는 '자연적' 통치정당이 되어 타협의 필요성을 인정하고 가능성의 예술[정치]을 존중하는 것이다. 후자의 경우에는 정부의 권력이 더 넓은 경제적·정치적 지배체계에 도전하는 데 한계가 있다는 현실을 직시해야 한다(Puhle 2002; Offe 1972).

정당체계에 대한 또 다른 도전들은 기술의 발전에서 비롯된다. 대중매체는 시민과 정치 지도자가 직접 소통할 수 있는 새로운 채널을 열었고, 시민들은 기존의 정당 채널을 거치지 않고도 소통할 수 있게 되었다. 인터넷의 급속한 확산은 시민들이 직접적이고 수평적으로 의사소통을 할 수 있는 대규모의 복잡한 네트워크를 구축하는 동시에 정치인과 고도로 전문적일 수도 있는 특정한 사회 부문 사이에 메시지를 '표적방송narrowcasting'할 수 있는 잠재적 기반을 마련했다. 이러한 커뮤니케이션상의 진보가 갖는 단점은 네트워크를 구축하는 데 막대한 비용이 든다는 것이다. 정치인의 메시지와 매력적인 이미지를 만들려는 목적으로 컨설턴트에게 비용을 지불하고, 일부 국가(특히 미국)에서는 상업광고를 위해 텔레비전 또는 라디오 시간을 구입한다. 선거운동 비용이 급격히 증가하면서 각 정당은 공공·민간단체에 거액의 자금을 구하러 다니게 되고, 이는 때때로 부패한 관행을 낳거나 의혹을 불러일으키기도 한다.

국가 프로젝트

이 개념은 통일된 국가체계가 본질적으로 불가능하다는 것을 전제한다. 국가 프로젝트란 (1) 더 넓은 사회와 국가체계 사이의 경계를 정의·조절하고, (2) 그렇게 경계가 구획된 국가장치가 기존의 또는 새로운 '사회적으로 수용된' 과제를 수행할 수 있도록, 그 내적 작동에 충분한 실질적 통일성을 부여하고자 하는 정치적 상상계·기획·실천을 가리킨다. 하나의 이상블라주로서 간주되는 국가장치는 완전히 구성되고 내적으로 일관적이며 조직적으로 순수하고 운영 면에서 폐쇄된 체계로 존재하지 않는다. 그것은 창발적·모순적·혼종적이고 상대적으로 개방된 체계다. 이러한 특성은 국가의 단단한 핵심부(예: 군대의 여러 분파, 중앙은행-재무부 연결체, 주요 지출부서, 집정부)뿐만 아니라 국가장치들의 더 넓은 앙상블도 적용된다. 간단히 말해, 국가는 [이러저러하게 잡다한] 제도들의 앙상블로서 본질적인 실체적 통일성이 없다. 이는 그것을 이루는 제도들 사이에 형태적 동형성이나 상보성이 있는 경우에도 마찬가지다.

국가 프로젝트는 국가의 바깥에서(예를 들면 여러 다른 사회세력들과 연계된 지식인들을 통해) 시작할 수도 있고, 국가장치(의 부분들)의 안에서 정교화될 수도 있으며, 다른 곳에서 베끼거나 외부세력이 부과할 수도 있다. 지속되는 프로젝트들은 보통 헌법적 합의나 제도화된 타협에 착근되어 있다. 모든 경우에 있어서 국가의 (언제나 상대적인) 통일성은 국가체계 자체 내에서 상당 부분 창출되어야 한다. 이는 특정한 운영절차, 조율수단과 목적에 대한 지침을 통해서 이루어진다. 요약하면 국가 프로젝트는 국가 또는 정체를 건설하는 과정에서 결정적으로 중요한 역할을 한다. 국가 프로젝트는 고유한 **국가이성**(여기서는 앞에서 언급한 대표형태보다는 특정한 **통치 합리성**governmental rationality을 가리킨다), 그리고 서로 다른 활동 장소, 스케일, 분야에 흩어져 있는 상이한 부처와 부서들의 활동을 통일하려고 하는 국가통치술과 연관되어 있다. 이러한 통일성을 확보하는 데 따르는 문제들 때문에 국가위기는 종종 제도적 통합과 국가 행위의 일관성의 위기로 나타난다.

좁은 의미에서 국가의 통일성이란 국가 공무원들이 헌법에 명시된 폭력과 기타 수단을 동원할 수 있는 역량이라고 이해할 수 있다. 이는 국가장치를 제도적 앙상블로서 재생산하고 저항세력을 국가정책에 순응시키기 위해서 동원된다. 이에 따른 문제들이 관방학·경찰학·공공행정의 주제다. 더욱 넓은 의미에서 국가의 통일성은 영토 내에서 일반적인 정치질서와 사회적 응집성을 유지하는 국가장치 역량의 측면에서 이해할 수도 있다. 이렇게 보았을 때, 국가 프로젝트는 국가의 개별적인 대행자들과 기관들이 정책과 실천을 조율하고 현명하게 결합(공형화共衡化, collibrate[13])할 수 있게 하는 일관된 판형template 또는 틀의 제공을 목적으로 한다. 또한 그것은 (어느 정도는 허상적인) 국가이익·공공선·사회 복지를 추구하기 위해 다양한 정책들을 연결한다. 이러한 의미에서, 전형적으로 국가 프로젝트는 정책방향과 특정한 정책 분야의 의사결정을 틀 짓는 다양한 **정책 패러다임들**과도 접합된다. 식민지, 제국 또는 강대

13 이것은 앤드류 던사이어Andrew Dunsire가 만든 신조어다(1990: p. 4; 1993, 1996도 참조). 비록 던사이어가 그 어원을 설명하지는 않았지만, 이 단어는 라틴어 libra(균형)와 접두사 cum(함께)에서 파생된 합성어로, 복수의 대상·과정·관계 간의 균형을 바꾸는 것을 가리킨다. 균형화equilibrate와 공형화의 차이는, 전자가 두 가지 사물 사이에 균형을 맞추는(예: 저울)인 것인 반면, 후자는 신중하게 여러 힘 사이에 균형을 맞춘다는 데 있다. 던사이어는 이를 다음과 같이 설명한다. "공형화collibration; co-libration는 분할통치divide-and-rule, 저울에 대한 적재, 시장 조직, 장부 조직, 경기장 평탄화, 골대 이동 등을 묘사하기 위한 신조어다. 이들 모두 균형을 흐트러뜨리거나, 균형을 잡는 데 도움을 주거나, 균형점을 이동시키는 것을 의미한다."(1996: pp. 318~319) 따라서 공형화는 이분법적 대립을 표현하는 서로 분리된 제도나 조직들에 기초하고 있는 내장된 견제책과 균형책을 통해 균형을 맞춘다(1996: pp. 320~321). 던사이어는 이보다 앞선 논문에서 다음과 같이 말한다.

> 거버넌스의 도구로서 공형화의 본질은 관심을 둔 어떤 영역에서 어떤 상반된 힘들이 이미 작동하고 있는지 식별하고, 평형isostasy[동등한 압력·장력·흡입력을 통해 생산되는 균형]이 발생하는 지점이 공공정책과 일치하는지 판단한 다음, 필요할 경우 개입하되 해당 사안을 중앙의 결정에 '회부'하거나 스스로 기준이나 금지를 설정하는 데 전념하는 것이 아니라, 어느 정도의 지원이 필요한 측이나 이해관계 쪽에 유리하도록 균형을 변경하는 것이다(Dunsire 1990: p. 17).

다시 말해 그것은 반대·적대·모순의 여러 다른 측면을 표현하는 시스템 속에 있는 상이한 견제책과 균형책들 사이의 관계를 수정한다(Dunsire 1996: pp. 320~321; cf. Jessop 2013). 피에르 부르디외Pierre Bourdieu도 이와 비슷한 개념을 제안한다(2014: pp. 197, 222~223, 345~346). 그는 국가가 (그의 특정한 용법에 따라 정의되는) 다른 종류의 자본들뿐만 아니라 '상징자본의 중앙은행'으로서, '메타자본meta-capital'의 중심이라고 주장한다. 즉 국가는 공공의 이익을 지키거나 자신의 이익을 보존하기 위해 여러 다른 종류의 자본들(예: 생태학적·상징적·문화적·정보적·정치적 자본들) 간의 관계를 수정한다는 것이다. 공형화는 순전히 기술적이거나 기술지배적인 과정이 아니라 국가권력의 다른 측면들과 마찬가지로 통치 또는 거버넌스의 특정한 대상, 기술과 주체를 중심으로 조직되는 더 넓은 '불안정한 타협적 균형'을 확보하거나 재작업하려는 노력을 포함한다. 자세한 내용은 3, 6, 8장을 참조하라.

국의 국가 프로젝트는 그들의 통제 영역과 정치적 권한의 상대적 통일성을 이들 강대국 각각의 국민국가적 영토 경계 너머로 확장하려 할 수 있다.

국가 프로젝트를 둘러싼 경쟁은 모순적인 '장치들의 통일성'을 현실적이거나 잠재적인 국가기관들에 부과하려는 투쟁으로 이어진다. 따라서 언제나 경향적으로만 존재하는 국가의 제도적 논리와 고유한 이해관계는 어느 한순간에는 정치적으로 헤게모니적이거나 지배적인 국가 프로젝트와 연관되어야 한다. 국가*the state*▼가 특정한 영토 위에 최종적으로 완성되어 그 이후에 자동 항법장치에 따라, 즉 그 자체의 한정되고 고정적이며 불가피한 법칙에 따라 운영되는 시점은 결코 오지 않는다. 나아가 하나의 국가 프로젝트가 너무 헤게모니적이어서 모든 국가 관리자가 뚜렷한 통치계급의 구성원으로서 자신들이 갖는 의무와 이해관계에 대해 알고리즘화한 모델을 그대로 적용하는 순간도 도래하지 않는다. 국가에 대해 얼마나 확실하게, 어떻게, 어느 정도까지 말할 수 있는지는 상당히 구체적인 '국가 프로젝트들'을 실현하기 위한 투쟁들의 우연적이고 일시적인 결과에 달려 있다. 이는 법적 주체로서 근대국가가 지닌 통일성과 주권에 대해 헌법이 무엇을 규정하거나 선언하든, 주어진 국가영토 내에서 일시적이고 국지적인 헤게모니를 놓고 경쟁하는 몇몇 라이벌 '국가들states'이 종종 존재하기 때문이다(위에 제시된 개념적

▼ 정관사 the는 일반화된 대상을 표현한다. 따라서 states가 여러 다른 경쟁적 국가 프로젝트들의 각축 속에서 다른 형태를 취하는 특정한 국가들을 가리킨다면, the state는 국가 일반을 가리킨다. 즉 여기서 제솝은 현실에서 작동하고 있는 국가는 일반적 국가 또는 국가 일반이 아니라 복수의 경쟁하는 국가 프로젝트들과 그것들이 상이하게 실현되고 계속 변동하는 구체적인 형태의 국가들이라고 말하고 있는 것이다.

틀을 적용한 중국에 대한 관련 사례 연구로는 Mulvad 2015 참조).

국민국가의 경계가 새롭게 등장하는 국가 프로젝트의 공간 지평을 고정하지는 않는다. 지방적·지역적 국가 프로젝트를 배제할 이유가 없는 것처럼 국가권력의 다국적이고 초국적인 네트워크와 회로를 구출하려는 전략을 배제할 이유도 없다. 이는 예를 들면 유럽연합에서 볼 수 있는 것과 같은 초국가적 또는 초국민적 국가건설 프로젝트가 어디에서 나왔는지에 관한 흥미로운 질문을 제기한다(위기에 처한 유럽연합의 재건을 목표로 하는 세 가지 경쟁적 국가 프로젝트에 대한 분석으로는 Georgi and Kannankulam 2012; Kannankulam and Georgi 2012 참조). 따라서 국가의 행위는 국가라는 주체에서 발원한다고 봐서는 안 된다. 그것은 복합적인 전략적 지형 위에서 경쟁하는 '국가 내의 국가들' 또는 여러 경쟁하는 사회세력들이 해왔고 지금도 하고 있는 일들로부터 생겨나는 의도되지 않은 복합적 결과로 봐야 한다.

헤게모니적 비전

'국가 프로젝트'가 국가의 '부분-전체' 패러독스에서 '부분'적 계기에 해당한다면, '헤게모니적 비전'은 국가의 '전체'적 계기를 보여준다. 위에서 언급했듯이, 이러한 패러독스가 생겨나는 것은, 국가는 복합적 사회질서의 단지 한 부분일 뿐이고 전체의 다른 부분들에 개입할 수 있는 역량도 제한되어 있지만, 동시에 전체에 대해 책임을 지고 제도적 통합성과 사회적 응집성을 유지하기 위해 최종 심급에서 개입할 것으로 기대되기 때문이다. 이러한 맥락에서 헤게모니적 비전은 더 넓은 사회구성체에 대한 국가의 성격과 목적을 구체화한다(이전 연구에서 나는 이러한 비전을 '헤게모니 프로젝트'라 불렀다. 예를 들면 Jessop 1990 참조). 이 비전들은 국가정책을 수행하기 위한 일반적 지침을 제시한다. 또한 국가의 성격과 목적에 공공이익, 좋은 사회, 공공복리 또는 이와 유사한 사회조직화 원리와 같이 폭넓은—그러나 언제나 선택적인—정치적·지적·도덕적 비전을 연결시킴으로써 특수한 것과 보편적인 것을 화해시키려고 한다.

이 '허상적' 공공이익은 특정한 물질적·관념적 이익, 정체성, 공간, 시간 등을 다른 것들보다 더 우선시하며, 명백히 포용적인 형태(예: 자유민주주의)를 취하거나 명백히 배제적인 형태(예: 인종 분리주의 국가)를 취할 수 있다. 이러한 비전들은 처음에는 특정한 경제적·정치적·사회적 상상계와 관련될 수 있으며, 그다음에는 특정한 사회구성체의 심층구조·논리와 그것의 세계시장·국가간체계·세계사회에 대한 편입과 관련된다. 이 전략들은 주요한 구조적 제약들을 고려할 때 성공 가능성이 가장 커진다. 그러한 구조적 제약들은 기존의 지배 형태, 지배적인 세력균형, 새로운 동맹, 전략, 시공간적 행위 지평을 통한 지배형태의 변형 전망에 의해 부과된 것이다.

'한 국민one nation' 프로젝트와 '두 국민two nation' 프로젝트를 구별하는 것은 유용하다. 이 개념은 19세기 잉글랜드의 보수적 정치 담론[14]에서 유래한 것으로, '국민'은 상상된 국가인민people-nation을 의미한다

---

14 특히 당시 미래의 영국 총리가 될 벤저민 디즈레일리Benjamin Disraeli의 소설 『시빌 또는 두 국민Sybil, or Two Nations』을 참조하라. 이 소설은 엥겔스의 『영국 노동계급의 상태The Condition of the Working Class in England』 와 같은 해인 1845년에 출판되었다. 디즈레일리는 가부장제적으로 노동계급을 사회질서와 정치질서에 통합할 것을 제안했다.

(민족의 다른 유형에 대해서는 6장 참조). '한 국민' 프로젝트 또는 비전은 확장적·포괄적 헤게모니를 목표로 한다. 이는 ('사회적 제국주의'나 '케인스적 복지 국민국가'처럼) 물질적 양보와 상징적 보상을 통해 동원되는 광범위한 대중적 지지를 기반으로 한다. 이는 종종 실제보다는 수사에 가깝다. 이와 대조적으로 '두 국민' 전략은 명시적으로든 암묵적으로든 인구 중 전략적으로 중요한 부문의 지지를 기반으로 한 좀 더 제한된 헤게모니를 목표로 하고, 파시즘과 인종분리주의 체제처럼 이 기획의 비용을 다른 배제된 부문에 전가하려고 한다. 물질적 양보의 여지가 제한된 경제위기의 시기에는 희생을 공평히 분담하지 않는다면 '한 국민' 전략의 전망이 제한되고, '두 국민' 전략이 추구될 가능성이 더 높다. '두 국민' 전략은 상대적으로 안정적인 경제에서도 발견될 수 있다. 두 경우 모두 '두 국민' 프로젝트는 '다른 국민,' 또는 이 은유를 계속하자면, '국민들'에 대한 봉쇄나 심지어 억압을 요구하며, 더 '우대받는 국민'을 위한 선별적 기회와 물질적 양보를 수반한다. 이는 수직적·적대적 균열을 통해 정치적 지지를 재조직하려는 시도와 관련된다. 그래서 '두 국민' 전략에 대한 정치적 지지는 경제적 관점에서 '생산적'인 부문과 '기생적'인 부문의 균열, 정치적인 관점에서 '충성스러운' 부문과 '충성스럽지 않은' 부문의 균열, 문명사회civil society의 관점에서 '문명화된' 부분과 '비문명화된' 부문 사이의 균열을 반영할 수 있다(예: 각각 대처리즘, 스탈린주의, 인종분리주의의 담론들을 가리킨다).

간단히 말해 '한 국민' 전략이 다양한 경제적 기능을 수행하고 상이한 정치적 견해를 표출하며 다양한 생활양식을 전시하는 집단들을 대상으로 한 다원주의적인 차이의 담론을 수반한다면, '두 국민' 전략은 이분법적인 적대 담론의 뒷받침을 받는다(Laclau and Mouffe 1985 참조). 이렇게 상반된 전략들이 국가권력의 행사에 적합한 사회적 기반을 제공하려면 적절한 형태의 조직·대표·개입과 결합되어야 한다.

제도적 통일성과 계급적 통일성을 성공적으로 연결하는 헤게모니적 비전이 없을 경우, 정치인과 국가 관리자들은 더 넓은 사회를 위한 일반적인 정치적 기능들을 희생하고 국가장치 자체의 재생산이라는 협소한 정치적 기능을 중심으로 국가를 통합하려고 할 수 있다. 또는 국가의 통일성이 완전히 붕괴될 수도 있다. 여섯 가지 차원과 그들의 상호접합에 대한 앞의 논의에는 근대국가체계가 형태나 기능에 있어 본질적으로 자본주의적이라는 함축이 담겨 있지 않다. 그러한 함축은 국가의 다형성에 대한 나의 언급뿐만 아니라 형태가 기능에 문제를 초래하는 방식, 나아가 모든 국가 형태가 국가실패를 경험하는 경향이 있다는 사실 때문에 배제된다(6장).

국가와 사회의 패러독스

국가 관리자들은 더 넓은 사회에 대한 자신들의 책무를 다하기 위해서 가용한 전략적 역량을 동원할 수 있지만, 그들의 전략적 역량은 자신들이 직면한 업무에 비해 언제나 제한되어 있다. 일반적인 정치질서, 제도적 통합성, 사회적 응집성의 확보에 대한 근대국가 책무의 '물질적' 토대를 이루는 것은 물리적 힘에 대한 입헌적 독점과 사법적 관할권 내의 사회적 행위자들(개인이나 조직)에 구속력 있는 결정을 집행하는 역량이다. 국가의 '관념적' 토대와 원동력은 국가가 사법적 주체로서, 그리고 국가 관리자들이 '보편적 계급'으로서 사회의 이해관계를 대표한다는 주장이다.[15] 그러나 이 두 경우 모두 국가 관리자들이 실제로 자신들이나 다른 이들의 특수이익보다 공공복리를 증진한다는 것을 보장하지는 않는다. 그럼에도 이러한 허구들은 정치적 기대와 행동에 영향을 미치며, 따라서 이들은 그 기대에 어긋나는 경우에도 존중받게 된다. 그러나 이들은 허구이고 국가는 단지 사회구성체에 구조적으로 결합된 하나의 부분에 불과하기 때문에 결코 [이러한 허구에 따라] 그것에 기대되는 역할을 수행할 수 없다. 국가는 제도적 앙상블이지 주체가 아니기 때문이다. 설사 무엇이 공공선인지 합의가 이루어지더라도 그것은 언제나 편파적인 함의를 지닌 특수한 개념일 뿐이다. 그리고 국가권력의 행사는 사회구성체를 통제할 수 있는 능력을 제한하는 구조적 제약과 저항에 항상 부딪히게 된다. 정치적 허구와 정치적 현실이 뒤섞이면서 국가의 오만과 비극은 끊임없이 재생산된다(Willke 1986, 1992).

이러한 일차적인 패러독스는 '국가-사회' 관계의 다음과 같은 네 가지 다른 측면에서 드러난다.

1. 비록 국가는 한 사회의 정체성을 규정하는 데 핵심적인 역할을 수행하지만, 다른 한편으로 국가 자체의 정체성은 국가 밖의 다른 영역에 뿌리를 둔 세력들이 다투는 대상이 된다. 한편, 사회들

---

15 국가 관리자들이 이러한 법적 관행을 내면화하고 그것이 그들의 고유한 정체성과 지향성의 본질적 부분이 되는 경우에는 국가를 하나의 집합적 주체로 이야기할 수도 있다.

은 국가체계보다 앞서 존재하지 않고, 부분적으로는 국가의 활동을 통해서 구성된다. 앞서 언급했듯이 국가가 지배하는 영토와 사회는 국가와 동일시되게 되었다. 그리고 외교와 전쟁부터 스포츠와 문화교류에 이르는 대외업무에 있어서 국가는 사회를 대표하는 것으로 널리 받아들여진다. 반면에 정치체계의 내부와 외부에 있는 수많은 비국가세력은 국가를 (재)건설하고 국가 프로젝트를 재규정하기 위해 투쟁한다. 이는 국가가 사회를 형성하고 사회세력들이 국가를 형성하는 규정과 재규정의 지속적인 순환을 생산한다.

2. 국가에는 외부의 직접적인 통제에 저항하는 자신의 고유한 역동성과 전략적 역량이 있지만 사회의 다른 영역들에도 자신의 고유한 논리와 역량이 있다. 상이한 국가들은 자신만의 고유한 정치적 담론, 고유한 리듬과 시간성, 고유한 이해관계와 역량을 발전시킨다. 이 때문에 국가의 활동은 상이한 결과들을 산출하고, 내적 복잡성 때문에 외부적 통제가 어려우며, 따라서 국가 외부의 행위자들이 반드시 고려해야 하는 대상이다. 여러 다른 제도적 질서들도 비슷한 수준의 내적 복잡성이 있고, 자신들만의 고유한 계산양식에 따라 작동하며, 자신들만의 고유한 시간적 패턴을 따르고, 독특한 자원과 역량을 가지고 있다. 이는 결과적으로 그들을 국가의 직접적인 통제에 저항하게 만든다.

3. 사회의 다양한 영역에 국가가 더 많이 개입할수록(이는 국가권력이 성장하고 있다는 것을 가리킨다) 국가는 자신의 힘을 약화시키는 두 가지 유형의 변화를 경험한다. 첫째, 내적으로 더욱 복잡해짐에

따라 자신의 통일성과 독특한 정체성이 줄어들게 되고, 그 권한들은 여러 다른 부처들과 정책 네트워크로 파편화되며, 상이한 기관들을 조율하는 문제는 증폭된다. 이는 신자유주의자들이 국가는 자신의 야심과 권한에 한계를 부과할 때만 강해질 수 있다고 주장하게 만들었다. 반대로, 국가 개입이 증가함에 따라 국가 행위의 성공은 점점 더 다른 사회세력들의 협조에 의존하게 된다. 따라서 국가권력은 외부세력에 점점 더 종속되거나 연계된다. 이 때문에 몇몇 국가이론가들은 근대국가가 주권이라는 허세를 포기하거나 전제적 권력 행사를 중단하고 하부구조적 권력을 증가시키기 위해 다른 세력들과 권력을 공유할 때에만 강해질 수 있다고 주장한다(예: Mann 1984, 2008; Hall and Ikenberry 1989).

4. 설사 국가가 국가이성의 이름으로 행위를 하거나 정상적인 대표제 메커니즘을 유예시키는 비상사태를 선포하더라도 그 정당성은 국가의 이익과 행위를 '사회'의 이익과 행위에 연결 짓고 가능한 한 빨리 '정상적인 체제를 회복'하겠다는 신뢰할 수 있는 약속에 달려 있다. 국가이성은 언제나 공공선이나 국익 또는 둘 다에 대한 주장과 연결되어왔다. 그리고 비상사태와 독재의 기간은 그것이 결국 정상성으로 회귀할 것이라는 규범적 기대를 받는다. 그때 국민적·대중적 이익에 관한 경쟁적 정의들이 다시 한 번 정치 담론의 공통 주제가 된다. 따라서 담론들의 접합이 이루어질 수 있는 일반적 범위 외에도, 정치 담론에 개입하는 이들에게는 정치 영역 밖에 있는 이슈들을 통합해 다루어야 할 특별한 이유가 있다. 정치 영역 밖에서 봐도 국가 담론과 공식 담론은 결코 자기완

결적self-contained일 수 없다. 국가 담론과 공식 담론은 언제든 '외부'의 힘으로 해체되고 와해되기 쉬운 것이다.

결론

이러한 부분-전체 관계에서 생겨나는 패러독스는 전략적 선택을 요구하는 딜레마를 발생시킨다. 어떠한 선택도 딜레마의 어느 한쪽에 특권을 부여할 수밖에 없기 때문에, 다른 쪽을 등한시하는 데서 생기는 문제들은 전략적 전환이 필요해지는 순간까지 계속 커지는 경향이 있다. 이는 여러 영역에서 발생하는 정책 주기policy cycle를 설명하는 데 도움이 된다. 예를 들어 국가가 개입하지 않으면 다른 제도적 질서들이 국가 목표가 손상될 지경까지 자신들의 고유한 논리를 자유롭게 추구할 수 있게 된다. 그러나 개입은 다른 제도적 질서들의 작동을 방해하고 저항이나 다른 역효과를 촉발시키기 때문에도 실패할 수 있다. 가능한 하나의 해결책은, 다른 체계의 기관들과의 사전 협의를 기초로 한 메타거버넌스 전략에 기대는 것이다. 다시 말해 이 기관들의 활동이 합의된 목적과 일치하는 경우 국가가 공식적·실질적으로 이들의 활동을 촉진하고, 그 기관들 스스로가 자신들에게 고유한 제도적 논리의 틀 안에서 그러한 목적의 추구에 가장 적합한 방식을 찾도록 만드는 것이다. 그러나 이러한 형태의 국가 개입은 국가에 관해서뿐만 아니라 사회적 목적에 대해 광범위한 합의가 없다면 국가의 파편화와 분열을 강화시킬 가능성이 크다. 이러한 고찰은 구조적 모순, 부분-전체 패러독스, 다른 전략적 딜레마의 원천들에 관심을 기울이는 전략관계적 접근법의 적실성을 강화한다. 나는 다음 장에서 전략관계적으로 이해되는 구조와 전략의 상호작용에 대해 탐색할 것이다.

4장

권력, 이해관계, 지배, 국가효과

이 장은 전략관계적 접근법을 근거로 세 가지 쟁점을 고찰한다. 첫 번째이자 개념적으로 선행하는 쟁점은 권력과 이해관계의 일반적 성격에 관한 것이다. 두 번째는 권력관계의 특정한 제도적 표현인 국가에 관한 것이다. 세 번째는 국가가 어떻게, 어느 정도로 권력관계들을 구조화하고 특정한 이해관계에 특권적 지위를 부여하느냐다. 지배에는 여러 형태·장소·이익·전략이 있으며 여기서 그 모두를 다룰 수는 없다. 그러므로 나는 '자본주의적 유형의 국가'와 '자본주의 사회의 국가' 중 어느 것에 초점을 두느냐에 따라 생기는 차이에 대해 질문함으로써 이들 중 두 번째와 세 번째 쟁점에 대해 논할 것이다. 이러한 구분은 경제체계와 정치체계가 강력히 제도적으로 분리된 형식상 민주주의 사회에서 계급권력과 국가권력이 서로 어떤 관계에 있느냐는 논쟁적인 주제와 관련된다. 1장에서 개관한 여섯 가지 접근법의 측면에서 보면, 자본주의적 유형의 국가를 연구하는 것은 주로 국가의 전형적 형태들, 이 형태들 간의 상보성, 국가의 계급지배 확보에 대한 적합성이나 부적합성에 관한 제도주의적 해명을 수반한다. 반면 자본주의 사회의 국가를 연구하는 데는 역사적이고 행위자 중심적인 설명을 채택하는 것이 더 적절하다. 나는 이데올로기 비판에 대해 몇 가지 의견을 제시하고 국가와 국가권력에 대한 마르크스주의 분석의 한계에 대해 논함으로써 이 장을 끝맺을 것이다.

권력은 설명항인가, 피설명항인가?

보통 '권력power'이라 불리는 것은 복합적이고 과잉결정된 현상▼으로서 사회관계를 설명하는 데는 잘 맞지 않는 것으로 여겨진다. 부분적으로 이는 권력이 변화를 일으킬 수 있는 **역량**capacities을 가리키는 것인지, 아니면 **실제로**actually 변화를 일으키게끔 그러한 역량들이 활성화된 것

▼ '과잉결정overdetermination'이란 본래 꿈의 내용이 일과 중의 기억, 억압된 트라우마, 무의식적 소망 등 여러 가지 층위의 복합적인 요인들의 응축과 치환에 의해 결정된다는 것을 가리키는, 오스트리아의 정신분석학자 지그문트 프로이트Sigmund Freud의 개념이다. 이후 프랑스의 철학자 루이 알튀세르는 역사적 변동을 일으키는 모순들의 복합성을 가리키기 위해 이 개념을 사용했다. 즉 자본주의의 역사적 변동은 자본과 노동의 모순이라는 기본적 모순뿐만 아니라 그 밖에 여러 다른 모순들과의 결합과 응축에 의해서 가능해진다는 것이다. 또한 이는 over-라는 접두사에 '덧씌우다', '겹치다'라는 뜻이 있기 때문에 여러 가지 모순이 겹친다는 의미로 '중층결정'이나 '중첩결정'으로도 번역되지만, '과소결정underdetermination'과 대비하기 위해 '과잉결정'으로 번역되기도 한다. '과소결정'은 주로 과학철학에서 이론이나 믿음이 경험적 데이터나 증거에 의해서 결정(확증)될 수 없음을 가리킨다. 그러나 알튀세르에서 그것은 과잉결정과 분리 불가능한 개념으로, 모순의 불균등성 때문에 자본-노동 간의 기본적 모순이 다른 모순들로 치환되거나 다른 모순들과 충분히 결합하지 못하는 여러 공백이 발생함으로써 자본주의 극복의 문턱을 넘지 못하게 되는 것(즉 자본주의의 재생산을 가리킨다(John Scott, *Oxford Dictionary of Sociology*, 4th edition, Oxford University Press, 2014; 강경덕, 『구조와 모순: 구조주의적 마르크스주의의 논점들』, 서광사, 2014, 24~248쪽; 심광현, "두 가지 '알튀세르 효과'의 마주침: 과잉결정과 과소결정, 우발성과 마주침의 유물론의 생산적 이중주를 위하여", 『문화연구』 7권 2호, 2019년 10월호: 11~12쪽 참조).

activation을 가리키는 것인지에 대해 혼동이 일어나기 때문이다. 더구나 권력이 특정한 구조적 제약 내에서 생산되는 모든 효과를 가리키는 일반적 용어가 아닌 한, 특정한 상황에서 특정 행위자들이 권력을 행사함에 따라 발생하는 특정한 효과는 설명항explanans(설명 그 자체)이 아니라 피설명항explanandum(설명되어야 할 어떤 것)이 된다. 그러나 주어진 행위의 맥락이 더 상세하고 구체적으로 명시될수록 그 효과들을 그 맥락에서 일어난 행위[권력의 행사]에 귀속시킬 여지는 줄어든다. 따라서 국면이 잘 특정되면, '권력'은 [설명항으로서는] 잔여 범주가 되는 경향이 있다. 그것은 확률이나 우연을 포함한 맥락적 요인으로는 설명되지 않는 것들만 잘 설명한다.

더구나 설명항으로서 '권력'[힘]은 인과분석에서 자체적인 설명력을 갖고 있지 않다. 그것은 내용 없는 형식적 개념이거나 쓸데없이 자리만 차지하는 개념, **둘 중에 하나**다. 전자는 특수한 효과들이 어떻게 생산되는지 설명할 수 없는 [추상적] 개념이고, 후자는 그러한 효과들을 생산하는 실질적 메커니즘이 연구를 통해 밝혀지면 불필요해지는 [잉여] 개념이다. 설명항과 피설명항의 차이를 구별하지 못하면 권력 행사의 결과를 권력의 행사 그 자체로 설명하는 [설명항과 피설명항이 동일한] 순환적 추론에 빠지게 된다. 이 문제를 피하기 위해 우리는 '권력 일반'이나 '일반적 권력'과 같은 것이 없다는 사실을 인정해야 한다. 그렇다면 문제는 여러 다른 특수한 권력들 사이의 상대적 비중을 밝히고, 만약 그것들이 서로 결합한다면 어떻게 결합해서 지배의 특정한 구조들을 생산하는지를 규명하는 것이다.

어떤 효과의 원인을 권력의 행사에 귀속시키는 것에는 그러한 행위들이 자유롭게 선택된 것이고 인과적으로 결정적인 효과를 가지고 있다는 가정이 내포되어 있다. 그러나 권력 행사는 의지들의 기계적 충돌을 수반하지 않는다. 그것에는 명확한 사회적·물질적 존재조건이 있으며 다른 사회적 결정 기제들과의 연결고리를 통해 제한된다. 이것이 바로 정치가 '가능성의 예술'인 이유다. 이러한 한계와 제약들에 대한 분석은, 주어진 국면에서 권력관계에 관여하는 행위자들이 수행하는 행위에 관한 연구에 논리적으로 선행한다. 더구나 이 행위 수행자들의 행위가 제약 없는 자유로운 의지의 행사에서 비롯된 것이라고 단언하지 않는다면, 행위의 가능성들이 이러한 행위 수행자들의 특정한 성질에 따라 어떻게 제한되는지도 조사해야 한다. 이는 특정한 효과를 생산하는 데 필요하거나 충분한 여러 요인의 결합에 대한 역사적 설명이 필요함을 가리킨다. 그러한 요인에는 사회세력, 물질적이고 상징적인 자원, 계산양식, 전략과 전술, 사회적 기술, 구조적 제약과 국면적 기회가 포함된다. 따라서 권력분석은 이러한 다양한 요인들이 어떻게 상호작용해서 전체적 세력균형을 결정하는지, 그리고 그러한 세력균형이 여러 다른 시공간적 행위 지평에 어떤 효과를 주는지 탐구해야 한다.

'상대적 자율성relative autonomy'이라는 악명 높은 개념에도 비슷한 논증이 적용된다. 기껏해야 이 개념의 지지자들은 자신들의 접근방식을, 외부 원인을 통해 국가 형태와 기능을 설명하려는 시도와 구별하거나 국가에 제약되지 않는 의지와 그 의지를 실현하는 역량을 부여하는 절대적 자율성에 대한 주장과 구별할 수 있을 뿐이다. 그러나 구체적인 사례 연구를 수행할 때 상대적 자율성은 사례에 따라 그 내용이 달라지는, 대체로 **묘사적인**descriptive 개념이 된다. 따라서 더 일반적인 '권력'

과 마찬가지로 상대적 자율성은 **설명항**[다른 것을 설명하는 요인]이 될 수 없다. 그것은 **피설명항**[설명되어야 할 대상]이다.

다른 제도적 질서들과 국가의 분리가 국가의 '상대적 자율성'에 결정적인 역할을 한다는 주장이 있다. 그러나 국가의 제도적 분리는 마르크스주의 분석에서 흔히 상정되는 것과 달리 자본의 집합적 이익을 추구하는 데 필요한 자율성을 보장하지 않는다. 그것은 보수주의와 자유주의의 공통된 주장에서처럼 특수한 이익에 대항해 국가이익을 추구하거나, 현실주의와 신현실주의 저작에서처럼 다른 국민국가에 대항해 국가이익을 추구하는 데 필요한 자율성을 보장하지도 않는다. 도리어 국가의 제도적 분리는 그러한 행위에 심각한 문제를 초래한다. 이는 앞 장에서 분석한 부분-전체 패러독스에 상당 부분 기인한다. 현존하는 국가들의 '상대적 자율성'은 경제 영역과 '사적'이고 비경제적인 관계들의

▼   국가의 '상대적 자율성'이란, 사회구성체 내 각 심급 또는 구조의 상대적 자율성에 대한 프랑스의 철학자 알튀세르의 이론을 바탕으로 그리스 출신의 프랑스 정치사회학자 풀란차스가 정교하게 다듬은 개념이다. 알튀세르는 스탈린주의적 경제결정론을 비판하고, 상부구조(정치와 이데올로기)가 경제적 토대에 대해 상대적으로 자율적(즉 경제적 토대가 부과하는 한계 내에서 자율적)이며, 상부구조가 역으로 토대에도 영향을 준다고 주장했다. 다시 말해 경제뿐만 아니라 정치와 이데올로기도 특정 사회구성체에서 지배적인 영향력을 행사할 수 있으나 이들 중 어느 것이 지배적인 것이 될지를 최종적으로 결정하는 것은 경제라는 의미다. 또한 국가의 억압장치와 이데올로기적 장치는 자본주의 사회구성체(특히 그 생산관계)의 재생산에 핵심적인 역할을 한다(Althusser 1971; Louis Althusser, "From Capital to Marx's Philosophy", in Louis Althusser et al., *Reading Capital: The Complete Edition*, London: Verso, 2015). 알튀세르의 지적 영향을 크게 받은 초기 풀란차스는 정치와 경제가 제도적으로 분리된 자본주의 사회구성체 속에서 국가가 사회적 응집성을 확보하고 자본주의 생산관계를 재생산하는 특수한 기능을 담당하며, 이를 위해 계급 집단으로 존재하는 자본가와 노동자들을 개인들로 고립('고립효과isolation effect')시키는 한편, 자본가 계급의 단기적 이익이나 일부 자본 분파를 희생시킬 수 있는 상대적 자율성을 가지고 있다고 주장했다(Poulantzas 1973). 제솝은 이러한 국가의 상대적 자율성의 개념이 자율성과 타율성의 긴장과 모순을 해소하지 못한다고 비판하고, 이를 체계들 간의 구조적 결합과 공진화 속에서 제약되는 국가체계의 근본적인 '작동적 자율성' 개념으로 대체한다(Jessop 1990).

장소인 시민사회에서 분리된 국가 형태, 국가의 독특한 제도적 아키텍처, 국가에 대한 사회적 지지와 저항의 기반, 규정된 목표나 기능을 달성하는 데 있어서 국가정책의 효과성이 복합적으로 작용한 결과다. 이러한 점들은 '상대적 자율성'과 국가권력을 추상적인 만능의 설명 원리로 삼는 것에 반대하는 주장을 강화한다.

이해관계와 지배

'이해관계 또는 이익interest'은 상대적 개념이다(Barry 1965: pp. 173~187). 한 행위자의 이익에 대한 계산은 실현 가능성과 무관한 절대적 이익보다는 특수한 맥락에서 생기는 상대적 이익에 달려 있다. 이익의 계산은 특정한 상황에서 주어지는 구조적 제약과 국면적 기회와, 여러 다른 시공간 지평에서 규정되는 여러 다양한 이익들[예: 단기적·지역적·경제적 이익 대 장기적·국가적·정치적 이익] 간의 잠재적인 상쇄를 고려해 이루어져야 한다. 따라서 유불리 일반에 대해 포괄적으로 단언하기보다는 행위자의 이해관계 중 어떤 측면이 어떤 점에서 유리하거나 불리한 위치에 있는지를 구체적으로 서술해야 한다. 더구나 행위자들이 여러 다른 종류의 관계들과 연관되어 있거나 다양한 주체성·정체성을 지니고 있는 한, 그들은 모순적 이해관계를 갖고 있을 수 있다. 이해관계의 이러한 복잡성은 다원주의와 신다원주의의 정치·정책 분석에 '합리적 핵심'을 부여한다. 하지만 그러한 분석은 주어진 정체나 국가체계의 구성과 연관된 제약들을 간과한다. 모순적 이해관계는 전략 수립, 정책결정과 의

사결정 과정에서 '결정을 불가능하게 하는' 골치 아픈 문제들을 낳을 수 있다. 명확한 선택의 공리나 알고리즘이 없는 상태라면 이는 꾸물거림, 알거나 모르는 상태에서 일어나는 자의적이거나 무작위적인 선택, 득표에 대한 저울질, 세력균형에 대한 계산, 조작이나 불가항력에 따른 의사결정, 새로운 공리적 원리에 대한 모색 등을 야기할 수 있다.

지배력으로 작동하는 권력에 대한 분석은 역량을 **사회적으로 무정형의**(또는 무작위적인) 것이 아니라 **사회적으로 구조화된** 것으로 취급한다. 권력에서 핵심적인 것은 의지의 일회적이고 일방적인 부과가 아니라 체계적이고 제도화되어 있으며 규칙적으로 재생산되는 상호관계다. 지배력으로 작동하는 권력은 사회관계의 지속성을 보증한다. 따라서 제프리 아이작Jeffrey Isaac이 지적하듯이 "사회적 권력관계는 전형적으로, A가 B에게 B가 하지 않았을 일을 하게 하는 것보다는 A와 B 둘 다 **평소에**ordinarily 하던 일을 하는 것과 관련된다."(Isaac 1987: p. 96; 푸코의 통치성 개념과의 친화성에 주목하라). 지속되는 관계들은 상호적이지만 종종 비대칭적인 역량과 취약성들을 수반한다. 여기서 하나의 공통된 패러다임은 노예는 주인에, 주인은 노예에 의존하는 헤겔의 주인-노예 변증법▼이다(Hegel 1977). 노예제와 식민주의를 설명할 때 쓰이는 이 패러다임은 다른 방식으로도 정교화될 수 있다. 예를 들어 일부 마르크스주의자들은 계급지배에, 일부 페미니스트들은 가부장적 지배에, 일부 (열

▼ 헤겔은 『정신현상학Phänomenologie des Geistes』(1807)에서 주인과 노예의 변증법을 통해 자기의식의 발달을 설명한다. 그에 따르면 노예의 노동에 의존하는 주인은 발전이 정체되고 노예는 노동을 통해 진정한 자기의식을 발달시킨다. 이는 후대의 마르크스주의와 비판이론에 큰 영향을 미쳤다.

혈) 생태주의자들은 인간과 자연의 상호작용 변증법에 이 패러다임을 연결 짓는다(예: Brennan 2007). 특히 이는 인간 활동이 지구의 진화를 유의미하게 변형시킨 이른바 인류세 시대에도 적용된다(cf. Crutzen 2006; Steffen et al. 2011; 그리고 이에 대한 비판으로는 Moore 2015a, 2015b 참조).

철저한 전략관계적 접근법은 특수한 상황에서 특정한 정체성을 내면화한 특정한 주체들에게 발생하는 잠재적 결과의 측면에서 이해관계를 평가한다. 여기서는 여러 수준의 주관-객관 변증법이 작동한다. 첫째, 객관적 이해관계는 특정한 국면에서 특수한 장소에 있는 개인 또는 집합적 행위자의 특수한 주관성(정체성의 감각)과의 관계 속에서 판단해야 한다. 관념적·물질적 이해관계는 주어진 상황에서 행위자가 갖고 있는 정체성에 따라 달라지기 때문이다. '관념적' 이해관계는 구원 같은 내세적 관심사와 사회적 지위 같은 상징체계에 연결되어 있는 반면, 물질적 이해관계는 세속적 관심사와 물질적 이익에 연결되어 있다. 그러나 막스 베버가 지적했듯이(Weber 1978) 많은 이해관계에는 관념적 요소와 물질적 요소가 뒤섞여 있다(cf. McIntosh 1977; and Swedberg 2003). 이렇게 이해관계에 주관적이고 정체성과 연관된 측면이 있다고 해서 사회적 행위자들이 자신들의 이해관계에 대해 착각할 수 없다고는 할 수 없다. 일단 주관적 정체성이 준거점이 되고 나면 이해관계는 주체의 지각에만 의존하기보다 사회관계와 가치체계에 객관적으로 근거를 두게 되기 때문이다. 또한 관념적 이해관계가 순전히 엉뚱하거나 기이하거나 무정형적인 것이 아니라 제도화된 구조에 연결되어 있는 한 이는 관념적 이해관계에도 마찬가지로 적용된다.

둘째, 여러 다른 맥락 속에 놓인 주관적 정체성과 객관적 이해관계들을 어떻게 재규정하고 재조합할 것인지를 놓고 투쟁이 일어난다. 이는 행위자들이 이미 확립한 정체성들의 우선순위를 재조정하고 그들로 하여금 흔히 다른 이해관계를 수반한 새로운 정체성을 받아들이게 한다. 이 문제는 '교차성intersectionalism', 즉 계급·젠더·종족과 다른 정체성들 사이의 차별적인 접합을 연구하는 학자들에게는 익숙한 것이다. 이는 또한 여러 다른 시공간적 행위 지평 위에서 작용하는 다양한 관념적·물질적 이해관계들에 관한 다원주의적 설명들의 기초가 된다.

간단히 말해, 권력과 이해관계의 의미는 특정한 국면 속에서 **사회관계들이 서로 어떻게 얽혀 있는지**를 보고 이해해야 한다. 구조적 제약이란 **주어진 시간 내에** 행위자(들)가 바꿀 수 없는 상황을 구성하는 요소들로서, 이는 전체 사회구성체 속에서 각 행위자가 차지하는 전략적 위치에 따라 달라진다. 이러한 전략적 위치는 복잡한 여러 층위의 잠재적 권력들을 내포하며, 이러한 권력의 층위는 다른 행위자들을 제약할 수 있는 기회들의 범위와 규정력이 얼마나 되느냐에 따라 결정된다. [전략적 위치에 내포된] 이러한 잠재적 권력은 사회구성체 내 여러 위치들의 상호관계뿐만 아니라, [각 위치에 있는] 사회세력들의 조직, 계산양식, 자원에도 달려 있다. 권력의 실제 균형은 이러한 사회세력들이 추구하는 (전략적) 행위들의 상호작용을 통해 사후적으로 결정되며, 이 상호작용은 행위자와 행위에 따라 달라지는 구조적 제약의 한계 내에서 이루어진다. 이러한 과정을 통해 만들어지는 이해관계도 마찬가지로 관계 속에서 평가되어야 한다. 이해관계는 주어진 기간 동안의 국면적 기회, 권력의 잠재적인 균형, 행위 지평에 따라 달라진다. 이 모든 것은 여러 다른 시간 지평에 대한 정치적 전략의 계산에 영향을 주며, 국가권력의 성격과 같은 쟁점들에 대해 국면적이고 관계론적인 접근법이 갖는 중요성을 잘 보여준다(3장). 이제 나는 이러한 주장을 마르크스주의 활동가와 학자들의 노력에서 도출된 사례를 통해 설명하고 자본주의 국가와 자본주의 사회의 국가를 검토할 것이다.

국가와 계급지배

마르크스주의 학자들은 사회적 권력과 계급지배의 재생산 사이의 연관성을 연구하고, 그 밖의 다른 유형의 주체·정체성·적대·지배는 주로 계급지배와의 우연적 관련성 또는 계급지배에 따른 조건화라는 측면에서 고찰하는 경향이 있다(이에 대한 개관으로는 Jessop 1982; Barrow 1993; Hirsch 2005; Domhoff 2013 참조). 베버주의자들은 계급·지위·파벌이라는 세 가지 지배 형태에 동등한 **분석적** 비중을 부여한다. 일반적으로 가부장적 지배를 우선시하는 급진적 페미니즘 분석과 달리, 권력과 지배에 대한 교차성 분석에서도 이와 비슷한 입장이 발견된다. 이와 대조적으로 다원주의와 신다원주의 학자들은 방대한 자원·정체성·이해관계가 너무 많이 잠재적으로 교차하고 상충하는 방식으로 전개되기 때문에 지속적인 지배체계는 사실상 존재하지 않는다고 지적한다.

　　마르크스주의, 베버주의, 교차성 분석은 모두 국가와 계급지배의 관계를 살펴보지만, 이 둘 사이에 어떤 관련이 있는지에 대해서는 입장이 서로 다르다. 그러나 어떤 경우에도 이들은 '국가'권력과 '계급'권력 사이의 구별을 물화하지 않는다. 그래서 그들은 (1) 국가권력이, 사회의 외부와 상위에 서 있으면서 자신만의 고유한 자원을 보유한 자율적 주체로서 국가가 가지고 있는 속성이라거나, (2) 계급권력이 경제 또는 시민사회에 전적으로 근거하고 있다거나, (3) 국가와 경제 또는 시민사회 사이의 이러한 극명한 분화가, 세력들 간의 외적 충돌에서 한쪽의 행위자들이 다른 쪽의 행위자들을 통제하려는, 특히 제로섬적인 성격의 노력으로 이어질 것이라고 보지 않는다. 이렇게 나는 묘사적 개념이든 설명 원리로서든 '국가권력'과 '계급권력'을 구별하려는 모든 시도를 거부한다. 하지만 나는 군부나 관료 같은 정치적 범주들의 영향력을 무시하거나 국가가 권력을 행사하는 데 있어 특정한 이점이 있는 다양한 조직 역량과 자원을 가지고 있다는 것을 부인하지 않는다. 핵심은 국가권력이란 주어진 상황에서 **모든** 세력 간의 변동하는 균형에서 나오는 중재된 효과라는 것이다. 따라서 국가권력은 설명적 원리가 아니라 **설명해야 할 대상**이다(Jessop 1990: pp. 117~118). 나아가 마치 국가나 국가 행위가 특정한 결과를 초래한 것처럼 말하는 경우에도 그것은 좀 더 복잡한 전략관계적 국면들을 잠재적인 오해의 여지가 있음에도 간단하게 표현하는 것일 뿐이다.

더 일반적으로, 전략관계적 접근법은 계급투쟁이 국가의 외부뿐만 아니라 내부에서도 발생할 수 있다는 것, **그리고** 국가의 대행자들이 국가의 공식적 경계 안뿐만 아니라 바깥에서도 영향력을 행사한다는 것을 인정한다. 따라서 국가와 계급권력 간의 관계를 연구하려면 어떻게 국가권력이 특정한 사회와 국면에서 특정한 계급적 이해관계에 맞게(또는 어긋나게) 행사되고 정렬되는지, 그리고 그 반대로 어떻게 특정한 계급적 이해관계가 국가권력에 맞게(또는 어긋나게) 정렬되는지 고찰해야 한다. [계급을 넘어서는] 다양한 동맹, 여러 동기의 혼합, 양가적인 결과들이 존재할 수 있다. 특히 이는 국가권력의 사회적 기반을 확보하고 국가 프로젝트를 접합하고 헤게모니적 비전을 촉진하는 데 있어 계급세력과 계급적 이해관계만이 유일한 요인은 아니기 때문이다. 사실 헤게모니란, 그것이 확보되는 한, 계급적 이해관계와 명시적으로 결부되지 않는 넓은 범위의 정체성과 지향성, 이해관계의 접합을 통해 확보된다.

이는 자본주의 사회의 국가에 대한 분석에서 자본축적이 준거점과 설명 원리라는 두 가지 기능을 수행해야 함을 가리킨다.

- 하나의 준거점으로서 자본축적은 특수한 형태의 국가 또는 체제와 연관된 국가권력의 행사가 다른 계급이나 사회세력의 권력 행사에 비해 자본의 관념적·물질적 이해관계(또는 두 가지 모두)를 실제로 얼마나 증진하는지 계산할 수 있는 근거를 제공한다. 여기서 자본의 이해관계란 절대적인 것이 아니라 관계적임을 다시 한 번 상기하자. 이 점은 아래에서 좀 더 상세히 설명하겠다. 더욱이 자본축적을 준거점으로 삼는다고 해서 자본을 재생산하는 데 기여하는 행위자들이 반드시 그러한 결과를 인식하고 있어야 하는 것은 아니다.
- 하나의 설명 원리로서 자본축적은 차등적 축적의 형태와 과정, 계급세력의 동원이 어떻게 국가장치의 형태와 작동을 조건 짓고 관통하며 국가 개입의 효과를 (완전히 결정하지는 않지만) 제한하는지에 대한 연구를 인도할 수 있다(cf. Jessop 1982).

국가권력과 다른 형태의 지배—군국주의, 군벌주의, 인종분리주의, 종족 차별, 중심-주변부 관계, 신정체제, 가부장제, 이성애주의 등—사이의 관계에 대한 조사도 이와 같이 두 가지 측면에서 볼 수 있다.

마르크스주의 학자들은 지배와 관련해 주로 네 가지의 상호 연관된 주제를 탐구한다. 첫 번째 주제는 심층적인 사회적 토대를 결여한 순수한 대인관계적 현상보다 계급지배의 특정한 양식 또는 배치의 표출로서 나타나는 권력관계에 대한 것이다. 그렇다고 해서 권력과 저항이 분명한 계급 정체성과 계급적 이해관계를 가진 사회적 행위자들의 전유물이라는 의미는 아니다. 대신 이 주제는 말하자면, 계급의식의 형태와 수준보다는 뚜렷한 형태를 가진 정체·정치·정책의 **계급 유관성**class relevance에 초점을 맞춘다. 이것은 특수한 국면에서 계급 유관성을 구성하는 것이 무엇인지 명백히 설명할 것을 요구한다(아래 참조).

둘째, 마르크스주의자들은 계급지배의 경제적·정치적·이데올로기적 형태들 사이의 연관성이나 연관성의 결여를 탐구한다. 이 주제는 수많은 이론적·경험적 논쟁을 불러일으켰다. 상이한 접근법들은 계급권력을 사회적 생산관계, 국가에 대한 통제 또는 마음과 정신에 대한 헤게모니와 같이 다양한 곳에서 찾는다.

셋째, 내가 속한 범주인, 순수하거나 비교조적인 마르크스주의자들은 계급권력과 지배에 불가피한 한계가 있다는 것에 주목하고, 이러한 한계를 자본관계 또는 지배의 다른 형태들과 경쟁적인 여러 사회조직 원리의 존재에 내재한 구조적 모순과 적대의 측면에서 설명하려고 한다(Jessop 1928, 2002, 2013, 2014a, 2015a). 순수 마르크스주의자들plain Marxists은 계급지배와 관련된 모든 형태의 사회적 권력이 취약하고 불안정하며 잠정적·일시적이라고 가정하고, 계급지배를 보장하고 저항을 극복하며 계급권력을 당연한 것으로 여겨지게 하거나 신비화하기 위해서는 계속적인 투쟁이 필요하다고 가정하는 경향이 있다.▼

넷째, 특정한 시기와 국면에서 계급지배를 재생산하거나 거부하거나 전복하는 전략들에 대한 관심이 존재한다. 여기서 중요한 하나의 요소는 전략의 시공간적 차원들이다.

경제적 계급지배

생산양식은 생산력과 사회적 생산관계의 특정한 조합으로 이루어져 있다. 생산력은 원자재, 생산수단, 주어진 원자재와 생산수단에 조응하는 기술적 분업, 생산수단을 작동시키기 위해 이루어지는 직접 생산자들 간의 상호의존과 협력으로 이루어져 있다. 사회적 생산관계는 다양한 생산활동에 대한 자원의 배분과 거기서 비롯되는 잉여의 전유에 대한 통제, 사회적 분업(또는 여러 다른 생산단위를 가로지르는 활동들에 대한 노동자의 배분), 재산관계, 생산수단의 소유와 경제적 착취(또는 잉여노동

▼ '순수 마르크스주의자'라는 표현은 미국의 사회학자 C. 라이트 밀스Wright Mills의 개념이다. 그에 따르면 순수 마르크스주의자는 마르크스 자신의 전통에서 작업하는 이들로 마르크스의 모든 결론에 반드시 동의하지는 않으면서도 마르크스를 비판적이고 역사적으로 연구해야 할 중요한 사회이론가로 취급한다. 조안 로빈슨Joan Robinson, 아이작 도이처Isaac Deutscher, 윌리엄 모리스William Morris, 그람시, 로자 룩셈부르크Rosa Luxemburg, G. D. H. 콜Cole, 게오르크 루카치Georg Lukács, 장 폴 사르트르Jean-Paul Sartre, 조르주 소렐George Sorel, E. P. 톰슨Thompson, 레셰크 콜라코프스키Leszek Kolakowski, 폴 스위지Paul Sweezy, 에리히 프롬Erich Fromm 등이 여기에 속한다. 반면에 이와 대조되는 '기교적 마르크스주의sophisticated Marxists'는 마르크스 이론의 일반적 모델을 수정하지 않으려고 경험적 예외들을 부차적인 것으로 취급하기 위해 새로운 설명을 덧붙인다. 다시 말해 마르크스의 텍스트에 새로운 이론을 투영하려 한다(Clyde W. Barrow, "Plain Marxist, Sophisticated Marxists, and C. Wright Mills' 'The Power Elite'", *Science and Society*, Vol. 71, No. 4, Oct 2007, pp. 400~430 참조).

의 전유)에 근거를 둔 계급관계로 이루어져 있다. 이러한 사회적 생산관계는 이용 가능한 생산력을 선택하고 생산에서 생산력을 활용하는 방식을 형성하며, 구조적 모순, 잠재적 계급적대와 전략적 딜레마를 일으킨다.

자본주의적 임금관계는 이러한 상황을 잘 보여준다. 노동자들이 임금을 대가로 자발적으로 자신의 노동력을 판매함으로써 자본가들에게 노동력에 대한 통제권을 이전하고 잉여에 대한 권리를 주기 때문이다. 따라서 형식적으로 자유로운 교환이 작업장의 전제주의(경영 특권의 행사)와 경제적 착취(잉여노동의 전유)의 계약적 근거가 된다. 노동과정의 조직화는 자본가와 노동자 사이에 적대가 벌어지는 주요 현장이자 작업장을 넘어 확장되는 광범위한 투쟁에서 관건이 된다. 노동시장과 노동과정에 일어나는 노동자들의 저항은 불평등한 사회적 생산관계가 권력의 성공적인 행사를 보장하지 못한다는 것을 가리킨다. 마르크스주의자들은 또한 생산과정의 전반적인 조직과 그것이 자본관계의 다른 측면들과 맺는 관계도 연구한다. 이와 관련해 그들은 산업자본 또는 금융자본, 독점자본 또는 중소기업, 다국적 기업 또는 일국적 기업, 내수기업 또는 수출기업 중에 무엇이 상대적으로 더 중요한지에 관심이 있다. 이 중에 초점을 어디에 두느냐에 따라 자본의 관념적·물질적 이해관계는 달라질 것이다.

경제적 계급지배에 관한 이러한 사항들은 근대국가에 대한 **정형화된 설명**stylized account과 관계된 것이다. 첫째, 개별 자본은 노동과정, 다른 자본들과의 경쟁에서 직접적 강제력을 행사하는 것이 금지되어 있다. 다른 한편, 국가는 전체 자본을 위해 사유재산과 계약의 신성함을 보호한다. 이는 노동과정을 관리하고 잉여노동을 전유하며 다른 자본과의 계약을 집행할 수 있는 자본의 형식적 권리를 뒷받침한다.

둘째, 자본주의의 합리적 조직화는 자유로운 임금노동을 필요로 하며, 국가는 봉건적 특권의 폐지, 공유지commons 폐쇄enclosure의 촉진, 부랑자 처벌, 노동시장 참여 의무 부과 등을 통해 이를 창출한다.▼ 또한 국가는 노동자들이 자신들의 노동력을 '자유롭게' 판매할 수 있게 하고, 임금노동의 재생산 조건을 확보하며, 공장법을 제정하고, 주택문제에 대응하고, 값싼 식량을 확보한다.

셋째, 근대국가는 자신의 계정에서 수익성 있는 경제활동을 하지 않으며, 자본은 수익성 있는 활동을 선호하고 국가는 수익성이 없지만 경제적·사회적으로 필요한 활동을 하게 한다. 이러한 수익성 없는 활동들이 무엇인지는 시대와 공간에 따라 다르다(이를 예시하는 분석으로는 Offe 1972; 추가적인 논의로는 Jessop 1982: pp. 78~141 참조). 흥미롭게도 이러한 주장들은 자본회계가 최대한도의 형식적 합리성을 갖는 조건에 대한 베버의 설명에도 등장한다(Weber 1978: pp. 136~140, 150~156, 161~166).

넷째, 근대국가는 **조세국가**Steuerstaat로서, 국가가 소유하거나 통제하는 재산을 수익적으로 운영하기보다 본질적으로 사적인 경제질서에서 조세권을 독점함으로써 일차적인 수입을 얻는다(Goldscheid 1976; Schumpeter 1954; Krätke 1984: pp. 25~26). 국가의 과세 역량을 뒷받침하는 것은 강제력의 독점이다. 나아가 흔히 그렇듯이 국가가 공공부채에

▼   마르크스, 그람시, 폴라니는 그들의 저작에서 자본주의 시장경제의 등장이 각각 공유지 폐쇄, 부랑자 처벌, 노동시장 참여 의무의 부과를 동반했음을 보여준다(Marx 1967; Gramsci 1971; Polanyi 1957).

의존할 경우, 그것은 국가의 과세 권한이 뒷받침한다.

이러한 이중의 독점은 전형적으로 "대표 없이 과세 없다"는 원칙을 근거로 정당화된다. 이 원칙은 과세의 수준·부담·목적이 시민들과 기타 핵심적 세력의 정의와 좋은 정부에 대한 개념에 일치하도록 보장하는 것으로 여겨진다(Krätke 1984: p. 67; Théret 1992: p. 133). 조세국가는 대내외적 주권과 정치적 정당성의 확보와 함께 공공재정의 수입과 지출을 축적의 요구에 맞출 수 있어야 한다(O'Connor 1973; Théret 1992; Streeck 2014).

이는 국가의 운신 폭을 제한한다. 생산적 자본 또는 채권 보유자들의 파업이라는 영구적이고 담론적으로 뒷받침되는 위협 아래에 있기 때문이다. 조세국가가 미래의 과세 권한을 현재의 대출과 신규 대출에 대한 담보로 제공할 경우, 채권자와 신용평가 기관들의 견해도 중요해진다. 빚이 있는, 특히 큰 대외 부채가 있는 국가들은 부채탕감이나 만기조정에 대한 협상을 추진해야 할 수도 있다. 부채에 대한 국가의 일방적 조치는 설사 그것이 가능할지라도 채권자들의 신뢰를 더욱더 떨어뜨릴 것이다. 이 문제는 국가가 국내 투자를 유치하고 지역 기업을 활성화하고자 할 때 더 복잡해진다. 그러나 세금 감면과 보조금 등은 직접적인 과세 기반을 위협하고, 납세자의 관점에서는 국가의 정당성을 위협할 수 있다. 이는 국가에 대한 자본의 권력을 강화한다.

따라서 근대국가의 활동은, 성장하거나 적어도 수익성 있는 건전한 경제를 필요로 하며, 이 때문에 정치 프로그램은 경제적 요청에 발목을 잡히게 된다(Offe 1975). 하위계급들은 오직 이러한 제약 속에서만 물질적 양보를 확보할 수 있으며, 만약 자본의 수익성이 위협받는다면 양보는 철회해야 한다. 위기의 시기에 국가가 사적 자본축적의 지속에 의존하게 되면, 대안적인 경제적 상상계가 취약하고 저항이 탈조직화된 경우 자본의 권력은 훨씬 더 강화될 수 있다. 그러나 자본은 국가의 정치적 정당성을 훼손하지 않고서는 경제적 이익을 지나치게 추구할 수 없으며, 정상적인 조건에서는 법치와 여론을 존중해야 한다.

정치적 계급지배

지배가 경제적 토대에서 시작하는 것으로 보는 많은 마르크스주의자는 그럼에도 정치가 근본적이라는 것을 인정한다. 계급관계를 유지·개혁·전복하는 데 있어 정치가 결정적으로 중요하다고 보기 때문이다. 국가는 좁은 의미의 정치권력뿐만 아니라 더 일반적인 계급권력에도 중심적인 것으로 설명된다. 이러한 주장은 [계급권력을 보장하지 않는] 국가체계의 작동적 자율성operational autonomy▼ 때문에 문제적이다(1, 3장과 아래 참조). 정치적 계급지배에 대한 몇몇 설명은 경제적 계급지배를 확보하는 국가의 직간접적 역할에서 시작한다. 많은 설명이 '계급으로 분할된 사회'의 전반적인 구조적 통합성과 사회적 응집성을 유지하는 국가의 역할을 강조한다. 이러한 역할이 없다면 계급모순과 계급적대가 혁명적 위기를 촉발하거나 '대립하는 계급들의 상호파멸'로 이어질 수도 있다(Marx and Engels 1976b). 그러나 사회적 응집성에 대한 위

▼ 국가체계의 작동적 자율성이란 국가가 경제적 압력(예: 경제적 지구화, 지구적 금융자본의 흐름 등)을 받으면서도 자체의 고유한 논리와 합리성, 시간적 리듬과 공간적 범위, 시공간 지평을 유지하면서 독자적으로 운영될 수 있는 속성을 가리키며, 그 정도는 각 국가체계가 속한 환경에 따라 다양하다.

협이 계급관계에서만 나오는 것이 아님을 거듭 강조하는 것이 중요하다. 오히려 문제는 축적과 정치적 계급지배를 뒷받침하는 경제적·경제외적 조건들을 위협하지 않으면서 사회적 응집성을 유지해야 한다는 데 있다. 그것은 보장되지 않는다.

　이러한 역할과 관련해서 국가는 여러 가지 이유로 강조된다. 여기서는 단 세 가지 근거만 언급하겠다. 첫째, 시장의 힘은 자본축적에 필요한 모든 조건을 홀로 확보할 수 없고 시장실패에도 취약하기 때문에 시장의 외부와 상부에서 그러한 조건을 보장하고 시장실패를 보상할 수 있는 어떤 메커니즘이 필요하다. 둘째, 자본 간의 경제적·정치적 경쟁 때문에 자본의 집합적 이해관계를 조직하고 자본가 이해관계의 어느 한 측면만을 일방적으로 추구하는 데서 발생할 수 있는 손실을 제한할 힘이 필요해진다. 셋째, 국가는 더 넓은 사회에서 경제적 착취로 생기는 여러 다양한 문제를 관리하기 위해서도 필요하다. 국가가 충분한 제도적 통합성과 사회적 응집성을 확보할 수 있어야만 합리적인 경제적 계산과 자본축적을 위한 경제외적 조건이 확보될 수 있다. 이를 위해서는 특수한 계급적 이해관계에서 "상대적으로 자율적"—앞에서 언급했듯이 크게 문제가 있는 개념이다—이고, 광범한 국민적·대중적 이해관계에 기반을 둔 프로젝트를 발전시키고 추구하는 주권국가가 요청된다.

　이러한 틀에서 볼 때 주목되는 이슈는 상대적으로 자율적인 국가가 국제화와 초국적화라는 맥락 속에서는 어떻게 작동하느냐다. 이 문제는 국가가 제국주의 국가, 초국적 권력 네트워크, 상대적으로 자율적인 지구적 거버넌스의 기관들과 연결된 지구적 자본순환의 여러 결절점들과 맺는 관계의 측면에서 논해진다(8장 참조). 경제적 전략, 국가 프로젝트, 헤게모니적 비전이 "경제적 활동의 결정적 중핵에서 지도적 집단이 행사하는 결정적 기능"(Gramsci 1971: p. 161 = Q13, §18: 1591)을 존중할 경우, 국가는 경제적·정치적 계급지배 양자를 확보하는 데 도움이 된다. 국가의 이러한 역할은 독재체제보다는 부르주아 민주주의에서 더 잘 수행될 가능성이 큰데, 이는 부르주아 민주주의가 계급권력을 신비화하고, 변화하는 조건들에 대응해 권력관계를 유연하게 재편시키는 역할을 하기 때문이다(3장과 9장도 참조).

마르크스는 **정치적 조직화의 형태**가 **경제적 조직화의 형태**에 조응한다고 주장했다(Marx 1967: p. 791). 따라서 사유재산, 임금관계, 이윤 지향적이고 시장을 매개로 한 교환에 토대를 둔 경제질서는 법치, 법 앞의 평등, 통일된 주권국가에 기반을 둔 정치질서에 자연스럽게 '들어맞'거나 '조응'하는 것처럼 보인다. 이는 공고화된 이윤 지향적 시장 자본주의에 대한 부르주아 민주주의의 '형태적 적합성'을 보여준다. 자유민주주의 국가에서 경제 주체들이 교환에 참여할 수 있는 자유(노동과정에서 행사되는 경영자의 '전제주의'로 거짓임이 드러나는 자유)는 법치 아래에서 시민들이 누리는 정치적 자유(자본 논리에 대한 국가의 종속에 따라 거짓임이 드러나는 자유)와 대응한다. 따라서 계급은 자본주의적 유형의 국가를 조직하는 명시적 원리가 아니다. 지배계급에게는 정치권력에 대한 법적 독점이나 배타적 접근권이 없으며, 그 구성원들과 대표자들은 피지배계급의 구성원들과 형식적으로 동등한 조건에서 권력을 놓고 경쟁해야 한다. 이것이 정상적 부르주아 국가에 대한 예브게니 파슈카니스Evgeny Pashukanis의 분석의 핵심이다(1978). 이는 정치투쟁에서 적대적인 계급적 이해관계를 경시하고 경제적·조합적 또는 비계급적 이해관계를 둘러싼 협상을 선호하게 만든다.

　이러한 맥락에서 경제적 투쟁은 보통 시장의 논리 내부에서(즉 임금, 노동시간, 노동조건, 가격 등을 둘러싸고) 벌어지고, 정치적 투쟁은 보통 법치주의에 근거한 대표제 국가의 논리 내부에서(즉 국익을 어떻게 규정할 것인가, 시민들과 재산 소유자들의 특수한 이해관계들을 '허상적'인 일반적 이해관계 안에서 어떻게 화해시킬 것인가 등을 두고) 벌어진다. 더 넓은 관점에서 보면, 계급지배를 둘러싼 투쟁의 중요한 한 부분은 적어도 피지배계급만큼은 이렇게 물신화된 경제적·정치적 영역의 분리와 그에 따라 분리된 투쟁들을 유지하도록 만드는 것이다(cf. Streeck 2013). 그러나 자본주의 사회의 모든 국가가 이렇게 자본주의에 적합한 형태를 가지고 있는 것은 아니다(이 장의 '형태 분석의 한계'에 관한 절과 9장 참조). 형태적 적합성이 물질적 적합성을 보장하는 것도 아니다. 바꿔 말하면 자유민주주의가 언제 어디서나 자본축적을 지속시키는 경제외적 조건들을 보장하는 것은 아니다(Abrams 1988; Barrow 1993; Gramsci 1971; Marx 1978a, 1978b; Moore 1957; Offe 1983; Poulantzas 1978 참조).

　이러한 분석은 경제적 계급투쟁과 대비되는 정치적 투쟁의 지형으로서 국가가 지닌 특수성을 강조한다. 경제질서와 정치질서의 분리는 경제적 계급관계와 정치적 범주들 간의 관계 사이에 즉각적 동형성이 없다는 것을 의미한다. 사실 근대국가가 지배계급의 직접적인 경제적 이해관계에 명백히 기여한다면 그 정당성은 사라질 것이다. 국가가 헤게모니를 조직하기 위해서는 일정한 장치적 통일성apparatus unity과 자율성이 있어야 한다(3장 참조). 그래야만 국가는 지배계급의 **장기적인 정치적** 지배를 확보하기 위해 지배계급에 **단기적인 경제적** 희생을 부과할 수 있다. 여기서 결정적으로 중요한 것은 지식인들과 이데올로 기적 계급투쟁이다. 자본주의 사회의 모든 사회관계는 필요할 경우 합 법적 폭력으로 뒷받침될 수 있는 동의의 관계로 나타나기 때문이다(다음 절 참조). 이는 지배계급과 피지배계급 사이의 정치적 관계뿐만 아니라 지배계급(들)의 여러 다른 분파들 사이의 관계에도 적용된다. 이해 관계의 다양함은 하나의 통일된 권력 블록이 등장하고 상대적으로 안 정되게 유지되려면 상이한 이해관계들을 전략적으로 조정하는 작업이 필요함을 가리킨다. 이는 한 자본분파의 헤게모니 아래에서 일어날 수 있다. 그러나 그러한 헤게모니는 곧 지식인들, 자본의 최상위 연합체, 자연적 통치정당, 국가 관리자들의 작업에 달려 있다(예: Gramsci 1971; Poulantzas 1973b; Portelli 1972; van Apeldoorn 2002).

계급관계와 정치적 관계의 연관성은 더 넓은 사회구성체에서 국가 권력의 행사를 지향하는 세력들의 지배적 균형에 달려 있다. 이는 다시 국가의 '상대적 자율성'이라는 문제를 제기한다. 마르크스는 '노골적인 검의 지배'에 기반을 두고 대중적 지지보다는 60만 총검의 지원을 받은 루이 보나파르트Louis Bonaparte 독재체제의 예외적 자율성에 대한 분석 에서 이에 주목했다(Marx 1986: p. 848). 그는 이 문제를 자본주의적 국가 유형의 일반적 특징의 측면에서 설명하지 않고 계급투쟁의 우연성[상황 적 가변성]을 통해 설명했다. 특히 그는 부르주아지가 "자신의 사회적 권 력을 온전히 보존하기 위해서는 자신의 정치적 권력이 분쇄되어야 한 다는 것 (중략) 자신의 지갑을 아끼려면 왕관을 내려놓아야 한다는 것" 을 관찰했다(Marx 1978b: p. 143).

이 발언은 그가 일찍이 『1848년에서 1850년까지 프랑스 계급투쟁

The Class Struggles in France, 1848-1850』(1850년 최초 발간)에서 밝힌 주장, 즉 민주주의 헌법의 핵심부에 기본적인 모순이 있다는 주장을 기반으로 한 것이다. 정치권력은 헌법적으로 사회적 노예상태가 영속화되도록 설계된 계급들에게 부여되는 보통선거권을 통해 주어지는 반면, 부르주아지의 사회적 권력은 주로 지배계급에 도움이 되는, 사적 재산권에 대한 헌법적 보장을 통해 유지되기 때문이다(Marx 1978a: p. 77). 간단히 말해 자유주의적 부르주아 민주주의의 안정성은 정치세력들이 정치적 쟁점으로 만들 수 있는 주제를 스스로 제한하는 데 달려 있다. 만약 권력 블록 내의, 그리고 지배계급과 하위계급 간의 필수적인 타협이 깨진다면, 언제라도 경제적·정치적 비상사태를 선포하고 법치를 중단하며 정치적 저항 표출의 형태·포럼·공간·방법을 제한할 수 있는 법적 또는 실질적 가능성이 생긴다. 그럴 경우 이른바 국가 안보와 경제 회복이라는 요구가 '정상적'인 민주주의 정치보다 우선시된다(9장 참조).

경제적 영역과 정치적 영역의 분리의 중요성은 마르크스가 특정 정치체제의 발전이나 특정 국가정책의 내용을 설명할 때 직접적인 경제적 논증에 거의 의존하지 않는 이유도 설명해준다. 정치체제와 정책의 특정성은 당장의 경제적 상황보다는 정치적 투쟁의 구체적인 역동성에 달려 있기 때문이다. 이 점은 그람시도 강조했다.

역사유물론의 필수불가결한 전제로서 제시된, 정치와 이데올로기의 모든 변동을 [경제적] 구조의 직접적인 표출로 제시하고 설명할 수 있다는 주장은, 이론적으로는 원시적 소아병으로 논박되어야 하고, 실천적으로는 구체적인 정치적·역사적 저작의 저자 마르크스의 증언으로 맞서 싸

워야 한다(Gramsci 1971: p. 407; = Q7, §24: 869).

이러한 맥락에서 그람시는 (1) 정치체제의 발전은 진화의 원리를 따르면 변이variation, 선택selection, 보전retention의 원리라 부를 수 있는 것을 수반한다고 주장했다. 그에 따르면 이러한 원리들은 현재의 경향과 반경향의 장기적 결과에 대한 실시간 분석을 어렵게 한다. 또한 그는 (2) 전략적·전술적 계산의 오류는 흔한 것이고, 시행착오를 통한 학습으로 이어진다고 주장했다. 이러한 학습은 종종 위기를 통해 조정되고 사회세력들의 작용을 통해 촉진된다. 끝으로 그는 (3) 여러 정치적 행위가 계급적 이해관계보다 국가나 정당의 통일성을 보존하기 위한 조직적 필요성에서 비롯된다고 주장했다(Gramsci 1971: pp. 407~409 = Q7, §24: 869~871). 간단히 말해 경제적 상황의 변동, 경제위기, 기저의 모순 등에서 정치를 직접 읽어낼 수는 없다.

이데올로기적 계급지배

마르크스와 엥겔스Marx and Engels는 『독일 이데올로기The German Ideology』(1845~1846)에서 이데올로기적으로도 계급지배가 이루어짐을 시사했다(1976a). 그들은 "어느 시대에서나 지배적인 사상은 지배계급의 사상이다"라고 썼으며, 이 원리를 지배계급이 지식의 생산수단에 가하는 통제와 연결시켰다. 마르크스와 엥겔스는 이데올로기적 지배에 관해 몇 가지 관점을 발전시켰는데, 그것은 (a) 상품 물신주의의 신비화 효과부터 (b) 시민권과 같은 정치적 형태에 따라 발생된 개인주의적 태도, (c) 마음과 정신을 둘러싸고 시민사회에서 일어나는 투쟁에 이르기까지 다양하다. 이 세 가지 관점 중에서 두 번째 관점은 국가 형태가 이데올로기적 지배에 주는 특정한 효과를 포착하는데, 이는 상품 물신주의의 효과와 유사하다(앞 절 참조). 이데올로기적 계급지배에 대한 마르크스주의의 관심은 19세기 말에 민주적 정부와 대중정치가 등장하고 20세기에 대중매체와 대중문화의 중요성이 커지면서 심화되었다. 이것은 이른바 '서구 마르크스주의'의 주요한 주제가 되었다(유용한 개관으로는 Anderson 1976; Kellner 2005; Therborn 2010 참조).

이미 여러 번 언급했지만, 여기서 영감을 주는 인물은 안토니오 그람시다. 그의 주된 관심사는 자본주의 사회의 정치에 관한 자율적인 마르크스주의적 과학을 발전시키고, 국가와 정치의 여러 유형을 분별하며, 사회혁명의 조건을 밝히는 것이었다. 그는 '동구'(즉 러시아의 차르 전제정과 동유럽의 다른 국가들)과 대비되는 '서구'(서유럽과 미국)의 정치적 상황이 갖는 특수성과 혁명의 전망에 특별한 관심을 가지고 있었다. 그의 국가 분석은 영토·장치·인구라는 세 가지 요소에서 시작하지 않는다. 이는 부분적으로는 이탈리아가 이러한 요소들이 여전히 형성 중에 있던 국민국가이자 여러 면에서 실패한 국가였기 때문이다. 또한 국가에 대한 그의 관심은 합리적으로 조직된 행정기구를 통한 명령과 조율에 관한 베버주의적 관심과, 국가를 대체로 억압적 국가장치로 축소하는 레닌주의를 뛰어넘어 있었다. 그는 좁은 의미의 국가를 정치적·법적 장치, 정부의 헌법적·제도적 특성, 공식적인 의사결정 절차, 일반적 정책과 동일시했다.

그러나 그는 대개 '정치사회+시민사회'로 정의되는 '포괄적 의미의 국가'(또는 **확대국가**integral state라고 묘사되는)에 초점을 맞추었다(Gramsci

1971: p. 263 = Q6, §88: 763~764). 이러한 맥락에서 그는 또한 국가를 "지배계급이 지배를 정당화하고 유지하는 것뿐만 아니라 그들이 지배하는 이들의 적극적인 동의를 얻어내는 실천적·이론적 활동의 총체"라고 정의했다(Gramsci 1971: p. 244 = Q15, §10: 1765). 이 접근법은 국가를 분석의 주요 초점에서 끌어내리고 계급지배의 양식을 분석의 핵심에 둔다. 이는 국가장치를 물신화하거나 국가를 더 넓은 사회와 분리해서 볼 위험을 줄인다.

그람시는 계급지배의 주요한 두 가지 양식을 구별했다. 하나는 **물리력**(인민 대중을 특정한 생산양식의 요구조건에 순응하게 하는 강제적 장치의 사용)이고, 다른 하나는 **헤게모니**('집합적 의지' 또는 '국민적·대중적' 합의를 지향하는 정치적·도덕적·지적 지도력의 행사를 통해 지배계급이 피지배 집단의 '적극적인 동의'를 성공적으로 동원하고 재생산하는 것)이다. 물리력은 국가에만 배타적으로 귀속되지 않는다(예: 그람시는 파시즘의 준군사적 테러 집단의 역할에 주목했다). 헤게모니도 시민사회에만 귀속되지 않는다(법적·정치적 장치에도 윤리-정치적 기능이 있다). 전반적으로 볼 때, 그람시는 자본주의 국가를 기본적으로 강제적인 장치로 보아서는 안 되며 강제력, 배임·부패, 수동혁명, 적극적 동의가 다양한 방식으로 뒤섞인 제도적 앙상블로 보아야 한다고 주장했다. 더구나 그는 특정한 제도와 장치를 기술적인 통치 수단으로 취급하는 대신 그것들의 사회적 기반을 살펴보았으며, 국가 권력이 경제체계와 시민사회에 연결됨으로써 형성된다는 것을 강조했다(3장 참조).

이데올로기적 계급지배에 관해서 그람시는 이데올로기를 관념의 체계, 즉 개별적·집합적 생활의 여러 측면에서 표출되고 행위규칙으로 번역되는 세계관으로 연구했다. 세 가지 주장이 특기할 만하다. 첫째, 그는 윤리-정치적 관념들이 경제적 토대, 법적·정치적 상부구조, 도덕적·지적 장들의 상호 형성[결합] 과정에서 핵심적인 요소라고 주장했다. '역사적 블록'이라는 개념은 그로부터 비롯되는 사회구성체의 구조적 통일성을 가리켰다. 그람시는 협소한 분파적·직업적·지역적 이해관계를 더 넓은 '윤리-정치적'인 이해관계로 번역하는 특정한 지적·도덕적·정치적 실천을 통해서 어떻게 역사적 블록이 만들어지고 공고화되는지를 연구했다(Gramsci 1971: pp. 366~367 = Q10 II, §6i). 윤리-정치적 실천은 경제적 구조를 공동으로 구성할 뿐만 아니라 그것에 전반적인 합리적 근거와 정당성을 부여한다. 예를 들면 재산권, 교환의 자유, 경제적 정의에 대한 부르주아적 개념들이 그러한 근거로 작용한다.

둘째, 그람시에게 '헤게모니 블록'이란 계급세력들의 지속적인 동맹을 가리킨다. 이는 지배계급들뿐만 아니라 하위집단에 대해서도 지도력을 행사할 수 있는 것으로 입증된 하나의 계급(또는 계급분파)을 통해서 조직된다. 또한 그는 '유기적 지식인', 즉 지배계급 또는 하위계급과 유기적으로 연결된 지식인에게 핵심적인 역할을 부여한다. 그들은 각각의 장기적인 계급적 이해관계를 '국민적·대중적' 용어로 표현하는 헤게모니 프로젝트들을 구체화할 수 있다.

셋째, 이러한 맥락에서 그람시는 또한 자의적인 이데올로기와 역사적으로 유기적인 이데올로기를 구별했다. 이데올로기 또는 내가 상상계로 묘사하고자 하는 것(이 장의 "사회적 상상계와 이데올로기 비판"에 관한 절 참조)은 축적전략, 국가 프로젝트, 헤게모니적 비전의 측면에서 구성될 수 있다(3장 참조). '자의적인 이데올로기'나 프로젝트는 기저의 현실과 접점이 거의 없는 특이하고 제멋대로인 사변이며, 주어진 국면에서 실현할 수 없는 미래의 대안을 제안한다. 대조적으로 '유기적 이데올로기'는 물질적 현실에 적합하고, 잠재적으로 존재하는 것들(즉 행위의 주어진 시공간 지평에서 실현될 수 있는 것들)을 확인하며, 그 가능성들을 실천할 수 있는 적합한 전략적 단계들을 개관한다. 그 자체로 유기적 이데올로기는 권력 블록이나 이와 동등하게 중요한, 하위계급 중 중요한 집단들에서 이데올로기적으로 통일된 사회 블록을 만들어낸다.

경제적·정치적·이데올로기적 지배의 접합

앞서의 주장들은 (설명의 편의를 위해 경제적·정치적·이데올로기적인 것으로 대략 분류할 수 있는) 상이한 계급지배 형태들이 서로 어긋나 있을 가능성을 가리킨다. 각각의 지배 형태는 각각에 특정한 사회적 형태, 제도적 물질성, 행위 논리가 있다. 그러나 한 사회구성체의 전반적인 통일성은, 그것이 아무리 가능성이 낮더라도, 이러한 질서들 사이에 약간의 제도적·관념적 일관성을 확보할 수 있느냐에 달려 있다. 이는 제도적 동형성이나 사회적으로 광범위한 합의를 필요로 하지 않는다. 많은 경우 더 중요한 것은 제도적 상보성과 사회세력의 일정한 자기제한이다. 이는 자신들이 의존하고 있는 다른 세력들에 해로운 영향을 주거나 받지 않기 위한 것이다. 더구나 그람시가 주목했듯이, 자본주의 사회에서 헤게모니는 결정적인 경제적 중핵nucleus이 있어야 한다(Gramsci 1971: p. 161; =Q13, §18: 1591). 이는 전략관계적 관점에서 경제적·정치적·이데올로기적 지배들 사이의 관계가, 특수한 지배 형태에 새겨진 편향들과 그러한 선택성들을 공고화(또는 약화)시키는 전략들에 따라 어떻게 달라지는지를 검토하게 만든다.▼

이 주제를 살펴보기 위해 두 단계로 논의를 진행할 것이다. 첫째, 자본주의 경제, 국가의 법-정치적 형태, 국가 형태의 정치적 실천에 대한 영향, 이 셋 사이의 제도적 조응에 대한 형태 분석적 설명을 제시한다. 둘째, 이들 사이의 제도적 상보성이 경제적·정치적·사회적 질서들 간의 전략적 일관성을 보장하지 않음을 보일 것이다. 그것은 그 이상의 것, 즉 특정한 경제적·정치적·사회적 전략들을 요구한다. 따라서 두 번째 단계는 전략들이 무엇을 수반하는지와 전략들이 어떻게 생산되고 공고화되고 제도화되는지를 살펴본다.

[표 4-1]은 **자본주의적 국가 유형**의 여섯 가지 핵심적인 형태적 특성을 제시한다. 그것은 경제와 정체의 기본적인 제도적 분리에서 시작한다. 여기서 경제는 이윤 지향적이고 시장을 매개로 하며 사회에서 분리된disembedded 활동 영역이고, 정체는 집합적 목표 달성을 지향하며, 법과 정치를 통해 매개되고 사회에서 분리된 정치 활동의 영역으로 간주된다. 첫 번째 열은 자본주의에서 일어나는 경제와 국가 간 접합의 여

▼ 그람시는 해당 부분에서 다음과 같이 말한다. "의심의 여지없이 헤게모니의 사실은 헤게모니가 행사될 집단들의 이해관계와 경향을 고려해야 한다는 것을 전제로 한다. 그리고 일종의 타협적 균형이 형성되어야 한다. 다시 말해 주도적 집단이 경제적·조합적 이익을 희생해야 한다는 것이다. 그러나 희생과 타협이 본질적인 것을 건드릴 수 없다는 점도 의심의 여지가 없다. 헤게모니가 윤리-정치적이기는 하지만, 그것은 또한 경제적이어야만 하며, 필연적으로 경제 활동의 결정적 중핵에서 주도적 집단이 행사하는 기능에 기반을 두어야 하기 때문이다."(Gramsci 1971: p. 161) 즉 정치적·경제적·이데올로기적 지배가 결합된 헤게모니는 결정적 중핵이 보전되는 한에서 다양한 편향과 전략을 통해 여러 가지 형태를 취할 수 있다.

[표 4-1] 자본주의적 국가 유형의 핵심 특성

자본주의에서 경제와 국가의 접합	경제와 계급관계에 대한 함의	국가와 정치에 대한 함의
• 시장경제, 주권국가, 시장과 국가 너머에 있는 공공영역(시민사회)의 제도적 분리	• 경제는 자본주의 가치법칙의 지배 아래에서 조직되고, 이 법칙은 자본 간 경쟁과 경제적 계급투쟁을 통해 매개됨.	• 이윤—손실의 시장논리, 종교적·도덕적·윤리적 원리와 구별되는 국가이성(전문화된 정치적 합리성)*
• 국가가 통제하는 영토 내에서 조직화된 강제력의 독점에 대한 정당하거나 합헌적인 주장 • 국가와 국가 활동의 정당화에서 차지하는 합법성의 역할	• 노동과정의 직접적 조직에서 강제력은 배제됨. 강제력이 아니라 가치 형태와 시장의 힘이 자본축적의 궤적을 만들어냄.	• 전문화된 군대와 경찰은 헌법의 통제를 받음. 물리력은 억압적 기능뿐 아니라 이데올로기적 기능을 가지고 있음. • 법에 따라 국가는 국익이나 공공선을 위해 시장실패를 보상하려고 개입할 수도 있음.
• '조세국가' 국가의 수입은 대부분 경제적 행위자들과 그들의 행위에 부과되는 세금. 시장 행위자들의 대부금에서 나옴. • 국가는 스스로 재화와 서비스를 생산하거나 이윤을 발생시키고 자신과 그 활동을 지원하기 위해 팔 수 있는 자신만의 재산이 없음. • 과세역량은 법적 권위와 강제적 권력에 달려 있음.	• 세금은 사적인 수입에서 추출되나 시장경제 또는 사회적 응집성을 위해 필수적인 것으로 간주되는 공공재를 생산하는 데 쓰일 수 있음. • 부르주아 조세 형태: 세금은 정부 수입에 대한 일반적인 기여금으로 국가가 합법적 업무에 자유롭게 적용할 수 있는 지속적 기초에서 부과됨. 특정한 목적을 위해 특수하고 임의적인 조세가 부과되지는 않음.	• 영토 안의 국가 주민들은 그들이 특정한 국가 활동을 승인하느냐와 상관없이 세금을 납부할 일반적 의무가 있음. • 국가의 법정 화폐는 국가에 세금을 납부하는 수단이며, 따라서 더 일반적으로는 국민국가의 공간(그리고 아마도 그 바깥)에서 순환함. • 과세역량은 국가부채에 대한 보증이 됨. • 조세는 계급투쟁의 가장 오래된 초점들 중 하나임.
• 자신만의 채용, 훈련 경로, 단결력ésprit de corps을 가진 전문화된 행정요원. • 이 요원들은 집정부의 권위에 따르며 시장 위치와 신분 위치로 분할되는 사회적 범주를 구성함.	• 국가는 일반적인 정신노동과 육체노동의 분업에서 특수한 위치를 차지함. 공무원들과 정치적 계급은 자신들이 가진 전문지식과 권력 사이의 긴밀한 연관을 통해 지적 노동에 전문화됨. • 지식과 정보는 국가역량의 중요한 기반이 됨.	• 공식 담론은 국가권력의 행사에 핵심적인 역할을 맡음. 공공지식인과 사적 지식인들은 국민적 또는 '국민적·대중적' 이해관계를 규정하는 국가 프로젝트와 헤게모니 프로젝트를 고안함. • 국가는 국민적 또는 '국민적·대중적' 이해관계를 반영함으로써 정당성을 구축함.

• 이상적으로 국가는 사법私法·행정법·공법 사이의 구별을 수반하는 법치주의에 근거함. • 지배적인 경제계급은 **공식적으로** 정치권력을 독점하지 않음. '법 앞의 평등'이 핵심적인 법적 원리임. • 국제법이 국가 간 관계를 지배함.	• 경제적 행위자들은 형식적으로 자유롭고 평등한 상품 소유자로서 이 상품에는 노동력이 포함됨. • 재산권과 계약법을 기초로 진화해온 사법. • 국가는 경제적 교환과 사적 이윤 실현의 외부적 조건을 보증하는 핵심적인 역할을 수행함.	• 국가의 공식적 주체들은 봉건적 신분 또는 집합적으로 조직된 생산자 집단이나 경제적 계급이 아니라 시민권을 가진 개인들임. 시민권 확장을 위한 투쟁은 국가 활동의 팽창에서 핵심적인 역할을 수행함. • 공법은 개인-국가, 공-사, 일국-국제의 구별을 중심으로 조직되어 있음.
• 다른 국가의 간섭 없이 자유롭게 행동할 수 있는, 구별되고 배타적인 영토적 영역을 가지고 있는 형식적으로 주권적인 국가. • 실질적으로는 국제적 세력균형에 따라 국가주권의 행사가 제약됨.	• 불가피하게 정치적으로 과잉 결정된 성격을 가짐. • 세계시장에서 추상적 '흐름의 공간'으로 움직이는 경제와 지역 활동의 합계인 경제 사이에 갈등이 있음. • 개별 자본은 각각의 국가에서 세계 경쟁에 대한 지원을 구할 수 있음.	• 관념적으로 국가는 해당 영토 내의 주권을 타국에게 인정받음. 그러나 물리력으로 영토의 통합성을 방위할 필요가 있을 수 있음. • 정치적·군사적 경쟁은 국민경제의 힘에 따라 조건 지어짐.

*여기서 국가이성은 좁은 의미의 국가의 재생산에 뿌리를 둔 고유한 계산양식과 국가 프로젝트를 추구하기 위한 조건들을 가리키며, 3장에서 소개된 대표의 여러 원리 중 하나라는 제한적 의미로 쓰인 것이 아니다.

출처: Jessop(2002: pp. 38~39).

러 중요한 측면들을 식별하며, 이는 통일성 속의 분리로 나타난다. 통일성 속의 분리란, 분리가 **실재적**이지만, 그것을 물화시킬 경우, **허상적**이기도 하다는 것을 말한다. 이는 정치와 경제의 분리가 더 큰 사회적 총체성의 일부로서, 시장을 매개로 한 이윤 지향적 축적이라는 지배적 사회조직 원리의 그늘 아래에서 경향적으로 조직되기 때문이다. 이 통일성 속의 분리는 자본관계에 근거하고 있으며, 또한 그것의 재생산을 보조한다. 나아가 서로 구별되는 경제체계와 정치체계에는, 서로 분리되어 있을 뿐만 아니라 상호 모순적인 방식으로 발전할 수 있는 고유한 작동 논리, 시공간적 역동성, 계산양식과 이와 연관된 실천들이 있다. 또이 두 체계는 상호의존적이고 구조적으로 결합structural coupling되어 있으며 공진화▼한다.

두 번째 열은 경제와 정치의 이러한 제도적 분리가 계급지배와 자본주의 경제의 전체적인 역동성에 대해 갖는 함의를 나타낸다. 경제와 정치의 제도적 분리를 고려할 때 자본주의 경제는 **시장을 매개로 한** 이윤지향적 축적(이와 대조되는 정치적 자본주의에 대해서는 9장 참조)에 기초해 있다. 세 번째 열은 경제와 정치의 제도적 분리가 국가장치, 국가권력, 정치 형태와 정치적 계급지배에 대해 갖는 함의를 제시한다. 두 번째와 세 번째 열에서 다루는 문제들은 물론 자본의 구조적 권력과 계급지배의 분석에 결정적으로 중요하고, 전체적으로 이 표는 탐색 도구로서 형태 분석의 잠재력을 보여준다.

전략관계적 시각에서 보면, 이러한 종류의 형태 분석은 주어진 유형의 국가나 체제의 형태적 구성과 적합성뿐만 아니라, 전략적 선택성이나 편향성의 원천으로서 그것의 결정적 역할을 살펴본다. 이는 하나 또는 다른 사회적 행위자, 정체성, 이해관계, 행위의 시공간 지평, 전략 등에 유리한 국가의 편향성을 살펴보는 것이다. 전략관계적 접근법은 또한 형태가 기능을 따르기보다 오히려 기능에 문제를 초래할 수 있다고 상정한다(Jessop 1982). 이러한 이유로 형태 분석은 (1) 여러 다른 사회 세력이 국가 형태들의 특수한 집합 또는 아상블라주에 따라 형성된 전

▼ '구조적 결합'과 '공진화'는 제솝이 F. J. 바렐라Varela, 마투라나H. R. Maturana, G. 토이브너Teubner 등의 자기생산autopoiesis 이론에서 빌려온 개념이다. 그들에 따르면 상이한 체계들은 각기 자율성을 갖고 있지만 서로에 대해 환경으로 되풀이해 작용함으로써 결합되고 함께 진화할 수 있다(Jessop 1990: pp. 327~329 참조).

략적으로 선택적인 지형에서 직면하는 문제들을 고찰하는 데 쓰일 수 있다. 또한 그것은 (2) 국가체계와 국가권력의 행사 안에 있는 잠재적 위기의 장소를 밝히는 데도 쓰일 수 있다(2, 3, 8, 9장 참조).

그러나 2장에서 살펴본 대로 국가는 다형적이다. 시장을 매개로 한 이윤 지향적 축적은 여러 대안적인 이윤 지향 중 하나일 뿐이다(cf. Weber 1961, 1978: 9장도 참조). 게다가 차등적 축적 이외에 다른 사회조직화의 원리들이 있다. 어떤 원리가 지배적이냐에 따라 국가권력의 형태와 효과가 달라지는데, 이는 여러 다른 프로젝트들을 통해 동원된 세력들의 균형이 빚어낸 우연적 결과다. 그래서 근대국가가 언제나(또는 그 어느 때더라도) 그 성격에 있어 일차적으로 자본주의적이라는 보장은 없다. 자본의 대표자들과 자본주의적 합리성이 국가의 제도적 매트릭스에 깊게 삽입되어 있을 경우에도 국가 프로젝트는 전형적으로 다른 기능적 요구들과 시민사회를 고려한다. 이는 국가의 주어진 영토 경계 내에서 제도적 통합과 사회적 응집성을 촉진하기 위해서다.

시장을 매개로 한 이윤 지향적 축적은 그것이 일반화된 상품생산으로서 갖는 성격, 그리고 가치 형태의 지배에서 도출된다. 가치 형태는 자본관계의 전체적인 재생산의 상이한 계기들에 유기적으로 연결된 여러 가지 요소로 이루어져 있다. 여기에는 상품·임금·화폐·가격·조세·기업이윤·이자·지대 등과 같은 형태가 포함된다. 가치 형태의 상호 연결된 요소들이 가지고 있는 통일성 속에서 이 계기들은 축적의 한도를 규정하고 자본주의에서 발전할 수 있는 경제적 위기의 종류를 한정 짓는다. 그러나 가치 형태의 지배는 자본축적의 경로를 완전히 결정짓지 않는다. 축적은 임금노동으로 가치를 증식하는 자본의 능력에 달려 있다. 따라서 축적은 가치 형태를 넘어선 여러 요인을 통해 세력균형을 변동시키는 투쟁에 달려 있다.

가치 형태의 여러 다른 계기들(앞의 설명 참조)은 오직 형식적인 통일성만을 가지고 있을 따름이다. 즉 그것들은 일반화된 상품 생산이 표출되는 양식으로서만 통일되어 있다. 자본순환의 실질적 통일성과 지속적인 재생산은 가치 형태의 한계 내에서 서로 다른 계기들이 성공적으로 조율되느냐에 달려 있다. 이는 사후적이고 무정부적인 방식으로만 달성된다. 자본의 순환은 여러 지점에서 단절될 수 있다. 자본의 이해관계가 어떻게 형성되고 이후 어떻게 표상되는지를 분석하는 데 있어 결정적인 어려움은 이해관계의 불확정성에 있다. 만약 자본주의 경제의 과정과 실질적 통일성이 비결정적이라면, 자본의 이해관계가 무엇인지 어떻게 입증할 수 있을까?

추상적으로 볼 때 자본의 이해관계는 가치 형태(일반화된 상품생산)뿐만 아니라 그것을 존재하게 하는 다양한 외부조건을 재생산하는 것이다. 이는 자본주의의 정의에 암묵적으로 내재되어 있어 동어반복처럼 보일 수 있다. 그러나 이러한 추상 수준에서조차도, 심지어 개별 자본은 고사하고 '자본 일반'의 수준에서도 이 동어반복처럼 보이는 것의 실질적 내용을 적시하기는 어렵다. '자본 일반'의 이해관계는, 지구적 규모에서 축적이 지속되는 데 도움이 되도록, 모순적이고 딜레마로 가득하며 애매하고 잘 규정되지 않는 가치 형태와 비가치 형태의 연쇄nexus를 재생산하는 데 있기 때문이다. 이 연쇄는 항상 다툼의 대상이 되고 임시적이며 불안정하다. 특히 [자본에 대한] 분석을 자유시장의 교역과 합리적인 자본주의 생산의 조직(합리적 자본주의)을 넘어서 다양한 종류의 정치적 자본주의, 금융투기, 전통적인 상업자본주의, 그리고 이들의 세계시장과의 접합으로 확장할 경우에 그렇다(8장 참조). 여기서 전체적인 자본순환을 가리키는 동시에 개별 자본에서 분리되어 고찰되는 '자본 일반'은 실재적 효과를 가진 실재적 구조다. 그러나 그것은 개별 자본만이 행사할 수 있는 행위 수행과 계산의 힘을 결여하고 있다. 그래서 객관적 과정이자 구조인 자본 일반과 개별 자본은 상호의존적이다. 전자는 개별 자본들이 하는 일련의 활동 없이는 재생산될 수 없다. 후자는 자본순환에 따라 형성된 경제적 연쇄 바깥에서 재생산될 수 없다. 그러나 자본 일반의 재생산은 오직 개별 자본들 중 **일부의**—가변적인—하위 집합만을 요구한다. 사실 자본 일반의 생존을 위해서는 파산·감가·인수합병 등이 필요할 수 있다.

요약하면 자본관계는 과소결정underdetermined된 영역으로, 그 안에서 다양한 이해관계를 가진 여러 행위자는 경쟁적 축적전략을 추진하기 위해 경합한다. 이 축적전략들은 서로 다르고 잠재적으로 모순적이며 갈등적인 방식으로—루소의 정치경제론(Rousseau 1758; Rousseau 1792와 Foisneau 2010도 참조)을 바꿔 말하면—통합적인 '일반의지'와, 일관성 없는 '전체의지'로 귀결될 수 있는 특수 이해관계 추구 사이의 긴장을 화해시킬 수 있다. 이러한 불완전하고 임시적이며 불안정한 '일반의지'를 보장할 수 있는 세 가지 방법이 있다.

첫째는 일반의지와 가장 강력한 자본분파의 이해관계의 일치가 **무정부적으로 생산**되고, 이것이 소극적이거나 적극적인 조율을 통해 다른 분파들에게도 부과되는 것이다(7장 참조). 이런 일은 특히 일어나기 어려운데, 이는 자본 일반이 필요로 하는 것이 직접적으로 투명하게 드러나

지는 않고, 그러한 필요는 다른 시간, 다른 측면, 다른 국면에 있는 각기 다른 개별 자본들이 아마도 가장 잘 충족하기 때문이다.

두 번째 가능성은 실제로 어느 행위자가 집합적 자본가로 등장해서 말뿐 아니라 실천에 있어서도 자본 일반의 이해관계를 대표하는 것이다. 이러한 역할을 염원했거나 수행한 집단·포럼·결사체 중에는 금융 자본, 빌더버그 그룹Bilderberg Group, 삼극위원회the Trilateral Commision, 유럽기업인원탁회의European Round Table of Industrialists, 미국상공회의 소American Chamber of Commerce, 세계경제포럼World Economic Forum이 있다(예를 들면 각각에 대해 Hilferding 2007; Estulin 2007; Gill 1991; van Apel-doorn 2002; Rupert and Solomon 2006; Marshall 2015 참조). 그러나 서로 다른 경제 전략들을 중심으로 자본가적 이해관계를 집약하고 표현하고자 하는 수많은 경쟁적인 협회·조직·싱크탱크·전략포럼이 존재한다. 이러한 전략들은 여러 다른 사회공간적 이해관계에 따라서도 나뉜다. 이는 이해관계를 상대적으로 폐쇄된 국민경제보다 세계시장의 관점에서 고찰할 때 특히 두드러진다. 간단히 말해 국가체계의 전체적인 접합에 는 지구적 규모의 자본 일반에 유리한 강력한 전략적 편향이 없으므로 다원적인 자본주의적 '전체의지'가 재생산된다.

셋째, 훨씬 더 낮은 가능성은 자본순환의 바깥에 위치한 기관이 자본을 위한 행위를 하고 실제의 자본가들에게 '일반의지'를 강요할 수 있다는 것이다. 이러한 역할은 종종 국가에 귀속된다. 그러려면 국가(또는 그 등가물)는 개별 자본들의 모순적인 요구들을 수렴하고 이를 자본 일반의 필요와 양립시킬 수 있는 운영구조를 갖추고 있어야 한다. 그러나 앞서 언급했듯이 국가는 법-정치적 장치로서 자신을 재생산하고 자신의 권위를 정당화고자 하는 고유한 이해관계를 가지고 있다. 이를 위해 국가가 추구하는 국가 프로젝트와 헤게모니적 비전은 자본의 직접적 이해관계에 투명하게 봉사하지 않는다.

'자본 일반'의 미래는 고사하고 현재적 이해관계를 밝히는 데 따르는 여러 문제를 고려하면 이 세 가지 해법 모두 더욱더 타당성이 떨어진다(앞의 186~187쪽 참조). 주어진 전략, 프로젝트, 비전의 특수한 계급 관련성이 아닌 전체적인 계급 유관성을 확립하는, 자본 일반의 이해관계라는 준거점은 없는 것이다. 그러나 다음 네 가지 가정은 일반의지의 보장이라는 과업의 달성을 더 쉽게 할지 모른다. 첫째, 자본축적의 역동성에는 본래적인 방향성이 없다(Postone 1993).▼ 그 과정은 과거와 현재의 헤게모니적·지배적 전략들, 그리고 세계시장 안에서 벌어지는 그러한 전략들 간의 상호작용에 달려 있다. 둘째, 전략들은 계급적 이해관계와 계급동맹을 공동으로 구성하고, 그 결과로 불확실성, 위기 또는 이행의 상황에서 행동의 방향을 제시할 수 있다. 또한 만약 행위자들의 행위

▼ 모이셰 포스톤Moishe Postone은 마르크스에게 노동이 가치의 원천이 되는 자본주의의 역동성은 초역사적인 것이 아니라 역사적으로 특수한 것이며, 따라서 자본주의의 폐지란 가치뿐만 아니라 가치를 창조하는 (임금) 노동이라는 범주 자체의 폐지를 수반하는 것이라고 주장한다. 게다가 마르크스에게 자본주의적인 추상적 시간성이란 다람쥐 쳇바퀴처럼 계속 원래 위치로 돌아오는 것이다. 자본주의 사회에서 생산성 상승은 사용가치, 즉 구체적인 물질적 부를 증가시키지만 도리어 사회적 필요 노동시간은 단축시킴으로써 단위 시간당 생산/실현되는 화폐적 가치는 줄어들기 때문이다. 예를 들면 컴퓨터, 스마트폰 등 IT기기의 생산량이 늘어나고 품질은 좋아지지만 가격은 도리어 점차 하락하는 현상을 들 수 있다. 이러한 가격 하방 압력에 따라 자본주의 사회는 지속적인 생산성의 발전(혁신)을 요구하게 되고, 인간은 그러한 비인격화되고 합리화된 명령과 제약에 종속되며, 자본축적은 외부의 '목적인telos'을 갖고 있지는 않지만 방향성을 가진 운동이 된다(Postone 1993). "자본은 비록 인간에 의해 구성되었지만 인간의 의지와는 독립적으로 되는 추상적 지배의 역동적 구조인 것이다."(모이셰 포스톤, "자본과 시간성", 마르셀로 무스토 편, 『마르크스의 부활: 핵심 개념과 새로운 해석』, 정구현·정영태·정성진 옮김, 한울, 2022, 244~245쪽, 253~255쪽 참조)

가 자의적이지 않고 전체적인 자본 논리와 일치한다면 이러한 전략들은 자본의 방향과 역동성을 형성하는 데 도움이 될 수 있다. 셋째, 유리한 전략적 지형 위에서 허둥대며 그럭저럭 문제를 헤쳐 나가는 것은 자본 일반과 개별 자본의 우연적[상황적] 이해관계가 무엇인지를 발견할 수 있는 가장 좋은 수단이다(이 세 번째 지점에 대해서는 Clarke 1977 참조). 넷째, 위기는 비록 그 원인과 해법을 이해해야 한다는 문제를 제기하기는 하지만 어디에서 결정적으로 중요한 이해관계가 무시되었는지를 가리키는 조향 메커니즘steering mechanism을 제공한다(Jessop 2015; 시공간적 조정fixes에 대해서는 5장 참조).

몇 가지 고찰은 또 다른 좀 더 우연적인 해법을 제시한다. 이 해법은 자본순환의 여러 다른 부문(예: 은행자본, 이윤을 생산하는 자본, 상업자본)을 한 분파의 헤게모니 아래에서 통합하는 '역사적으로 유기적인' 축적전략(예: 국가 프로젝트)의 정교화에 달려 있다. 이러한 해법이 이해관계들 사이의 경쟁이나 갈등을 없앨 수는 없지만, 경쟁·갈등·타협의 안정적 틀을 제공할 수는 있다. 이러한 해법은 단순화된 경제적 상상계의 공유에 의존하는데, 이 상상계는 관찰·계산·거버넌스의 틀을 만들어야 하고, 실제 세계의 과정과 실천에 알맞아야 하며, 헤게모니적 분파의 목표에 적합해야 한다. 또한 그것은 숫자·범위·연결의 측면에서 임계질량을 점하는 개별 자본들도 함께 고려해야 한다.

지배적인 자본의 이해관계가 이러한 전략적 지향성을 만드는 데 핵심적인 역할을 할 수 있는 한편, 그것이 정책으로 정교하게 번역되는 데는 여러 기술 지식인과 전문가가 필요하다. 그 목표는 자본에 그것의 경제적·정치적 기능에 대한 '동질성과 자각'을 부여하고, 가치적 측면과 비가치적 측면 사이의 관계를 축적 전략들에 적합하게 조직하며, 정치적 통치와 사회적 헤게모니의 과제를 수행하는 것이다. 이러한 조건들은 만약 국가가 "통치의 장치뿐만 아니라 '헤게모니' 또는 '시민사회'의 '사적' 장치"를 포함하는 것으로 이해된다면 조금 더 그럴 듯하게 보인다(Gramsci 1971: p. 261 = Q26, §6: 801). 이러한 전략의 성공은 또한 적합한 제도적·시공간적·사회적 조정에 달려 있다(5장 참조). 게다가 전략은 비헤게모니적 자본분파들뿐만 아니라 경제적으로 종속되거나 착취되는 계급들에 수용될 때에만 진정으로 '헤게모니적'일 수 있다. 이것이 함축하는 바는 헤게모니적 축적전략이 자본과 노동의 변화하는 세력균형에 바탕을 둔다는 것이다. 이 세력균형은 때때로 다른 계급이나 비계급적 세력들(예: 전통적인 소부르주아지, 기독교 우파, 신사회운동)의 개입으로 수정된다.

형태 분석의 한계와 자본주의 사회의 국가

앞 절에서 다룬 논의는 국가의 형태적 구성보다는 역사적 구성과 지배적인 세력균형에 대한 또 다른 유형의 분석이 필요함을 가리킨다. 이러한 종류의 분석이 가지고 있는 잠재력은 '자본주의적 유형의 국가'와 '자본주의 사회의 국가' 간의 (언제나 완전히 이해되지는 않는) 구별에서 잘 드러난다.˅ 전자에는 형태 분석이 적합하지만 후자에는 그렇지 않다. 더구나 OECD 가입을 자본주의적 국가 유형의 대리지표로 간주한다면 34개의 국가만이 이 범주의 국가 유형에 타당하게 포함될지도 모른다.

그러나 이들 중 몇몇 국가는 사실 자본주의적 국가 유형의 핵심적 특징을 결여하고 있다. 절대 다수를 차지하는 다른 국가들에게는, 여러 제도의 앙상블로서 존재하는 국가에 대한 좀 더 역사적이고 행위자 중심적인 설명을 채택하고, 확대된 의미의 국가state in its integral sense▼▼가 보이는 구체적인 형태적·실질적 특성들이 얼마나 물질적으로 적합한지에 초점을 맞추는 것이 낫다.

따라서 이 분석은 다른 사회화 원리보다 자본축적을 특권화하는 방식으로 정치과정을 만들어가는 정치세력들 사이의 공공연한 투쟁에 좀 더 주의를 기울일 것이다. 분석을 인도하는 질문은 정치와 정책들이 특수한 내용··사명·목적·목표를 어떻게 획득하고, 이것들이 주어진 국면에서 또는 중장기적으로 차등적 축적을 지탱하는 경제적·경제외적 조건을 확보하는 데 얼마나 적합하냐다. 이는 **자본주의 사회의 국가**의 역사적 구성과 자본주의적 목적을 위한 국가역량의 도구적 사용에 대한 연구가, 자본가의 이해관계를 본래적·구조적으로 특권화하는 **자본주의적 국가 유형**의 형태적 구성에 대한 연구와 다르다고 제안한다.

[표 4-2]는 여섯 가지 차원에서 자본주의적 유형의 국가와 자본주의 사회의 국가를 비교하고 관련된 이론적·방법론적 질문들을 제시한다. 이 표에 근거해서 우리는 자본주의적 유형의 국가에 대한 분석이 그

▼ '자본주의적 유형의 국가' 또는 자본주의적 국가 유형은 니코스 풀란차스Nicos Poualntzas의 분석 대상이고(1973), '자본주의 사회의 국가'는 랄프 밀리반드의 책 제목이자 분석 대상이었다(Miliband 1969). 제솝은 이 둘 사이의 논쟁에서 풀란차스의 구조주의적 성격이 과장되었으며, 그것은 사실 '공모'된 것이었다고 해석한다(Jessop 1985). 따라서 풀란차스적인 국가 형태 분석만큼이나 밀리반드적인 경험적 국가 분석도 중시한다.

▼▼ 여기서 '확대된 의미의 국가'란 그람시가 말한 확대국가(='정치사회+시민사회')와 동일한 것을 가리킨다.

[표 4-2] **자본주의적 유형의 국가 대 자본주의 사회의 국가**

	자본주의적 유형의 국가	자본주의 사회의 국가
역사적 특수성	• 다른 생산양식들과 결부된 국가 유형에서 자본주의적 국가 유형을 구별함.	• 기존에 물려받은 국가 형태가 새로운 역사적 맥락에서 어떻게 적용되는지에 초점을 둠.
지배적인 사회화의 축	• 자본축적 논리가 지배적임.	• 또 다른 사회조직의 축이 지배적이거나 부재함.
국가의 발전에 대한 핵심적 접근법	• **형태적 구성**(국가가 어떻게 '형태적 적합성'을 얻는지)와 어떻게 '형태가 기능에 문제를 초래'하는지에 초점을 둠.	• **역사적 구성**(국가건설이 어떻게 상이한 프로젝트를 지향하는 세력들의 변동하는 균형을 매개로 이루어지는지)에 초점을 둠.
적합성의 측정	• **행태적 적합성**에 초점을 둠. 즉 국가와 다른 형태의 자본관계들 사이에 있는 동형적 적합성 또는 전체적 상보성에 초점을 둠. 이는 자본관계를 강화함.	• **기능적 또는 물질적 적합성**에 초점을 둠. 즉 국가역량의 효과적인 행사에 초점을 둠. 이러한 국가역량은 자본축적과 정치적 정당성의 핵심 조건들을 확보하려는 세력들 사이의 균형에 따라 형성됨.
계급권력으로서 국가 권력의 행사	• 계급권력은 구조적이고 불투명함. 이러한 유형의 국가는 (적어도 국민국가 수준에서는) 전체 자본을 위해 기능할 가능성이 더 크며, 그 기능을 얼마나 잘 수행하느냐는 공공연한 계급투쟁에 크게 의존하지 않음.	• 계급권력은 도구적이고 투명함. 국가가 특수한 자본의 이익 또는 다른 특수한 이익들을 추구하는 데 이용될 가능성이 더 큼.
시기 구분	• 형태적 발전의 단계들, 자본주의적 국가 유형의 내적·근본적 위기, 정상적 시기와 예외적 시기의 반복적 교대.	• 역사적 발전의 단계들, 제도적 설계의 주요 변동들, 정부와 정책의 변화들.

출처: Jessop(2007a)에 실린 표를 상당 부분 다시 작업했음.

것의 역사적 특수성을 밝히고 그 다양한 형태의 유형과 시기를 구별하는 데서 시작되어야 한다는 결론을 내릴 수 있다. 이것은 순수한 자본주의 사회구성체에서 주어진 국가 유형이 얼마나 **형태적으로 적합한지**를 연구하고 그 형태가 대개 그것의 기능성에 문제를 초래한다는 것을 인식하며, 넓은 의미의 정치적 실천들이 특정한 시기와 국면에서 어떻게 그리고 얼마나 그러한 문제들을 극복**할 수 있는지**를 살펴보는 것이다.

이와 대조적으로 자본주의적 생산관계가 지배하는 사회에 실제로 존재하는 국가들에 대한 분석은 상대적으로 더 구체적이고 복합적인 측면에서 시작할 것이고, 처음부터 더 역사적인 접근법을 채택해 세력균형의 변동에 초점을 맞출 것이다. 이 분석은 정치적 계급투쟁과 그 결과가 특수한 시기·단계·국면의 특정한 제도적 형태들을 통해 어떻게 매개되고 응축되는지를 보여줄 것이고, 이러한 제도적 형태들이 자본주의적 국가 유형에 조응하는 것인지에 대해서는 관심을 기울이지 않을 것이다. 그것은 특수한 부서·부처·장치·권력센터나 권력 네트워크의 활동이 자본축적과 정치적 계급지배에 **기능적으로나 물질적으로 적합한지**를 살펴볼 것이다. 그리고 그것은 이러한 적합성이 구체적 국면에서 특수한 사회세력들이 추진하는 구체적 전략과 정책을 통해 어떻게 성취되거나 성취되지 못하는지를 탐구할 것이다. 두 가지 접근법 모두 특정한 목적에 유용할 수 있으며, 국가가 사회적 관계라는 주장과 일관된 접근법이다. 전자는 형태 분석을 우선시하고 후자는 사회세력들에 대한 분석을 우선시한다. 이 둘을 효과적으로 결합하려면 정치의 제도적·조직적 형태들이 어떻게 이 둘을 결정적으로 매개하고 세력균형에 영향을 미치는지 전략관계적 관점에서 더 상세히 연구해야 한다.

사회적 상상계와 이데올로기 비판에 관해

기호작용semiosis, 담론, 언어(그리고 대중매체)는 국가와 정치적 투쟁의 심장부에서 정치적 상상계를 만들어내는 핵심적인 힘이다. 여기서 특히 흥미로운 것은, 심지어 특정한 정치적 전략들이 추진되기 이전부터 언어와 다른 형태의 기호화signification에 각인되어 있는 가정과 틀, 감정의 구조들이다. 이데올로기적 지배의 '원재료'는 의미체계와 생생한 체험lived experience이고, 이것들은 특수한 기호학적 접합을 통해 특정한 '상상계'로 표현된다(Lacalu and Mouffe 1985; Rehmann 2013; Sum and Jessop 2013). 이들 특정한 상상계는 계급관계, 정체성 정치와 관계될 뿐만 아니라 국가권력 행사의 특정한 서술적·수사적·논증적 특징과 관계된다(Jessop 2002; Müller et al., 1994; Neocleous 2003). 여기서 중요한 것은 생생한 체험과 상상계를 특정한 국면에서 특정한 정체성들과 관념적·물질적 이해관계로 편향시키는 원천과 메커니즘이다. 이러한 편향성이 곧 이들 정체성과 이해관계가 언제나 '이데올로기적'이라는 것을 가리키지는 않는다. 즉 그것은 필연적으로 권력과 지배에 연결되어 있는 것이 아니거나 지배관계를 유지하기 위해 설계된 것이 아닐 수 있다. 사실 권력과 지배가 유지되는 경우에 가장 강력한 이데올로기적 효과는 직접적으로 의식적인 행동에서 비롯되지 않는다. 그것은 물신주의의 형태로 새겨지고 퇴적된 것, 자본주의 생산양식의 기초적 범주들을 당연시하는 것 등에서 나온다(cf. Rehmann 2013).

따라서 우리는 기본적인 범주와 일반적인 사회적 상상계가 어떻게 상당한 지속성을 갖고 세계를 만들고 지배하며 헤게모니를 갖게 되는

지를 질문해야 한다. 그 한 가지 측면은 그러한 범주들과 상상계가 '생생한 체험'에 연결되고 근거를 두는 정도와 방식이다. 즉 행위자들이 어떻게 하나 또는 그 이상의 주체 위치와 입장에서 자신의 세계를 실재적이고 의미 있는 것으로 경험하고 이해하느냐, 그리고 이러한 기본적인 범주와 상상계가 서로 어떤 관계를 맺고 있느냐다. 생생한 체험은 결코 기호 외부의 실재를 반영하지 않으며, 자연적-사회적 세계natural-cum-social world에 대한 **사전**해석pre-interpretation에 기반을 둔 뜻과 의미 형성의 과정을 수반한다.[1] 그 형태는 미리 주어져 있지 않기 때문에 학습의 공간이 창출된다. 그것은 또한 관련된 사회적 상상계를 포함한 의미체계를 복원·변경·전복하기 위한 전위dislocation·논쟁·재정치화·투쟁에 열려 있다. 사회세력들은 특정한 맥락에서 하나 또는 그 이상의 상상계를 헤게모니적·지배적 '틀'로 만들거나, 상보적이거나 반대되는 상상계를 촉진하기 위해 분투한다. 이와 관련해서 핵심적 역할을 수행하는 것은 유기적 지식인과 전통적 지식인이지만 대중매체의 역할도 점점 더 커지고 있다. 이러한 노력들은 사람들이 상상계의 임의적·논쟁적·구성적 본성을 잊어버리는 한에서 성공할 수 있다. 그 결과는 그 상상계가 "말이 되는…… 유일한 것"이 되는 것이다(Taylor 2001: p. 2).

이러한 설명에 기초해서 생생한 체험과 상상계를 특정한 정체성과 이해관계에 유리하게 '편향'시키는 원천과 메커니즘에 관한 전략관계적

---

1 생생한 체험의 측면들에는 관계성(타인들과의 생생한 관계), 육체성(생생한 신체), 공간성(생생한 공간), 시간성(생생한 시간)이 포함된다. 어떤 이들은 여기에 영성spirituality(상상 속 타인들과의 내적 대화를 통한 영적 세계와의 생생한 관계)를 덧붙일 것이다(예: Archer 2003).

이데올로기 비판을 발전시킬 수 있다. 이는 다음과 같이 여섯 가지의 주요 단계를 거친다. 각 단계는 (1) 복잡성의 축소에서 기호작용이 의미의 풀pool로서 수행하는 역할을 인식하고, (2) 사회적 상상계, 즉 의미(또는 기호)체계의 특정한 군집을 밝히고, 그 형태와 내용을 기술하며, (3) 텍스트와 담론의 내재적 비판을 통해 이 상상계들의 내재적 모순과 비일관성을 살펴보고, (4) 이러한 상상계들이 어떻게 우연적으로 접합되고 기능함으로써 특정한 국면에서 특수한 관념적·물질적 이해관계에 기여하는 지배의 조건이 확보되는지 분석—이 분석은 부분적으로는 분석가가 이용할 수 있는 맥락에 관한 지식에 의존한다—하며, (5) 특정한 의미체계와 이데올로기의 지배나 헤게모니를 선택하고 공고화하는 기호적·비기호적extrasemiotic 메커니즘을 드러내고(이것은 지배에 대한 비판과 연결된다), (6) 이러한 효과가 의도된 것인 경우들과 퇴적된 의미가 낳은 결과들인 경우를 구별한다(상세한 설명으로는 Sum and Jessop 2013: pp. 164~172 참조).

결론

서론에서 제시한 여섯 가지 접근법 중 이 장은 자본주의적 국가 유형의 형태적 구성과 그것이 경제적·정치적·이데올로기적 계급지배에 대해 갖는 함의에 대한 제도주의적 분석을 발전시켰다. 동시에 이 장은 의도적으로 형태가 기능을 따른다는 기능주의적 주장을 피했다. 나는 특수한 구조적·제도적 형태가 형태적으로 적합할 수도 있다고, 즉 자본관계의 기초적인 형태들과 동형적이거나 그것들을 보완할 수 있다고 서술했다. 나는 또한 형태적 적합성이 (적합한 정치, 정책, 세력균형을 보장하는) 물질적 적합성으로 변환되는 정도는 더 넓은 국면뿐만 아니라 사회적 행위자들의 행위에 달려 있다는 데 주목했다. 사실, 설사 자본주의적 편향이 자본주의적 국가 유형의 매트릭스에 깊게 각인되어 있더라도 적대적 세력들이 국가장치를 포획하거나 국가장치가 자본주의적인 관점에서 비합리적인 정책들을 추구하도록 압력을 가할 때 자본주의 국가의 정책들은 자본에 반대되는 작용을 할 수 있다(예: 나치의 '경찰국가' 말기 또는 조지 W. 부시가 도모한 국가안보 체제: 더 일반적인 예외국가에 대해서는 아래와 9장 참조). 내가 자본주의적 유형의 국가에 대한 형태론적 비판을 자본주의 사회에 자리한 국가들의 권력관계에 대한 실체적 비판과 구별 짓는 것은 바로 이러한 이유 때문이다.

이 두 가지 접근법의 병존이 가리키는 것은 마르크스주의의 강점과 약점이다. 첫째, 마르크스주의는 계급지배에 특권적 지위를 부여하면서 사회지배의 다른 형태들을 주변화한다. 가부장적·종족적·'인종적'·헤게모니적 남성성, 국가 간 관계, 지역 또는 영토적 지배 형태 등이 주변화된다. 기껏해야 이들은 계급지배의 형태를 과잉결정하는 요인이거나 계급관계의 변동에 대응해서 함께 변화하는 것으로 나타난다. 둘째, 마르크스주의 분석은 계급지배의 구조적 정합성structural coherence▾을 과장하는 것일 수 있다. 그것은 계급지배의 탈구·모순·반대경향 등을 경시한다. 통일된 지배계급의 개념은 계급권력의 배치가 얼마나 지저분하게 이루어지는지를 감춘다. 즉 경제적·정치적·이데올로기적 차원의 안팎에서 일어나는 마찰, 사회가 조직화되는 스케일들 간의 괴리, 전략·

전술·정책들의 모순적인 성격과 효과, 시장실패와 국가실패의 가능성, 하위세력의 저항역량 등이 은폐된다. 수많은 경험적 분석은 이러한 혼란과 복잡성을 드러내지만, 추상적인 마르크스주의적 이론화에서는 종종 이러한 것들이 언급되지 않는다. 셋째, 마르크스주의자들은 경제적·정치적·이데올로기적 권력의 한계를 계급모순의 효과로 축소해서 다른 실패의 원천들을 놓칠 위험성이 있다. 넷째, 자본이 거의 자동적으로 인간 행위의 필요 없이 스스로를 재생산한다는 구조주의의 오류를 피하기 위해 전략과 전술을 강조하는 것이 중요하지만, 구체적인 국면과 더 넓은 구조적 맥락에 대한 고려 없이 전략과 전술이 검토된다면 주의주의主意主義, voluntarism의 위험이 생긴다.

전략관계적 접근법은 당연시되는 독단적인 입장들을 다시 기술하는 템플릿으로 이용되어서는 안 된다. 진지하게 받아들여진다면 그것은 위의 한계들을 극복할 수 있는 하나의 수단이 된다. 여러 다른 접근법·진입점·입장에 대한 비판적 성찰이 유용해지는 것은 바로 이때다. 이 접근법은 자본축적을 국가·국가권력 분석의 일차적 준거점으로 삼는 일면적 탐색방식에서 생길 수 있는 함정을 강조하기 때문이다. 이 책이 자본주의적 유형의 국가 대신 국가의 3대 요소에 대한 접근법을 일

▼ '구조적 정합성'의 개념은 영국 출신의 지리학자 데이비드 하비David Harvey가 최초로 도입한 '구조화된 정합성structured coherence' 개념에서 나온 것이다. 하비는 물리적·사회적 하부구조, 생산기술, 노동시장, 최종 소비시장에 대한 접근의 측면에서 자본이 이동시간과 비용을 최소화하고 이윤에 대한 제약 없이 순환할 수 있도록 하는 특정한 공간적 배치를 구조화된 정합성으로 정의한다(David Harvey, "자본주의의 지정학", 강유원·지주형 옮김). 제솝은 이 개념을 확장해서 자본주의에 내재하는 결코 영구히 해결될 수 없는 여러 가지 모순과 딜레마를 일시적으로 관리하는 구조를 가리키기 위해 이 개념을 쓰고 있다. 이 개념은 '구조적 응집성'으로 종종 번역되고 '구조적 일관성'으로 번역될 수도 있다.

차적 진입점으로 채택한 것은 바로 그 때문이다. 또한 이 접근법을 '국가관념'에 대한 강조로 보완하고, 더 나아가 이와 관련해 경제전략, 국가 프로젝트, 헤게모니적 비전의 중요성을 강조한 것도 그 때문이다. 마지막으로 자본주의적 유형의 국가에 대한 연구와 자본주의 사회의 국가에 대한 연구의 중요한 이론적·방법론적 차이에 대해 언급한 것도 그 때문이다.

차등적 축적을 국가와 국가권력에 대한 분석의 특권화된 진입점으로 삼는 것을 정당화할 수 있는 네 가지 조건을 확인하면서 이 장을 마치겠다.

첫 번째는 사고실험을 하는 경우, 즉 자본축적과 계급지배의 재생산에 형태적으로 적합한 국가에 대해 합리적인 추상이나 이념형을 구성하는 경우다([표 4-1]과 [표 4-2] 참조). 분석은 실제 사례에서도 영감을 얻어야 하지만, 사고실험의 목표는 합리적 추상에 도달하는 것이다.

두 번째는 주어진 국가 또는 일련의 국가들이 복합적이고도 다형적인 성격을 지녔음에도 그 국가들이 핵심적인 측면에서 해당 사회구성체(들)에 형태적으로 적합한 유형의 자본주의 국가에 근접하는 경우다. 이때 주의를 기울여야 할 것은 그러한 국가들에 구조적으로 각인된 전략적 선택성들이 국가권력의 행사를 통해 특정 시기나 국면에서 실현되는 이유와 정도다.

세 번째는 시장을 매개로 한 이윤 지향적 축적이 지배적인 사회화의 원리지만 국가는 전형적인 자본주의 국가가 아닌 경우다. 이 상당히 흔한 조건에서는 자본주의 사회의 국가에 대한 연구에 적합한 이론적·방법론적 도구들을 활용해 국가체계가 이 특수한 사회화 원리의 선택과 보전에 관여하는지, 그리고 관여한다면 어떻게 관여하는지를 탐구해야 한다.

네 번째는 이와 반대로 자본축적을 지배적인 사회조직화의 원리로 확립하려는 국가 내부 또는 외부 사회세력들의 강력한 동맹이 있는 경우에도 그러한 시도가 실패하는 경우를 살펴볼 수 있다. 이러한 국가실패의 문제는 앞의 세 가지 경우에도 관련된다. 다음 장에서는 이러한 가능성 중 일부를 살펴볼 것이다.

2부

—

영토, 장치, 인구에 관해

5장

국가와 시공간

전략관계적 접근법은 국가의 기본 구조, 제도적 아키텍처와 특정한 조
직 형태의 측면뿐만 아니라, 정치체계 내부에서, 또 더 넓은 기능적 체
계와 일상세계의 연쇄 속에서 국가가 갖고 있는 전략적 역량의 측면에
초점을 맞춰 국가권력을 탐구한다. 이러한 국가역량은 국가의 시공간
적 특성과 그것이 다른 제도적·조직적 질서에 얼마나 적합하냐에 결정
적으로 달려 있다. 이는 특정 국가체계의 '구조적으로 각인된 전략적 선
택성'의 시공간적 측면들에 대한 관심을 불러일으킨다. 시간과 공간은
서로 밀접하게 관련되어 있으며, 구조적 측면(주어진 제도적·조직적 질서들
의 상호 연관된 시간성과 공간성)**과** 전략적 측면(행위의 특정한 시공간 지평, 진
지전과 기동전, 시공간 속에서 사회관계를 재조직하려는 노력) 둘 다를 가지고
있다. 이러한 문제들을 다루는 것은 협소하게 이해된 국가영토의 문제
를 토대로 하지만, 그 이상의 문제이기도 하다. 따라서 이 장은 국가의
형성, 3장에서 고찰한 국가의 여섯 가지 차원, 4장에서 살펴본 지배의
문제를 이해하기 위해 시공간을 진입점으로 삼는다.

첫째, 모든 국가 활동은 특정한 장소와 시대에 근거하고 있지만, 시공간 속에서 그러한 활동들이 갖는 외적 좌표가 국가의 시공간적 특성의 전부인 것은 아니다. 국가 활동은 경로의존적 유산, 현재의 시공간 매트릭스, 미래의 행위 지평에 따라서도 규정된다. 둘째, 국가에는 그것에 고유한 내재적이고 내부화된 시공간성이 있다. 부분적으로 이는 좁은 의미의 국가가 가진 시공간적 특성과 국가가 착근되어 있는 사회질서의 시공간적 특성 사이의 관계에 따라 달라진다. 예를 들면 국가의 공간적 매트릭스와 행위 지평은 세계시장이 더욱더 통합됨에 따라 발생하는 영토주권에 대한 도전에 대응해서 대개 변화한다. 마찬가지로 더 넓은 사회에서 일어나는 사회적 가속화의 일반적 추세에 따라 국가의 시간적 주권이 위협을 받고 있다(7장). 이는 정치와 정책과정의 속도를 높여야 한다는 압력을 만들어냄으로써 펙과 테오도어Peck and Theodore(2015)가 '신속정책fast policy'▼이라 부르는 것을 초래한다. 셋째, 이제 국가는 다른 제도적 질서들과 일상생활에 시공간적 영향을 주게 되고, 국가 활동이 일으키는 반향은 성공적이든 아니든 시공간 속에서 퍼져나간다. 넷째, 앞에서 언급했듯이 국가는 잠재적 거버넌스governance▼▼의 대상으로서 다른 제도적 질서들과는 차별화되는 다른 물질적·담론적 특성들을 가지고 있다. 그리고 다섯째, 그럼에도 국가

▼ '신속정책'이란 한 곳에서 도출된 정책 교훈이 다른 곳의 제도를 개혁·변형시키기 위해 재빠르게 이동하는 것을 가리킨다(Peck and Theordore 2015: p. xvii).

▼▼ 여기서 거버넌스는 최근 행정학에서 주로 논의되는 협치(수평적 네트워크에서 이루어지는 자기조직화)가 아니라 여러 상호의존적인 사회관계들을 조율하는 다양한 방식들을 가리킨다(Jessop 2002: p. 52). 자세한 것은 6장을 참조하라.

활동의 성공적 수행에 필요한 조건은 거버넌스가 가능한 시간과 공간의 범위를 넘어선다. 이는 거버넌스와 거버넌스의 실패에 대해 중요한 질문을 제기한다(6장).

사회공간성

공간은 사회적으로 생산된 격자grid▼와 사회적 행위 지평으로 이루어져 있다. 이는 물질적·사회적·상상적 세계(들)을 분할하고 조직할 뿐 아니라 그러한 분할에 따라 행위 방향을 제시한다. 물리적·사회적 현상을 전유하고 변형하며 거기에 사회적 의미를 부여하는 사회적 실천의 산물로서, 공간은 거버넌스의 장소·대상·수단으로 기능할 수 있다. 물려받은 공간적 배치와 그것의 기회구조는 거버넌스가 수립·도전·변경될 수 있는 **장소**를 제공한다. 공간은 물질적·사회적·상징적으로 국경, 경계, 변경과 경계공간liminal space을 고정·조작·재배치·해체하는 데서 발생하는 한 거버넌스의 **대상**이다. 공간은 또한 행위 지평을 '내부', '외부', '경계'공간의 측면에서 규정하고 다양한 시공간적 기술을 통해 행위자·행위·사건을 연결할 수 있을 때 **거버넌스의 수단**일 수 있다. 공간적 경계는 [행위자·행위·사건을] 담는 **동시에** 연결contain and connect하기 때문이다. 경계는 상호작용을 선택적으로 구성함으로써 특정한 정체성과 이해관계를 다른 것들보다 특권화한다. 또한 그것은 다양한 스케일에

▼   여기서 격자는 영토화, 장소 만들기, 스케일링, 네트워킹이 만드는 선들의 교차점을 가리킨다.

걸쳐 있는 다른 장소와 공간들과의 연결 가능성을 구조화한다. 이러한 공간적 분할은 근본적인 적대를 유발할 수도 있지만, 연대·위계·네트워크·시장이나 다른 거버넌스 메커니즘을 통해 공간·장소·스케일 사이의 조율을 촉진할 수 있다.

공간은 신체와 개인적 공간에서 행성적 수준과 '우주공간'에 이르기까지 다양한 스케일로 구성되고 통치되지만, 나는 국가의 공간적 차원들, 국가공간 내에서 이루어지는 공간적 차원들 간의 접합, 국가의 공간적 차원들과 국가를 넘어선 공간성의 형태들 간의 상호작용, 국가성의 여섯 가지 차원에 담론적·물질적 틀을 제공하는 시공간적 상상계에 초점을 맞춘다. 특히 흥미로운 것은 국가체계의 전반적인 조직과 국가권력의 행사에서 영토·장소·스케일·네트워크가 차지하는 상대적인 비중이다(Jessop, Brenner and Jones 2008; Jones and Jessop 2010; 아래 참조). 이것은 중요한 쟁점이다. 비록 정치권력의 영토화가 국가의 세 가지 규정적 특성 중 하나이기는 하지만, 그렇다고 해서 영토성이 국가의 사회공간적 조직에서 가장 중요한 측면이라는 결론이 나오지는 않기 때문이다. 특히 국가영토 경계의 구성에 초점을 맞추기보다 그 경계 내에서 일어나는 일들을 고찰한다면 말이다.

영토화와 국가의 형성

우리는 이미 영토와 영토화를 국가의 핵심 요소로서 다룬 바 있다. 2장에서는 주로 비교분석을 했지만 여기서는 역사적 분석을 하려고 한다.

일반적으로 영토화란 사회적 관계들을 상대적으로 경계가 분명한 정치적 단위로 묶거나 그러한 단위가 일단 확립된 후 재조직하려는 시도를 가리킨다. 국가는 장소들을 영토 경계 속에 가둘 뿐 아니라 이 경계 안에서 발생하는 사회적 관계들을 일련의 목적을 위해 통제하려고 한다. 이는 2장에서 제시한 국가가 '권력을 담는 그릇power container'이라는 은유의 밑바탕이 된다. 하지만 이 개념이 국경의 연결적 역할보다 봉쇄containment를 더 우선시한다면 그것은 잘못된 것이다.

국가의 형성은 단번에 모든 것이 갖춰지는 과정이 아니다. 국가는 단지 하나의 장소에서 등장해 거기서 외부로 퍼져나간 것이 아니다. 국가는 여러 번 건설되었고, 자신만의 상승과 하강을 겪었으며, 중앙집권화와 분권화, 영토화와 탈영토화의 순환을 반복했다. 국가는 또한 유목민 집단들이 유랑하는 영토 경계에 대한 상호 인정에서부터 족장사회, 초기 국가와 도시국가를 거쳐 고대제국, 봉건국가, 절대주의, 초기 근대 국가, 베스트팔렌 체제의 발전, 이른바 포스트모던한 국가 형태의 출현에 이르기까지 여러 제도적 형태를 취해왔다. 국가의 형성은 정치고고학·정치인류학·역사사회학·비교정치학·국제관계학과 진화론적 제도경제학, 역사유물론의 풍부한 연구 영역이다.

국가의 기원을 단일한 원인에서 찾는 다양한 논의가 있었지만, 그들 중 어느 것도 설득력 있는 일반적 설명을 제공하지 않는다(cf. Wright 2006). 마르크스주의자들은 경제적 잉여의 출현에 초점을 둔다. 경제적 잉여가 (계급)분할된 사회에서 응집성을 확보하는 데 관심을 가진, 경제적으로 비생산적이지만 정치에 전문화된 장치의 성장을 가능하게 했다는 것이다(고전적인 예로 Engels 1972 참조). 전쟁사가들은 국가건설에서 군사적 정복의 역할 또는 영토 보전에 대한 요구에 초점을 맞춘다(그 대표적인 예로는 Hintze 1975를 들 수 있다. Porter 1994; Gorski 2001; Nelson 2006도 참조). 다른 이들은 국가가 통치하는 인구에게 상징적 통일성을 제공하는 전문화된 사제직과 조직화된 종교—또는 다른 형태의 이데올로기적 권력—의 역할을 강조한다(Claessen and Skalnik 1978; 좀 더 일반적으로 카리스마적 권위에 대해서는 Breuer 2014 참조). 페미니스트 이론가들은 국가 형성에서 가부장제의 역할과 젠더 분할을 재생산하는 국가의 지속적인 역할을 살펴본다(예: Rapp 1977; Ortner 1978; Gailey 1985). 더 최근의 기원으로 다른 학자들은 국민국가를 건설한 '상상된 정치공동체'에 초점을 둔다(고전적 예로 Anderson 1981).

더 나은 접근법은 복수의 원인과 맥락에 근거해 국가를 설명하고, 국가가 계속 변한다는 것, 붕괴하거나 부분적으로 실패할 수 있다는 것, 융합하거나 분열할 수 있다는 것, 위계적으로 질서화되거나 그것에 대한 저항이 발생할 수 있다는 것, 새로운 역량·기능·범위·스케일 등을 지닌 새로운 형태로 재건될 수 있다는 것을 인식한다. 이러한 국가의 재구조화는 과거의 실험에서 얻은 지식을 기반으로 하거나, 다른 사례들에 대한 관찰에서 얻은 교훈의 도움으로 발생하는 경우가 많다. 또한 국가체계의 진화는 국가가 조직한 사회와 그렇지 않은 다른 유형의 사회 간의 상호작용으로 일어난다. 이러한 상호작용에는 유목민과 정주민 사이의 격렬한 상호작용, 농부와 어부, 수렵채집인과 목축인, 고지대 거주민과 저지대 거주민을 연결하는 상호작용이 포함된다(Scott 2009; Finer 1997b 참조).

국가의 형성을 이해하기 좋은 진입점은 **1차적** 국가 형성, 즉 이른바 2차적 국가 형성의 사례들에 비해 상대적으로 느리게 진행된, '국가' 가 최초로 등장한 사례들에 대한 고고학적 증거를 살펴보는 것이다(1차적 국가 형성과 2차적 국가 형성의 구별이 갖는 중요성에 대해서는 Service 1962, 1975; Wright 2006; Breuer 2014 참조). 그 예로는 메소아메리카, 페루, 이집트, 메소포타미아, 인더스 강 유역, 중국이 있다. 원시국가의 여러 독립적 기원과 그 이후 국가 형성의 전 지구적 확산은 유럽 중심주의적인 국가성 분석에 문제가 있다고 경고한다. 또한 원시국가가 붕괴하거나 다양한 수단을 통해 더 큰 정치적 질서로 통합되는 것은 비가역적 진화를 강조하는 접근법이 맞지 않음을 가리킨다. 실제로 국가 통제 아래 있던 인구집단들이 국가 통제를 회피하고 자신들만의 공간에서 자율성을 회복하려고 하는 시도들이 반복적으로 일어나고 있다(Gledhill, Bender and Larsen 1988; Scott 2009).

유럽 중심주의에 대한 경고는 현대에 생존하는 다양한 고대적 국가 전통들로도 정당화된다. 예를 들어 유럽의 경우, 르네상스 초기 근대국가 형성의 역사적(그리고 지리적) 출발점들이 다양했다는 점을 고려할 때, 근대와 현대의 국가들이 근대 관료제-민주제 국가라는 일반적 모델로 수렴하기보다 계속해서 매우 다양한 제도적·공간적 형태를 보여주는 것은 그리 놀라운 일이 아니다(Escolar 1997; Dyson 1982; Mann 1986, 1996; Finer 1997a, 1997b, 1997c; Rokkan 1999). 유럽적 전통 외에도 우리는 유교적 국가 프로젝트와 헤게모니적 비전으로 유목민 제국이나 다른 국가들과 상호 작용해온 중국의 국가 전통, 최초의 마우리아 제국(기원전 300년경)에서 기원한 고유한 인도의 국가 전통(이 전통은 황제가 브라만 법을 시행하고 지역 통치자들 사이에 실용적인 현실주의를 장려했으며, 마키아벨리의 『군주론』의 힌두교적 등가물인 『강국론*Arthashastra*』에 반영되어 있다), 유럽에서는 베스트팔렌 평화조약(1648년) 이후 그어진 정교분리의 경계가 여전히 모호한 이슬람 세계를 들 수 있다.

1차적 국가 형성의 핵심은 영토와 인구에 대한 통제를 확장하고 내부적으로 업무를 전문화한 다층적 행정기구를 통해 확장된 영토를 통치할 수 있는 물류역량의 발전이다. 이는 3대 요소 접근법이 국가 형성뿐만 아니라 그 이후의 국가들과 그 변화를 이해하는 데도 유의미함을 시사한다. 다양한 이론적·역사적 연구에 따르면 정치적 진화는 다음과 같은 세 단계를 거쳤다.

첫 번째 단계는 상대적으로 평등주의적인 사회다. 여기서는 친족 또는 마을 정착민들 또는 두 가지 모두를 기반으로 사회조직이 분절적인 형태를 취하고, 제한된 잉여는 가족 소속 여부나 호혜성의 원리에 따라 배분되며, 비교적 단순한(종종 전쟁 외에 다른 용도로도 쓰이는) 전투 도구가 널리 배분되어 있다. 정치적 지도력은 분산되어 있고 비교적 수명이 짧으며, 세습보다는 지혜나 용기와 같은 비범한 인성적 특질에 근거해 있다. 그리고 의사결정은 집합적으로 내려지고 자연적 주기, 특수한 의례 또는 비상사태와 관련된 주기적인 사회적 회합에서 이루어지는 경향이 있다.

그다음 단계에는 원시적인 정치적 분업에 따라 사회적으로 계층화된 사회들이 도래한다. 이 분업은 주로 행정적 참모단을 거느린 족장의 권위와 같이 제도화된 형태의 정치적 권위에 기초한다. 이러한 정치적 권위의 형태는 개인이 어떤 이유로든 그 **직책**offices을 비워도 직책으로 존속한다. 즉 족장이 죽으면 그는 동등한 지위를 가진 이로 교체되어야 한다. 공식적인 행정기구나 강제력의 독점은 존재하지 않으며, 잉여는 시장교환보다 호혜성과 재분배를 통해 배분된다. 권위의 집중은 분절적 사회들에서 발견되는 간헐적인 집단 심의의 패턴보다 더 빠른 의사결정이 이루어지게 하며, 이는 국가 형성에 있어 공간성뿐만 아니라 시간성도 중요함을 가리킨다. 그러나 이러한 빠른 의사결정은 족장의 수행원들을 지원하기 위해 자원을 동원할 수 있는 '하부구조적 권력'에 달려 있다. 따라서 개별 족장사회들은 이국적 물품의 획득이나 군사적 성공으로 족장의 위신을 강화하려는 욕망에서 교환이나 약탈을 통해 빈번히 상호작용을 하지만, 머나먼 영토에 대한 정복에 나서는 경우는 드물다. 설사 정복한다 하더라도 간헐적으로 공물을 추출해낼 뿐 장기간 통제하려고 하는 경우는 더욱 드물다.

영토정복과 통제에는 두 가지 중요한 제약이 있었다. 하나는 한나절 동안 걸어서 이동할 수 있는 거리가 25~30킬로미터로 제한되어 있는 상황에서 단일 중심부가 확장된 통제권을 행사하려고 할 때 생기는 물류적(즉 시공간적) 문제였다. 다른 하나는 정치적 업무를 여러 개의 전문적 업무로 나누는 정치적 분업이 없었기 때문에 부하들이 복종하지 않거나 핵심적 자원을 전용하거나 반란을 일으키거나 분열될 위험을 감수하지 않고는 족장의 권위를 아래에 위임하기 어려웠다는 점이다 (Wright 1977, 2006; Earle 1997; Pauketat 2007). 이러한 요인들은 함께 작용해서 권력과 자원에 대한 족장의 통제력이 증가와 쇠퇴를 반복하는 정치적 순환주기를 만들어내는 경향이 있었다. 이러한 정치적 주기의 진동은 '최고의' 복잡한 족장사회를 만들어내기도 했지만 그것을 단순한 족장사회로 후퇴시키기도 했다(Wright 2006). 더 일반적으로, 제한적인 물류와 자원 추출 역량은 족장사회뿐만 아니라 대부분의 고대 정체에서도 문제였다(Mann 1984; Finer 1997a, 1997b, 1997c). 이러한 사실은 국가 형성의 결정적인 전제조건으로 장거리 운송과 통신기술을 강조한 막스 베버의 주장을 강화한다(Weber 1978; pp. 956~1005). 그 밖에 국가 형성의 다른 전제조건은 글을 읽고 쓸 줄 아는 행정가, 글쓰기 도구와 기록 보관 도구, 화폐제도였다.

세 번째 단계는 이러한 시공간적·행정적 한계를 극복할 수 있는 집중화된 관료제 행정 국가의 출현을 수반한다. 알려진 모든 지역에서 초기의 국가들은 족장사회에서 발전했다. 물론 모든 족장사회가 국가로 진화하지는 않았지만, 모든 1차적 국가 형성, 즉 기존에 있던 국가들과 접촉하지 않고 스스로 1세대 국가로 진화한 모든 사례는, 더 많은 통제 계층과 더 발전된 '정치적' 분업을 특징으로 하는 더 확장되고 전문화된 다층적 행정기구의 발전을 수반한다는 견해가 현재 널리 받아들여지고 있다(Spencer 2003: 1185; cf. Carneiro 1981; Earle 1997; Wright 2006).

국가는 중심부-주변부로 조직된 사회구성체와 전체 국가영토를 아우르는 기능적 분화에 기반을 둔 사회구성체로 나눌 수 있다(Innis 1951; Polanyi 1957; Fried 1967; Eisenstadt 1963; Flannery 1972, 1999; Service 1975; Luhmann 1989). 족장사회는 폭력을 사용하지만 군사기술의 제한된 발전(이 때문에 족장사회의 구성원 대부분은 무기를 소유하고 쓸 수 있다) 때문에 제약을 받는다. 반면에 전쟁과 전문화된 정치-군사 분업의 발전은 국가가 공고화될수록 특정 범주의 국가요원이나 그들과 동맹을 맺은 사회집단들만 특정 유형의 물리력을 사용할 수 있게 됨을 뜻한다. 전쟁은 상비군, 영속적 관료제, 전국적인 조세, 성문법, 명확한 국경, 통일된 시장의 시작을 고려할 때, 제국의 형성과 절대군주제의 발전에 특히 중요하다(Anderson 1974a; Goody 1980; Parker 1996; Porter 1994; Rogers 1955).

새뮤얼 파이너가 쓴 정부의 역사는 "국가가 어떻게 원시사회와 부족사회에서 출현했는가 하는 극히 모호하고 논쟁적인 질문"을 회피하고, 대신 어떻게 "오늘날 우리가 알고 있는 대로의 국가가 소규모 영토단위들의 결합이나 대규모 영토단위들의 분해를 통해 출현했는지"를 검토한다(Finer 1997a: p. 9). 사실 1차적 국가 형성에 대한 증거는 파이너가 주장하듯이 그렇게 불분명하지 않다. 전반적으로 이 주제에 대한 연구의 결과는 1차적 국가 형성의 과정이 (1) 집약적 농업을 통해 생산된 잉여, (2) 전쟁을 통한 영토와 인민[민족]의 정복, 또는 (3) 마을과 도시의 성장으로 **설명될 수 없다**는 것을 가리킨다. 설사 이 요인들이 국가의 **추가적인** 발전, 나아가 제국의 형성을 촉진했을지라도 이 세 가지 요인 모두는 1차적 국가 형성보다 훨씬 이전부터 존재했다(Service 1975; Spencer 2003). 따라서 이들은 국가 형성을 가능하게 하는 요인일 수는 있어도 국가 형성을 촉발시킨 요인은 아니다.

대신 고고학적 기록은 정치적 중심지나 수도에서 하루 왕복 거리보다 더 멀리 떨어져 있는 지역에 대한 확대된 경제적·정치적 통제역량이 중요한 역할을 했음을 지적한다. 이 역량은 마이클 만이 제안한 하부구조적 권력의 개념에 대응하는 것이다(Mann 1986; 2008). 영토 확장은 조공형식으로 잉여를 추출해 자원을 동원함으로써 이러한 행정적 변동을 뒷받침했다. 이는 관료제적 통치, 조공을 통한 자원 추출, 추가 영토 확장으로 이어지는 선순환을 만들어냈다. 이러한 확장은 이웃 정치공동체들의 영토에 대한 침입을 통해 일어났다. 이는 이들 이웃 정체가 더 작고 약할 경우 더 쉽게 이루어졌다(Service 1975; Finer 1997a; Spencer 2010). 족장사회처럼 국가들도 보통은 경쟁적 동맹에 기반을 둔 네트워크를 결성했다. 그러나 족장사회들의 네트워크와 달리 이러한 네트워크는 주기적으로 여러 정치공동체를 포함한 단일 정치단위로 통합되었으며, 이는 '제국'이라고 부를 수 있다(Finer 1997a, 1997b; 제국과 제국주의에 대해서는 아래 참조). 게다가 통제를 위한 경쟁은 정치적·행정적·군사적 혁신에 박차를 가했고, 이는 다시 더 넓은 영역과 더 많은 인구에 대해 정치권력을 행사할 수 있는 국가의 영토적 역량 강화로 이어졌다(Redmond and Spencer 2012; Wright 1977).

요약하면 국가 형성의 핵심 쟁점은 시공간적으로 원격화된 물류와 중앙 권위의 관료제화를 통해 영토 통제를 확장할 수 있는 능력으로, 이를 통해 국가는 족장사회를 넘어서게 된다.

국가 통치자는 지방의 일을 관리하기 위해 국가의 수도에서 가깝고 먼 곳에 부하들을 파견할 수 있으며, 만약 파견된 관리들의 권한이 충분히 좁게 규정되어 있다면, 이는 반란의 위험이 거의 없이 수행될 수 있다. 권한의 일부를 부하들에게 위임할 수 있는 능력은 국가가 지방의 일에 개입하고 다양한 자원 추출 기법을 통해 재정을 조달할 수 있는 잠재력을 창출한다(Spencer 2010: p. 7120).

이는 상세한 분업에 따라 특정 업무를 담당하는 전일제 전문가들로 채워지는 행정 직책의 위계를 만들어낸다(베버 외에도 Eisenstadt 1963; Flannery 1999; Fried 1967; Service 1975; Finer 1997a 참조). 세부적인 위임은 국가가 더 큰 영토 통제권을 행사하고 분할-지배 전략을 개발할 수 있게 해준다. 따라서 족장사회는 보통 세 단계 이하의 의사결정 과정만을 보이지만, 국가는 특징적으로 네 단계 이상의 과정을 거친다(Wright 1977, 2006). 이러한 분업을 보여주는 기호학적 단서(역사의미론)는 고고학·역사학 기록에서도 발견되는데, 상대적으로 작은 국가들에서도 족장사회보다 더 많은 행정직 명칭이 발견된다(Spencer 2010). 행정 보조기관의 설립은 종종 인구의 크기에 따라 위계가 규정되는 2단계, 3단계 또는 4단계의 하위기관들을 만들어낸다. 이에 더해 의사결정의 단계와 위임된 업무 범위의 확장은 과거·현재·미래를 연결하기 위한 기록관리술의 개선과, 의사결정에 있어 정보를 수집·처리·활용하는 다른 역량들의 개발을 요구한다. 여기서 권력-지식 관계가 작용한다(커뮤니케이션, 기록관리, 시공간 원격화의 여러 형태에 대해서는 Innis 1951; Giddens 1981 참조). 파이너에 따르면 처음으로 제국 통치의 제도를 시행한 것, 즉 정복한 땅을 중앙에서 임명한 관리들이 통치하는 지방들로 분할한 것은 아시리아 제국이었다(Finer 1997a: p. 89).

영토화의 전개는 정치적 국경·경계·변경의 끊임없는 재조직화를 수반한다. 정치적 경계는 단순하거나 복합적인 족장사회, 초기 형태의 국가, 제국이 취한 형태 외에도 중세적인 다중적 국가 형태, 베스트팔렌적 배타성, 포스트 베스트팔렌적 복잡성을 특징으로 해왔다. 따라서 영토의 범위는 이후 국가의 구성과 변형에 여전히 중요하다. 예를 들어 영토 통제의 범위는 중세 유럽에서 유지될 수 있었던 정치적 대표제의 유형을 조건 지었다(Blockmans 1978, 1996; Finer 1997c; 유럽의 중세와 근대 초기의 영토 범위, 인구밀도, 조세역량, 정치적 대표 형태에 대해서는 Stasavage

2011 참조).[1] 마찬가지로 마르셀로 에스콜라Marcelo Escolar가 보여주듯이, 정치적 중앙집권화와 국가 근대화의 정도는 근대국가 건설의 다양한 영역에서 일어나는 영토 구획과 그렇게 구획된 영토를 대표하는 관행의 성격에 결정적인 영향을 주었다(1997). 또 다른 관점에서 볼 때 자본주의의 공고화로 도시가 국민경제로 통합되고 영토적 국민국가의 정치권력에 복속됨에 따라 도시 스케일은 국민국가에 가려지게 되었다(Tilly 1992). 한편, 국민국가 스케일은 국내의 배후지들보다는 다른 글로벌 도시들에 더 정향된 글로벌 도시 네트워크의 도전을 받게 되었다(cf. Braudel 1975; Taylor 2000; Brenner 2004).

이와 관련된 하나의 문제는, 중앙의 국가장치로부터 상당한 정치적·행정적 권한과 일정한 자율성을 가진 영토의 하위단위들에 대한 관리다. 단일국가와 연방국가 사이의 통상적인 구별 외에도 국가 형태의 '공간적 선택성spatial selectivity'▼을 만들어내는 한층 더 중요한 차이들이 있다. 이러한 차이들은 지방정부들 간의 협력과 경쟁뿐만 아니라 지방정부와 영토적 국민국가 사이의 관계, 지방정부와 초국적·초국가적 권

---

1 스타새비지는 중세와 근대 초기 유럽의 대표제 의회와 공공차입의 공진화를 탐구하고 있다. 능동적인 정치적 대표 형태는 특정한 유럽 국가들이 초기부터 유리하게 신용을 이용할 수 있게 허락했다. 그러나 이는 지리적 근접성과 강력한 상인의 존재에 달려 있었다. 작은 국가의 능동적인 대의제 의회들—정부에 자금을 대부한 상인 집단이 지배하는 의회들—은 신용에 대한 접근권을 보유할 가능성이 더 컸다. 따라서 제노아나 쾰른과 같이 상당히 작은 유럽의 도시국가들은 프랑스나 카스티야Castile(스페인 중부의 옛 왕국)와 같은 거대한 영토국가들에 비해 이점을 가지고 있었다. 이들 도시에서는 상인 엘리트들이 공공신용을 효과적으로 감시하는 정치제도를 조직했기 때문이다. 그러나 스타새비지는 이러한 사태가 자금융통을 필요로 하는 도시국가들에는 이익이 되었지만 그것의 장기적 효과는 모호한 것이었다고 주장한다. 신용을 가장 쉽게 쓸 수 있었던 도시국가들은 가장 폐쇄적이고 과두적인 대표체계를 가지고 있었고, 이는 결국 경제적 혁신을 좌절시키고 이들 국가를 지대 추구자들의 공화국으로 변형시켰다는 것이다.

2부 영토, 장치, 인구에 관해

위체·기관들 사이의 직간접적 관계를 규정하는 틀을 제공한다. 이는 다양하고 다소간 일관되며 변동하는 정책 목표들을 달성하기 위해 영토적 공간을 정치권력이 행사되는 닫힌 그릇으로서 생산·자연화·관리하는 기술과 실천의 가변적인 앙상블을 가리킨다.

이러한 방식으로 국가권력의 전략들과 흐름logistics을 살펴보려면 통치와 거버넌스의 여러 문제와 그에 대한 해결책에 관심을 가질 필요가 있다. 새뮤얼 파이너의 대작에 대해 논평하면서 한 평자는 이러한 종류의 관심에 대해 다음과 같이 서술한다.

[이 관심은] 전형적으로 그로 하여금 그가 분석하고 있는 정부가 어떻게 거버넌스의 다섯 가지 기본 과제에 대처하는지 살펴보게 한다. 그것은 적대적인 외부의 압력에 대항해 어떻게 영토 경계를 유지할 것인가, 유능한 궁정 요원을 어떻게 채용하고 호응하게 할 것인가, 군의 강제적 자원에 대한 문민 통제를 어떻게 유지할 것인가, 서로 상충되는 주장들을 판결하는 사법부의 책임과 주권자의 의지 사이에서 어떻게 균형을 잡을 것인가, 잠재적으로 경쟁 대상이 될 수 있는 종교적 인물들의 정당성을 어떻게 조작하거나 흡수할 것인가이다. 그는 중앙정부와 지방 간의 명목상 통치 책임 분담—이는 교통과 통신망이 취약한 시대의 제국

▼ '공간적 선택성'이란 제솝의 전략적 선택성 개념을 공간에 적용시킨 것으로, 특정한 공간 또는 공간전략에 유리한 사회적 조건을 가리킨다. 이 개념은 영국의 지리학자 마틴 존스가 처음 제시했고, 미국의 사회학자 닐 브레너Neil Brenner가 이론적으로 체계화했다(참고: Martin Jones, "Spatial selectivity of the state? The regulationist enigma and local struggles over economic governance", *Environment and Planning A*, vol. 29, 1997: pp. 831~864; Brenner 2004).

체제에서 늘 긴장의 원인이 되었다— 을 검토한 후, 결론에서 정부 인사들이 자신들의 의도에 따라 사회를 만드는 데 실제로 어느 정도나 성공했는지에 대한 증거를 찾는다(van der Muhll 2003: p. 359; 그 밖에 Finer 1997a: pp. 1~99, 1997b: pp. 603~621, 855~895; 1997c: pp. 1261~1305도 참조).

파이너에 따르면, 5,200년간의 국가 형성 과정에서 전형적인 지배 형태는 단일한 개인과 그의(때로는 그녀의) 궁정에 권력이 집중된 일인지배적, 독재적 지배다. 이는 더 구체적이고 복잡한 질문을 열어놓는다. 예를 들면 "이러한 (주권자) 개인들이 어떻게 선택되고, 그들의 치세는 어떻게 정당화되며, 그들은 어떤 자원들을 통제하고, 그들의 실효적 권력이 신하들 사이에 얼마나 널리 확산되며, 그들은 얼마나 폐위될 가능성이 높고, 어떤 결과들이 뒤따르는가"(van der Muhll 2003: p. 367)와 같은 질문들이다. 파이너는 예외들을 찾아보면서 한 가지 주요 대안을 식별했다. 그것은 (고대 그리스의 폭군들과 율리우스 카이사르까지 거슬러 올라가는) '궁정-포럼Palace-Forum' 정체다. 이는 중세 이탈리아의 특정한 도시국가들에서 구현되었고, 일부 현대 전체주의 체제에서 사실상 나타났으며, 이 체제에서는 "지배자들이 진정한 궁정적 방식"으로 통치한다. 파이너는 또한 '교회' 정체와 '귀족' 지배라는 두 가지의 작은 이념형을 식별했다. 이들은 순수한 형태로는 세계사에서 오직 주변적 역할만을 했을 것이다. 바티칸과 1642~1949년의 티베트는 순수한 교회 정체를 예시하고, 18세기 폴란드는 귀족 지배의 드문 예이며, 13세기 동부 발트 해 지역의 튜턴 기사단은 교회-귀족 결합 정체의 독특한 사례다(Finer 1997a:

pp. 36~58). ▾

국가에서 제국으로 넘어가도 꽤 다양한 형태가 있다는 것, 그리고 그에 따르는 개념 정의의 문제가 있다는 것을 알 수 있다. 제국에 대한 최소한의 정의는 여러 종족 집단, 공동체 또는 영토로 구성된 매우 큰 국가다. 이는 정복을 통해 존재하게 되고, 하나 이상의 주변부와의 관계에서 중심부를 형성하는 핵심적 영토단위(도시국가, 영토국가, 근대 국민국가)가 통치한다(cf. Finer 1997a: p. 8). 필립 폼퍼Philip Pomper는 제국의 정의가 제국적 기관들의 다소 명시적인 체크리스트에 따른 형식적인 정의부터 강대국과 제국을 혼동하는 경향이 있는 광의의 정의까지 다양하다고 지적한다. 역사적 제국들의 주요 특성에 대한 그의 체크리스트에는 다음의 요소가 포함된다.

군사적 정복, 예를 들면 피정복민에 대한 조공, 조세 또는 징병 형태의 착취, 지주와 정착민들에 대한 제국 지배기구의 노골적인 자산 몰수와 배분, 자신을 제국이라고 부르는 체제가 지속적으로 추구하는 제국주의 프로젝트·전략·설계, 자랑스럽게 전시되는 제국의 상징과 제국 기관들, 지휘권을 담당하도록 자식을 교육할 뿐만 아니라 다른 계급의 모방자들에게 영감을 주며 효과적 통치를 위해서는 피정복민 중에서 행

▾ 파이너는 의사결정이 어디서 이루어지냐에 따라, 궁정(독재적, 일인지배적 지도력), 포럼(피통치자들의 의지), 교회(종교 권위), 귀족(혈통/부여된 지위에 따른 귀족층)의 네 가지 정체를 나눈다. 이들은 서로 혼합될 수 있으며, '궁정–포럼' 정체는 "대중적 공감에 대한 호소"와 "순수한 궁정방식으로 폐쇄된 측근 집단 내에서 이루어지는" 통치자의 지배를 결합한다. 이는 순수한 독재적 유형과는 대조적으로 "아래로부터 정당성을 얻고 그의 권위는 대중의 동의로부터 부여된다."(Finer 1997a: pp. 56~58)

정가와 군인을 모집하는 것이 편리하다는 사실을 발견한 제국의 엘리트들, 엘리트들이 욕망하고 정복할 수 있는 영토의 분할에 대해 때로는 협력과 설계를 하면서도 치열한 경쟁 속에 때로는 서로를 배신하는 제국들의 클럽(Pomper 2005: p. 2).

제국주의 프로젝트에는 결정론이 없는 것처럼 보인다. 궁정, 과두제, 주요 의원 등 국가의 내부자들은 수 세기 동안 제국주의 프로젝트의 추진 여부, 수단, 목적을 결정했다. 그들의 결정은 종종 기회주의적이며, 다른 국가들의 힘이 차고 기울고 새로운 행위자들이 강대국들의 무대에 등장함에 따라 나타나는 국가간체계의 변동을 반영한다(Eisenstadt 1963; Finer 1997b, 1997c; Mann 1986, 1996; Tilly 1975). 그러나 자본주의의 발전으로 자본관계가 지구 전체로 확장되는 본질적인 경향이 존재한다. 세계시장은 자본축적의 전제**이자** 결과다. 이는 제국주의에 새로운 동력을 제공하지만 역사의 기록이 보여주듯이 세계시장이 항상 강대국들이 통제하고 착취하는 별개의 영토적 블록들로 엄격히 분할되는 형태를 취하는 것은 아니다. 오히려 다수의 넓게 흩어진 경제적 공간들에 대한 직접적인 영토 통제는 비용이 많이 들고 비생산적일 수 있다. 특히 민족자결과 민주적 권리가 강하게 주장되는 시대에는 더욱 그러하며, 1917년 러시아 혁명과 소비에트 블록의 붕괴 사이의 기간 동안 두 라이벌 세계체계 간의 경쟁은 그러한 원리들의 실현 방안에 관한 정치적·이데올로기적 투쟁의 공간을 열었다(8장 참조).

영토·장소·스케일·네트워크

영토 통제는 국가론Staatslehre의 전통과 국가에 대한 여러 다른 주요한 접근에서 국가성을 규정하는 세 가지 특성 중 하나다. 나는 여기에 네 번째 요소로 '국가관념'을 추가했다. 그러나 국가에는 영토와 인구에 대한 정치적 통제 외에 적어도 세 가지의 다른 주요한 공간적 계기들이 있다. 그것은 장소 건설과 장소 연결에서 국가의 역할, 스케일 분업scalar division of labour의 조직과 재조직, (메타)통치 네트워크에서 국가의 역할이다. 영토territory·장소place·스케일scale·네트워크network라는 국가의 네 가지 측면은 앞으로는 TPSN 도식이라고 언급될 것이다. 국가에는 사회공간적 측면들뿐만 아니라 시간적 계기들도 있다. 따라서 국가는 특정한 시간 측정법, 서로 다른 템포 사이의 연계, 국가 자체에 고유한 담론적·전략적·물질적 시간성들, 자체에 고유한 행위의 시간 지평, 이것들이 물류에 주는 영향과 관련된다(예를 들면 Innis 1951 참조). 이러한 시공간적 측면들은 3장에서 소개한 국가의 여섯 가지 차원 모두에 영향을 주며, 그들 사이의 상대적 비중과 전반적인 접합은 국가 형태와 정치체제의 특징을 분별하는 또 다른 방법을 제공한다.

[표 5-1]은 국가의 네 가지 공간적 측면과 이와 관련된 공간화의 원리들을 나타낸다(cf. Jessop et al., 2008; Jones and Jessop 2010). 처음 세 열은 주로 개념의 정의를 목적으로 한 것이다. 이와 대조적으로 네 번째 열은 구조적 모순의 잠재적 장소들과 전략적 딜레마의 지형들을 보여준다. 그것은 (1) 사회공간성sociospatiality에 역동적 요소를 도입하고, (2) 전략관계적 관점에서 공존가능성compossibility과 공존불가능성

[표 5-1] **사회공간성의 네 가지 측면**

계기	사회공간적 구조화의 기반	연관된 사회공간적 배치	사회공간적 모순과 딜레마
영토	• 경계 짓기, 제한하기, 구획하기, 울타리 치기	• 내부/외부 분할의 구성 • 외부의 구성적 역할	• 국경 대 월경cross-border 관계(예: '은자hermit국가' 대 '자유국가')
장소	• 근접성, 공간적 착근 spatial embedding, 영역 분화	• 공간 분업의 구성 • '핵심' 장소와 '주변' 장소 사이의 수평적 구별	• 그릇container 대 연결자 connector(예: 특수주의 대 코스모폴리타니즘)
스케일	• 위계화, 수직적 분화	• 스케일 분업의 구성 • '지배적', '결절적nodal', '주변적' 스케일 사이의 수직적 구별	• 단일 스케일 대 다중 스케일(예: 단일한 도시국가 대 다중 스케일적 메타거버넌스 체제)
네트워크	• 상호연결성, 상호의존성, 횡단적 또는 '리좀'적 분화	• 결절점들을 연결하는 네트워크 건설 • 위상공간적 네트워크 topological networks 속 결절점들 사이의 사회관계 분포	• 폐쇄형 네트워크 대 네트워크들의 네트워크(예: '기능적 지역' 또는 '공식적 지역' 대 '열린 unbounded 지역' 또는 '가상의 지역')

출처: Jones and Jessop(2010).

incompossibility▾에 관한 분석의 진입점을 제공하며, (3) TPSN 배치를 시기구분periodization하고 더 탄탄하게 비교분석할 수 있는 기초를 제공하고, (4) 국가의 사회공간적 변형에 관한 논의에 전략적 행위라는 요소를 도입할 수 있는 수단을 보여준다. 따라서 이 표는 시공간적 조정spatio temporal fix▾▾, 특정한 사회공간적 배치의 모순, 사회공간적 전략의 맥락을 분석하고, 변형전략에 대해 생각하는 데 특히 유용하다.

나는 앞에서 **영토**에 관해 논의했고, 나중에 이를 다시 다룰 것이다. 여기서는 지상과 영토의 구별을 다시 한 번 상기해보자. 전자가 사회공간적 관계의 지질학적 원재료 또는 하위층을 가리킨다면(그리고 사회공간적 변형을 통해 '제2의 자연'이 된다면), 영토화란 지상이 사회공간적으로 전유되고 변형되는 한 형태다. 따라서 모든 사회적 관계는 (적어도 컴퓨터 통신이나 사이버공간이 출현하기 전까지는) 지상의 공간에서 발생하지만,[2] 모든 사회적 관계가 국가장치가 구성하고 통제하는 영토 안에서 발생하는 것은 아니다.

장소 또는 **현지**locale는 개인들 간의 대면적 관계나 사회세력들 간에 다른 형태의 직접적 상호작용이 이루어지는, 어느 정도 경계가 있으면서도 외연이 확장된 곳이다. 장소는 일반적으로 일상생활과 긴밀히 연관되어 있고, 시간적 깊이가 있으며, 집합적 기억이나 사회적 정체성과

▼ '공존가능성' 또는 '공가능성'의 개념은 독일의 합리주의 철학자 고트프리트 빌헬름 라이프니츠Gottfried Wilhelm Leibniz에서 온 것이다. 그는 신은 우리가 사는 세계가 최선의 세계이기 때문에 창조했으며, 따라서 우리 세계보다 더 좋은 세계를 만들 수 없다고 주장했다. 그 까닭은 단순히 최선의 것들만으로 세계를 만들 수 없기 때문이다. 즉 최선의 것들은 설사 각각 실현될 수 있을지라도 그것들이 모두 동시에 실현 가능하지는 않다. 한 가능성의 실현이 다른 가능성의 실현을 배제할 수 있기 때문이다. 이러한 공존가능성과 공존불가능성 때문에 세계는 최선의 것들이 아니라 공존 가능한 것들로만 구성된다("Leibniz's Modal Metaphysics", Stanford Encyclopedia of Philosophy 참조). 이를 자본주의에 적용하면 자본주의의 한 유형(예: 수출 주도 경제)이 존재할 수 있는 것은 국가정책과 같은 그 경제의 내적 특성 때문만이 아니다. 그것은 다른 자본주의 유형들(예: 수입 소비 경제, 기축통화국의 만성적 무역적자 경제 등)이 그것을 배제하지 않기 때문에 존재할 수 있다(Bob Jessop, "Capitalist diversity and variety: Variegation, the world market, compossibility and ecological dominance", *Capital & Class* 38(1), 2014: pp. 45~58).

▼▼ '시공간적 조정'은 본래 영국 출신의 마르크스주의 지리학자 데이비드 하비가 창안한 개념이다. 자본이 직면한 과잉축적 위기의 발생을 시간적으로 지연시키려는 목적에서 허구적 금융자본을 만들어내고 사회적 하부구조 또는 건조환경(예: 교통·통신·교육·연구)에 중장기적으로 투자함으로써 생산활동으로는 이윤을 얻기 힘든 유휴자본을 흡수하는 것을 말한다. 이렇게 하면 투자를 받지 못한 다른 공간에 위기나 문제를 떠넘기고 위기관리의 비용을 전가할 수 있다. 여기서 'fix'에는 문제를 고친다는 뜻과 더불어 자본을 긴 시간 동안 공간에 물리적으로 고정한다는 뜻이 내포되어 있다. 따라서 정확히 대응하는 한국어 단어는 없으나 보통 '시공간적 조정'으로 번역된다(데이비드 하비, 『자본의 17가지 모순』, 황성원 옮김, 동녘, 2014, 230쪽 참조).

2 심지어 사이버스페이스도 지상에 하부구조를 필요로 하고, 점점 더 영토적 구획 또는 영토외적 통제에 종속되고 있으며, 장소·스케일·네트워크 속에서 대체로 강렬하고 밀도 있게 작동하고 있다.

연결되어 있다. 장소(또는 현지)는 직접적 상호작용에 전략적으로 선택적인 사회·제도 환경을 제공하며 해당 장소를 넘어 다양한 규모의 다른 장소와 공간에 대한 연결성을 구조화한다. 장소 만들기는 중요한 과정으로, 사회적 관계들을 일상적이고 대체로 근접한 상호작용의 공간 속에서 구성한다. 장소의 분화는 다채로운 지역 풍경 속에서 다양한 유형의 장소들이 수평적으로 분화되는 것을 가리킨다. 장소 만들기와 분화에서 장소의 이름·구분·의미는 언제나 논박되고 바뀔 수 있으며, 주어진 물리적 공간의 좌표는 상이한 정체성, 시공간적 경계, 사회적 의미를 가진 여러 장소에 연결될 수 있다. 따라서 우리는 장소 중심적 활동들이 수행되는 곳들의 이름·구분·의미와 그들 간의 물질적 연결의 성격에서 유의미한 변화를 발견한다. 장소의 변형을 보여주는 최근의 사례는 여러 대륙과 국가에서 벌어진 '점령하라occupy' 운동에서 찾아볼 수 있다.

　스케일은 지방, 지역, 국민, 지구적 수준과 같이 서로 다른 크기의 경계를 가진 공간들의 내포적 위계를 가리킨다.▼ 이것은 (지상 또는 영토의) 영역적 범위의 차이를 나타낼 수 있다. 또한 그것은 수직적·수평적 분업에서 행해지는 조직적 또는 행정적 통제력의 범위와, 다소 중요한 자원·역량·능력에 대한 통제력의 상대적 크기에서 나타나는 차이를 가리킬 수 있다. 설사 우리가 스케일을 수직적 위계에 국한시키고 영역의 분

▼　스케일은 맥락에 따라 규모, 크기 등으로도 번역될 수 있으나, 이 책에서는 내포적 위계nested hierarchy를 이루는 지리적·공간적 단위들을 가리키기 때문에 주로 지리학에서 쓰이는 '스케일'이라는 용어로 번역했다. 공간적 스케일 간의 내포적 위계란 마치 러시아 인형처럼 서로 다른 공간적 규모(크기)들이 서로 간에 계단식 위계를 이루면서 상위 스케일(예: 국민국가 스케일)이 하위 스케일(예: 지방 스케일)을 온전히 포함하는 것을 가리킨다.

화를 무시할지라도, 다중적 스케일의 계층구조 위에 군림하는 단일하고 포괄적인 최고점(예: 주권적 세계국가)은 없다. 반대로 종종 개별적으로 얽혀 있거나 서로 단절되어 있는 다중적인 스케일 질서들이 존재할 수 있다. 행위가 일어나는 여러 가지 스케일과 시간성을 구별할 수 있지만, 그중에서 비교적 적은(그래도 여전히 많기는 하지만) 수의 스케일만이 명시적으로 제도화된다. 스케일의 제도화와 그것이 제도화되는 정도는 특수한 행위 스케일과 시간성을 식별하고 제도화할 수 있는 지배적인 권력 기술에 달려 있다.

네트워킹은 여러 가지 의미를 지닌 또 다른 용어다. 우리는 이미 병렬 권력 네트워크에 대해 살펴본 바 있다. 그러나 현재의 맥락에서 네트워크는 일차적으로 공간적인 것을 가리킨다. 최근의 일부 연구에서 네트워킹은 평평하고[위계가 없고] 탈중심화된 사회관계들의 집합을 가리킨다. 이는 중심화된 권력관계의 앙상블과 대칭적으로[평등하게] 연결되는 것을 특징으로 하며, 영토적·스케일적 원리보다 기능적 원리나 흐름에 따라 조직된다. 이러한 '평평한 존재론flat ontology'의 관점은 네트워크 내부와 네트워크들 사이에 종종 존재하는 위계적 관계들을 간과할 위험이 있다. 설사 모든 네트워크 안의 권력관계가 평등하고 대칭적일지라도 네트워크-네트워크의 관계에서는 불평등과 비대칭이 여전히 발생할 수 있기 때문이다. 이는 서로 다른 네트워크에 연결된 행위자들의 전략 추구와 이해관계 실현 역량이 불균등하다는 것에서 드러난다. 이러한 비대칭성과 불평등은 네트워크가 근거하고 있는 곳(세계도시 또는 주변화된 장소들), 네트워크가 작동하는 여러 다른 스케일(지배적·결절적·주변적 스케일—이에 대해서는 다음 문단 참조), 네트워크와 연계된 영토적 이해관계들(예: 중심부 대 주변부, 강대국 대 약소국, 제국주의 또는 제국)에서 생겨난다. 따라서 네트워크의 지형을 적절히 파악하려면 네트워크를 더 넓은 시공간적·전략관계적 맥락 속에 놓아야 한다. 이것이 전략관계적 접근법의 기본적인 방법론적 원칙이다.

추가적으로, 스케일과 관련된 일반적 개념 두 가지가 국가장치와 국가권력을 분석하는 데 유용하다. 첫째는 스케일 분업scalar division of labour이고, 둘째는 스케일 뛰어넘기scale jumping다. 크리스 콜린지Chris Collinge의 경우 전자는 상이한 업무나 기능을 수직적 위계 아래 있는 서로 다른 스케일로 배분하는 것을 가리킨다(1999). 이와 대조적으로 공간 분업spatial division of labour은 상이한 업무나 기능이 동일한 공간적 스케일에 위치한 다른 장소들 사이에 분할되는 것을 말한다.▼ 업무의 분할은 종종 공간과 스케일 모두에서 이루어진다. 가장 높은 스케일이나 최고점에 있는 행위자들이 반드시 가장 강력한 기관과 행위자인 것은 아니다. 사실 다층적 또는 다단계적 통치 시스템은 종종 권력의 뒤얽힌 위계 tangled hierarchies와 관련된다. 따라서 [다양한] 스케일들에 대한 차별적 접근권은 국가와 정치체제에서 나타나는 사회공간적 선택성의 한 측면이다(아래 참조). 이를 보여주는 한 사례는 형성과정 중의 국가인 유럽연합EU이다. 일부 국민국가들은 EU의 기관들이 그들에 행사하는 권력보다 더 큰 권력을 EU에 대해 갖는다(물론 이러한 주장은 국가가 사물이나 주체

▼   예를 들어 국가의 스케일 분업은 국민국가 스케일과 그 하위의 지방 스케일 사이에 상이한 국가 기능(예: 국토교통부의 국가산업단지 지정과 관리 권한 대 지방자치단체의 건설 인허가권)을 배분하는 것을 가리킨다면 국가의 공간 분업은 지방 스케일에 위치한 여러 다른 장소(예: 수도권 대 지방) 사이에 동일한 기능(예: 구상과 실행)을 배분하는 것을 가리킨다.

가 아니라 사회관계라는 전략관계적 관찰을 통해 검증되어야 한다. 전략관계적 관찰에 따르면 서로 다른 국익들이 EU 기관들 내부에서 비대칭적으로 대표되고, EU의 특정한 원칙들은 국민국가 수준에서 내부화된다고 할 수 있다).

다음으로 **스케일 뛰어넘기**는 행위자들이 자신들의 물질적·관념적 이해관계에 가장 유리한 스케일에서 정책을 만들고 갈등을 해소하고 권력을 행사하려고 할 때 일어난다. 스케일 뛰어넘기는 특정한 세력, 그리고 행위·전략·정책·정책의 특정한 공간 지평을 다른 것들보다 특권화하는, 구조적으로 각인된 특정 스케일의 선택성을 활용하려는 욕망에서 발생한다. 스케일 분업과 스케일 뛰어넘기는 분업을 재규정·재조정하고, 스케일 간 접합interscalar articulation에 관여하며, 새로운 스케일을 도입하거나 오래된 스케일을 폐지하고, 스케일 뛰어넘기 게임에서 우위에 서기 위해 스케일의 선택성을 재규정하려는 시도들과 연관되어 있다.▼ 스케일 전략은 여러 가지 가능한 공간 전략 중 하나일 뿐이다. 다른 공간 전략은 사회관계의 다른 공간적 차원을 겨냥할 수 있다.

우리는 좁은 의미의 국가와 확대된 의미의 국가를 구별하는 그람시를 따라 좁은 의미에서와 확대된 의미에서 국가의 시공간적 차원들을 탐색할 수 있다(4장; Gramsci 1971: pp. 239, 267, 271 = Q6, §155, Q17, §

▼ 예를 들면 지역 스케일의 행위자는 국민국가 스케일 중심의 전략적·공간적 선택성(스케일 선택성)을 우회·극복·재규정하기 위해 국민국가 스케일에서 이루어지던 과정을 자신에게 유리한 지역 스케일로 이동시켜 스케일 분업을 재조정하려고 할 수 있다(예: 중앙정부가 주도했던 개발사업 과정을 지역 수준에서 논의하고 통제하려고 시도하는 것). 또는 지역 행위자들은 자신들에게 불리한 국민국가 스케일을 뛰어넘어 지구적 스케일에 위치한 행위자나 메커니즘을 끌어들일 수 있다(예: 국제통화기금IMF, 세계무역기구WTO 같은 국제기구의 압박이나 이른바 '글로벌 스탠더드'를 명분으로 한 신자유주의 정책의 강요, 노동자조직의 국제노동기구ILO: International Labor Organization 또는 기타 외부조직과의 연대 모색 등). 이러한 스케일 뛰어넘기를 통한 지역적–지구적 스케일의 연결을 '스케일 간 접합'이라고 한다.

51, Q6, §10). '좁은' 의미의 국가공간은 법-정치적juridico-political 제도들과 규제적 역량들의 앙상블로 간주되는 국가의 공간적 특성을 가리키며, 이는 정치권력의 영토화에 근거하고 있다. 이러한 의미에서 공간성은 무엇보다도 국가영토의 의미와 조직화의 변동, 국경·경계·변경에 주어진 역할의 진화, 국가의 국내적 영토조직과 내부 행정 분화의 지리적 변동을 포함한다(cf. Brenner 2004). 마찬가지로 이는 장소들 간의 관계, 내부적인 스케일 분업의 재조직화, 국가의 법-정치적 장치 안팎에 있는 네트워크에 대한 관리 등에서 발생하는 불균등 발전을 촉진·해결·역전시키는 국가의 역할도 포함한다. '확대'된 의미의 국가공간은 더 넓은 사회공간에 대한 국가공간의 지원과 영향뿐만 아니라 국가장치와 국가권력의 특수한 TPSN 배치가 사회공간적으로 착근되는 것을 가리킨다. 이는 사회경제적 관계의 조절과 재조직을 위해 국가기관들을 전략적으로 동원하는, 영토·장소·스케일·네트워크에 특정한 방식들을 포함한다. 좀 더 일반적으로 그것은 사회경제적 과정에 국가가 개입하는 방식의 지리적 변화를 포함한다.

이와 관련된 또 하나의 핵심 개념은 공간적 상상계다. 공간적 상상계란 특정한 장소·스케일·영토·네트워크 또는 공간 일반을, 공간화된 세계의 본질적으로 구조화지 않은 복잡성에서 구별해내는 담론적 현상(기호학적 앙상블, 이와 연관된 기호적 실천들)이다. 이는 상이한 방식들로 공간을 표상하며, 특히 그 표상에 있어 장소·스케일·영토·네트워크에 더 많거나 더 적은 비중을 부여한다. 이러한 표상들은 "통제 가능한 지정학적 추상을 만들기 위해 장소[와 영토]의 복잡한 현실을 적극적으로 단순화함으로써" 작동한다(Agnew and Corbridge 1995: pp. 48~49). 서로 경쟁관계에 있는 공간적 상상계들은 국가공간과 정치공간을 서로 다른 방식으로 표상함으로써, 국가들을 서로 구분하고, 국가를 더 넓은 정치체계와 구분하며, 더 넓은 정치체계를 사회의 나머지 부분과 구분하는 근거가 된다.

마르첼로 에스콜라Marcelo Escolar는 장기 16세기 동안 근대적 국가(간)체계를 형성시킨 정치권력의 영토화 과정에서 표상적 실천이 수행한 결정적 역할에 주목한다(1997). 그는 중세적인 제도적 풍경의 근본적인 재조직화를 살펴본다. 중세에 국경은 정치·종교·군사와 기타 형태의 권위들이 상호 중첩되고 침투하는 영역들 사이에서 상대적으로 유동적인 점이지대의 역할을 했다. 근대의 국가간체계는 백지tabula rasa 지상에 건설된 것이 아니라, 초기 국가건설 과정에서 물려받은 복합적이고 다형적인 중세의 풍경에서 비롯된 것이었다(예를 들면 Finer 1997c, Mann 1996, Poggi 1978, Jones 2007 참조).

사회공간적 상상계는 또한 영토적·스케일적·장소적·네트워크적으로 특정한 형태의 국가 개입을 동원하고, 국가 내부에서(그리고 국가에 대항해) 영토적 정치를 펼칠 수 있는 중요한 기반을 제공한다. 예를 들면 앙리 르페브르Henri Lefebvre는 "각각의 국가는 무언가를 성취시키는 공간, 심지어 무언가가 완전함에 도달하는 공간, 즉 통일되어 있고 따라서 동질적인 사회를 생산한다고 표방한다"(1991: p. 281)라고 주장한다. 그는 또한 일상적 저항의 정치, 신사회운동의 성장, 새롭고 잠재적으로 변혁적인 공간 사용의 증가에 대해서도 탐구한다(Lefebvre 1971, 2004). 그러나 근대국가가 부분적으로는 정치적 통제의 목적을 위해 공간을 동질화(cf. Scott 1998)하려고 할지라도 이 과정은 저항과, 지상을 전유하고 국경에 도전하고 장소를 만들고 도시에 대한 권리를 주장하며 통제를 벗어나려는 여러 상반된 시도로 교란된다(cf. Poulantzas 1978; Roberts 2006; Harvey 2008; Lefebvre 1968; Scott 2009).

공간적 상상계들 중 많은 수는 세계에 대한 대안적 구상construal에 지나지 않지만 어떤 상상계들은 공간성을 담론적·물질적으로 구성construction함으로써 수행적인 영향력을 행사한다. 그러나 '자의적·합리주의적·의지적'이지 않고 특정한 공간적 질서 속에서 공고화되어 있는 공간적 상상계들조차도 불안정에 빠지기 쉽다. 어떤 상상계도 현실세계의 복잡성에 완전히 부합할 수 없기 때문이다. 이러한 불안정성은 정치, 정치공동체, 정치투쟁에 대한 대중의 지리적 가정들이 변화할 때 나타난다.

마지막 개념은 **국가공간 전략**state spatial strategies이다. 이것은 영토·장소·스케일·네트워크의 질서를 재구성하려고 하는 국가기관과 그 관리자들(그리고 그들이 대표하는 사회세력들)의 역사적으로 특정한 실천을 가리킨다. 이는 좁은 의미의 국가를 재생산하고, 확대된 의미의 국가가 지닌 사회공간적 차원들을 재구성하며, 특정한 축적전략, 국가 프로젝트, 헤게모니적 비전을 추진한다.▼ 이러한 전략들은 전제적專制的 차원뿐만 아니라 중요한 하부구조적 차원(Mann 1984)을 가지고 있고, 특정

▼ 제솝의 전략관계적 접근법을 국가공간에 적용한 미국의 사회학자 닐 브레너는 국가공간 전략을 국가공간에 일정한 질서를 부여하려는 '공간 프로젝트'와 공간 프로젝트의 실행에 필요한 사회적 동의와 경제적 자원을 확보하기 위한 '공간 전략'으로 구분한다. 국가공간의 질서는 공간 프로젝트의 초점이 중앙집권/단일행정이나 지방분권/맞춤행정이냐에 따라 달라지고, 사회경제적 공간의 특성은 공간 전략의 초점이 단일 스케일/지역균등 발전이냐 복수 스케일/불균형 성장이냐에 따라 달라진다(Brenner 2004).

한 시공간적 상상계와 관련되어 있으며, 특정한 기술과 통치적 실천에 의존한다. 이러한 전략들은 종종 일차적으로 경제지리의 측면에서 논의되지만, 그 외에도 여러 다른 (혼합된) 동기·목적·효과를 가질 수 있다 (Lefebvre 1991; Prescott 1987; Hannah 2000; Brenner 2004). 이렇게 볼 때 국가의 공간 전략은 사회공간에 대한 거버넌스sociospatial governance의 관점에서도 탐구될 수 있다(6장).

이러한 공간성의 계기들을 결합하면, 특정한 실체적 관계·과정들과 연결된 특수한 사회공간적 배치에 대해 좀 더 구체적이고 복합적인 분석을 할 수 있게 된다. [표 5-2]는 TPSN 분석틀에 근거한 그러한 배치의 몇 가지 예를 보여준다. 16개의 칸은 각각의 사회공간적 구조화 원리를, 그 원리가 적용되는 장인 사회공간적 계기들 네 가지 모두와 교차시켜 만든 것이다. 이러한 작업은 2차원적 행렬을 넘어 확장될 수 있지만, 이렇게 제한된 형태조차도 사회공간성의 복잡성과 그것이 국가체계와 국가권력의 분석에 대해 갖는 함의를 잘 보여준다.

구체적으로 이 행렬은 각각의 사회공간적 개념들이 세 가지 방식으로 전개될 수 있음을 나타낸다. 예를 들면 영토는 다음과 같은 방식으로 탐구될 수 있다.

- 경계 짓기 전략의 산물 **그 자체로**(영토적 영토)
- 다른 사회공간적 관계의 장들에 영향을 주는 **구조화 원리**(또는 인과적 과정이나 메커니즘)**로서**(행렬을 수평으로 읽으면 영토적 장소, 영토적 스케일, 영토적 네트워크가 된다.)
- 부분적으로는 다른 사회공간적 구조화의 원리가 영토적 역동성

[표 5-2] 사회공간성의 다차원적 분석을 위한 개념

구조화 원리	작동의 장			
	영토	장소	스케일	네트워크
영토	• 권력을 담는 그릇으로서 국가를 구성하는 실제로 존재하는 변경, 국경, 경계들	• 장소를 영토에 통합시키고 불균등 발전을 관리	• 연방제도, 다층적 통치/정부multilevel government	• 국가간체계, 국가 동맹, 다영역 통치/정부multiarea government
장소	• 중심부-주변부, 국경지방, 제국	• 현지, 환경, 도시, 지역, 로컬리티, 지구성	• 세계지역화 glocalization, 세계도시화 glurbanization(지구-지방 간, 도시-지구 간 접합)	• 지방, 도시, 지역의 거버넌스 또는 파트너십
스케일	• 정치권력의 스케일 간 분할(단일국가, 연방국가 등)	• 지방적-지구적인 (공간적) 분업	• 내포적 위계 또는 스케일들의 뒤얽힌 위계 • 스케일 뛰어넘기	• 병렬 권력 네트워크, 비정부기구의 국제체제
네트워크	• 국경 교차 지역, 가상지역들(BRICs, 네 개의 엔진▼)	• 글로벌 도시 네트워크, 다핵도시, 맞물린 현장	• 다양한 스케일의 장소들이 이루고 있는 네트워크	• 네트워크들의 네트워크, 흐름의 공간

출처: Jessop et al. (2008).

에 미친 영향을 통해 생산된, **구조화된 장**structured field**으로서**(이제 영토 열에 초점을 맞추고 장소와 영토, 스케일과 영토, 네트워크와 영토 사이의 연관성을 고려하면서 행렬을 수직으로 읽는다.)

▼ '네 개의 엔진Four Motors'이란 1988년 설립된 유럽의 지역 간 협력 이니셔티브를 가리킨다. 이는 독일·스페인·프랑스·이탈리아의 주요 산업지역을 포함한다.

전체적으로 이 2차원 행렬은 다음과 같은 것을 제시한다. (1) 사회공간적 관계를 구조화하는 원리로서 영토·장소·스케일·네트워크의 상대적 중요성은 시공간적 조정의 유형에 따라 다르다. 즉 주어진 맥락 속에서 시공간적 관계들의 전반적인 정합성을 확보하는 데 있어 때로는 영토가, 때로는 장소가, 때로는 스케일이, 때로는 네트워크가 더 중요하다. (2) 자본주의적(또는 그 밖의 다른) 사회구성체에서 시공간적 관계들의 전반적인 정합성을 확보하는 데 있어 이들의 역할은 역사와 맥락에 따라 다를 수 있다. (3) 위기, 위기해결 시도, 새로운 시공간적 조정의 출현은 대항 헤게모니 프로젝트에 가장 효과적인 사회공간적 기반, 조직구조, 전략을 변화시킬 수 있다. (4) 위기해결 전략은 네 가지 차원과 이와 관련된 제도적 형태들의 상대적 중요성을 재정립할 수 있다. 이는 위기 경향과 모순들을 다른 곳에 전가하는 과정에서 각 차원이 수행하는 역할의 비중을 조정하려는 시도를 포함할 수 있다. 실제로 [표 5-2]의 칸들은 사회공간적 전략과 조정의 대상이 될 수 있는 상이한 종류의 사회공간적 배치를 가리킨다. 단지 두 가지 예를 들자면, 국제화가 심화되면서 사회공간적 전략의 초점이 국민국가 내부의 지방에 대한 통치에서 글로벌 도시 네트워크에 대한 통치로 옮겨지거나, 영토적 권력을 담는 그릇으로서 국가에 대한 조절에서 구멍이 숭숭 뚫린 영토들 사이의 흐름을 통치하기 위한 국제체제의 건설로 옮겨질 수 있다.

새로운 TPSN 조정을 향해

북아메리카와 유럽에서 일어난 대서양 포드주의의 전후 호황, 라틴아메리카에서 추진된 국민국가 수준의 수입 대체 산업화, 초기에는 경제발전과 수출 주도 성장과 연결된 동아시아의 경제기적은 국민국가 스케일에 초점을 두고 있었다. 지구화(적어도 그 지배적인 현재의 신자유주의적인 형태)는 이러한 형태의 시공간적 조정을 와해시켰다. 현 시기 지구화는 공간적 스케일의 확대, (스케일들 간의 단일하고 단순한 내포적 위계보다) 복잡하게 서로 얽혀 있는 위계들 속에서 일어나는 스케일들 간 관계의 상대적 분해, 그리고 더 복잡하게 혼합된 스케일 전략들을 동반한다. 이는 여러 경제세력과 정치세력이 변화하는 국제질서 속에서 가장 유리한 자리를 찾으려고 하기 때문에 발생한다(Jessop 2002). 국민국가 스케일은 2차 세계대전 이후 누리던 지배력을 상실했지만, ('지구', '지역', '도시', '삼극triadic'과 같은) 다른 경제적·정치적 조직화의 스케일이 그와 같은 지배력을 얻은 것도 아니다. 대신 상이한 스케일에 위치한 상이한 경제적·정치적 공간과 세력이 축적이나 국가권력 또는 둘 다에 있어 일차적 중요성을 갖는 지점이나 결절점이 되기 위해 경쟁한다.

이러한 스케일의 상대화relativization of scale도 스케일 뛰어넘기와 스케일 간 접합에 대한 투쟁에 새로운 기회를 제공한다. 이는 위기에 대한 장기적 해결책이 새로운 지배적 스케일, 그것을 보완하는 결절적 스케일과 주변적 스케일을 요구하는지, 아니면 스케일의 상대화가 새로운 표준이며 현재 네트워크적 형태의 조율에 부여된 중요성이 이러한 상황에서 실행 가능한 전략관계적 대응인지에 대한 질문을 제기한다.

이제 이러한 주장들 중 몇 가지를 대서양 포드주의의 사례를 통해 설명해보겠다. 2차 세계대전 이후에 구축된 선도적인 대서양 포드주의 경제에 속한 국가들의 사회공간적 매트릭스는 영토와 장소가 스케일과 네트워크보다 우선시된다는 특징을 가지고 있다. 이는 스케일과 네트워크가 없었다는 것을 의미하지 않으며, 단지 그것들이 국가의 세 가지 형태적 측면(대표, 제도적 아키텍처, 개입)과 세 가지 전략적 측면(사회적 기반, 국가 프로젝트, 헤게모니적 비전)에서 덜 두드러진 역할을 했음을 뜻할 뿐이다(2장). 자본의 수익성을 높이고 인구를 노동력이자 국민국가의 시민으로 재생산하기 위한 조건을 확보하기 위해 고안된 국가의 개입은 국내화폐national money 측면을 국제통화international currency 측면보다 우선시하고, 시장임금과 사회임금social wage▾이 갖는 국내 수요의 원천이라는 성격을 국제적 생산비용의 역할보다 우선시하는 특징을 가지고 있었다. 이는 국가영토를 통합하고 불균등 발전을 축소하는 데 관심을 둔 국민국가가 관리하는 국민경제, 국민적 복지국가, 국민사회national societies의 우선성에서 드러났다. 간단히 말해 이 시기 국가의 사회공간적 형태는 경제공간과 정치공간의 '국민국가화nationalization'를 강한 특징으로 했다. 국민국가 스케일national scale은 상대적으로 안정적인 스케일 분업 속에서 지배적인 지위를 차지했다. 비록 몇몇 학자의 지적처럼 국민경제, 국민국가, 국민국가적 시민권 체제는 자유주의적 국제질서에 착근되어 있었고, 특정한 보완적 형태의 경제정책과 사회정책을 제공하는 지방정부의 결절적 역할이 이를 뒷받침했지만 말이다. 네트워크 또한 국가의 사회적 기반을 대표하고 확보하는 데 핵심적인 역할을 했다. 그러나 이들은 일차적으로 그 성격이 조합주의적이거나 후견주의적이었고, 대서양 포드주의 축적체제와 조절양식에 결부되어 있었으며, 국민국가적인 대서양 포드주의의 경제적·정치적 매트릭

▾ 사회임금이란 개인이 국가나 사회에서 받는 현금과 사회복지 혜택을 가리킨다.

스의 내부에서 작동했다.

1960년대와 1970년대 세계시장의 국제화 심화는 고유한 TPSN 매트릭스에 기반을 둔 이러한 시공간적 조정을 약화시켰고, 이는 대서양 포드주의와 이와 연관된 다양한 케인스적 복지 국민국가들의 위기를 수반했다. 특히 국제화는 국민국가 수준의 통화정책과 재정정책보다 국제통화와 자본 흐름의 힘을 강화시켰고, 시장임금과 사회임금을 생산비용으로 간주하게 만들었다. 이는 또한 국민경제, 국민적 복지국가, 국민사회, 국민국가 사이의 상보성을 약화시켰고, 서로 다른 장소와 지역 간의 불균등 발전을 심화시켰다. 이와 대조적으로 원래 케인스적 복지 국민국가는 브레너가 '공간적 케인스주의spatial Keynesianism▼'라 부른 정책을 통해 불균등 발전을 치유하려고 했다(Brenner 2004). 어떤 이론가들은 국제화를 정치권력의 탈영토화를 촉진하는 것으로, 즉 영토의 범위를 초국적·지구적 수준으로 상향시키거나 지역·지방 수준으로 하향시키는 것으로 보려고 한다. 하지만 나는 최근의 변화를 스케일의 상대화라는 측면에서 볼 때 더 잘 이해할 수 있다고 주장했다(그러나 8장도 참조할 것). 이는 정치의 스케일 분업scalar division of political labour에서 가장 우선시되는 스케일이 부재하다는 것과 상이한 스케일적 이해관계의 대표자들이 각자의 수준을 일차적 스케일로 만들기 위해 투쟁하고 있다는 것을 가리킨다. 이러한 변화는 대서양 포드주의 이후의 세계에

▼ 브레너에 따르면 '공간적 케인스주의'는 중앙집권과 단일행정을 특징으로 하는 공간 프로젝트, 그리고 단일 스케일과 지역균등 발전에 초점을 둔 공간 전략을 특징으로 하며 자본주의의 지역 간 불균등 발전을 완화시킨다(Brenner 2004).

있는 북대서양 국가들의 전체적 아키텍처에서 영토·장소·스케일·네트워크가 수행하는 역할을 바꾸었다.[3]

나는 대서양 포드주의 시기에 있었던 영토와 장소의 상대적 우위가 스케일과 네트워크의 상대적 우위로 대체되었다고 제안하고자 한다. 특히 스케일의 포스트포드주의적 상대화는 안정적인 포스트국민국가의 발전에 기여할 수 있는 네트워크 형태의 조직에 대한 실험을 촉발시켰다. 이러한 형태의 국가는 변동하고 있는 경제공간과 정치공간이 불균등 발전이 심화되고 있는 세계시장으로 통합되는 과정을 더 잘 조정할 수 있다. 전후 유럽과 북아메리카의 경제적 호황기였던 포드주의 시기에는 국가가 정치적 조직화의 일차적 스케일을 제공했다면, 현재의 포스트포드주의 시기에는 정치·정책 이슈들이 명백한 우열이 없는 여러 다른 스케일에 분산되어 있음을 특징으로 한다. 이러한 발전은 여러 다른 행위 스케일 간의 정합성을 확보하는 데 문제를 제기하고, 영토적 국민국가의 위기에 대응할 수 있는 새로운 국가 형태와 기능에 대한 모색으로 이어진다(8장 참조). 추가적인 위기들(특히 신자유주의의 그늘 아래 조직된 세계시장에서 발생하는 금융지배적 축적의 위기들)의 충격으로 우리는 불균등하게 발전하고 있는 포스트국민국가적 세계경제 질서의 적합한 재편 방법에 대한 시행착오적 실험과 논쟁을 목격하고 있다. 놀랍게도 저명한 공공지식인들은 국가체계의 중요성과 적합한 아키텍처,

---

3 대량생산으로 이해되는 포드주의는 소멸하지 않았다. 그것은 '역외'로 나가거나 '외주'로 바뀌었다. 처음에는 북아메리카와 남유럽의 주변부 포드주의 경제로, 나중에는 라틴아메리카, 동아시아, 탈사회주의 유럽으로 이동했다.

그리고 국가가 추진해야 하는 가장 적합한 국가 프로젝트와 헤게모니적 비전에 대한 자신들의 기존 입장을 번복했다(두 가지 전형적인 사례로는 Fukuyama 1992, 2011; Friedmann 2005, 2008, 2011이 있다).

지배와 시공간적 조정

국가체계의 공간성과 시간성은 다면적인 성격을 갖고 있고 서로 복잡한 방식으로 연결되어 있다. 이제 나는 지배구조로서 작동하는 국가체계에 대해 이것들이 갖는 함의를 살펴보려고 한다. 주목할 만한 두 가지 측면이 있다. (1) 좁은 의미와 확대된 의미의 국가체계에 있어 TPSN 매트릭스의 접합, (2) 권력관계를 구조화하는 메커니즘으로서 작동하는 제도와 시공간에 대한 조정이 그것이다.

첫째, 사회공간 조직의 각 원리에는 그것에 고유한 포용-배제의 형태와 차등적인 국가권력 행사 역량이 있다. 이는 하나의 전략적 장을 창출하는데, 그 안에서 여러 다른 사회세력은 사회공간적으로 상이한 대표양식, 국가의 '내부투입', 개입 형태를 선호하면서, 사회공간적 차원과 연관된 국가역량을 재편하려고 한다. 또한 가장 중요한 역량이 위치한 영토·장소·스케일·네트워크에 대해 특권적 접근권을 얻으려고 한다. 그 예로는 선거구 경계 조정, 유권자 억압, 장소 기반 불균등 발전과 중심-주변부 간 불평등의 촉진 또는 약화, 스케일들 간의 위계서열과 스케일 뛰어넘기의 재편, 국가 안팎의 공식적인 수직적·수평적 권력 분담을 넘나드는 병렬 권력 네트워크 등을 들 수 있다.

둘째, (자본관계와 같은) 기본적인 구조적 형태들, 그리고 여러 사회공간적 형태들([표 5-1] 참조)과 관련된 모순과 딜레마를 고려한다면 그러한 모순들이 어떻게 관리되는지도 살펴볼 수 있다. 이 모순들은 그것을 관리하는 노력에 드는 직간접적 비용 지불을 다른 공간에 전가하거나 시간적으로 지연시킴으로써 관리된다. 여기서 구조와 전략의 역할을 강조하는 두 가지의 서로 연관된 개념은 제도적 조정institutional fix과 시공간적 조정spatio-temporal fix의 개념이다. 두 개념 모두 국가체계와 국가권력에만 관계되지는 않는다. 그럼에도 이 개념들은 좁은 의미와 확대된 의미의 국가 모두에 근본적인 특징이며, 또한 국가체계와 국가권력의 활성화는 좀 더 일반적으로는 제도적 조정과 시공간적 조정의 양상을 바꾼다.

제도적 조정이란 경제적·정치적·사회적 질서를 보장하는 데 수반되는 상호조율의 문제에 (주어진 매개변수의 한도 내에서) 임시적이고 부분적이며 비교적 안정적인 해결책을 제공하는 상보적인 제도들의 집합이다. 그것은 제도의 설계·모방·부과 또는 우연한 진화를 통해 제공된다. 그럼에도 이는 순수하게 기술적인 해결책이 아니며, 사전에 주어진 조율 문제에 대한 사후적post hoc 해결책도 아니다. 그것은 부분적으로는 문제시되는 그 질서의 일부다. 그것은 제도화된 불안정한 타협적 균형, 또는 최악의 경우 물리력의 공공연한 행사에 의존한다. 또한 제도적 조정은 일종의 시공간적 조정(또는 STFs)으로 고찰될 수 있으며, 반대로 STFs도 일종의 제도적 조정으로 고찰될 수 있다. STFs는 언제나 상대적이고 불완전하고 임시적일 수밖에 없는 주어진 질서의 구조적 정합성(그리고 그에 따른 제도적 상보성)이 확보되는 시간적·공간적 경계를 수립한다.

STFs의 핵심적 역할은 이러한 구조적 정합성을 확보하는 데 드는 물질적·사회적 비용을 제도적 조정의 공간적·시간적·사회적 경계 밖으로 **전가하거나 그 발생을 지연시킴으로써**(또는 둘 다를 함으로써) 외부화하는 것이다. 이러한 해결책들은 정합성을 확보하는 데 드는 물질적·사회적 비용을 특정한 공간적·시간적·사회적 경계 밖으로 외부화하는데, 이는 상대적으로 안정적인 영역들이 다른 곳들의 불안정성에 의존하고 있다는 것을 가리킨다. 하지만 그러한 시공간적 경계의 '내부'에 위치해 있어도 일부 계급, 계급분파, 사회적 범주 또는 다른 사회세력들은 주변화되고 배제되거나 강제에 종속된다. 따라서 STFs는 이런저런 형태로 끈덕지게 지속되는 모순들을 그저 조화시키는 것처럼 **보일** 뿐이다. 이러한 체제들은 부분적이고 임시적이고 불안정하며, 이러한 체제를 강요하려는 시도는 국내뿐만 아니라 해외에서도 '역풍'을 불러올 수 있다.

모순, 딜레마, 관념적 이해관계와 물질적 이해관계의 충돌은 추상적 차원에서는 영구히 해결될 수 없다. 그러나 이들은 모순의 한 측면, 딜레마의 한 측면, 또는 일부 이해관계를 우선시하는 메커니즘과 프로젝트를 통해 임시적이고 부분적으로 조정될 수 있다. 이러한 조정은 적어도 단기적으로는 '관념적'으로 이루어질 수 있다. 불가피하게 선택적일 수밖에 없는 특정한 해결책을 (언제나 허상에 불과한) 구체적인 일반 이익으로 제시하는 데 성공함으로써 말이다. 그렇지 않은 경우, 모순·딜레마·충돌의 '해결'은 좀 더 가시적이고 심지어 강제적인 전략과 전술을 수반할 것이다. 이는 서로 다른 경제적·정치적·사회적 세력들, 다양한 전략과 프로젝트가 관여하는 경합적 과정이다. 이러한 맥락에서 여러 모순과 이와 연관된 딜레마는 다음과 같은 방법을 통해 처리될 수 있다.

- **위계 설정**hierarchization: 어떤 모순을 다른 모순보다 더 중요한 것으로 취급한다.
- **우선권 부여**prioritization: 모순 또는 딜레마의 한 측면에 다른 측면보다 우선권을 부여한다.
- **공간화**spatialization: 상이한 영토·장소·스케일과 행위 네트워크들에 의존해 어느 하나의 모순·측면에 대응하거나, 방치된 어느 한 측면과 연관된 문제들을 주변적이거나 경계에 있는 영토·장소·스케일·네트워크로 전가한다.
- **시간화**temporalization: 모순의 한 측면이나 다른 측면을 일상화된 방식으로 차례대로 다루거나, 그때까지 방치된 문제들을 시급히 다룰 필요가 생길 때까지 모순과 딜레마 또는 여러 측면 중 일부에 일면적인 초점을 둔다.

이러한 전략들 사이의 관계는 제도적 조정과 시공간적 조정이 특수한 지배 패턴을 보장하는 데 어떻게 도움이 되는지 탐구할 때 활용될 수 있다. 예를 들면 자본주의적 성장체제의 경우, 여러 다른 모순과 딜레마 사이에 상이한 비중이 부여된다는 것(위계질서 설정), 그러한 모순과 딜레마를 구성하는 상이한 측면들에 각기 다른 중요성이 부여된다는 것(우선권 부여), 각각의 측면들에서 영토·장소·스케일·네트워크가 상이한 역할을 수행한다는 것(공간화), 이러한 모순과 딜레마에 대한 처리의 시간적 패턴에 차이가 있다는 것(시간화)을 관찰할 수 있다. 제도적 조정과 시공간적 조정은 결코 순수한 기술적 문제가 아니며, 국가권력의 다른 측면들과 마찬가지로 더 넓은 '불안정한 타협적 균형'을 확보하고 재작업하려는 노력을 수반한다. 이러한 균형은 통치나 거버넌스의 특정한 대상·기술·주체를 중심으로 조직된다. 그뿐만 아니라 자본주의의 조절은 여러 방식으로 모순과 딜레마를 처리함으로써 순수한 자본관계의 불완전성을 부분적으로 보완하고 상대적인 구조적 정합성을 부여하는 '사회적 조정social fix'을 수반하기도 한다.

결론

4장까지 고찰한 내용은 국가의 형성에 대한 몇 가지 잘 알려진 주장을 강화한다. 이보다 덜 친숙한 것은 국가 형성과 변형의 사회공간적·시간적 복합성일 것이다. 그래서 이 장은 국가체계의 전반적인 구조화 과정에서 이루어지는 영토·장소·스케일·네트워크의 접합을 강조하고 이것의 전략관계적 함의를 몇 가지 지적했다. 이 장은 또한 국가체계가 지배의 형태들과 긴밀히 연결되어 있다는 일반적 주장을 강화하기 위해 제도적 조정과 시공간적 조정의 개념을 소개했다. 그리고 지나가는 말로만 언급되었지만, 다양한 종류의 공간적 상상계와 그것이 제도적·시공간적 조정과 맺는 관계는 **이데올로기 비판**의 의의를 충분히 드러낸다. 이후의 장들은 현대국가의 시공간 매트릭스에 나타나는 위기 경향을 네 가지 사회공간적 차원 모두에서 살펴볼 것이다.

6장

국가와 민족*

국가와 민족의 문제는 국가에 대한 4대 요소 접근법 중 마지막 두 개의 요소와 관련되어 있다. 국가의 세 번째 요소는, 국가 권위에 종속되어 있고 어쩌면 국가에 대한 권리를 부여받는 인구(국가인민Staatsvolk)이다. 권리가 존재하는 곳에서 인민은 단순히 인구 또는 통치되어야 할 위협적인 대중·서민·군중(변덕스러운 무리mobile vulgus)이 아니라, 권력의 원천으로서 정치적으로 상상된 사회세력—인민populus, il popolo—으로 여겨진다(Canovan 2005). 여기서 쟁점의 대상은 국가건설의 공동 구성

▼ 국민/민족nation에는 여러 뜻이 담겨 있다. 그것은 실정적 국가와 국적을 전제하는 '국민', 혈통적·문화적·시민적 동질성으로 규정되는 '민족', 현대의 영토'국가'를 가리킨다. 그러나 이 셋이 명확히 분리되지는 않는다. 예를 들면 민족은 국가 없이도 존재할 수 있지만 자신만의 독립국가를 가지려고 한다는 점에서 영토국가와 무관하지 않다. 한국어에는 여기에 일대일 대응하는 단어가 없기 때문에 '네이션'으로 번역되는 경우가 있지만, 이 책에서는 최대한 맥락에 따라 국민·민족·국가로 번역한다. 인구집단을 가리킬 경우 맥락에 따라 '국민' 또는 '민족'으로 번역한다. 특히 6장에서는 혈통적·문화적으로 동질하다고 간주되는 집단들을 포함하는 민족으로 번역한다. 그리고 국민/민족 두 가지 중 어느 하나를 선택하기 곤란할 경우에는 '국민/민족'으로 번역한다. 한편, 그 의미가 인구나 사람들보다 법적이거나 영토적·공간적 측면과 관련되는 경우에는 '국민(적)' 또는 '국민국가(적)'으로 번역한다.

요소로서 '인민의 건설'이다.▼ 이는 다시 앞서 제안된 접근법들 중 네 번째 요소인 '국가관념'과 연결된다. 정당성의 원천으로서 인민은 민족과 마찬가지로 상상된 공동체다. 그것은 재구성된 과거, 상상된 현재, 앞으로 펼쳐질 미래를 기반으로 특정한 역사적 연속성을 지닌다. 즉 인민은 국가가 영원하지는 않더라도 무기한적으로 구속력 있는 결정을 내릴 수 있는 정치적 권위의 원천이 된다(Canovan 2005). 이는 다수에서 하나로 형성된 통일체unum e pluribus라는 집합적 인격을 인민에게 부여한다 (같은 책).

에드먼드 모건Edmund Morgan은 강력한 비판적 독해를 제시했다. 그는 주권자 인민이란 왕권신수설과 같은 또 다른 허구를 문제시하고 대체하기 위해 의도적으로 발명된 '허구'라고 취급한다. 잉글랜드 내전 중에 "대표자들은 자신들의 주권을 주장하기 위해 인민주권을 발명했다. (중략) 인민의 이름으로 그들은 정부에서 모든 권력을 갖게 되었다." (Morgan 1988: pp. 49~50, Canovan 2008에서 재인용)

▼ 영어에서 정관사가 붙은 the people은 사람들을 가리키는 people과 달리 기층의 서민·민중·대중을 가리키며, people은 한국전쟁 이전에는 (정관사가 있든 없든) 주로 '인민'으로 번역되었다. 이후 한국에서는 '인민'이라는 말이 '국민'으로 대체되어 '국민'이라는 번역어가 더 친숙하게 느껴질 수 있고 또 문맥상 '국민'으로 해석하는 게 더 알맞은 경우도 있지만, 이 장에서는 nation과 구별하기 위해 학술적으로 더 정확한 표현인 '인민'으로 번역한다. '국민'이 어디까지나 국가의 존립 이후에 존재할 수 있는 것이라면 인민은 국가 성립에 선행하는 국가권력의 원천을 가리킨다. 예를 들면 우리에게 잘 알려진 미국의 16대 대통령 에이브러햄 링컨Abraham Lincoln의 게티스버그 연설에 나오는 '국민의, 국민에 의한, 국민을 위한 정부government of the people, by the people, for the people'라는 표현은 '인민의, 인민에 의한, 인민을 위한 정부'라고 번역하는 것이 더 정확하다.

이는 세 가지 흥미로운 문제를 제기한다. 첫째, 국가권력의 주체를 '인민'으로 한정해야 하는가, 만약 그렇다면 인민은 개인, 가족, 공동체, '인종화된' 주체, 종족 등으로 이해되어야 하는가? 국가권력의 주체에 법치나 다른 형태의 국가 개입에 예속되는 모든 종류의 인정된 (법인, 결사체 등) 법적 인격체가 포함되는가? 아니면 국가권력의 주체는, 사회적으로 구성되었든 그렇지 않든, 국가 개입의 대상이거나 방치의 대상인 모든 행위자와 기관을 포함하는가? 여기서 쟁점이 되는 것은 국가권력이 (국가의 정의에서 보통 제시되는 것처럼) 집합적으로 구속력 있는 결정에 국한되는가, 아니면 무작위적이고 비정형적이며 일시적이지 않고 구조화된 효과를 만들어내는 국가역량에 의존한 모든 형태의 개입을 포함하는가 하는 문제다(2장과 3장).

둘째, 이와 관련해 만약 우리가 인구를 인간 주체라는 측면에서 다룬다면, 개인의 신체를 형성하고 규율하는 국가의 역할(푸코의 해부정치)과, (좁고 넓은 의미의) 인구통계학, 경제, 정체성과 기타 측면에서 전체 인구 구성의 기본적인 문제들을 파악하고 해결하는 국가의 역할(생명정치)을 고려해야 하는가?(Foucault 2008) 이러한 통치 활동에는 국가인민의 세대 간 재생산과 생애적·일상적 재생산, 국가인민의 재구성에 관련된 담론과 **장치**dispositifs가 포함된다. 또한 국가의 다형적 성격을 반영하는 생명정치는 이러한 과제에 접근할 때 정치적 주체, 시민, 노동력, 예비 병력, 종교공동체 등 여러 가지 사회조직화 원리의 관점에 따를 수도 있다.

세 번째 문제는 흔히 국민국가의 근간으로 간주되는 '국민/민족'이다. 여기서 중심이 되는 이론적·실천적 문제는 '국민/민족'이 가리키는

대상이 무엇이냐, 국민/민족을 구성하는 국가의 역할이 무엇이냐다. 국
가는 시민권이나 (경우에 따라) 거주국과 상관없이, 누가 그 국가에 속하
느냐, 누가 그 국가에서 시민권을 갖느냐, 누가 그 국가에 복종해야 하
느냐라는 문제에 답한다. 이 마지막 질문부터 시작해보겠다.

국민국가와 민족국가[▼]

민족과 국가는 서로 구별되는 개념으로, 종종 '민족국가nation-state'라는
모호한 개념으로 결합되기도 하고, '다민족국가state-nations'라는 반대
개념으로 결합되기도 한다(후자에 대해서는 Stepan, Linz, and Yadav 2010:
pp. 1~38과 다음 단락 참조). 민족국가 개념은 분석적으로나 경험적으로
서로 다른 두 가지 유형의 국가를 혼동하는 방식으로 자주 사용되기 때
문에 특히 혼란스럽다. 한 가지 의미로 그것은 독일의 국가이론가들이
영토국가territorial state라고 부르는 것, 즉 하나 이상의 도시와 배후 지
역으로 구성된 **비교적 넓은 영토 내에서** 조직화된 강제력의 합법적인 독
점을 성공적으로 주장하는 국가를 가리킨다. 의미를 최대한 명확히 하
기 위해 이 독일식 의미의 영토국가는 때때로 '(영토적) 국민국가national
(territorial) state'라고도 불린다. 이로써 싱가포르와 같은 도시국가들과

리히텐슈타인과 같은 작은 공국들principalities은 여기서 제외된다. 비록 두 유형 모두 각자의 영토에서 공식적인 주권을 갖고 있고 다른 국가도 이를 인정하지만 말이다. 이렇게 영토에 초점을 맞추어 이해하면 영토국가로서 해석되는 민족국가에는 소규모 국가(예: 덴마크·아일랜드)[1]뿐 아니라, 여러 시간대에 걸쳐 있는 준대륙 국가(예: 러시아·미국), 아대륙 국가(예: 인도·중국), 군도 국가(예: 인도네시아)도 포함된다. 또 다른 의미에서 '민족국가'란, 상상된 민족공동체라는 **공유된** 정체성을 통해 배타적·일차적으로 규정되는 인구에 권력을 행사하는 국가를 가리킨다. 이민족공동체의 경계는 대체로 해당 국가의 국경과 일치한다. 다시 말해, 여기서 민족국가란 하나 또는 그 이상의 민족적 형태로 식별되는 인구로 이루어진 국가다. 이 책에서 제안한 확장된 4대 요소 접근법의 관점에서 보면, (영토국가, 국민국가 또는 가장 명확하게는 영토적 국민국가로 구분할 수 있는) 첫 번째 의미의 '민족국가'는 국가영토, 즉 정치권력 **영토화**의 특정한 형태를 가리키는 반면, 두 번째 의미의 '민족국가'는 국가인민, 즉 국가의 정주 인구의 구성·정체성과의 관계 속에서 정의된다.

앞 단락에서 언급했듯이 '국민국가'(즉 영토국가)와 '민족국가'라는 용어는 종종 혼용되는데, 둘 중 하나만을 적절한 용어로 선택할 경우 이는 이론적으로나 정치적으로 문제를 일으킨다. 예를 들어 지구화가 '민족국가'를 어떻게 약화시키는지에 대한 논의는 일반적으로 지구화가 인구의 민족적 정체성보다 국민국가의 영토에 대한 주권과 안보를 약화

---

1 반복의 위험을 무릅쓰고 명확히 하기 위해 말하자면, 영토는 하나 이상의 도시와 그 배후지역으로 구성되어야 한다.

시키는 방식들에 대해 언급한다. 실제로 지구화 과정은(예를 들면 국가 경쟁력 강화의 필요성을 공표하게 하거나 국가복지, 문화적 자율성 등에 대한 위협을 인식하게 만들어) 민족 정체성을 **강화**할 수도 있다. 또는 그것은 반대로 다종족·다문화 인구를 증가시키거나 국경지역의 국가에 대한 충성심을 분열시킴으로써 민족 정체성을 희석시킬 수도 있다. 비슷한 모호성이 영토국가로서 이해되는 유럽연합과 유럽인이라는 민족적 정체성의 전망에 대한 논쟁에 활기를 불어넣고 있다. 마지막으로, '다민족국가'라는 개념은 자국의 인구가 둘 이상의 민족으로 구성되어 있다는 것을 인정하고, 적어도 헌법상으로는 적절한 정치제도를 통해 그들의 공존을 촉진하는 데 전념하는 국가를 지칭할 때 쓰인다. 현대에 잘 알려진 사례로는 인도·러시아·스페인 등이 있다(cf. Stepan et al. 2010).

이제까지의 논의는 (1) 모든 국가가 영토국가인 것은 아니고, (2) 모든 영토국가가 민족국가인 것도 아니며, 그중 일부는 명확한 민족적 기반이 없거나 다민족국가이고, (3) 모든 민족이 자신만의 민족국가와 결합되어 있는 것은 아니라는 점을 시사한다. 세 번째 상황은 국가수립을 통한 민족 정체성의 정치적 표현이 거부(심지어 집단학살로도 이어질 수 있는 거부)당하거나, 민족 구성원들이 여러 국가에 분산되어 있고 어느 국가에서도 다수를 차지하지 못하는 경우에 발생할 수 있다.

'국민국가'(또는 명확히는 영토적 국민국가)의 개념은 지금 단계에서는 거의 논의할 필요가 없다. 권력의 영토적 조직은 국가의 형성보다 훨씬 이전부터 존재했으나, (때때로 베스트팔렌 국가로 잘못 묘사되는)▼ 근대적 형태의 영토적 국민국가는 17세기 유럽에서 등장했다. 그러나 넓게 보면 유럽적 맥락에서조차도 제국과 다른 국가 형태들이 그 후 2세기가량 더 존속했다.

세 가지 주목할 만한 일이 일어났다. 첫째, 유럽의 거의 모든 지역이 잘 규정된 국경과 상호관계를 가진 국민국가의 형태를 취하게 되었다. 둘째, 이러한 유럽적 시스템은 사실상 전 세계로 확산되었다. 셋째, 다른 국가들은 협력을 통해 신생 국가들의 조직과 영토에 대한 영향력을 키웠다. 이 세 가지 변화는 서로 밀접하게 연결되어 있다. 유럽의 주요 국가들이 비유럽 국가들을 식민지화·정복하고 그곳에 침투함으로써 적극적으로 이 국민국가 시스템을 확산시켰기 때문이다. 국제연맹의 창설과 그 후 국제연합의 창설은 단순히 지구상의 모든 사람을 단일한 국가체계로 조직하는 것을 비준하고 정당화했다(Tilly 1992: p. 181).

국가간체계에서 주권국가 간의 형식적 동등성과 평등은 유엔 가입 (현재 193개 회원국)으로 표현되는데, 그 회원국은 조그마한 투발루Tuvalu 군도부터 '초강대국'인 미합중국까지 다양하다. 형식적으로는 동등성을 표방함에도 이 국가들은 국내외적으로 서로 다른 문제에 직면해 있다. 그들은 각기 다른 역사를 가지고 있으며, 그들이 직면한 문제를 해결하고 그에 대응해 스스로를 재조직하는 역량도 각기 다르다. 그리고 국제

▼ 베스트팔렌적 주권국가와 영토적 국민국가는 다음과 같은 점에서 다르다. 첫째, 전자가 국가의 영토주권에 대한 국가 간 상호 승인에 기초해 있다면 후자는 영토에 대한 실효적 통치와 국민경제의 형성에 기초해 있다. 둘째, 따라서 전자가 반드시 후자를 함축하지 않으며 후자가 반드시 전자를 함축하지도 않는다. 예를 들면 타이완의 경우 타국과의 수교관계가 매우 제한적이고 국제연합의 승인을 받지 못했다는 점에서 베스트팔렌적 의미의 주권국가는 아니지만 영토를 실효적으로 지배하고 있다는 점에서 영토적 국민국가라고 할 수 있다.

관계뿐만 아니라 국내 문제에서도 일부 국가는 다른 국가보다 더 강력한 힘을 가지고 있다. 유엔과 기타 국제정책포럼과 국제체제, 특히 유엔 안전보장이사회UN Security Council, 세계은행World Bank, 국제통화기금, 세계무역기구와 같은 강력한 기구 내부에는 중대한 불평등이 존재한다. 유럽연합도 마찬가지다. 회원국의 범위는 더 제한적이지만 몰타는 국토 면적이 가장 작고 독일은 인구가 가장 많은데, 이러한 국가별 영향력과 국가역량의 차이가 유럽의 정책을 형성한다. 유럽의 정책은 EU가 다자간 국제질서에 편입되는 방식뿐만 아니라 개별적인 유럽 국가들 간의 동맹과 세계 정체에 속한 다른 국가들과의 동맹에 따라서도 수정된다.

민족성 ▼

이제 민족으로 눈을 돌리겠다. 정치적·분석적 목적에서 민족성을 규정하는 원초적 기준을 정립하려는 수많은 시도가 있었다. 혈통, 언어, 공유문화, 공동 운명, 기타 '자연적'이거나 '자연화/귀화naturalize'된 속성 또는 속성들의 집합 등이 제안되었다. 내가 보기에 이러한 시도들은, 사회적으로 민족이 구성되기 **이전부터** '실재'하는 특정한 민족의 역사적 실존을 입증하려는 노력이라고 보기보다는, 그러한 특성들을 바탕으로 민족적 정체성을 사회적으로 구성하려는 노력이라고 해석하는 것이 더 좋다. 요컨대 민족성의 원초적 특성은 그것이 설사 극적이거나 트

▼ 민족성nationhood이란 한 집단을 하나의 민족으로 구별 짓는 집단적 정체성과 특성을 의미한다. 뒤에 보겠지만 이러한 정체성을 이루는 요소로는 혈통, 공통의 역사, 문화, 언어, 영토, 정치체제 등이 있다.

2부 영토, 장치, 인구에 관해

라우마적인 상황에서 형성된 것이라 할지라도 서술·'발명'되어야 한다. 또한 그것은, 공유된 민족 정체성의 경험을 아무리 진부하게 만드는 것일지라도 생생히 체험되는 '매일 매일의 국민표결daily plebiscite'(Renan 1882)을 통해 받아들여져야 한다.

이 모든 것은 민족을 '상상된 공동체'라고 규정한 베네딕트 앤더슨 Benedict Anderson의 널리 인정받는 설명에 들어 있다. 이 개념은 민족이란 너무 큰 사람들의 집단으로 이루어져 있어 그 구성원들이 서로를 개인적으로 알 수는 없지만, 그럼에도 그들이 중요한 특성을 공유하고 있다고 상상하게 되었음(또는 설득되었음)을 의미한다. 이러한 특성들은 그들을 하나의 민족으로 통합하고 정치적 대표와 민족자결에 대한 주장을 정당화한다. 공통의 민족성을 상상하는 기준은 다양하고 종종 논쟁의 여지가 있으며 일반적으로 국가성에 대한 통념과 함께 변화한다. 물론 같은 민족의 구성원 자격을 부여하는 것으로 추정되는 공통된 속성에 근거해 수많은 사람이 서로를 인정하는 것은 그들과 그 공동체의 구성원에서 **배제된** 다른 사람들을 구별하는 역할도 한다. 이러한 구별은 그저 단순한 차이를 나타내는 데 그칠 수도 있지만 경쟁과 적대의 근거가 될 수 있으며, 가장 비극적인 경우에는 추방과 집단학살 정책으로 이어질 수도 있다.

영토국가는 비록 도전을 받고 있음에도 이제 거의 보편화된 반면에 민족국가는 여전히 흔치 않다. [표 6-1]은 민족의 세 가지 주요 유형, 각각의 상상된 민족공동체에 포함(또는 제외)되는 근거, 민족국가 형태와 민족 정체성의 변동에 대한 분석과 관련된 두 가지 추가 사항을 제시한다(더 자세한 개요는 Delanty and Krishan 2005 참조). 민족의 세 가지 주요

[표 6-1] **민족국가에 연결된 상상된 정치공동체의 유형**

민족의 유형	단순 민족공동체	공동체 가입의 기초	한 국가 내에서 복수로 존재할 때의 표현	해체될 경우의 표현
혈통민족 Volksnation	종족	혈연 또는 귀화	다종족multi-ethnic	'용광로Melting-pot 사회'
문화민족 Kulturnation	공유된 문화	흡수와 동화	다문화multi-cultural	포스트모던적 정체성 놀이
국가민족 Staatnation	헌정적 애국주의, 공민적 민족주의	정치적 충성의 테스트	다층화된 정부에 대한 중첩된 정치적 충성심	초국적 공간에서 부여된 '유연한 시민권'

출처: Jessop(2002: p. 173)을 수정.

형태는 다음과 같다.

• 혈통민족ethnic nation: 실제든 허구든 사회적으로 구성되고 공유
되는 종족 정체성ethnic identity을 기반으로 한다. 논란의 여지가 있
는 혈통적 종족성에 대한 강조를 피하고자 한다면, 이 말을 공통
된 가계 또는 공통된 뿌리를 나타내는 대안적인 독일어 용어인 가
계공동체Abstammungsgemeinschaft로 대체할 수 있다. 혈통적 민족
국가ethnonational state란 주로 상상 속의 민족 동일성[정체성]을 기
반으로 하는 국가(예: 독일)이며, 혈통적 민족성과 자결권으로 가
는 경로에는 여러 가지가 있다(Balibar 1990; Brubaker 1992; Gellner
1983; MacLaughlin 2001; Smith 1986). 단일혈통만으로 이루어진 민
족국가는 열 곳 중 한 곳도 되지 않는다(Smith 1995: p. 86). 수많은

2부 영토, 장치, 인구에 관해

영토적 국민국가가 다종족적 성격을 띠고 있거나, '용광로' 사회의 발달로 분명한 혈통적 민족 동일성[정체성]을 상실해버렸다. 서로 다르게 구성된 민족ethnē 간의 누적된 교배(이종교배)가 사회적으로 구성된 혈통적 민족 동일성[정체성]을 약화시킨 것이다.

• 문화민족: 국가 스스로 정의하고 적극적으로 장려할 수 있는 공유된 민족문화를 기반으로 한다. 이는 언어, 공통된 종교, 공유된 문화적 전통 또는 세대 간 전승이나 새로운 주체들의 문화변용acculturation에서 생성되는 여러 다른 사회문화적 표현들을 기반으로 할 수 있다. 이와 유사하게 이러한 공유문화에 대한 호출은 문화적으로 상상된 다른 공동체들이 자신들의 정치적 정체성을 주장하려는 기획에도 도움이 될 수 있다(예를 들어 퀴어 또는 게이 민족주의에 대해서는 Walker 1997 참조). 다시 민족국가라는 주제로 돌아가면, 문화변용과 동화는 민족건설의 핵심 요소다. 프랑스는 종종 문화적으로 규정되는 민족국가의 모범적 사례로 간주된다(cf. Brubaker 1992). 반대로 다문화주의는 다양한 문화적 전통들의 공존을 바탕으로 문화적 다양성을 긍정적으로 장려하거나 관용하는 것을 포함한다. 이러한 대안들은 (발명되거나 재발명된) 특유의 문화적 전통들이 포스트모던적인 '차이의 유희play of difference'를 통해 대체되면서 차례로 사라질 수 있다. 후자의 경우 시민이나 주민들은 서로 다른 목적과 맥락에서 서로 다른 문화적 정체성을 채택한다.

• 국가민족 또는 공민적 민족civic nation: 국가의 헌법적·정치적 제도에 대한 충성과 일체감을 기반으로 한다. 이러한 유형의 민족

은 헌법과 전체 정치질서의 정당성에 대한 애국적 헌신을 기반으로 한다. 이 개념의 예시로는 다종족, 다문화 국가민족인 미국을 들 수 있다. 미국에서는 국기, 헌법, 대통령실, 대표제 정부의 원칙에 대한 충성이 시민권 부여의 핵심 기준이 되고, 따라서 '미국적이지 않다'는 비난의 준거점이 된다. 힌두 민족주의에 대한 반발이 커지고 있지만 다양한 종족·언어·종교·문화 공동체가 존재하는 인도는 또 다른 예다. 공민적 민족은 연방정부 또는 다층적 정부에 대한 충성과 양립할 수 있다. 이러한 정부 형태는 보충성 subsidiarity▼에 근거를 두고 의사결정을 내린다. 즉 특정 지역의 시민들과 가능한 한 가까운 곳에서 정치적 결정이 이루어지는 것을 선호한다. 이러한 정치적 제도는 권력이 주로 국민국가의 영토 수준에서 행사되는 동안에도 지방 또는 지역 수준에 대해 잔존하는 충성도를 기반으로 성립할 수 있다. 이러한 유형의 민족성은 국가의 정당성에 대한 분쟁, 내전, 국가실패가 불러온 정치적 권위의 붕괴 또는 두 개 이상의 국가에 충성하는 디아스포라 커뮤니티의 발전에 직면해서 붕괴되는 경향이 있다.

모두는 아닐지라도 대부분의 경우 실제의 민족 형태들은 혼합되어 있다. 분석적으로 구분되는 세 가지 형태의 민족성은 (민족국가로 간주되

▼ 보충성이란 의사결정이 시민이나 주민에게 가장 근접한 수준에서 이루어져야 하고 정부는 그럴 수 없는 것에 한해서 개입한다는 원칙을 가리킨다("Principle of subsidiarity", EUR-Lex, https://eur-lex.europa.eu/EN/legal-content/glossary/principle-of-subsidiarity.html 참조).

는 덴마크에서처럼) 서로를 강화하거나, (잉글랜드·스코틀랜드·웨일스와 연결된 적어도 세 개의 민족성이 있으나 그럼에도 다수에게는 그것이 영국인의 정체성a sense of Britishness과 양립하는 영국 본섬에서처럼) 서로 결합해서 영토적 국민국가와 민족국가의 비교적 안정적인 혼합 형태를 만들 수 있다. 아니면 (캐나다·스페인·구유고슬라비아의 경우처럼) 민족국가의 참된 기반이 무엇인지를 둘러싼 갈등을 유발할 수도 있다.

한편, 주변 국가들에 흩어져 거주하는 민족들의 정치적 중심지가 되는 영토적 국민국가도 있다(예: 헝가리나 알바니아). 또한 국민국가의 기존 영토 경계 내에서 특정 지역을 근거지로 하는 소수 민족에 상당한 자치권을 부여하거나(예: 스페인 또는 영국 본토), 국가권력 행사에 있어 여러 민족이 적절한(또는 심지어 비례적인) 대표성을 보장받는 '협의제적' 정부 형태를 수립하라는 압력이 발생할 수도 있다(예: 벨기에, 또는 원주민 국가의 경우 뉴질랜드가 있다. 협의주의consociationalism에 대해서는 특히 Lijphart 1969 참조). 민족성은 비교적 안정적인 경우에도 종종 특정 민족국가의 영토 경계 내부나 외부에서 사회적 배제를 제도화할 수 있는 근거를 제공한다(cf. Tölölyan 1991).

마지막으로, 국가나 지역이 없는 민족(예: 롬인Roma People[집시])이나 민족이 없는 국가의 사례도 많이 있다. 유럽에서는 코스Corse(코르시카), 케르노우Kernow(콘월), 사부아Savoie, 스코틀랜드, 남티롤Südtirol, 플랑드르Vlaanderen 등 국가 없는 민족의 독립국가 요구나 지역 자치권에 대한 요구가 활발히 이루어지고 있다. 전 세계 다른 지역에도 많은 사례가 있다.

특정 민족국가들에서 민족에 대한 여러 상상계가 경쟁하고 선택되고 공고화되는 것은 민족성의 문제와만 관련된 것은 아니다. 결혼과 혈연으로 얽혀 있는 유럽 왕조의 통치자들이 갖고 있는 역사적으로 예외적인 초민족적 성격은 민족 정체성의 형성에 복잡성을 더한다. 또한 민족 정체성은 계급투쟁을 통해 형성될 뿐 아니라 계급 정체성과 계급투쟁의 형태를 형성하는 데에도 기여한다. 세계시장과 세계사회를 영토적 국민국가들로 나누고 이들 중 일부를 민족국가로 구성하는 것은 특정 국가의 정치 형태와 시공간적 매트릭스에 영향을 미친다. 예를 들어 이러한 분할은 초국적 자본가 계급의 존재뿐만 아니라 부르주아지의 민족적 분파와 매판적 분파 사이의 분열에서도 나타난다. 마찬가지로 민족 정체성은 노동시장을 세분화하거나 정치적 분할통치divide and rule 전술을 촉진하는 데 이용된다. 민족주의·국제주의·세계시민주의의 중요성은 계급세력에 따라 다르고 시기마다 다르며, 다른 요인들(예: 전쟁 기간, 전쟁 준비 기간 또는 전쟁 이후의 민족주의의 성장)에 따라 과잉결정된다.

　민족에 대한 상상계는 다른 유형의 관념적·물질적 이해관계와 (특히 젠더를 포함한) 사회적 갈등의 다른 축에서도 형성된다. 실로 국민국가와 민족국가는 언제나 "남성 중심적androcratic 정치가 지배"하는 제도화된 가부장제가 특징인 젠더화된 국가였다(Ling 1996: p. 27). 그 결과인 국가간체계는 남성적 합리성을 전제로 하고, 무역뿐만 아니라 폭력을 위해 조직되며, 일반적으로 여성을 민족의 담지자이자 민족의 핵심적인 상징적 동일성에 대한 담지자로 간주한다(Anthias and Yuval-Davis 1989; Yuval-Davis 1997). 이와 관련해 2장에서 언급했듯이 국민국가의 1차적 기능은 인구, 인구 재생산, 인구의 이주 패턴을 관리하고 국경을 방어하며 복지권과 시민권을 제도화하고 통치하는 것이다. 이러한 국민국가의 각 특성에는 젠더적 측면이 있으며, 이는 다양한 계급, 인종, 도시-농촌 정체성뿐만 아니라 다양한 젠더 집단에서 국가가 추진하는 민족적 기획에 대한 차별적인 헌신을 이끌어낼 수 있다(Jenson 1986, 2007; Walby 2003).

이러한 분석은 혈통민족·문화민족·국가민족이라는 세 가지 주요 민족 형태를 고려함으로써 더 발전할 수 있다. 민족의 첫 번째 형태에서 젠더는 매우 중요한데, 국가라는 '상상된 공동체'의 구성원은 혈통에서 비롯되고 가족을 통해 계승되기 때문이다. 이는 여성에게 민족의 모성적 '담지자'라는 핵심적인 역할을 부여한다. 그러나 이는 또한 '민족적' 이익의 이름으로 행해지는 여성의 재생산 역할에 대한 엄격한 통제로 이어진다(Yuval-Davis 1997). 문화민족의 구성원이 되는 것은 문화변용 또는 동화에 더 많이 달려 있다. 그럼에도 여성은 여전히 이데올로기적 국가·비국가 장치와 함께 사회화의 주체socializers로서 핵심적인 역할을 한다.[2]

국가민족은 훨씬 더 개방적이다. 국가민족에 대한 소속은 헌법에 대한 충성과 애국에 달려 있기 때문이다. 그러나 초기 부르주아 민주주의 국가의 시민권은 그 형태에 있어 처음에는 가부장적이었다. 그것은 남성에게만 국한되었고 법적·정치적 권리뿐만 아니라 군사적 의무와도 연관되어 있었다. 시민권이 여성에게 확대된 경우에도 공적 영역과 사적 영역의 분리를 전제로 하는 경향이 있으며, 이러한 분리는 여성의 정치적 참여와 영향력에 불리하게 작용하는 경향이 있다(예: Lloyd 1983;

---

2 군대가 저지르는 강간은 혈통적·문화적 민족에 대해 쓰이는 무기로서 가족과 문화를 파괴한다.

Pateman 1989; Sauer 1997). 따라서 여성은 민족 정체성과 국가 프로젝트를 정의하는 데 있어 보조적 역할에 그치는 경향이 있었다. 이는 여성은 공식적 정치 참여에서 상대적으로 배제되고, 사적 영역 또는 종종 세분화된 노동시장의 주변부에 상대적으로 국한되었으며, 주류 정치에서는 백인 이성애자 비장애인 남성WHAMs: white heterosexual able-bodied men 의 관심사가 지배적이었기 때문이다. 이러한 상태는 쟁점이 되는 민족적 정체성의 구체적인 형태와 무관하게 유지되는 것으로 보인다.

민족국가의 각 형태가 해체되면 민족국가를 재생산하는 젠더의 역할에 전반적인 압박이 가해진다. 이는 또한 포스트국민국가의 시대에 국가에 **소속된다**는 것이 무엇을 의미하는지 다시 생각해볼 기회를 준다. 사회가 점점 더 다민족화되거나 '용광로'가 되고, 더 다문화적이거나 파편화되며, '혼성적'인 포스트모던적 정체성의 놀이터가 됨에 따라 **국적성**nationality의 혈통적·문화적 기반이 해체되고 있다. 이러한 추세는 여성의 민족과 민족 정체성의 '담지자'라는 지위를 약화시킬 뿐만 아니라 시민권을 재정의하고, 민족적 경계의 안팎에서 합법적인 정치적 행동의 영역을 넓히며, 다중적인 정치적 충성 또는 세계시민주의적 애국주의를 발전시킬 수 있는 정치적 공간을 열어주었다(자세한 논의는 Jessop 2004, 2007b 참조).

영토국가와 민족국가의 개념으로 보는 유럽

국민국가와 민족국가의 개념으로 살펴보면, 지속적이고 논쟁적으로 형성 과정 중에 있는 영토국가로서 유럽연합의 성격과 잠재적인 민족국가로서 유럽연합의 미래를 구별할 수 있다. 이러한 국민국가와 민족국가의 구별은 개별 회원국에 대해 논의할 때도 적용할 수 있다. 민족성(있는 경우)의 특정 형태 또는 민족적 정체성의 안정성과 확실성에 상관없이 룩셈부르크를 제외한 모든 유럽 국가는 국민국가 또는 영토국가다.▼ 실로 안전하고 분쟁의 여지가 없는 국경은 유럽연합 가입의 전제조건이며, 이러한 이유로 정회원국은 국제적으로 승인된 영토국가여야 한다(우크라이나의 영유권 분쟁을 둘러싼 현재의 문제를 볼 것). 따라서 회원국들은 EU의 국가건설이 전개됨에 따라 자신들의 영토 형태를 변경해야하는 비슷한 압력에 직면하고, 이러한 압력은 국가성의 탈국민국가화와 정치의 탈국가화라는 공통된 추세에서 드러난다(9장 참조).

2009~2014년 유로존에서 발생한(그리고 이 책을 쓰고 있는 2015년 3월에도 계속되고 있는) 위기는 좀 더 국민국가적인 정치 형태로 회귀할 것인지, 아니면 재정·금융 권력의 중앙집중화를 바탕으로 더 심화된 초국가적 통합으로 나아갈 것인지에 대한 흥미로운 문제들을 제기한다. 이러한 쟁점들은 EU라는 국가의 형성이 민족국가의 미래에 미치는 영향과는 구별해서 판단해야 한다. 이 문제는 각 국가가 주장하는 민족성의 근거나 유럽의 민족적 또는 탈민족적 정체성의 범위와는 무관하다.

한편으로 우리는 영토국가의 한 형태로서 EU의 성격에 대해 질문할

▼ 룩셈부르크는 1815년 빈 회의 이후 설립된 대공국으로서 영토적으로는 독일연방의 일부였으나 네덜란드 국왕이 대공을 겸하는 등 복잡한 정치적 지위를 가졌다. 1890년 이후에는 독자적인 대공가가 통치했으나. 다양한 이민자로 구성되어 프랑스어, 독일어, 룩셈부르크어를 공용어로 사용하는 등 다문화적 성격이 강하다. 따라서 전형적인 민족국가나 영토국가의 형태와는 구별된다.

수 있다. 새로운 국가 형태로서 EU의 성격에 대한 설명에는 적어도 다섯 가지가 있다. 이에 따르면 EU는 다음과 같은 특징을 갖는다.

1. 자유주의적 정부간주의intergovernmentalism: 유럽연합은 국민국가 간의 전통적인 국제 갈등이 일어나는 중요한 현장이다.

2. 초국가주의supranationalism: 유럽연합은 잠재적으로 스케일이 재조정된 국민국가로서 전통적인 국민국가와 동일한 역량과 능력을 점차 획득하고 있다.

3. 네트워크 국가network state: 유럽연합의 권한은 다양한 공식적·경제적·시민적 행위자들에게 재분배되고 있으며, 이들은 협력을 통해 효과적인 정책을 생산한다.

4. 다층적 거버넌스multi-level governance: 유럽연합에서는 다층적이고 다중적인 이해관계자가 참여하는 정치제도가 발전해왔다. 이 제도는 복잡하게 뒤얽힌 권력 위계 속에서도 보충성의 요소를 도입하고 있으며, 공동 의사결정의 필요성 때문에 거부권을 행사할 수 있는 지점들 또한 포함하고 있다.

5. 포스트국민국가성postnational statehood의 그늘 아래의 다중스케일적multiscalar 메타거버넌스(처음 네 가지 견해에 대한 비판과 다섯 번째 견해에 대한 예비적 옹호는 Jessop 2007b 참조).

이러한 설명들을 일정하게 조합하는 것이 '한 가지로 모든 것을 설명하는' 접근법보다 낫다. 설명 대상이 무엇이냐에 따라 더 나은 진입점을 제공하는 설명들도 달라질 수 있기 때문이다. 이러한 설명들은 다음의 네 가지 지점에 대해 서로 다른 적합성을 가지고 있을 수 있다. (a) 유럽의 경제통합과 유럽적 국가성의 상이한 발전 단계들에 대해, (b) 법적·정치적 역량의 상이한 배분과 연관된 서로 다른 정책 분야들에 대해, (c) 세력균형, 이와 연관된 국가 프로젝트, 스케일 뛰어넘기를 포함한 사회공간적 전략들의 우연적 변동들에 대해, (d) 상이한 유형의 위기 경향에 대해 이 설명들은 서로 다른 적합성을 가지고 있을 수 있다(예: Falkner 2005; Zeitlin and Pochet with Magnusson 2005; Wolf 2011; Ziltener 2001). 어떤 경우든 이러한 제도적 분석은 각 유형의 지배체제가 갖는 함의, 그리고 그 지배체제 유형에서 비롯되고 그것을 정당화하는 서로 경쟁하는 상상계들의 이데올로기적 함의와의 관계 속에서 탐구되어야 한다.

정부간주의는 유럽연합이란 영토적 국민국가들이 상호 이익이 되는 집합재를 생산하기 위해 협력하지만 그럼에도 자국의 이익을 위협하는 유럽의 결정에 대해서는 거부권을 유지하고 있는 영역에 불과하다고 주장한다. 이 주장을 제외해놓고 본다면, 유럽연합은 변화하는 수의 영토적 국민국가들의 연방federation 또는 연합confederation을 통해 형성된 초국가적 정치체제로 볼 수 있을 것이다. 이러한 발전은 준대륙적 영토국가인 미국과 유사한 유럽 '합중국'과 같은 어떤 것으로 이어질 것이다. 이는 베스트팔렌적 주권국가의 기본적 특성들을 스케일 재편을 통해 상위 스케일로 이동시키는 것을 전제로 할 것이며, 이를 통해 유럽연합을 새롭게 구성하게 될 하위단위의 특정한 성격이 민족국가인지 또는 반대로 민족이 없는 국가인지는 이와는 상관없다.

최선의 경우 유럽 합중국은 새로운 연합/연방 국가에 대한 강력한 정치적 일체감, 즉 헌정적 애국주의에 바탕을 둔 정체성의 감각을 발전시킴으로써 새로운 국가적 기반을 확보할 수 있을 것이다. 그러나 현재 그러한 발전의 조짐은 거의 없다. 이는 국민투표에서 유럽헌법이 부결되고, 유럽연합의 정치기관에 대한 정치적 충성도가 국가, 지역 또는 지방에 대한 충성도에 비해 상대적으로 약한 것에서 입증된다. 따라서 어떤 형태든 '국가민족'은 다양한 수준에 대해 상이한 정치적 충성심을 가질 가능성이 높다.

다른 한편, 우리는 유럽연합이 독특하고 새로운 형태의 민족성을 발전시킬 수 있을지에 대해 질문할 수 있다. 그러한 정체성은 새로운 상상의 종족 정체성을 근거로 발전된 유럽적 혈통민족에 바탕을 두기는 어렵지만, 새로운 형태의 헌정적 애국주의(앞 단락 참조) 또는 새로운 유럽적 문화 정체성(문화민족)에 기반을 둘 수 있다. 문화민족을 형성하려면 아마도 더 특수주의적인 민족적·하위민족적·초민족적 문화들과 함께 유럽 문화에 대한 강한 공유의식을 배양해야 할 것이다. 유럽연합은 이러한 정체성을 창안하기 위해, 유럽 공동문화 프로젝트나 '유럽 문화도시' 프로그램처럼 민족적·지역적 문화들 사이의 차이를 존중하는 동시에 유럽인의 의식을 발전시키는 것을 목표로 하는 일련의 정책을 시행해왔다. 이러한 정책들은 '유럽'이라는 관념과 유럽의 문화 정체성에 대한 감각이 점점 더 커지는 유럽연합의 정치권력을 정당화하는 데 필수적이라는 믿음을 반영한다(예: Sassatelli 2002 참조). 그럼에도 정치적 일체감을 기초로 한 상상의 공동체에 근거를 두든, 문화적 정체성을 토대로 한 공동체에 근거를 두든, 유럽적 정체성을 정의하는 것은 유럽 '민족'의 구성원과 타자 사이에 경계를 짓도록 요구하고 결국 타자를 배제

2부 영토, 장치, 인구에 관해

한다. 벨라루스·러시아·튀르키에·우크라이나가 각각의 정치체제 또는 문화적 전통을 근거로 유럽연합의 일원이 될 수 있는지는 이 문제에 대해 유럽연합이 어떻게 대응할지를 시험하는 중요한 사례가 될 수 있다.

세계국가와 세계사회를 향해?

유럽 정치와 문화를 일차적 정체성으로 광범위하게 공유하는 영토국가 유럽이라는 관념보다 훨씬 더 도전적인 것은 지구적 정체성을 공유하는 세계국가world state라는 관념이다. '현대국가present state'의 미래와 관련해서 이제까지 탐구된 세 가지 가능성은 (1) 자신에 상응하는 형태의 정부 또는 거버넌스를 갖춘 '세계사회world society', (2) 세계시민의 정체성에 기반을 둔 독특한 세계시민적인 정치 지향성, (3) 공통의 인간성과 공동의 운명에 기초해서 공유된 정치적 정체성의 감각을 개발하는 토대가 될 수 있는 '지구적 시민사회'다.

세계사회는 점점 더 인기를 얻고 있는 사회과학 개념으로, 비록 물질적 일상생활의 많은 부분이 여전히 완고하게 지역에서 영위되고 있지만 사회 활동의 궁극적인 지평은 진정으로 지구화되었음을 시사한다. 이러한 발전은 (적어도 북반구의 '제1세계'에서 번성했던) 국민경제, 국민국가, 국민사회가 그 최전성기였던 1960~1980년대에 비해 약화되고 있음을 반영한다. 이러한 맥락에서 세계사회라는 개념은 우리가 **국제**질서 속에 있다는, 즉 명확한 국민국가적 영토 경계를 가진 경제적·정치적·사회문화적 실체들 간의 상호작용을 통해 일차적으로 형성된 질서 속에 살고 있다는 생각에 도전한다. 언제나 이러한 질서는 실재하는 것이라기보다는 허구적인 것이었지만, 국가영토에 대한 상상의 힘은 지구화와 관련된 여러 과정을 거치며 더욱 약화되었다. 또한 지구화는 세계가 더욱더 **초국민국가적**transnational이 되었다는 주장도 약화시킨다. 이러한 주장은 [지구화의 개념과 대조적으로] 여전히 국민국가를 사회변동을 식별하는 기준점benchmark로 삼기 때문이다. 세계사회를 서술하는 핵심 개념으로서 '국제적' 또는 '초국민국가적'인 것이 적합하지 않다면 '포스트국민국가적'이라는 개념이 더 유용한 대안이 되지 않을까?

세계사회가 '포스트국민국가적' 방향으로 발전하고 있다는 주장은 '용광로' 사회의 성장, 포스트모던적 정체성 놀이, 디아스포라 네트워크와 공동체의 팽창, 다층적 거버넌스의 부상 등을 통해 어느 정도 신빙성을 얻고 있다. (1) 스케일의 상대화(국민국가 스케일의 우위성 상실), (2) 정부 권한과 권위의 영토적 스케일에 대한 재편, (3) 그 결과 정부 활동의 다양한 영역에서 증가하고 있는 정치권력의 가변적인 기하학적 구조들과 뒤얽힌 위계들이 이러한 주장에 더욱 신빙성을 부여한다. 그럼에도 '포스트국민국가적'인 것의 실질적 내용은 여전히 불분명하다. 국민국가의 경계와 국민적/민족적 정체성이 더는 경제적·정치적·사회문화적 배열의 기본 전제가 아니라는 점은 분명해 보임에도 말이다.

국가와 국가간체계의 측면에서 '포스트국민국가적'인 것은 영토적 파편화의 증가와 관련될 수 있다. 이는 영토적 국민국가의 중요성이 줄어들거나 지역국가들regional states에 기반을 둔 안정적인 정치질서가 발전하고, 하드파워와 소프트파워의 행사를 통해 지구적 통합을 촉진할 수 있는 초국가superstate 또는 세계국가world state의 권력이 성장함에 따

라 발생한다(세계국가의 불가피성과 관련해 잘 알려져 있지만 논쟁의 여지가 있
는 주장에 대해서는 Wendt 2003 참조). 또 다른 주장은 **국민국가 형성 이전**
의 영토권력, 즉 새로운 형태의 제국과 제국주의가 부활하는 경향을 확
인한다. 이러한 새로운 형태의 제국과 제국주의는 때때로 그 자유주의
적 외양 덕택에 강력히 옹호되기도 하지만 때로는 개량된 고전적 제국
주의라고 비판받기도 한다(예: Callinicos 2009; Ferguson 2004; Hardt and
Negri 2000). 세계질서가 본래적으로 복잡하다는 것, 더 중요하게는 사
회의 어느 하위체계도 다른 하위체계들의 작동을 제한적으로만 조정할
수 있다는 것을 고려할 때, 지구적인 초강대국이나 세계국가가 세계사
회를 효과적으로 통치할 가능성은 거의 없다. 지구적인 거버넌스를 구
축하려는 이보다 더 소박한 시도조차도 지구적 수준에만 국한될 수 없
다. 그것은 다양한 현장과 스케일에 대한 복잡한 형태의 조율을 통해 실
현되어야 할 것이다.

　정치체계 내 세력들의 행동에서 중심이 되는 정치공동체(또는 공중
publics)는 다양한 방식으로 다시 상상되고 있다. 그러한 상상 중에는 기
존 국민국가의 위아래나 측면에 있는 정해진 영토 내에서 자치권을 추
구하거나 통제력을 갖고자 하는 '상상된 민족들', 세계시민적 애국주의,
국가 시민권에 대한 인권의 우선성, 그 밖의 지구적 정체성에 기반을 둔
지구적 시민사회, 영토적 위치와 무관하게 공유되는 위험에 따라 규정
되고 아마도 그 성격상 글로벌한 새로운 '운명공동체'(예: 지구온난화를 중
심으로 형성된 공동체), 역시 영토적 위치에 상관없이 공유되는 정체성, 관
심사와 가치로 정의되는 새로운 관심공동체communities of interest(예: 사
이버공동체) 등이 있다. 정치공동체에 대한 이러한 새로운 영토적 또는

비영토적 개념은 국가의 본질과 목적을 재규정하려는 투쟁과 관련되어 있다. 이러한 투쟁은 영토화된 형태의 정치권력에 대한 대안을 찾고, 영토적인 것으로 남든 아니든 정치권력이 성취해야 하는 상상된 일반 이익을 재규정하려고 한다.

이러한 변화는 포스트국민적/민족적 정체성의 의미에 문제를 제기한다. 그것은 (a) 또 다른 긍정적 정체성(예: 세계시민적 책무에 기반을 둔 정체성)의 출현을 가리키거나 (b) 좀 더 원초적인 정체성으로 회귀하는 것을 지칭할 수 있다. 또는 그것은 (c) 복잡하고 우연적이고 다원적이며, 희망컨대 적대적이지는 않은 정체성 놀이를 가리키는 것일 수도 있다. 이 중에서 두 번째 가능성은 전 지구적인 '문명의 충돌'에 대한 새뮤얼 헌팅턴Samuel Huntington의 디스토피아적 예측에서 언급되었다 (Huntington 1998). 이는 종족적 정체성, 종교적 신념이나 다른 사회적 적대의 이름으로 수행되는 내부 갈등 또는 국가 간 갈등의 증가 추세에서도 식별할 수 있다. 이러한 추세의 주요 표현인 근본주의란 (재상상된) 원초적 정체성 또는 역사적 사명에 대한 주장을 토대로 발전하고 있는 서로 경쟁하면서 잠재적으로 적대적인 세계관들을 가리킨다(Ali 2002; Barber 1995). 세 번째 가능성은 사람들이 지구적 복잡성이 만들어내는 혼란과 새로운 기회에 대처하기 위해 다양한 방식으로 동원하는—포스트모던적일 뿐만 아니라 원초적인—가치·정체성·관심사들이 점점 더 많아지고 있다는 것이다. 이러한 가치·정체성·관심사들은 초국민적이거나 세계시민적 정체성에서 조정된 형태의 '유연한 시민권'(Ong 2000)이나 지역주의, '부족주의' 또는 그 밖의 다른 특수주의에 이르기까지 다양하다.

고대 그리스까지 거슬러 올라가는 **세계시민주의**는 계몽주의 시대
에 부흥하게 되었다. 계몽주의적 맥락 속에서 이는 보편적 권리, 영구적
평화, 세계국가(좀 더 최근에는 지구적 거버넌스)와 동일시되게 되었다(Fine
2007 참조). 이러한 역사적 연원을 고려할 때, 세계시민주의는 대개 민족
주의, 내전과 대외전쟁, 국민국가들로 이루어진 무정부 상태의 세계와
대조된다. 세계시민주의는 다양한 모습(예: 경제적·법적·도덕적·정치적 세
계시민주의)으로 나타나지만, 이 장에서는 그것의 정치적 표현들 중 네
가지에 초점을 맞추고자 한다(또한 Beck 2005, Habermas 2002 참조). 여기
에는 (1) (앞에서 논의한 바와 같이) 중앙집권적 세계국가, (2) 제한된 권력
을 가진 느슨하고 자발적으로 구성된 세계연방, (3) 특정한 소관임무를
가진 다소 확장되고 분권화된 국제정치체제들의 네트워크, (4) 다층적
형태의 세계시민주의적 민주주의(마지막 것에 대해서는 Held 1992 참조)의
수립에 대한 요구가 포함된다. 이러한 제안의 대부분은 세계시장과 세
계사회의 기본 경향에 대한 현실적 분석에 근거하기보다는 규범적이고
열망적인 것으로 제시된 것이다(8장과 10장 참조). 그럼에도 이러한 제안
들은, 전 지구적 위기들에 직면해 운명론적인 체념을 하거나 새로운 형
태의 전 지구적 지배를 냉소적으로 조장하는 것과 달리 '다른 세계가 가
능하다'는 믿음을 유지하는 데 도움이 된다.

마지막으로, 현재로서 **지구적 시민사회**는 다중적인 영토적 배열들
과 정부 간 기관들의 결합으로, 그리고 탈국민국가화된denationalizaed
'세계사회'가 생성하는 새로운 공간으로 정의할 수 있다. 이는 다양한
사회적 정체성과 글로벌 이슈에 관심을 갖는 운동을 특징으로 한다. 이
운동은 좀 더 지역화된 문제의 해결을 목표로 하는 전 지구적 행동에 관

심을 갖는다. 따라서 지구적 시민사회는 다양한 조직·네트워크·운동 사이에 접점을 제공하는 새로운 '공론장'의 역할을 한다. 그리고 그러한 조직·네트워크·운동은 세계의 상황과 문제를 치유하려는 행동에 관련된 다양한 사회세력, 이해와 관심, 가치를 대표한다. 많은 정부 또는 정부 간 기구는 일부 시민사회 조직과 사회운동의 정당성을 인정하고 그들에게 의사결정과 정책집행에 대한 접근권·대표권·참여권을 부여한다. 지구적 시민사회의 한 가지 표현은 종종 경제포럼이나 정부 간 포럼과는 독립적으로 발전하는 사회포럼의 확장이다. 사회포럼은 상호연대의 맥락 속에서 이루어지는 지속적인 대화에 기초하고 있으며, 새로운 형태의 결사체 민주주의associational democracy로서 환호를 받고 있다. 이는 실제 행동으로 이어지는 여러 다른 현장과 스케일에서 풀뿌리운동과 사회운동을 조율하는 수단을 제공한다. 이에 대한 하나의 중요한 시의성 있는 예로는 기후변화, 자연재해, 멸종, 환경오염을 중심으로 한 지구적 환경 담론과 행동주의의 부상을 들 수 있다.

일부 비평가들은 지구적 시민사회가 지구적 비대칭성이 재생산되는 또 하나의 현장이라고 지적한다. 이러한 비판은 차치하더라도, 사회포럼이 직면한 주요 문제는 특수한 투쟁들을 서로 연결하고 일반화해서 좀 더 범세계적이고 보편적인 사회적 전환의 기획과 연결하는 것이다. 더구나 지구적 시민사회가 지구적 거버넌스에 영향력을 행사하는 요인이 되기 위해서는, 저항에 필요한 자원과 역량, 집합의지를 개발할 필요가 있다. 이를 통해서만 지구적 시민사회는 특수한 기능적 체계와 결부된 제도적 논리(예: 시장을 매개로 한 이윤 지향적인 자본주의 경제의 논리, 과학의 권위, 법의 물신주의, 군사안보의 최우선시)나 하나의 강대국 또는 국가

블록의 권력적 이해관계에 따라 이루어지는 헤게모니화, 지배 또는 식민화에 저항할 수 있다. 그래야만 지구적 시민사회는 상호이해를 발전시킬 수 있는 대화의 공간을 제공하고, 세계사회라는 넓은 틀 안에서 여러 다른 기능체계에 걸쳐 있는 다양한 조직을 조율할 수 있을 것이다. 그렇게 되면 지구적 시민사회는 더 넓은 사회구성체를 식민화하거나 지배하려는 시도에 저항하는 데 동원될 수 있는 사회적 에너지와 (다양한 정체성에 뿌리를 둔) '본능', 나아가 사회적 자원의 저장고 역할을 할 수 있다. 이는 영토적 형태의 정치조직, 민족적 정체성, 민족국가에 대한 대안을 제공할 수 있을 것이다.

통치+위계적 그늘 아래의 거버넌스[1]

이 장에서는 베버적이고 그람시적인 강제와 헤게모니에 대한 접근을 넘어 거버넌스와 통치성의 관점에서 국가장치와 국가권력을 살펴본다. 어느 정도 구별되는 정치적 실천의 집합으로서 거버넌스는 긴 역사를 가지고 있지만, '거버넌스'에 대한 이론적 관심은 대부분 지난 40~50년 동안에 생겨난 것이다. 이러한 관심은 이 시기 선진 자본주의 사회에서 국가실패, 시장실패와 사회적 응집성의 저하로 발생한 문제들에 대한 인식이 커진 데 기인한다. 1960년대 후반과 1970년대에는 국내 엘리트와 초국적 엘리트들 사이에서 자유민주주의의 다양한 문제들에 대한 우려가 증가했다. 정부의 과부하, 국가실패, 정당성 위기, 전반적인 통치 불가능성 등이 나타났고, 이는 그러한 문제들을 해결하기 위한 정치적·

▼   이 장에서 거버넌스는 두 가지 의미로 쓰인다. 넓은 의미에서 거버넌스는 비위계적 시장 교환, 단일위계적 국가 명령, 다중위계적 네트워킹과 대화, 공동체적 연대를 포함한 광범위한 조율방식을 가리킨다. 좁은 의미에서 거버넌스는 이 중에서 네트워크적 방식의 조율 또는 행위자들 간의 수평적 협치協治를 가리킨다. 통치는 이와 대조되는 거버넌스 양식으로 사회에 대한 정부의 명령과 강제적 조율을 가리킨다.

사회적 방안에 대한 해결책을 모색하게 만들었다.

그중 한 가지 대응은 '더 큰 시장, 더 작은 국가'에 대한 신자유주의적인 요구였다. 또 다른 대응은 민주적 정부가 성취할 수 있는 것에 대한 대중의 기대치를 낮추려는 시도였다(예: Crozier, Huntington, and Watanuki 1975). 현재의 목적에 비추어 볼 때 세 번째 대응이 더 중요한데, 그것은 자기조직적인 네트워크, 파트너십과 다른 형태의 성찰적 협업을 통해 이루어지는 조율coordination▼의 잠재력에 대한 관심이 높아진 것이었다. 이는 정치적 영역에서는 '통치government에서 거버넌스governance로 전환'하라는 요구로 나타났고, 다른 사회 영역에서는 이와 유사하게 단일위계적 권위hierarchical authority에서 네트워크적이거나 다중위계적인 조율heterarchical coordination로 전환하라는 요구로 나타났다. 이는 역사의미론의 관점에서 탐구해볼 만한 주제다. 이러한 탐구는 거버넌스의 언어를 사회적 복잡성의 증가와 연결 지을 것이다.

1970년대 말 이후 진행된 거버넌스에 대한 연구는 대부분 거버넌스의 특정한 대상들에 대한 특정한 실천이나 체제들을 검토했다. 그러한 대상들은 특수한 정책 분야에 대한 계획, 프로그램, 규제 또는 경제적 성과와 관련되어 있었다. 이러한 거버넌스 실천은 종종 사회적 복잡성의 증가에 대한 상당히 적절한 대응책으로 간주되거나, 전후의 국가 개입과 시장의 (재)회귀가 해결하지 못하거나 오히려 악화시킨 오래된 문제들을 극복할 수 있는 새로운 방법을 제공하는 것으로 여겨졌다(거버넌

▼   상이한 행위나 대상들을 연결하고 조직하는 것을 가리키는 'coordination'은 보통 '조정'으로 번역되지만 이
책에서는 '시공간적 조정'이나 '제도적 조정'과 구별하기 위해 '조율'로 번역한다.

스에 관한 문헌의 예로는 Streeck and Schmitter 1985, Kitschelt 1991, Kooiman 2003, Messner 1998, Pierre 1999, Scharpf 1999, Bevir 2007 등을 참조할 것). 1990년대 중반부터는 거버넌스의 일부 한계들이 인식되었지만 조향 낙관론steering optimism은 계속되었다. 거버넌스 대신 낙관의 대상은 학습, 대화, 모범사례의 전수, 그리고 더 일반적으로는 '메타거버넌스'로 이동했다.

선진국 경제의 이러한 전환은 대서양 포드주의와 케인스주의 복지 국민국가의 위기와 맞물려 있었다. 그리고 이는 시장에 대한 과도하게 열광적이고 물신주의적인 전환이 제한적 성공만을 거두었다는 사실이 점차 인식되면서 1990년대 중반에 더욱 강화되었다. 이 시기는 또한 시민사회가 주목받고, 공동체조직들과 오래되거나 새로운 사회운동들을 정책 입안과 실행에 통합하려는 노력이 이루어지던 시기이기도 했다. 이러한 거버넌스 제도의 확장과 강화로 일부 거버넌스 연구자들은 국민국가가 권위와 영향력을 상실하고 있다고 단언하거나 예측하기도 했다. [수직적] 통치가 [수평적] 거버넌스로 전환되어야 한다는 주장이 타당성을 얻게 된 이유는 그것이 여러 사회 분야와 기능체계, 다양한 조직화의 스케일, 국가와 사회 간의 통상적인 법-정치적 경계를 넘나드는 방식으로 이루어졌기 때문이다. 요컨대 거버넌스로의 전환은 국가나 정치체계를 넘어서 확장된 일반적 추세인 것처럼 보였다.

이 장은 이렇게 조합된 네트워크적 거버넌스와 그것이 복잡한 사회관계들을 전반적으로 조율하는 데 있어 수행하는 역할의 중요성에 대해 다룬다. 주장은 6단계로 진행된다. (1) 거버넌스를 사회적 복잡성에 직면해서 행해지는 폭넓은 조율 실천의 장에 위치시킨다. (2) 거버넌스에 대해 좁은 정의를 제시하고 다른 조율양식과 구별되는 거버넌 스만의 **특이성**differentia specifica을 확인한다. (3) 거버넌스 실패의 형 태와 그에 대한 대응의 형태를 분별한다. (4) 여러 다른 거버넌스 형태 들 사이의 관계를 조절하고 그것들을 시공간 속에 정렬시키는 3차적 형 태의 거버넌스로서 '공형화'의 개념을 도입한다. (5) 공형화를 통치성 governmentality과 통치화governmentalization에 연관시킨다. (6) 거버넌스· 메타거버넌스·공형화가 어떻게 정치경제, 지배 형태, 이데올로기에 대 한 좀 더 일반적인 비판과 부합하는지 보여준다. 전반적으로 이 장의 주 장은 정치사회와 시민사회가 결합된 확대된 의미에서 국가에 대해 새 로운 시각을 제시한다.

거버넌스와 복잡성

국가성(또는 덜 추상적으로 말하면, 권위 있는 통치)은 국가장치·영토·인구 를 전제로 하는 반면, 거버넌스라는 개념은 이러한 핵심적인 법-정치적 준거점이나 상대적으로 고정된 제도적 준거점을 결여하고 있다. 더구 나 국가성은 일차적으로 정체와 관련되지만 거버넌스는 정치와 정책에 더 관련된다. 거버넌스는 공적인 일들이 발생하는 틀인 국가-정체state- cum-polity보다는 공공정치, 공공정책 또는 공공업무와 관련되는 것이 다(Larsson 2013: p. 107). 그러나 거버넌스는 정치에만 국한되지 않으며, 따라서 그 범위가 더 넓다. 실제로 거버넌스는 국가권력의 철권통치(설 사 부드러운 장갑을 끼고 있더라도)를 피하기 위한 수단으로 종종 옹호되기도 한다. 이는 거버넌스와 통치성의 개념이 물화된 국가 개념에 비판적인 학자들에게 호소력을 갖는 이유를 부분적으로 설명할 수 있을 것이다. 그러한 학자들은 실존하는 국가에 환멸을 느끼거나 국가와 그것의 구성적 외부 간의 분할선을—종종 의도적으로—넘나드는 특정 분야의 특수한 정치와 정책 사례에 관심을 갖고 있다.

넓은 의미에서 거버넌스란 복잡한 상호의존성 속에서도 자율적으로 움직이는 행위자·조직·기능체계들을 조율하는 메커니즘과 전략을 가리킨다. 거버넌스 실천은 국제적이고 초국가적인 체제의 확장에서부터 국가적·지역적으로 이루어지는 공공 부문과 민간 부문의 협력, 국지적인 권력과 의사결정의 네트워크에 이르기까지 다양하다. 적어도 일부 학자들, 특히 푸코주의자들의 경우에 그것은 정신과 신체의 통치까지 포함한다. 행위자들은 이 복잡한 세계의 모든 측면을 파악할 수 없다. 그렇기 때문에 그들은 특정한 뜻과 의미를 선택함으로써 복잡성을 인지적으로 축소해야 하고, 여러 관계 중에서 주의를 기울여야 할 일부 하위집합을 따로 떼어내 주목함으로써 거버넌스를 단순화해야 한다. 이를 위해서는 (1) 과도하게 복잡한 세계에서 유의미한 특징들의 하위집합을 식별하고 그것을 특정한 시공간적 범위 내에서 만족스럽게 관리하는 능력과, (2) 구조화되지 않은 복잡성을 구조화된 복잡성으로 변형시키는 데 필요한 자원을 제공하는 거버넌스 역량의 개발이 요구된다(cf. Jessop 2009, 2011). 그러나 이러한 활동들은 종종 현재의 비용을 다른 곳에 전가하고 거버넌스의 여러 문제를 미래에 누적시킨다.

여기서는 교환·명령·네트워크·연대라는 네 가지의 서로 구별되는 거버넌스 양식을 제시하겠다([표 7-1] 참조). 이들 중 세 번째 것은

[표 7-1] **거버넌스의 양식**

	교환	명령	대화	연대
합리성	형식적·절차적	실질적, 목적 지향적	성찰적·절차적	비성찰적, 가치 지향적
성공의 기준	자원의 효율적 배분	효과적인 목표 달성	협상된 동의	상호 간의 헌신
전형적인 예	시장	국가	네트워크	사랑
정형화된 계산양식	경제적 인간 Homo economicus	위계적 인간 Homo hierarchies	정치적 인간 Homo politicus	충직한 인간 Homo fidelis
시공간 지평	세계시장, 가역적 시간	조직적 공간, 계획	스케일 재편, 경로형성	모든 시간과 장소
실패의 1차적 기준	경제적 비효율성	비효과성	'노이즈', '말만 무성한 곳'	배신과 불신
실패의 2차적 기준	시장 부적합성	관료주의, 형식주의	비밀주의, 의사소통 왜곡	상호의존의 비대칭성

출처: Jessop(2007b).

좁은 의미의 거버넌스[협치]를 가리킨다. 이는 대화적 거버넌스dialogic governance라고 불리기도 하는데, 네트워크의 내부와 네트워크들 사이에서 일어나는 대화와 협상이라는 독특한 작동방식을 더 잘 드러내는 표현이다. 이러한 맥락에서 전략관계적 접근법은, 설사 고전적인 3대 요소 중심의 국가에 대한 설명을 수용한다 하더라도, 국가권력이 강제적 조율imperative coordination, 즉 중앙집권적 계획이나 하향식 개입에 국한된다고 가정할 이유는 없다고 제안한다. 국가권력은 강제·명령·계획·관료제뿐만 아니라 네트워크·파트너십·연대에 대한 호소 등을 통해서도 행사될 수 있다. 그리고 이러한 맥락에서 볼 때 국가(또는 정체)는 거버넌스를 통해 특정한 문제들을 어떻게 해결할지(정책)를 두고 정치적 논쟁(정치)이 벌어지는 제도적 무대를 제공한다.

'교환'은 **사후**ex post에 이루어지는 조율로서 희소한 자원을 여러 다른 서로 경쟁하는 목적들 사이에 효율적으로 배분하려고 하는 형식적·절차적 합리성에 기반을 두고 있다. 문자 그대로 '무정부'적인 시장의 경우, 이는 '경제화economizing'라는 끝없는 이윤 극대화의 노력을 수반한다. 시장은 그 자체의 제한적인 조건에서라도 효율적으로 작동하려면 까다로운 조건들이 요구된다. 시장의 한계는 시장실패 이론에서 오랫동안 인식되어왔고, 최근에는 금융지배적 축적의 근거인 효율적 시장 가설efficient market hypothesis에 대한 환멸이 이를 예시한다.

'명령'은 위(기업, 조직 또는 국가의 위계적 명령)에서 설정된 집단의 실질적 목표를 추구하기 위해 **사전**ex ante에 이루어지는 강제적인 조율을 수반한다. 이는 연속되는 정책 목표들의 '효과적인' 추구를 우선시한다. 여기에도 교환과 마찬가지로 까다로운 전제조건들이 있다. 이를 위해서는 적절한 조직역량을 창출하고 유지해야 할 뿐만 아니라, 복잡하고 유동적인 환경에서 사전 조율 알고리즘이 효과적으로 작동하려면 막대한 인지적 요구cognitive demand를 충족시켜야 한다. 시장적 조율과 마찬가지로 명령은 제한적 합리성bounded rationality▼, 기회주의, 자산 특정성 asset specificity▼▼이라는 문제점을 안고 있다(Coulson 1997). 이러한 문제

▼   허버트 사이먼Herbert Simon의 '제한적 합리성' 개념은 인간의 뇌가 처리·계산할 수 있는 정보량의 제한 때문에 개인과 조직이 단지 소수의 대안만을 고려할 수 있음을 가리킨다.

는 시장에서 매개되는 거래뿐만 아니라 사회생활의 다른 많은 측면에도 적용된다.

'대화'는 네트워크, 협상, 숙의deliberation를 기반으로 한 지속적인 성찰적 자기조직화reflexive self-organization를 수반한다. 이는 합의된 장기적인 프로젝트와 변화하는 상황에 비추어 목표를 재규정하는 데 초점을 맞추며, 행위에 대한 소극적·적극적 조율의 근거를 제공한다. 소극적 조율은 자신의 행위 경로를 결정할 때 다른 파트너나 이해관계자에게 문제를 일으키지 않기로 암묵적·명시적으로 합의하는 것을 가리킨다. 적극적 조율은 공동의 목표를 추구하기 위한 능동적인 협력을 가리킨다. 이러한 거버넌스 양식은 독백적이기보다 대화적이고, 획일적이기보다 다원적이며, 단일위계적이거나 비위계적이기보다 다중위계적인 실질적·절차적 합리성을 가지고 있다.

이러한 합리성은 지속적인 대화를 기반으로 특정한 조율의 문제를 해결하는 것을 목표로 한다. 조율 문제의 해결은 상호간에 이익이 되는 공동의 프로젝트에서 협상을 통해 합의에 도달하고, 자원을 공유하고 공동으로 행동할 토대를 마련하기 위한 것이다. 이를 위해서는 지속적인 노력을 통해 (a) 정보를 생성·공유하고(그리하여 제한된 합리성의 문제를 완전히 제거하지는 않더라도 감소시키고), (b) 대화의 참가자들을 단기적·중기적·장기적 시간 지평 위에서 이루어지는 일련의 상호의존적인 결정들에 묶어놓음으로써 기회주의를 약화시켜야 한다. 또한 (c) 대화 참

▼▼ '자산 특정성'이란 자산이 특정한 목적이나 환경에 특화되어 있어 다른 목적이나 환경에 쓰일 수 없음을 가리키는 개념이다.

가자들 간에 연대를 장려함으로써 '자산 특정성'을 만들고 이에 따라 공유된 리스크와 상호의존을 바탕으로 협력을 강화해야 한다.

'연대'는 비성찰적이고 무조건적인 헌신을 수반한다. 그것의 '가장 긴밀한' 형태는 일반적으로 작은 단위(예: 커플, 가족, 끈끈한 운명공동체, 또는 공유된 정서와 가치, 상호 애정, 카리스마적 리더에 대한 지지 등을 기반으로 한 정치적 결사체Bund▾ 등)에 국한된다.[1] 단위가 클수록 연대는 느슨해지고 강도도 약해지는 경향이 있다(예: 상상의 민족공동체 또는 인류 전체의 경우). 결국 연대는 숙련된 전문가들의 전문지식에 대한 좀 더 일방적인 형태의 '신뢰'로 변화한다. 이 전문가들은 고객들이 스스로는 조달할 수 없는 재화와 서비스를 제공한다(신뢰와 그것의 실패에 대해서는 Luhmann 1979; Gambetta 1988; Fukuyama 1995; Misztal 1996; Adler 2001; Nooteboom 2002 참조).

거버넌스 실패와 메타거버넌스

각각의 거버넌스 양식에는 그것에 고유한 1차적 실패의 형태와 전형적인 2차적 실패의 형태가 있다([표 7-1] 참조). 실패는 메타거버넌스를 하려는 시도로 이어진다. 메타거버넌스의 개념은 특히 자기조직화의 조직organization of self-organization, 자기조절의 조절regulation of self-

---

▾ Bund는 결합·결속 또는 연맹·동맹·연합·연방을 뜻하는 독일어 명사다.

1 분트(단수형 Bund, 복수형 Bünde)의 개념에 대해서는 Herman Schmalenbach(1922)를 참조하라.

regulation, 자기조향의 조향steering of self-steering, 거버넌스 네트워크 내부에서 일어나는 게임적 상호작용의 구조화structuration, 전체 시스템의 매개변수를 변화시키려는 행위자들의 상호작용 등으로 정의되어왔다. 가장 기본적인(그러나 또한 가장 절충적인) 의미에서 메타거버넌스는 거버넌스에 대한 거버넌스를 가리킨다(메타거버넌스에 관한 이론과 정책 문헌에 대한 포괄적인 검토로는 Meuleman 2008 참조). 교환·명령·대화·연대를 **1차적** 조율 또는 거버넌스의 네 가지 형태라고 간주한다면, **2차적** 거버넌스([표 7-2] 참조)는 이 네 가지 형태의 제도적 조건을 수정하고 그것들의 작동을 개선하려는 시도를 포함할 것이다. 이러한 수정과 개선은 기존의 거버넌스가 낡거나 역기능적이거나 해롭다고 판단될 때, 거버넌스의 각 유형에 고유한 성공의 기준을 따라서 이루어진다(cf. Kooiman 1993). 각 조율 메커니즘을 재설계하려는 이러한 노력은 조율 메커니즘 그 자체, 조율 메커니즘의 작동을 원활하게 하는 조건, 또는 둘 다에 직접적으로 초점을 맞출 수 있다.

[표 7-2] **2차 질서 거버넌스**

메타교환	메타명령	메타대화	메타연대
개별 시장의 재설계	조직의 재설계	네트워크적 질서의 재편성	새로운 정체성과 충성심 개발
탈규제와 재규제	조직 생태계 질서의 재편성	자기조직화 조건의 재조직	구사회운동에서 새로운 사회운동으로
시장 위계질서의 재편성	헌법 개정	새로운 대화 형태	새로운 형태의 연대적 실천

출처: Jessop(2007b).

시장실패는 시장이 화폐적 사익의 추구를 통해서 희소한 자원을 효율적으로 배분하지 못할 때 발생한다. 이에 대한 1차적 대응은 시장 메커니즘을 확장하거나 시장의 위계질서를 재편하는 것일 수 있다. 명령은 관련된 조직 유형에 따라 여러 가지 다양한 방식으로 실패하며, 일반적으로 말하면 이에 대한 1차적 대응은 조직에 대한 성찰적 재설계(Beer 1990), 중개조직의 창설, 조직 간 관계의 재편성, 조직 생태계의 관리(즉 여러 조직들이 공존·경쟁·협력·공진화하는 상황 속에서 조직 진화의 조건을 재구성하는 것)다(cf. Fischer 2009; Hood 1998). 좀 더 구체적으로, 국가실패란 국가 관리자가 (언제나 허상적인) 공공이익에 대한 그들의 정치적 판단에 근거해 결정한 실질적인 집단적 목표를 달성하지 못했을 때 발생한다고 여겨진다. 국가실패에 대한 전형적인 1차적 대응은 법-정치적 제도의 설계, 지식 또는 정치적 관행을 개선하려는 시도, 다른 말로 '더 큰 시장, 더 작은 국가' 정책이었다.

네트워크적·대화적·다중위계적 거버넌스(좁은 의미의 거버넌스)는 한때 자체의 문제를 만들어내지 않으면서도 시장실패와 국가실패의 문제를 극복할 수 있는 '마법의 총알'로 여겨지기도 했다. 그러나 대화도 여러 다른 이유에서, 여러 다른 방식으로, 여러 다른 효과를 내면서 실패할 수 있다. 이러한 거버넌스가 지속적인 협상과 성찰을 통한 목표의 수정을 목적으로 한다면, 실패란 여러 당사자가 목표의 타당성에 대해 계속 이견을 내는데도 그 목표를 재정의할 수 없는 무능력을 가리킬 것이다. 이러한 실패에 관한 일차적 대응은, 대화(또는 성찰적 자기조직화)가 일어나는 틀을 재규정함으로써 성찰적 자기조직화의 조건을 성찰적으로 조직화하는 것▾을 포함할 수 있다. 이러한 대응은 '자발적 사회성

spontaneous sociability'▼▼의 기회를 제공하는 것(Fukuyama 1995; Putnam 2000도 참조)에서부터 네트워킹과 협상을 촉진하는 다양한 조치, '제도적 밀집institutional thickness'▼▼▼을 촉진하려는 혁신적 조치의 도입에 이르기까지 다양하다.

마지막으로, 연대는 일반화된 메커니즘으로는 한계가 있다. 그것이 소규모 사회 단위, 지역 집단, 끈끈한 운명공동체에서는 아무리 잠재력이 있더라도 말이다(cf. Adler 2001; Nooteboom 2002). 연대의 실패에 대한 1차적 대응은, 자발적인 것이든 치료적 개입을 매개로 하는 것이든, 충성심과 무조건적 헌신의 감정을 회복하거나 다시 집중시키기 위한 여러 형태의 치료적 행동을 수반한다.

1차, 2차 거버넌스의 실패에 대한 대응을 일컫는 용어 중 하나는 3차 거버넌스다(Kooiman 2003). 다른 종류의 거버넌스와 혼동을 피할 수 있는 또 다른 용어는 '공형화'다. 이 용어는 그 어원적 뿌리와 개념

▼ 성찰적 자기조직화의 조건에 대한 성찰적 조직화의 예시로는 대인간 네트워킹, 조직 간 협상, 탈중심화된 시스템 간 맥락 조정이 이루어지는 구조적 틀에 대한 의도적 수정을 들 수 있다. 이는 성찰적 자기조직화가 메타적 위계의 조직자들이 희망하는 방향으로 나아가도록 유도한다(1, 5, 6장 참조). 이 개념은 다양한 형태의 메타거버넌스에 대한 논의와 관련해 이해할 수 있으며, 그 구체적인 예로는 노동조합과 기업 간 협상 틀의 변화, 지방정부와 지역의 파트너, 지식 생산자 간 지역전략 개발 협력 틀의 변화, 유럽연합 내 다양한 수준의 국가 조직들이 통치 계획을 심의하는 틀의 변화를 들 수 있다(옮긴이의 요청에 따른 저자의 추가 설명).

▼▼ '자발적 사회성'이란 미국의 정치철학자 후쿠야마Francis Fukuyama가 창안한 개념으로, 사회적 자본의 바탕이 되는 "새로운 결사체를 형성하고 해당 결사체가 수립한 참조조건 안에서 협력할 수 있는 역량"을 가리킨다(1995: p. 27).

▼▼▼ '제도적 밀집'이란 다양한 제도(기관)들의 존재, 제도(기관)들 간의 높은 상호작용, 상호작용을 통한 비용의 사회화, 참여자들의 이해관계를 만족시키는 제휴, 거버넌스 시스템과 규칙, 소속감 등을 가리킨다(Ash Amin and Nigel Thrift, "Globalisation, Institutional 'Thickness' and the Local Economy", in P. Healey ed. *Managing Cities: The New Urban Context*, Chichester: John Wiley & Sons, pp. 91~109 참조).

적 정확성 때문에 선호된다(166쪽 참조). 공형화의 목적은 개별 거버넌스 양식들 간의 [상대적] 비중을 바꾸는 것이다. 그렇게 해서 더 높거나 더 포괄적인 사회조직의 수준에 배열되어 있는 거버넌스의 전체 집합이 복잡한 사회관계를 더 잘 조율하게 만드는 것이다. 이는 이 3차적 형태의 메타거버넌스에 관여하는 이들의 전략적 목표에 맞추어 이루어진다(Dunsire 1990: p. 17). 2차 거버넌스는 다양한 영역과 정책 분야에서 발생하고 (이 2차적 맥락에서는 무엇보다 강제적 조율의 효과성과 관계된) 국가를 반드시 필요로 하지 않는 반면, 3차 거버넌스에는 국가가 개입할 가능성이 더 높다. 이 경우 국가는 사회 전체의 문제를 해결해달라는 호소의 최종 수취자로서 여러 거버넌스 양식 간의 전체적인 균형을 책임진다(여러 형태의 사회적 자본 사이의 관계를 재균형화하는 국가의 역할에 대해서는 Bourdieu 2014 참조).

사실 국가 관리자들은 거버넌스 실패에 대처해달라는 사회세력들의 요구에 대해 그저 최종 수취자로서 대응하기보다는 새로운 형태의 거버넌스를 적극적으로 추진함으로써 좀 더 전통적인 형태의 하향식 통치를 보조하거나 대체하려 한다. 그들이 때때로 이러한 방식으로 행동하고 이러한 형태의 거버넌스를 추진하는 것은 그렇게 하면 정책결정과 집행이 더 효율적이고 효과적이고 투명하게 되고 관련된 이해관계자들과 도덕적 기준에 부합하게 될 것이라는 희망이나 기대에서다. 하지만 이러한 행동방식은 다른 형태의 사회적 지배뿐만 아니라 국가 장치와 국가 관리자들의 재생산을 촉진함으로써 이들의 이익에도 기여할 수 있다.

로제나우Rosenau에 따르면 새로운 형태의 지구적 거버넌스는 분열되고 분권화된 세계를 반영한다. 그것은 새로운 권위의 영역들, 단일한 조직 원리의 부재, 통제기제를 작동시킬 때 요구되는 더 큰 유연성·혁신·실험을 특징으로 한다. 통치성에 대한 접근은 (중략) 이 주장의 두 번째 부분을 강조한다. 이러한 접근은 세계가 분열되고 분권화된 것처럼 보이게 한다. 그러나 역설적으로 이러한 분열과 분권은 지배적인 국가들에 의해 실행된 전략들의 결과다. (중략) 지구적 거버넌스라고 오인되고 있는 것은 국가**에 의해**, 국가**에 대해**, 국가**를 통해** 추진되는 신자유주의적 형태의 통치성이다(Joseph 2014: p. 12).

좀 더 일반적으로, 국가의 핵심 활동으로서 공형화는 통치에서 거버넌스로의 전환에 반대되는 추세로 볼 수 있다. 공형화는 사적이든 공적이든 사회적으로 중요성을 띤 여러 영역에서 정부가 메타거버넌스라는 큰 역할을 점점 더 많이 수행하는 것을 수반한다. 정부의 역할을 더욱 구체적으로 살펴보면, (a) 거버넌스의 기본 규칙과 규제질서를 제공하며, 이를 통해 거버넌스의 참여자들은 자신들의 목표를 추구한다. (b) 상이한 거버넌스 메커니즘들과 체제들 간의 호환성 또는 정합성을 보장한다. (c) 대화를 위해 포럼을 만들거나 정책 커뮤니티 간의 대화를 조직하는 일차적 역할을 한다. (d) [사람들의] 인지적 기대치를 형성하기 위해 조직의 지능과 정보를 상대적으로 독점한다. (e) 거버넌스 내부에서 거버넌스에 대해 발생하는 분쟁에 있어서 항소법원의 역할을 한다. (f) 체계통합과 사회통합에 관심을 갖고 취약한 세력이나 시스템을 강화함으로써 체제에 내재하는 권력의 차이와 전략적 편향성을 재조정하려고 모색한다. (g) 상이한 전략적 맥락 속에 있는 개인과 집합적 행위자들이 가지고 있는 자신들의 정체성, 전략적 역량, 이해관계에 대한 인식을 수정하려고 시도하며, 이렇게 변화된 자기인식에 따라 그들이 선호하는 전략과 전술도 변경시킨다. (h) 필수적 다양성requisite variety을 통한 복원력resilience을 유지하기 위해 여분과 중복을 조직하는데, 이는 예상치 못한 문제에 대응하기 위한 것이다. (i) 가치 있다고 여겨지지만 무너지기 쉬운 조율의 형태를 안정화하기 위해 물질적이고 상징적인 측면적·보조적 지원조치를 취한다. (j) 공공재 생산에 보조금을 지급한다. (k) 조율의 효과성을 높이기 위한 목적으로 희생하는 사람들을 위해 부수적 지원금을 조직한다. (l) 다양한 현장, 스케일, 행위자들의 단기적·중기적·장기적 시간 지평들과 시간적 리듬들이 서로 맞물리는 데 기여하며, 이는 부분적으로는 거버넌스 질서에서 기회주의적으로 이탈하거나 정반대로 진입하는 것을 방지하기 위한 조치다. (m) 또한 국가 밖의 영역에서 거버넌스가 실패할 경우 최종 담당자로서 정치적 책임을 진다(Jessop 2002: p. 219; Bell and Hindmoor 2009 참조).

거버넌스는 상이한 거버넌스 대상들에 적합하게 제도를 설계할 뿐만 아니라 여러 주체와 그들의 세계에 대한 지향을 변형시킨다. 이 지점에서 푸코주의적 통치성 연구자들은 거버넌스 연구자들보다 더 많은 것을 제공한다(Lemke 1997). 전자는 특히 사회적 행위자들의 속성·역량·정체성을 형성시키는 권력과 지식의 역할에 관심이 있다. 또한 그들은 자기성찰적 거버넌스의 맥락에서, 이러한 행위자들이 자기통치와 자기변형 능력을 습득할 수 있게 해주는 권력과 지식의 역할에 관심이 있다(cf. Miller and Rose 2008). 이는 [수직적] 통치가 [수평적] 거버넌스로 전환되는 시대에 생산적인 접근방식이며, '선진 자유주의advanced liberalism'(즉 국가뿐만 아니라 시장을 넘어서 이루어지는 신자유주의적 거버넌스) 를 연구하는 데 유용하다. 이 선진 자유주의 국가 프로젝트는 기업가적 주체와 까다로운 소비자를 창출하려는 노력을 필요로 한다. 그러한 주체와 소비자는 자신들이 가지고 있는 선택지와 권리를 인식하고 있을 뿐 아니라 행동을 통해 시장 메커니즘과 국가 개입 각각의 범위와 권한에 변화를 줄 수 있다는 것도 인식하고 있다.

그러나 푸코주의적 통치성 연구자들은 통치 또는 통치성의 논리, 합리성, 관행에만 초점을 맞추는 경향이 있다. 그들은 권력관계, 거버넌스 양식, 사회적 지배에 대한 공형화와 제도적 통합이 이루어지는 현장으로서 국가가 하는 핵심 역할에 대해서는 그다지 관심을 기울이지 않는다. 국가의 역할은 제도적 상보성뿐만 아니라, 서로 상반된 거버넌스 양식들을 유지하기 위해 적절한 전략과 전술을 창의적·자율적으로 구사할 수 있는 개인적·집합적 역량을 분배하는 것과도 관련된다. 이는 국가가 공형화의 역할을 수행하는 또 다른 영역이다.

국가는 공형화에 관여할 때 명령의 최고supreme 심급(다른 '조직'의 명령에 예속되지 않는 주권적 '조직')으로서가 아니라 복잡하고 이질적이며 다층적인 사회적 관계들로 이루어진 네트워크 속에서 **동등한 자들 중의 일인자**primus inter pares로서 움직인다. 이는 공식적 주권이 강제력을 독점하는 중요하고 지배적인 자원—단일한 위계적 명령구조 속에 있는 주권적 권위체라 상정되는 국가에 속하는 자원—이라기보다는 서로를 연결하고 강화시키는 일련의 상징적이고 물질적인 국가역량이라고 보는 편이 더 나음을 시사한다. 공형화의 다른 이해관계자들은 그 밖의 다른 상징적·물질적 자원(예: 사적 자금, 정당성, 정보, 전문지식, 조직역량 또는 숫자의 힘)을 제공한다. 이러한 자원들은 국가의 주권적 역량이나 다른 역량들과 결합되어 집단적으로 합의된 목표와 목적을 달성하는 데 쓰인다.

통치에서 거버넌스로

전후 선진 자본주의 사회에서 국가실패가 점점 더 분명해지던 1970년대 중반 이후, 통치에서 거버넌스로의 전환에 대한 다섯 가지 주요 해석이 발전해왔다. 어떤 경우 이들은 대체로 동일한 변화를 여러 가지 다른 방식으로 서술할 뿐이지만, 다른 경우 이들은 이론적 관점을 좀 더 근본적으로 전환시킨다.

첫째, **국가의 탈위계화** 경향에 대한 설명이 있다. 이 과정에서 국가 또는 국가 관리자는 영토와 (여기서는 개인과 가구뿐만 아니라 집합적 행위자를 포함하는 것으로 정의되는) 인구에 대한 통치를 다른 형태로 전환함으로써 사회에 대한 통제력을 유지하거나 회복하려고 한다. 이는 특히 국가 프로젝트와 정책의 규정과 실행에 협조하는 다양한 종류의 공사협력을 통해 이루어진다. 또한 이와 유사한 [국제적인] 과정도 있다. 현실주의 국제관계 이론가들에 따르면 세계국가의 부재에 따른 정치적 무정부상태는 정부 간 협력 또는 자기조직화하는 세계사회를 통한 주권의 융합 pooling 또는 공유로 대체된다. 이 과정을 **국제정치 영역의 다중위계화**라고 묘사할 수도 있을 것이다.

둘째, 이러한 과정의 다른 측면들을 강조하는 대안적 개념으로는 **국**

가권력의 재보정recalibration of state power이 있다. 이는 정부가 네트워크와 다른 거버넌스 양식들을 더욱더 널리 활용함에 따라 발생하며, 사회적 복잡성이 증가하는 상황에서도 정부의 정치적 효능을 유지하는 방법 중 하나다. 여기서 핵심은 국가가 강제·법·계획과 위계적 관료제에 근거한 강제적 조율에 덜 의존하게 된다는, 단순하게 보이는 사실에 있지 않다. 핵심은 복잡하고 분산되어 있는 다원적 거버넌스 질서에 있다.

세 번째이자 더 흔한 거버넌스에 대한 서술은 정체의 좀 더 일반적인 조직에 주의를 돌림으로써 국가를 분석의 중심에서 끌어내린다. 이는 정치의 탈국가화를 강조한다. 이러한 생각은 **단일위계적 국가**가 [다중위계적인] **네트워크화된 정체**로 전환된다는 주장에도 들어 있다(cf. Ansell 2000). 이러한 변화는 여러 가지 거버넌스 방식의 혼합을 수반하며, 수평적 조율과 수직적 조율, 공공·민간 부문의 다양한 행위자, 여러 다른 이해관계자가 각자의 역량, 능력, 관념적·물질적 이해관계에 따라 제공하는 여러 자원에 대한 활용을 특징으로 한다.

넷째, 조금 더 나아가 **권력의 탈정치화**가 일어났다는 주장도 있다. 이 개념의 의미는 정체·정치·정책을 구별하는 데서 나온다. 따라서 이 과정은 국가가 정치적 영역에서 후퇴하면서 다른 정치세력들이 더 큰 역할을 하도록 끌어들이거나 허용하는 것을 가리킬 뿐 아니라, 어떤 문제들은 명목상으로 **비정치적인**apolitical 형태의 의사결정에 맡기는 것이 더 적합하다고 규정하려는 노력을 가리킨다. 다양한 형태의 시장화가 그 하나의 예다. 그러나 거버넌스 이론가들에게 더 흥미로운 거버넌스의 형태는 (앞 단락에서 논의한 네트워크화된 정체의 확장과는 대비되는) 정체의 외부로 성장하는 네트워크 거버넌스다. 이는 국가의 고유한 자원(예:

강제력, 조세, 집합적으로 구속력 있는 결정을 내릴 권리에 대한 독점)과 사회의 다른 하위 시스템, 제도적 질서, 조직 또는 (사회운동과 같은) 집합적 행위자의 고유한 자원을 결합한다. 이러한 대응은 거버넌스 실천이, 규정되고 한정된 영역에서 행해지는 활동에 관심을 두기보다, 그 범위와 정치적 구조가 무엇이든, 기능적으로 상호 의존하는 것들을 관리하는 데 관심을 둘 경우에 일어날 가능성이 더 높다. 거버넌스의 문제가 영토적 경계를 넘나드는 경우에는 이러한 대응이 나타날 가능성이 훨씬 더 높다.

다섯째, 푸코주의자들은 통치성이 선진 (신)자유주의의 형태로 전환했다고 주장한다. 이러한 통치성은 시민사회의 에너지를 동원하는 **동시에**and 규율하기 위해 다양한 통치술을 활용하고, 그렇게 함에 있어 주권적 권위의 직접적인 명령과 통제를 통하기보다 국가에 상당한 거리를 두고 사회관계를 통치한다. 특히 이러한 접근법은 담론적으로 구성된 다양한 문제들('**긴급상황**urgences'; 이와 관련한 푸코의 문제틀problématique에 대한 요약으로는 Bussolini 2010 참조)을 중심으로 조직된 새로운 종류의 **장치들**dispositifs의 발전에 관심을 기울인다. 영미권의 푸코주의 학자들에게 이 접근법은 국가의 역할을 경시하게 만든다(예: Miller and Rose 2008). 그러나 다른 학자들, 특히 통치성·영토화·'국가효과'에 대한 푸코의 후기 강연에 영향을 받은 학자들에게 **담론-장치**discourse-dispositif에 대한 접근법은 국가권력의 양태와, 권력관계의 전략적 성문화strategic codification▼에서 국가의 역할에 관한 대안적 설명을 제공한다(cf. Foucault 1977; Kelly 2009: pp. 61~62; Joseph 2014). 따라서 국가는 권력들의 네트워크를 조직하고 '통치의 계층화와 국가의 통치화'를 촉진한다(Foucault 2007: p. 109).

여러 다른 현장과 행위 영역 간의 기능적 연결과 물질적 상호의존에 관한 집단적 학습을 원활하게 하는 것은 국가의 몫이다. 그리고 상보적인 형태의 거버넌스들을 서로 연결하고 그 효과를 극대화할 수 있는 공동의 비전을 발전시키는 데 참여하는 것은 중앙과 지역에서 활동하는 정치인들의 몫이다. 국가를 통해 수행되는 이러한 과제들은 특정한 국가 기능에 기여할 뿐만 아니라 정치적 계급지배와 사회적 응집성에도 영향을 미친다. 국가의 이 새로운 역할은 네트워킹, 협상, 노이즈 감소, 소극적·적극적 조율이 '위계적 그늘 아래에서in the shadow of hierarchy' 발생함을 의미한다. 이 문구는 정치사회와 시민사회의 다른 행위자들 또는 세력들에 대해 국가가 행사할 수 있는 간접적인 영향력을 가리키기 위해서 프리츠 샤프Fritz Scharpf가 최초로 도입한 것이다(1993). 이러한 영향력은 강제력을 포함해 국가의 고유한 역량과 권한에 근거한 행정적·입법적 조치라는 실제적이거나 상상적인 위협을 통해 행사된다.

정치이자 정책인 메타거버넌스

여기서 특히 흥미로운 것은 새로운 형태의 거버넌스가 계급권력과 정

▼ '전략적 성문화' 또는 '전략적 코드화'란 푸코가 『성의 역사』 1권에서 처음 제시한 개념으로, 분산된 국지적 상소에서 비롯된 다양한 권력기술들과 전략적 실천들 중 일부가 사회적으로 지배적이 되면서 국가에 제도화되는 것을 가리킨다(Foucault 1981; Jessop 2007b, 6장). 이렇게 국가에 제도화된 권력기술은 일반적인 전략적 행위노선을 만들어내고 여러 다른 사회세력과 사회관계에 선택적이고 편향된 효과를 준다는 점에서 제솝이 말하는 '구조적으로 각인된 전략적 선택성'을 띠고 있다고 할 수 있다.

치적 지배의 전체적인 배치에 부합하는 방식이다. 푸코와 그람시의 관점을 결합하고, 현대정치의 본질이 국가와 사회 사이의 본래적으로 유동적인 경계를 재생산하는 것이라는 미첼의 언급(2장과 4장 참조)을 염두에 두면서, 나는 '포괄적 의미의 국가'가 '통치+위계적 그늘 아래의 거버넌스'로 정의될 수 있다고 제안한다. 이는 국가란 "지배계급이 자신의 지배를 정당화하고 유지할 뿐 아니라 자신이 지배하는 계급들의 적극적 동의를 얻어내는 실천적이고 이론적인 활동의 복합체 전체"라는 그람시의 잘 알려진 정의에 부합한다(1971: p. 244 = Q15, §10: 1765). 그람시로 하여금 국가권력의 다른 측면들을 비교적 사소한 것으로 간주하도록 이끌었던 그 계급환원론적 성격을 잠시 제쳐둔다면, 이 정의는 국가의 법-정치적 장치에서 국가권력 행사의 양상으로 주의를 돌리게 한다.

따라서 내가 제안하는 국가에 대한 재정의는 다음과 같은 점을 인식한다. 국가권력은 (1) 강제력, 명령을 통한 조율, 실정법 외에도 화폐와 신용의 동원과 배분, 그리고 정보·통계와 다른 종류의 지식에 대한 전략적 사용까지 포함하고(Willke 1997), (2) 협소한 법-정치적 의미의 국가 너머에 위치한(또는 활동하는) 세력의 적극적인 동의나 수동적인 순응을 동원할 수 있는 역량에 달려 있으며, (3) 국가와 거리를 두고 행사되는 권력을 포함해 직간접적인 국가 개입의 효과성을 높이기 위해 통치와 거버넌스 양식들 간의 균형을 전략적으로 재조정하는 국가 대행자들의 노력을 포함한다(cf. Joseph 2012).

이러한 측면에서 국가 관리자가 수시로 설정하는 실질적 목표의 추구는 좁은 의미의 국가에 고유한 국가역량의 행사(예: 조직화된 강제력, 과

세 권한, 법적 주권 등에 대한 헌법화된 독점)에 국한되지 않는다. 그것은 국가 너머에서 작동하는 시장·대화·연대와 같은 거버넌스 또는 통치화의 양식들에까지 확장된다. 따라서 거버넌스는 통상적인 공공과 민간의 구분을 뛰어넘으며, 정부나 기능 영역의 여러 층위에 걸쳐 있는 '뒤얽힌 위계', 병렬 권력 네트워크, 기타 연계들을 수반할 수 있다. 통치와 거버넌스는 **위계적 그늘** 아래에서 이루어지는 메타거버넌스 또는 공형화 실천을 통해서, 즉 국가 안팎에서 행해지는 다양한 형태의 거버넌스의 재균형화를 통해서 종종 서로 연결된다.

거버넌스는 국가(또는 다른 사회세력)가 정의한 특정 문제들에 국한되어 있거나 조직설계·공공행정·여론관리의 전문가가 해결할 수 있는 순전히 기술적인 문제가 아니다. 그것은 언제나 거버넌스에 다소간 저항하는 특정한 대상·기술·주체를 포함한다. 특히 공형화도 기술적인 문제에 대한 해결책 이상의 것이다. 적합한 거버넌스 실천들은 특수한 정치나 정책 분야에서 특정한 정치적·쟁책적 결과물을 낳을 뿐만 아니라 국가역량에도 광범위한 영향을 미친다. 거버넌스는 이용 가능한 통치와 거버넌스 기술의 조합을 수정하고 세력균형을 바꾼다.

메타거버넌스 실천들은 기존에 존재하는 공공과 민간의 경계선을 다시 그릴 수 있고, 정치체계와 다른 기능체계들이 서로 침투하는 형태를 바꿀 수 있으며, 이 체계들과 시민사회의 관계를 그것이 국가역량에 미치는 (인지된) 영향에 비추어 수정할 수 있다. 공형화는 국가의 주요한 메타정치 활동 중 하나이자 국가가 특권적인 전략적 위치를 차지하는 활동이지만, 이 활동은 종종 이와 경쟁하는 다른 메타거버넌스 프로젝트들 때문에 뜨거운 논란의 대상이 된다.

사실 공형화는 더 넓은 '불안정한 타협적 균형'을 관리하는 것과 관련되어 있으며, 전형적으로 국가의 가장 일반적인 기능, 즉 계급으로 분할된(또는 더 나은 표현으로 사회적으로 분할된) 사회에서 사회적 응집성을 유지하는 기능을 고려해서 수행된다. 따라서 비록 거버넌스 메커니즘이 특수한 맥락에서 특정한 기술적·경제적·정치적·이데올로기적 기능을 획득할 수 있을지라도, 거버넌스는 항상 정치적인 것의 우위 아래에서 수행된다. 즉 경제적 이익과 정치적 이익 사이의 긴장을 관리하는 것에 대한 국가의 관심과, 사회적 응집성에 관한 국가의 궁극적 책임이 가장 우선시된다(cf. Poulantzas 1973). 이러한 정치의 우위는 문제를 규정하는 특정한 과정의 정치적 성격에서도 확인되고, 거버넌스의 특정한 형태들이 미치는 효과―분할된 사회에서 사회적 응집성을 유지하면서도 국가의 제도적 통합과 헤게모니 또는 지배적 프로젝트를 추구하는 능력에 미치는 효과―에 대한 국가의 모니터링에서도 확인된다.

바꿔 말하면, 거버넌스와 메타거버넌스는 특정한 기술적·경제적 문제, 좁은 의미의 법-정치적 문제, 초점이 집중된 사회적·행정적 문제, 또는 다른 방식으로 깔끔하게 짜인 문제를 해결하는 방법에 대한 질문으로 환원될 수 없다. 이는 복잡한 세계 속에서 여러 다른 문제 영역들이 서로 물질적으로 연결되어 있을 뿐만 아니라 모든 거버넌스, 특히 메타거버넌스 실천들이 세력균형에 영향을 주기 때문이다. 이 사실은 시장과 야경국가가 거리를 두어야 한다는 자유주의적 처방을 괴롭힌다. 정치적 이익과 사회적 불안이 문제가 될 때 개입하라는 압력을 거부할 만큼 충분히 강한 국가(또는 적어도 국가 관리자)는 거의 없기 때문이다.

더 일반적으로 말하면, 국가는 특수한 기능들뿐만 아니라 당파적이고 일반적인 정치적 이익의 관점에서 거버넌스를 열고, 닫고, 조정하고, 재접합할 권리를 보유하고 있다. 앞으로 살펴보겠지만, 이 권리는 최종적으로는 비상사태의 선포와 관련이 있다. 비상사태 선포는 국가 공무원들에게 통치와 거버넌스 체제의 질서를 재조직할 수 있는 특별한 권한을 부여한다. 이보다 덜 극단적인 상황에서도 이 권리 덕에 종종 국가 관리자들은 그들의 특수 이익을 보호하는 행동에 참여할 수 있다. 이는 공공이익—언제나 선택적이고 편향된 합의를 통해서 해석되지만—을 추구하고 사회적 응집성을 촉진하는 국가의 전반적인 역량을 희생시킨다.

여러 개별적인 형태의 거버넌스(또는 통치성)는 '수동혁명'과 변형주의trasformismo▼의 관점에서 해석할 수 있다. 수동혁명이란 논쟁적인 정치를 관료적·기술적 문제로 전환하고, 흡수하고, 구체화하는 과정을 나타낸다(Gramsci 1971: pp. 105~114, 291 = Q15, §11: 1766~1769, 1822~1824, Q22, §6: 2155). 거버넌스(통치성)는 또한 특정한 통치술을 채택함으로써 개인·집단·조직 또는 전체 '이해관계자 집단'이 자신에 대해 스스로 책임을 지게 하는 조건을 창출한다. 그러한 통치기술로는 과학적 전문지식, 컨설턴트, 전문가 시스템, 알고리즘, 계측, 평가, 벤치마킹, 승인된 행태에 대한 조건적 보상contingent rewards▼▼ 등을 들 수 있다(전문지식에 대해서는 Fischer 2009, 계측에 대해서는 Barry 2002, 신용평가기관에 대해서는

▼ '변형주의'는 이탈리아 통일 이후 베니토 무솔리니와 이탈리아 파시즘이 등장하기 전까지 정치적 좌파와 우파의 극단을 고립시킨, 유연한 중도 연립 정부를 구성하는 방식을 가리킨다.
▼▼ '조건적 보상' 또는 '상황적 보상'이란 업적이나 성과 달성과 같이 특정한 조건에 따라 주는 보상을 가리킨다.

Sinclair 2005, 통치화에 대해서는 Miller and Rose 2008 참조). 이 기술들은 정부 과부하를 줄인다는 측면에서 정당화되기도 하지만, 날렵한 국가lean state라는 신자유주의적 프로젝트와도 친화성을 가지고 있다. 그것은 국가 밖에서 작동하고 공형화 또는 메타거버넌스를 통해 조율되는 다양한 보조 지원 메커니즘에 의존하고 있는 것이다.

좀 더 일반적으로 그람시는 기술적 기능과 정치적 기능을 모두 수행하는 관료제가 여기서 핵심적인 역할을 한다고 평가했다. 관료들은 사물을 기술적으로 관리하는 업무에만 국한되지 않고 국가와 그 정책에 충성하면서 피치자의 저항을 최소화하고 복종을 확보하는 최선의 방법을 알 것이라 기대되었다(1971: p. 144 = Q15, §4: 175). 더욱이 사회생활의 복잡성이 증가함에 따라 관료제는 "민간기업의 위대한 전문가를 흡수하고, 오늘날의 거대하고 복잡한 국민사회에 필수적인 실제 활동의 관리라는 구체적인 문제에 전문성을 가진 인력을 통합"하면서 유기적으로 확장된다(1971: p. 27 = Q12, §1: 1532). 이러한 맥락에서는 기술적 능력이 공식적·법률적 리더십보다 더 중요해지고 정치는 이념적 내용을 잃어버린다. 동의는 더는 수사학적 토론을 통해서가 아니라 기대와 행동 규범의 표준화를 통해 조직된다(cf. Migliaro와 Misuraca 1982: p. 90). 요즘에는 그 반대의 과정이 일어나고 있다고 상정할 수도 있다. 달리 말하면 기술 전문가와 지식인을 관료제가 흡수함으로써 통치성의 국가화가 일어나기보다는 정부의 위계적 그늘 아래에서 책임이 '외부화outsourcing' 되면서 국가의 통치화the governmentalization of the state가 일어나고 있다 (cf. Joseph 2012).

이러한 맥락에서 볼 때 수동혁명은 반대파의 지도적 인물들의 에

너지와 전문성을 흡수하려는 시도다. 이러한 시도는 처음에는 의회에 국한되어 나타나지만 나중에는 대중정치의 부상과 함께 확장되었다. 이는 전체 집단들을 자기편으로 끌어들이고(Gramsci 1995: Q8 §36: 962~967), 정치적 정당성의 상실을 해소하며, [정부에] 잠재적 저항이나 방해의 요인이 될 수 있는 것들을 자신의 종속에 대해 스스로 책임지는 행위자들에게 돌리기 위한 것이었다. 또한 그것은 정부의 과부하 상태를 해결하고, 경제적·정치적·사회적 지배의 효율성을 향상시키기 위한 것이었다. 이러한 지배 효율성의 향상은 점점 더 복잡해지는 사회구성체의 틈새들에 침투하는 여러 형태의 미시적 관리를 통해 이루어진다. 이러한 미시적 관리는 관찰·명령·통제의 어느 한 지점에서도 투명하게 드러나지 않으며, 시장의 보이지 않는 선량한 손에 맡겨질 수도 없다.

위계적 그늘 아래에서 이루어지는 메타거버넌스의 성공과 실패

여러 다른 조율양식이 작동하는 방식은 이들 각각이 정치질서(위계적 그늘 아래의 통치와 거버넌스) 내에서 차지하는 상대적인 우위, 그리고 이들 조율양식의 이해관계자들이 제도적 지원과 자원에 대해 갖는 차등적인 접근권에 따라 달라진다. 그중에서도 결정적인 것은 국가의 측면적·보조적 지원책, 물질적·상징적 지원의 제공, 다른 조율 메커니즘에서 중복이나 반작용이 일어나는 정도다. 또한 거버넌스와 통치의 메커니즘들이 모두 서로 다른 스케일에 존재하기 때문에(실제로 이 메커니즘들이 하는 기능들 중 하나는 여러 스케일을 연결하는 것이다), 한 스케일에서 성공 여부는 다른 스케일에서 일어나는 사건과 실천에 달려 있을 수 있다.

마찬가지로, 여러 다른 조율 메커니즘은 서로 다른 시간 지평을 가질 수 있으며, 여러 다른 거버넌스와 통치 메커니즘의 시간성 사이에 괴리가 있을 수 있다. 이러한 괴리는 순서조정sequencing의 문제뿐 아니라 모든 주어진 조율양식의 실행 가능성에도 영향을 준다. 또 다른 역설도 확인된다. 포울 키에르Poul Kjaer는 유럽연합에서 통치와 거버넌스는 서로 대립적으로 발전하기보다는 서로가 서로를 구성하고 있다고 지적한다(2010). 더 많은 통치가 더 많은 거버넌스를 함축하고 그 반대의 경우도 마찬가지라는 것이다. 벵트 라르손Bengt Larrson은 국가가 통치에 네트워크를 활용해 권력을 강화할 수 있는 반면, 네트워크는 주권적 권력에 의존해 효과적인 네트워크 거버넌스의 조건을 유지한다고 주장한다(2013).

앞에서 제시한 국가에 대한 그람시적-푸코주의적 재규정은 공형화에서 국가의 역할을 강조하지만, 다른 학자들은 이와 관련해 국가의 '그늘' 역할에 대한 기능적 등가물이 있다고 제안했다. 여기에는 (1) 규칙·가치·규범·원칙에 대한 네트워크의 다소 자발적이고 상향적인 방식의 개발, 인정, 준수(Kooiman and Jentoft 2009), (2) 이해관계자 민주주의를 통해 증가하는 시민사회 단체의 숙의·참여와, 그에 따라 거버넌스 관여 국가 관리자와 기타 엘리트에 가해지는 외부적 압력(Bevir 2010), (3) 메타거버넌스에 관여하지 못하는 실패한 국가나 약한 국가의 무능력을 보완하기 위해 국제적으로 정부와 비정부기구가 취하는 조치들(Börzel and Risse 2010)이 있다. 비록 뵈르첼과 리세 자신도 언급했듯이 이 세 번째 예는 전형적으로 그러한 행동들을 뒷받침하는 것이 강력한 국가들인 한 [국가를 대체하기보다는] 위계적 그늘의 스케일을 재편하는 데 그치는 것처럼 보이지만 말이다.

거버넌스 실패든 메타거버넌스 실패든, 실패의 경향은 '통치 가능성'의 일반적인 문제와 특수한 문제 둘 다에 기인한다. '통치 가능성'의 일반적인 문제란 사회적·담론적으로 구성된 거버넌스의 대상이 착근되어 있는 물질적·사회적·시공간적 조건의 복잡성과 불안정성을 고려할 때, 애초에 그것이 관리 가능한 것인가 하는 문제다. 그리고 '통치 가능성'의 특수한 문제란 거버넌스의 특정한 대상과 주체, 특수한 상호의존적 조율양식, 인지하지 못한 행동조건, 예상치 못한 결과라는 익숙한 문제들과 연관되어 있다. 인지하지 못한 행동조건과 예상치 못한 결과라는 문제는 거버넌스의 대상이 변화하기 쉬운 경우나 그것이 착근된 환경이 불안정해서 전략적 학습을 어렵게 만드는 경우에 특히 문제가 된다(Haas and Haas 1995; Eder 1999; Dierkes et al., 2001 참조).

현대를 지배하는 자본축적의 논리는 그러한 문제의 주요 원인이 되고 있다. 이는 자본관계에 내재된 모순과 적대가 세계시장의 통합이 심화됨에 따라 일반화되고 있기 때문이다. 그럼에도 돈에 대한 사랑이 모든 악의 근원이 아닌 것처럼 자본이 거버넌스와 관련된 모든 문제의 근원은 아니라는 점을 인식해야 한다! 서로 다른 사회화의 원리들은 서로 다른 문제들과 연결되어 있으며, 이것이 바로 국가와 거버넌스의 다형적 특성에 주목해야 하는 이유다.

거버넌스 역량이 부족해서든 거버넌스의 대상에 내재된 모순과 통치 불가능성 때문이든, 1차적 거버넌스가 실패하는 경향이 있음을 고려하면, 메타거버넌스와 공형화도 마찬가지로 실패하기 쉽다고 할 수 있다. 이러한 실패는 해당 거버넌스와 메타거버넌스의 대상들이 복잡한 모습으로 서로 연결되어 있고 아마도 서로가 모순적으로 대립하는 경우, 그리고 앞서의 성공이 특정한 거버넌스의 문제를 주어진 사회세력들의 특정한 시공간 지평 밖으로 전가하는 데서 기인했다는 인상이 있을 경우에 더 쉽게 일어난다. 따라서 거버넌스의 성공(또는 더 정확하게는 거버넌스가 성공했다는 외양을 만드는 것)에서 중요한 것은, 특정한 통치 불가능한 특징들을 다른 곳에서 표출시킴으로써 [이곳에서는] 거버넌스의 문제들이 관리 가능한 것처럼 나타나게 만드는 특정한 시공간적 조정의 공고화다. 이런 식의 짜 맞추기가 초래하는 두 가지 필연적인 결과는, **현재**의 **안정적** 영역이 **미래**에 **불안정한** 영역을 낳고, **이곳의** 안정적 영역이 **다른 곳에** 불안정한 영역을 낳는다는 것이다.

실제로 문제의 발생을 지연시키고 다른 곳에 전가하는 역량은 거버넌스와 메타거버넌스 문헌에서 나타나는 '조향 낙관론'의 근거 중 하나다. 특히 그러한 낙관론은, 앞뒤 안 재고 새로운 시공간적 조정을 만들고 그에 따라 과거의 실패가 초래한 결과를 회피할 수 있는 역량 때문에 강화된다. 이와 대조적으로 '조향 비관론'은 효과적인 거버넌스와 메타거버넌스를 막는 기저의 장기적이고 구조적인 장애물을 직시하는 경향이 있다. 그러한 장애물들을 방치하면 종종 무시되거나 주변화되고 다른 곳에 전가되거나 발생을 지연시킨 문제들이 '복수'를 하게 된다는 것이다. 이러한 일은 특히 체계통합이나 사회통합이 위협을 받는 위기의 시기에 일어난다(9장 참조). 이러한 위기의 맥락 속에서는 메타거버넌스가 수동혁명과 매우 밀접한 관계를 맺으면서 이루어지고 축적체제, 국가 프로젝트, 사회적 비전 등에서도 중요한 이행이 발생할 가능성이 높다(Jessop 2015a).

거버넌스와 메타거버넌스가 전략관계적 접근법 내에서 차지하는 위치를 이해하는 데 도움이 되도록 추가로 세 가지를 더 언급하겠다. 첫째, 거버넌스의 성공 여부는 특정한 조율양식들에 내재된 문제, 실패 경향, 딜레마뿐만 아니라 자본축적이 시장화된 조직 형태와 시장화되지 않은 조직 형태 사이의 모순적 균형을 유지하는 데 달려 있다는 점에도 영향을 받는다. 이전에 이 균형은 주로 시장과 국가의 균형으로 이해되었는데, 거버넌스는 여기에 중립적인 제3의 용어를 도입하는 것이 아니라 바로 이러한 시장과 국가의 균형이라는 도식에 도전하는 또 다른 현장을 추가한다. 거버넌스의 새로운 형태들이 축적과 정치적 동원의 서로 상충되는 논리들이 만나는 새로운 장을 제공하기 때문이다.

4장에서 지적하고 앞에서 다시 언급했듯이, 자본주의적 사회구성체에서 이 문제의 핵심은 특정한 시공간적 조정을 발전시키고 공고화하는 역량이다. 자본주의의 모순과 딜레마는 추상적 수준에서 해결될 수 없다. 그렇기 때문에 그것은 구체적인 시공간적 맥락과 다양한 경제적·정치적 스케일에서 이루어지는 구체적인 축적전략의 수립과 실현을 통해서, 그것도 기껏해야 부분적이고 잠정적으로만 해결될 뿐이다(4장 참조). 이러한 시공간적 조정은 구조적 정합성이 확보되는 주요 시공간적 경계를 한정하고, 이러한 정합성을 확보하는 데 드는 특정한 비용을 그 경계 너머 외부에 전가한다. 이러한 해결책들이 만들어지는 일차적 스케일과 시간 지평, 이들 간의 상대적 정합성은 시간이 지남에 따라 상당히 변화하게 된다. 이는 행위의 여러 다른 경계·국경·변경들이 때로는 일치하고 때로는 어긋난다는 것과 서로 다른 스케일들 간의 우선순위가 변화한다는 것에서 드러난다(1, 4, 5장).

조너선 데이비스Jonathan Davies는 거버넌스에 대한 신그람시주의적 접근을 제시한다(2011). 그는 내가 제안하는 확대국가에 대한 새로운 정의를 보완하고 있지만, 신자유주의적인 현재의 지구적 자본주의에 더 초점을 맞추고 있다. 더 구체적으로 그는 위계구조[통치]가 시장을 거쳐 거버넌스로 이동하는 것을 신자유주의 질서 아래에서 헤게모니를 차지하기 위해 벌어지는 지속적인 투쟁의 한 측면으로 해석한다(Davies 2011: p. 128; cf. Provan and Kenis 2008). 이러한 맥락에서 그는 네트워크 거버넌스가 적어도 그것이 위계적이지 않다는 의미에서 대칭적이라는 주장에 반대한다. 그는 네트워크 거버넌스가 매우 비대칭적이고, 이러한 비대칭성이 권력과 부의 막대한 집중, 경쟁의 심화, 만성적 불안이라는 자본주의적 사회구성체의 더 넓고 모순적인 총체에 뿌리를 둘 뿐 아니라 그것을 매개하고 있다는 점을 강조한다.

이를 바탕으로 그는 포용적 거버넌스에서 하위 헤게모니적 형태와 대항 헤게모니적 형태의 거버넌스에 이르는 여러 형태의 **신자유주의적** 네트워크 거버넌스를 새롭게 유형화하고 네트워크를 통해서 해방에 도달할 수 있는 조건들을 검토한다. 그는 왜 어떤 행위자 네트워크는 비슷한 물질적·문화적 자산을 가지고도 다른 유형의 네트워크들보다 더 강력한 영향력을 행사하는지, 그리고 왜 서로 다른 네트워크에 속한 결절적 행위자들nodal actors이 [동일한 네트워크에 속한] 다른 행위자들보다 더 밀접하게 서로 연관되어 있는지 묻는다(Davies 2011: p. 131).

그는 또한 네트워크적 조율이 위계적 조율로 변질되는 경향을 지적

한다. 이는 네트워크가, 탈정치화된 신뢰기반 네트워크에서 정책과 관리의 문제를 해결할 수 있는 거버넌스의 주체(그는 이를 '연결주의적 시민-활동가connectionist citizen-activists'라고 부른다)를 육성하지 못하기 때문이다. 그는 그람시적인 합의-강제의 도식에 따라 네트워크 거버넌스의 실패가 국가권력을 헤게모니적 지도력에서 지배력으로 이동시킨다고 결론 내렸다(Davies 2011: p. 132). 앞에서 제시한 용어를 쓰면 이는 위계적 그늘—그러나 특수한 계급 프로젝트에 결부된—을 재확인한다고 볼 수 있을 것이다. 그러나 이러한 신그람시주의적 접근법이 신자유주의 분석에만 국한될 필요는 없다. 이 접근법은 그 대상이 부분적으로 착취나 지배관계에 뿌리를 둔 '골치 아픈 문제들'과 연관될 때마다 거버넌스의 역할에 관한 분석에도 확장되어 적용될 수 있다.

결론

이 장은 주류 거버넌스 연구, 그리고 미시분석과 반국가주의에 편향된 통치성 연구를 넘어서기 위해 전략관계적 접근법에 의지했다. 이는 통치가 거버넌스로 전환되었다는 흔하고 일면적인 주장을 비판한다. 그러한 주장은 국가를 강제적 조율을 통해 통치하는 법-정치적 장치로 보는 편협한 견해에 근거하고 있기 때문이다. 그러한 견해는 국가권력의 다른 양상들을 무시하고, 국가가 통치 이외의 다른 지배기술을 사용한다면 '후퇴'하고 있음에 틀림없다고 시사한다. 그러나 그러한 전환의 일부로서 국가는 시장의 재설계, 헌법 개정, 조직 형태와 목표에 대한 법적인 재규제, 네트워크적 자기조직화를 위한 조건의 마련, 사회적 자본과 전문직 그리고 기타 형태의 전문성에 대한 자율규제의 촉진, 가장 중요하게는 여러 다른 형태의 1차적 거버넌스와 메타거버넌스에 대한 공형화에 정기적으로 관여하고 있다. 이는 새로운 현상이 아니다. 비록 거버넌스의 개념이 1970년대와 1980년대에 크게 부흥하고, 이를 이어받아 1990년대 중반에는 거버넌스의 실패와 메타거버넌스의 전망에 대한 관심이 커졌지만 말이다. 메타거버넌스의 실패도 점점 더 인식되고 있는데, 이는 일부 거버넌스 문제의 '골치 아픈 복잡성', 그리고 변화하는 세력균형의 제도화된 물질적 응축으로서 발생하는 국가의 불가피한 정치화 덕분이다.

이러한 발전은 3장에서 논의한 부분-전체 패러독스의 또 다른 측면을 보여준다. 그러한 추세는 두 가지 방식으로 읽을 수 있다. 한편으로 주권에는 초점을 덜 맞추지만 여전히 국가 중심적인 거버넌스에 대한 설명은 국가가 여러 다른 거버넌스 양식 간의 상대적 비중을 어떻게 수정하는지 살펴볼 것이다. 이러한 국가 프로젝트의 추진은 국가권력을 보존하려는 끊임없는 노력의 일환이다. 필요하다면 국가는 사회적 행위자와 경제·시민사회의 세력들과 국가를 공유하거나, 다양한 종류의 정부간체제에서 다른 국가들과 주권을 융합함으로써 국가권력을 보존할 수 있다. 여기서 국가는 사회적 응집성을 책임지는 장치로서 그 역할을 다시 확인한다. 다른 한편으로 거버넌스 중심적 접근은 어떻게 국가가 여러 다양한 사회 분야에서 행해지는 거버넌스 실천에 참여하는지를 고려할 것이다. 이때 국가는 주동자나 동등한 자들 중 일인자가 아니라 국가 외부에서 시작된 거버넌스와 프로젝트에 기여할 수 있는 하나의 행위자이자 이해관계자에 불과하다. 각자 고유한 자원을 지닌 여러 다른 행위자와 다를 바 없는 것이다. 여기서 국가는 여러 부문 중 한 부문으로 축소된다.

내가 비판적 정치경제학에도 의지해 유토피아적인 조향 낙관론 또는 거버넌스 낙관론의 본래적인 한계를 강조하는 까닭이 여기에 있다. 거버넌스 낙관론은 종종 과장되고 실로 비현실적이며, 그에 따라 "이데올로기의 가장 중요한 특징 중 하나를, 즉 사회적 모순들의 때 이른 화합을 창조한다."(Bloch 1986a: p. 156; cf. p. 265) 이는 [거버넌스 낙관론의 기초가 되는] 행위자 중심적 제도주의의 접근방식으로는 적절하게 또는 전혀 해결할 수 없는, 자본관계 또는 지배Herrschaft의 여러 형태에 뿌리를 둔 몇 가지 기본적인 난제가 있기 때문이다. 그러한 난제에는 (a) 특정한 사회적 관계들의 근본적으로 적대적인 성격과 그러한 적대적 관계들이 위기의 원인과 역동성에 미치는 영향, (b) 다원적이고 비적대적이며 잠재적으로 화해 가능한 정체성·이해관계와는 정반대로 양극화되고 상호 대립적이며 협상 불가능한 것으로 간주되는 정체성·이해관계를 구성하는 사회적 실천들이 포함된다. 또한 (c) 다른 정치체제는 말할 것도 없고 자유민주주의에서조차도 나타나는, 집단이 직면한 문제의 성격을 규정하는 권력의 비대칭성, (d) 문제의 여러 측면을 다른 곳에 전가하거나 뒤로 미뤄야만 '해결'될 수 있는 특정한 '문제들'의 본래적인 통치 불가능성도 문제가 된다.

나는 이제까지 전략관계적 분석 내에서 통치와 거버넌스에 대한 연구를 서로 결합하는 것에 지적 가치가 있음을 강조했다. 하지만 경제적·사회적 개입양식과 관련해서 통치와 거버넌스 사이에는 중요한 차이가 남아 있다. 그 이유는 다음과 같다. 주권국가는 본질적으로 통치를 하는 정치 단위지만 그 자체는 다른 것의 통치를 받지 않는다. 반면에 거버넌스의 본질을 보여주는 것은 자기조직화다. 이러한 맥락에서 주권국가는 주로 자국 영토 영역 내의 활동을 통치하고 다른 국가나 침입 세력에 대항해 영토의 완전성을 수호하는 반면, 거버넌스는 (종종 가변적인) 영토 범위와는 상관없이 여러 기능 간의 상호의존성을 관리하고자 한다. 이러한 통치와 거버넌스의 차이는, 다양한 스케일에 걸쳐 작동하고 영토적 구조에 얽매이지 않는 특수한 기능적 문제들을 중심으로 국가 **그리고 비국가 행위자들**을 조율하는 거버넌스 형태들에 대한 관심이 증가하고 있는 까닭을 설명한다.

일부 이론가들은 조율의 수직적 차원(다층적 통치 또는 거버넌스)을 강조하고, 다른 이론가들은 조율의 수평적 차원(네트워크 거버넌스)에 초점을 맞춘다. 이 두 경우 모두 국가에 지속적인 역할이 부여된다. 다시 말해 그것은 국가영토 조직의 여러 스케일에 걸쳐 있는—그리고 실로 여러 다양한 영토외적 맥락 속에도 위치한—여러 이해관계자의 성찰적인 자기조직화에 기여하는 것이다. 이러한 역할은 단일한 위계적 명령구조 속의 **최고 권위자**가 하는 역할이라기보다는 복잡하고 이질적이고 다층적인 네트워크 속의 **동등한 자들 중 1인자**가 하는 역할이다. 따라서 공식적 주권은 [국가의] 포괄적이고 지배적인 자원이라기보다는 일련의 상징적이고 물질적인 국가역량들로 보는 것이 더 낫다. 국가 외의 다른 이해관계자들은 그 밖의 다른 상징적·물질적 자원들(예: 사적 자금, 정당성, 정보, 전문지식, 조직적 역량, 숫자의 힘)을 제공한다. 이 자원들은 국가의 주권적 역량이나 기타 역량과 결합되어 공동의 합의된 목표와 목적을 증진하는 데 쓰일 수 있다. 따라서 다층적 거버넌스에 대한 국가의 개입은 덜 위계적이고, 덜 중앙집권적이며, 덜 지시적이 된다. 그리고 그것은 주권국가와 이론적으로 연관되어 있는 영토권력의 명확한 위계와는 대조적으로, 대개 뒤얽힌 위계와 복잡한 상호의존성을 수반한다.

3부
—

국가의 과거, 현재, 미래

8장

세계시장과 국가들의 세계

1970년대 중반 이후 지구화가 진행됨에 따라 영토적 국민국가의 미래에 대한 사회과학 연구와 일반인의 논평이 논쟁을 거듭해왔다. 어떤 패러다임은 영토적 국민국가의 종말이 임박했다고 예언했지만 그러한 예언은 아직도 실현되지 않았다. 이 논쟁은 두 가지의 다른 논쟁과 연결되어 있다. 하나는 국가의 권한이 국민국가 영토 수준의 상위, 하위 또는 측면으로 이양됨에 따라 커지고 있는 국가체계의 스케일 재편rescaling▼에 대한 관심이다. 이러한 국가 권한의 이양과정은 중요한 국가 활동이 이루어지는 제도화된 스케일들이, 지방적 협력에서 도시적·지역적·월

▼ '스케일 재편'이란 여러 다른 지리적·공간적 스케일 간의 위계적 분업관계가 재편성되는 과정을 가리킨다. 예를 들면 국민국가의 전성기에는 국민국가 스케일이 위계의 최상위에서 정치적·경제적으로 핵심적인 역할을 한다면, 세계화 또는 지역화glocalization의 전성기에는 국민국가 스케일의 중요성이 줄어들고 지구적 스케일과 지방적 스케일의 중요성이 커진다. 이러한 스케일의 재편은 결코 중립적인 과정이 아니며 정치적으로 이루어진다(Erik Swyngedouw, "Neither Global nor Local: 'Glocalization' and the Politics of Scale", In Kevin R. Cox (ed.) *Spaces of Globalization: Reasserting the Power of the Local*, New York: The Guilford Press, 1997, pp. 137~166 참조).

경적·범대륙적 차원의 협력에 이르기까지, 그리고 다양한 초국가적 단체들에 이르기까지 확산하고 밀집하는 것에서 드러난다.

다른 하나의 논쟁은 여러 다른 스케일에서 행해지는 정부의 통치가, 여러 국가에 걸쳐 비슷한 스케일에서 일어나는 활동들을 서로 연결 짓는 네트워크 형태의 거버넌스로 전환되었다는 주장과 관련되어 있다. 이러한 종류의 전환은, (a) 국가 관리자와 국가장치의 적응력, (b) 경제적 경쟁력, 정치적 정당성, 사회적 응집성의 조건을 확보하는 데 있어 계속되는 국민국가의 중요성, (c) 자국을 포함해 여러 스케일에서 진행되는 국가 활동들을 조율하는 국민국가 역할의 증대를 반영하고 있다. 국가가 수행하는 이러한 작업들은 영토적 국민국가를—아래에서 살펴볼 특정한 측면들과 관련해서—다른 것으로 대체하는 것이 불가능함을 시사한다.

이러한 국가 형태의 존속은 또한 광범위한 지경학적·지정학적 질서의 비대칭적인 권력관계를 반영한다. 더 강력한 자본과 국가는 정복·점령·위협 대신, 형식적으로 주권적인 국민국가들의 대내외적 세력균형을 매개로 정치와 정책에 영향력을 행사하기를 선호할 수 있다. 세계시장의 통합과 세계사회의 상호의존성이 커지고 있음을 고려하면 '서구'의 선진 자본주의 경제와 결합된 고전적인 국민국가의 영토적·시간적 주권은 전체적으로 과거보다 확실히 더 제약을 받고 있다. 지난 세기에 국가 자치권과 형식적 독립성을 획득했지만 국가역량이 상대적으로 약하고 자본주의의 발전이 종속적인 영토국가들의 경우에는 더욱더 그러하다.

3부 국가의 과거, 현재, 미래

문제의 설정

지구화가 국민국가를 약화시킨다는 주장은 종종 2차 세계대전 이후 대서양 포드주의의 호황기에 존재했던 '영미권'과 서유럽의 주권적 영토 국가에 대한 정형화된 견해를 주요 참조 기준으로 삼는다. 서구의 주권 국가 모델을 주요 기준으로 삼는 이러한 비교는 1980년대와 그 이후에 제기된 다음과 같은 우려에서도 이미 나타난 바 있다. 그 우려는 바로 **일국에서** 조직된 경제적·정치적 세력이 더는 호황기 때처럼 **일국의** 경제성과에 대한 발전·관리를 국가의 주요 경제적 과제로 설정할 수 없다는 것이다. [국민국가가 무력화되었다는] 이러한 관점을 채택하는 연구는 대개 지구화가 이 '선진적인' 중심부 국가들에 미친 영향에 초점을 맞추고, 이 국가들(또는 그들에 선행하는 국가들)이 제국주의와 식민주의를 통해 다른 국가와 사회구성체들에 경제적·정치적·사회적으로 어떤 영향을 미쳤는지는 간과한다.

지구화와 국민국가에 대한 이러한 견해를 독해하는 아이러니한 방법은 그러한 [국민국가의 무력화라는] 견해를 대체로 '북반구'의 반응으로 간주하는 것이다. 예를 들면 처음에 그 견해는 '동방' 경제와 그곳의 개발국가들이 세계시장에서 경제적·정치적 힘을 얻게 되었을 때 제국주의나 식민지 지배에서 해방된 공간들(과 일본)이 행한 '복수'에 대한 반응으로 나왔다. 이후 그것은, 전 세계에 신자유주의 개혁을 추진하고 채무국과 위기국가에 구조조정 조건을 부과하며 국제 경제체제를 신자유주의적 방향으로 몰고 감으로써 헤게모니 또는 적어도 지배력을 되찾으려는 '북반구'의 경제·정치 세력의 노력에 대한 반응이 되었다. 그뿐만 아니라 많은 주류 연구(전부는 아니지만)는 세계시장 통합과 관련해 다양한 블록 내에서 선행하고 지속되는 양자간·다자간 정책조율의 범위를 간과한다. 또한 그것은 다양한 국제 체제·제도·정책 분야에서 초강대국이 가진 패권의 범위도 간과한다.

지구화와 국민국가의 관계를 다룰 때 방해가 되는 또 다른 곤란한 문제 두 가지는 첫째로 지구화에 대한 몰역사적이고 시공간적으로 빈곤한 해석이고, 둘째로는 지구화가 영향을 준다는 국가 형태에 대한 과잉 단순화된 설명이다. 아래에서는 각각의 어려움을 하나씩 다루겠다.

첫째, 지구화는 보편적이고 단일한 논리를 가진 단일한 인과 메커니즘이 아니다. 그것은 수많은 사건·과정·전환이 초래하는 고도로 복잡하고 지속적으로 진화하고 있는 결과, 즉 다중심적·다중스케일적·다중시간적·다형적 결과로 이루어져 있다. 따라서 결코 전부는 아니지만 일부의 기업, 금융기관과 자본분파들의 전 지구적인 실시간 운영이 더 쉬워졌다는 점을 인정하면서도, 세계시장 통합의 초기 물결과 지구화 사이에 중요한 연속성이 있음을 인정해야 한다. 영토국가와 도시 네트워크는 1970~1980년대에 시작된 최근의 지구화 이전에도 이미 어느 정도 세계시장에 통합되어 있었을 뿐만 아니라 그러한 통합의 경험을 토대로 형성되었기 때문이다.

반대로, 가장 최근의 지구화 물결은 자본주의의 **행성 전체에 대한** 영향력보다는 지구적 연결의 더욱 빨라진 **속도**와 그것의 실시간 파급력이라는 측면에서 구별된다. 실제로 국가 관리자들이 지구화에서 느낀다고 주장하는 압박감의 대부분은 (때로는 편리한 알리바이로만 쓰이기도 하지만) 지구화의 **공간적 확장**spatial extension보다는 **시간적 압축**temporal compression에 더 관련되어 있다. 세계시장의 통합, 초고속 기술, 초고속 금융자본의 이동성 증가로 국경에서 마찰이 줄어들수록 자본 논리가 국가에 초래하는 어려움은 더욱더 커지고 있다. 이러한 어려움은, 세계시장의 통합이 심화됨에도 여러 중요한 국가장치는 여전히 국민국가적인 아키텍처를 지닌 데 기인하는, 영토주권에 대한 제약과만 관계되지 않는다. 그것은 또한 자본의 가속화가 정상적인 정책주기를 위협함에 따라 발생하는 시간적 주권temporal sovereignty에 대한 제약과도 관련이 있다(가속화에 대해서는 Rosa 2013, 시공간적 압축에 대해서는 Harvey 1996, 신속정책에 대해서는 Peck and Theodore 2015 참조). 물론 그 밖에 다른 요인과 세력도 국가의 영토적·시간적 주권에 곤란을 초래하고 있으며, 이 장의 마지막은 이러한 요인과 세력이 정체·정치·정책에 초래하는 다양한 문제를 다룰 것이다.

5장에서 제시한 영토·장소·스케일·네트워크의 틀을 통해서 보면 세계시장의 역동성은 '흐름의 공간' 이상의 것을 수반하고 있음을 알 수 있다. 세계시장은 결정적으로 중요한 영토적 차원을 가지고 있으며, 상이한 장소들에 각기 다른 정도로 관여함으로써 불균등 발전을 가져온다. 또한 그것은 종종 뒤얽힌 위계 속에 있는 여러 다른 스케일 위에서 전개되며, 여러 상이한 유형의 네트워크와 기타 거버넌스 메커니즘을 통해 매개된다. 세계시장은 새로운 형태의 경제적 착취와 정치적 지배, 다른 체계들이 세계시장에 제공하는 제도적 지원책과의 더 밀접한 접합, 다양한 거버넌스 체제 간의 상호의존을 통해 실시간으로 더욱더 긴밀하게 통합되고 있다. 그리고 이에 따라 자본순환의 비인격적 논리에 뿌리를 둔 자본의 구조적 힘뿐만 아니라 이동이 자유롭고 경쟁적인 자본의 전략적 힘도 증가하고 있다.

이러한 현상은 지리적 불균등 발전을 발생시키고 공간 분업과 스케일 분업에 영향을 미친다. 이는 또한 다양한 종류의 네트워킹이 일어날 수 있는 범위를 바꾸고 경제적 지배의 공간적 측면을 재편한다. 세계시장의 통합은 또한 글로벌 경쟁의 확대·심화·강화를 통해 자본과 노동에 가해지는 경쟁 압력을 강화하고, 나아가 국가 관리자들도 다양한 압력에 종속시킨다. 어느 한쪽을 희생시켜야만 다른 쪽의 영향력이 커질 수 있는 제로섬적 시장-국가 관계를 전제하고 질문을 던질 때 지구화의 이러한 복잡성들은 무시된다(아래 참조).

둘째, 국민국가에 대해 쉽게 일반화할 수 있는 방법을 찾다보면, 지구화의 영향을 받는 국가 형태와 정치체제가 다양하다는 사실을 간과하게 된다. 그러한 쉬운 일반화는 국가가 일차적으로 '권력' 또는 '부'를 담는 그릇으로 기능한다는, 일면적이지만 여전히 흔한 가정도 지지한다. 그러나 국가는 여러 국가와 비영토적 형태의 정치조직으로 이루어진 네트워크들—정치공간 각각의 세력균형을 반영하고 굴절시키는 네트워크들—속에서 '권력의 연결자' 역할도 한다. 이러한 권력의 연결성은 지방·지역·국민국가들이 최근의 지구화 추세의 영향을 받기 이전에도 이미 세계시장과 기타 국제관계에 상이한 정도로 통합되어 있었음을 의미한다. 국가들이 세계시장에 편입되는 방식(예: 아랍에미리트 같은 불로소득 산유국, 산업 지역과 탈산업 지역 클러스터와 강력한 지방·지역 당국으로 구성된 풍부한 생태계를 기반으로 한 스위스 같은 소규모 개방 경제, 미국 같은 준대륙 경제, 또는 캄보디아 같은 저기술·저임금 수출 경제)에 따라 그 효과는 달라진다.

국가는 경제와 어느 정도 떨어져 있는 것으로 간주되어서는 안 된다. 마치 둘이 별개의 영역에 존재하고 오직 서로 외부적인 관계만 맺는 것처럼 간주되어서는 안 된다는 것이다(2장 참조). 오히려 정상적인 국가들은 전형적으로— 능동적·수동적으로, 또는 ('불량국가'와 '실패한 국가'의 경우) 불가피하게—여러 측면에서 경제를 구성하는 제도와 관행을 형성하는 데 깊이 관여한다. 국가의 경제에 대한 이러한 관여는 세계시장의 통합을 능동적으로 촉진하거나 적어도 수동적으로 수용하는 것을 포함한다. 이는 직접적으로 지구적인 수준에서 이루어지거나 여러 지역통합 형태들과 그들 사이의 2차, 3차, n차 연결을 통해서 이루어진다. 더구나 지구화는 다른 스케일에서 진행되는 과정들(332쪽 참조)과도 연결되어 있다. 예를 들면 지구화는 지역화, (북미·유럽·동아시아의 이른바 3각 지역을 연결하는) 삼극화triadizaiton, 글로벌 도시 네트워크 구축, (브릭스BRICS, 즉 불균등하게 성장하고 있는 브라질·러시아·인도·중국·남아프리카공화국의 연계처럼) 가상적인 대륙 간 지역의 형성, 국제적 현지화(제품과 서비스를 현지 시장에 맞게 조정하는 글로벌 전략), 접경지역의 발전과 연결되어 있다.

이처럼 국가, 국가 관리자와 그들이 대변하는 세력은 이러한 서로 다른 사회공간적 과정들에 대한 촉진·변경·저항을 모색한다. 이는 지구화의 형성에 간접적으로 기여한다. 또는 순수 마르크스주의자라면 국가가 세계시장의 형성에 기여한다고 할 것이다. 세계시장은 시장의 힘이 자유롭게 작용하는 평평한 표면이 아니라 이질적인 영토, 불균등하게 연결된 장소, 스케일 간의 뒤얽힌 위계, 비대칭적 네트워크들의 복잡한 아상블라주로 구성되어 있기 때문이다. 심지어 신자유주의적 형태의 경제적 지구화조차도 신자유주의를 확산시키기 위해, 그리고 시장실패, 위기 경향, 저항에 부딪쳤을 때 신자유주의를 유지하기 위해 정치적 제도와 정책 이니셔티브에 계속 의존한다. 국가에 대한 이러한 의존은 북대서양 금융위기North Atlantic financial crisis▾에 대한 대응에서 특히 잘 드러난다. 이 위기는 2006~2007년에 처음 공개적으로 분명해졌지만 그 원인은 훨씬 더 오래전으로 거슬러 올라가며, 그 효과는 전염을 통해 전 세계의 여러 다른 지역으로 불균등하게 확산되었다.

　일부 정치 엘리트는 어느 정도의 공식적 주권을 유지하거나 유치산업 또는 다른 경제적 이익을 보호하기 위해 지구화와 연관된 힘과 과정에 저항하려고 하는 반면, 다른 엘리트는 지구화가 국익에 부합한다고 인식해서 지구화를 추진하고, 이를 통해 국가역량의 강화를 희망할 수도 있다. 후자의 전략을 보여주는 가장 중요한 사례는 물론 오랜 세월 동안 신자유주의적 지구화를 가장 강력하게 옹호해온 미국 연방국가의 전략이다. 영국은 또 다른 주요 사례다. 반면, 독일은 (특히 자본재 제조를 위한) 자본재와 고부가가치·고품질의 디자인 집약적인 내구 소비재 생산에 대한 특화를 바탕으로 세계시장 통합에 대해 더 신중상주의적 접근방식을 추구한다. 그러나 독일은 유로존 위기에 대응할 때 남유럽의 채무국들에 대해서는 신자유주의적 긴축을 옹호했다. 중국의 신중상주

▾　제솝은 언론과 학계에서 흔히 2008년 서브프라임 금융위기, 글로벌 금융위기 등으로 부르는 사건을 북대서양 금융위기라고 부른다(Bob Jessop, "Crisis construal in the North Atlantic Financial Crisis and the Eurozone Crisis", *Competition & Change* 19(2), 2015: pp. 95~112 참조). 서브프라임 금융위기라는 표현은 위기의 지구적 차원을 보여주지 못하고 글로벌 금융위기라는 표현은 위기의 가장 큰 원인이 미국·영국 등의 신자유주의적 자본주의와 국가에 있다는 점을 은폐하기 때문이다.

의 전략은 '세계의 공장' 역할이라는 매우 다른 기반을 가지고 있다. 하지만 중국도 경제적·금융적 영향력을 지구적으로 확장하고 국내 소비를 촉진하는 등 여러 가지의 고도화 전략을 추구하고 있다.

더구나 국가는 사회적 관계이므로 이러한 지구화의 압력들은 국가 내부에 반영된다. 따라서 지구화는 자본분파간의 관계와 자본-노동 관계를 포함한 경제적·정치적 세력들 사이의 균형뿐만 아니라 시장과 국가 간의 관계를 변화시킨다. 이제 이러한 변화는 국가 그 자체와 국가정책에 반영된다. 지구화는 또한 공간적 팽창과 사회생활 리듬의 가속화라는 내재적 경향을 지닌 억제되지 않은 시장의 힘에 대한 반대 운동도 불러일으킨다(아래 참조).

세계시장과 국가들의 세계에 대한 이론적 논쟁

위에서 언급한 이론적 논쟁에서 쟁점이 되는 것은 더 근본적인 문제, 즉 세계시장world market과 국가들의 세계world of states 사이의 구조적 결합과 공진화를 어떻게 해석하는 것이 가장 좋은가 하는 문제다. 이 문제에 대해 상반되지만 똑같이 부적절한 이론적 접근방식 두 가지가 있다. 하나는 세계시장과 국가들을 마치 서로 순전히 외부적이고 의사기계적quasi-mechanical인 관계만 맺는, 자체의 고유한 논리를 가진 별개의 **요소들**인 양 취급하는 것이다. 다른 하나는 그것들을 마치 포괄적인 자본관계에서 변증법적인 '분리 속의 통일'을 이루는 상호의존적인 경제적 **계기**와 정치적 **계기**인 양 취급하는 것이다. 여기서 이 자본관계의 변증법적 논리는 각각의 계기에 자본축적의 조건을 확보하는 고유한 역할을 부여한다. 첫 번째 설명은 현상적으로 분리된 요소들의 상호의존성을 과소평가[또는 그 요소들이 맺는 관계의 우연성을 과장]하는 반면, 두 번째 설명은 상정된 두 가지(그리고 오직 두 가지) 계기의 통일성[필연적 상호의존성]을 과장한다. 전략관계적 관점은 속담처럼 [우연적 설명과 필연적 설명 사이에] '제3의 길'이 필요함을 제시한다. 즉 지구적 규모에서 비교적 안정된 차등적 축적이 일어나게 하는 '우연적으로 필연적인contingently necessary' 조건들을 잠시 동안이라도 확보할 수 있는 의미론·제도·시공간상의 조정에 대한 설명이 필요한 것이다(4장 참조). ▼ 또한 이는 세계 정치질서 속에서 국가들 간의 평화로운 공존, 기후변화가 제기하는 문제의 해결, 또는 다른 긴급한 문제에 대한 적절한 제도적·전략적 해결책의 고안에 필요한 조건들에 관한 질문에 대해 기존의 두 가지 이론과는 다른 개념들이 요구되고, 다른 답변들이 제시되어야 함을 가리킨다.

세계시장과 국가가 맺는 이러한 필연적으로 우연적인 관계의 복잡성 때문에 이단적 학자들 사이에서는 이를 어떻게 하면 가장 잘 접근·묘사·설명할 수 있는지에 대해 활발한 논쟁이 벌어져왔다. 이 논쟁의 주제는 자본이론적·계급이론적·국가이론적 쟁점 중 어디에 일차적인

▼ 이러한 서술은 제솝이 비판적 실재론critical realism의 관점에서 고안한 '우연적 필연성contingent necessity' 개념
에 근거한 것이다. 이 개념은 상이한 인과적 메커니즘들의 결합이나 상호작용이 발생하면 필연적으로 어떤
일정한 결과를 낳지만 그러한 인과성들의 결합이나 상호작용의 발생 그 자체는 비필연적 또는 우연적·상황
적이라는 것을 가리킨다(Jessop 1990: p. 12). 이 개념을 세계시장과 국가의 관계에 적용해보면, 국가와 세
계시장의 특정한 기능적 결합이 발생하면 필연적으로 세계적 규모에서 안정적인 축적이 일어나지만 그러한
기능적 결합 또는 의미론적·시공간적·제도적 조정은 오직 우연적(비필연적)으로 그리고 기껏해야 한시적으
로만 발생한다.

초점을 맞추고 있느냐에 따라 구분할 수 있다. 논쟁의 초점 중 하나는 세계시장 통합에 대한 자본이론적 입장들 사이의 경쟁과 관련되어 있다. 이들은 다음 중 하나 또는 그 이상의 [자본] 논리가 작용하는 정도에 대해 그 견해를 달리한다.

(1) 새로운 초제국주의의 논리나 잘 정립된 세계체계의 논리에 근거하고 있는 단일한 세계적 역동성(초제국주의에 대해서는 Kautsky 1914 참조, 세계체계론에 대해서는 Wallerstein 2000, Arrighi 1994 참조).

(2) 자본주의의 다양한 국가 유형 사이의 상호작용(현대적 고전으로는 Hall and Soskice 2001 참조). 이러한 자본주의의 다양성VoC: varieties of capitalism은 처음에는 지구적 맥락에서 그들 각각이 갖는 상대적 강점·약점을 고려하지 않고 개별적으로 검토되었다.

(3) 또는 내가 선호하는, 전 지구적 규모에서 우연적이고 창발적인 논리로 작동하는 '다채로운 자본주의varied capitalism'▼의 발전. 이는 전 지구적 영향력을 지닌 자본분파, 전 지구적 파급력을 가진 축적전략, 또는 헤게모니적·지배적 자본주의 유형의 그늘·지도·지배 아래 조직될 수 있다(Jessop 2011, 2014b, 2015a).

▼ '다채로운 자본주의' 개념은 자본주의의 다양성 개념을 비판하면서 자본주의의 국가 간 차이가 각 국가 내부의 사회적·제도적 배열의 차이뿐만 아니라 더 중요하게는 통합된 세계시장에서의 고유하고도 차등화된 위치에 기인한다고 본다('공존 가능성'에 대한 역주 참조). 여기서 '다채로운'이라고 번역한 'variegated'는 "다양한 색조나 무늬로 이루어진"이라는 뜻을 가진 형용사로, 주로 식물의 잎이나 꽃의 색깔이 불균등한 경우에 쓰인다. '얼룩덜룩한'이라고도 번역되는 이 개념은 하나의 단일한 세계시장 속에서 상이한 자본주의들이 서로 복합적으로 얽히면서 불균등하게 발전함을 가리킨다(Jamie Peck and Nik Theodore, "Variegated Capitalism", *Progress in Human Geography* 31(6), 2007: pp. 731~772 참조).

자본주의의 다양성에 관한 문헌(그리고 이에 상응하는 국민경제에 대한 조절-거버넌스 연구)의 문제점은 그것이 **국민국가적** 모형들이나 고유성을 물신화하고, 이러한 모형들을 서로에 대한 라이벌 또는 경쟁자로 취급하며, 더 넓은 국제적·지구적 분업 내의 잠재적 상보성과 공존 가능성이라는 문제를 무시하는 경향이 있다는 것이다. 만약 이러한 상보성과 공존 가능성에 세심한 주의를 기울인다면 지구화가 자본주의의 다양성에 부과하는 제약은 훨씬 더 크게 보일 것이다. 세계시장의 수준에서 보면, 자본주의의 다채로움은 현재 신자유주의의 그늘 아래에서 재구성되고 있는 중이다. 그러나 유럽의 경제 공간 내에서 지배적인 것은 독일의 신중상주의라는 그늘이다(자세한 내용은 Jessop 2014c 참조). 또한 가해자로서든 피해자로서든 지구화를 실현하는 '국가의 다양성'을 인식하는 것도 필수적이다. '자본주의의 다양성'과 '다채로운 자본주의' 간의 논쟁에 빗대어 보면, 단순히 [다양한] 국가들의 세계에 대해 논하기보다는 제국주의적 노선에 따라 조직되고 거버넌스 실패가 증가하고 있는 다채로운 국가간체계 또는 지구적 정치체계를 탐구하는 것이 더 적절하다(7장 참조).

논쟁의 두 번째 초점은 세계시장 통합에 대한 계급이론적 입장들 사이의 경쟁과 관련된다. 이 논쟁의 양 극단은 다음과 같다. (1) 하나는 좀 더 이론적인 접근으로서, 역사적으로 특정한 형태의 자본관계와 그것에 고유한 제도적 지원책들이 특정 시기의 경제적·정치적 투쟁에 어떻게, 얼마나, 왜 영향을 미치는지에 초점을 맞춘다. 여기서 특히 관심을 두는 시기는 부르주아지가 상당한 수준의 헤게모니를 누리고 있을 때다. (2) 다른 하나는 좀 더 정치적인 동기를 가지고 있고 하위주체 집단의 입장을 반영하는 접근으로서, 일반화된 계급투쟁을 생산할 수 있는 지구화의 잠재력을 강조하거나 억압받고 주변화된 이들로 구성된 다원적 '다중'의 광범위한 동원에 주목한다. 다중의 동원은 자본관계의 모든 형태와 계기를 전복하기 위한 것이며, 이를 위해 여러 다른 투쟁을 지구적으로 연결하는 데 전략적 우선성이 주어진다.

이 논쟁에서 각 입장은 강점과 약점을 갖고 있다. 첫 번째 주장은 더 상세하며, 미묘한 차이가 있는 사례 연구들과 이론적 성찰에 근거하고 있다. 하지만 개별적 사례 연구라는 나무를 보느라 지구적 스케일에서 벌어지는 차등적 축적이라는 숲을 보지 못할 위험이 있다. 두 번째 주장은 자본관계와 전 지구적 위기 경향 사이의 상호연결성을 강조하고, 특히 여러 투쟁을 서로 다른 논리를 가진 분리되고 물신화된 경제적·정치적 제도 형태로 유도함으로써 초래되는 개량주의적 결과를 경고한다 (4장 참조). 그러나 이러한 분석에는 본질주의적 논증 형태를 채택할 위험과 더불어 계급투쟁의 불균등 발전, 그 수세적·공세적 국면들, 광범위한 사회세력들 사이의 연합 구축이 갖는 어려움을 간과할 위험이 따른다.

(이 책과 특히 관련이 있는) 이 논쟁의 세 번째 초점은 정체·정치·정책의 세 가지 의미로 이해되는 국가들의 세계와 지구적 정치체계 내에서 그들이 차지하는 위치의 변화하는 성격에 관한 것이다. 따라서 논쟁은 이 지구적 정치체계가 다음 중 무엇으로 구성되어 있는지에 초점을 맞춘다. (1) 국제화하는 경제에서 각 국민국가에 속한 자본의 이익을 위해 행동하는 국민국가들의 세계(예: Weiss 1998), (2) 각각의 배후지를 가진 국가 내subnational 또는 국가 간cross-national 공간에서 새롭게 떠오르

는 지역국가들regional states의 집단(예: Ohmae 1995), (3) 각자의 경제 공간 내에서 운영되면서 더 경쟁력 있는 경제에 대한 경제적 의존·종속 관계를 재생산할 수 있는 국내외의 자본주의 기업들을 대변하는, 상호 연결되어 있지만 부분적으로는 서로 경쟁하는 일련의 국민국가들(예: Poulantzas 1975, 1978), (4) 미국이 주도적으로 조직적 역할을 하는 일종의 다층적 복합체 또는 반구적 국가hemispheric state(예: Shaw 2000)▼, (5) 세계시장의 국제적 통합, 그리고 더 최근에는 초국적 통합을 조직하는 책임을 맡고 있는 전후 미국의 제국주의 국가의 우위(예: Panitch 2000; Panitch and Gindin 2012), (6) 국민국가, 국제기구, 초국적 네트워크를 연결하는 새로운 초국적 국가transnational state(Robinson 2004), (7) 네트워크화된 성격 덕분에 강력한 미국의 국가조차 초월하는 새로운 제국 (Hardt and Negri 2000). 이 목록은 (더 미묘하고 혼성적인 입장들이 존재하기 때문에) 그 자체로 불완전할 뿐만 아니라 지구화와 국민국가, 민족국가 또는 둘 모두를 다루는 광범위한 논쟁과 관련해서도 불완전하다.

세계시장 통합과 국가체계

먼저 지적하고 싶은 점은, 지구화의 복잡성과 국가들 간의 차이를 고려할 때 세계시장 통합의 증가는 일반적·초역사적 형태의 정치조직으로

▼ 마틴 쇼Martin Shaw는 미국 주도의 '지구적 국가global state'가 출현하고 있지만, 여기에 중국과 러시아는 반대세력으로서 동참하지 않는다고 주장한다(2000).

상정되는 **국가 일반**(주권국가든 아니든)에 압력을 가하지도 않고 가할 수도 없다는 것이다. 지구화를 발생시키는 수많은 사회세력과 메커니즘은 오직 특수한 국가역량과 책임을 지닌 특수한 국가 형태에만 압력을 가하거나 힘을 더할 수 있다. 각 국가는 다양한 방식으로 지구화의 복잡성에 영향을 받는다. 지구화의 압력은 그렇게 다양한 방식으로 국가에 영향을 미치면서 국가 내의 세력균형도 변화시킨다. 지구화에 따라 다양한 정도로 발생하는 국가역량의 상실이나 강화는 특정한 경제·정치·사회 세력들을 다른 세력들보다 더 유리하게 만들 것이기 때문이다. 그것은 또한 이러한 도전에 대응해서 국가 형태와 역량을 재조직하려는 투쟁의 공간을 창출하고 촉진할 것이다.

지구화의 모든 압력에 대응해서 그것을 이용·흡수하거나 그것에 저항·반작용할 수 있는 국가의 역량은 매우 다양하다. 효과적인 전 지구적 영향력을 갖춘 동시에 매우 빠르게 이동하는 자본의 시공간에 맞춰 통상적 업무 절차를 압축할 수 있는 능력을 갖춘 개별 국가는 존재하지 않는다. 아무리 강력한 국가라도 다른 국가, 권력 중심지, 세계시장의 논리에서 가해지는 외부 압력뿐만 아니라 자체 정책의 내부 영향과 그 영향으로 발생하는 역풍과 저항에 직면하게 된다. 최근 몇 년 동안 재정적·경제적·군사적·지정학적 측면에서 미국의 초강대국 위상이 낮아진 것은 이러한 진실을 보여준다. 그럼에도 서반구 내 주요 라이벌 국가들의 취약성은 미국이 패권의 상실을 보완할 수 있는 역량을 여전히 보유하고 있음을 의미한다. 즉 미국은 모든 영역에서 지배력을 확보하고 초국적 자본의 이익에 따라 세계시장의 거버넌스를 재편하려고 시도할 수 있다.

지구화를 발생시키는 수많은 사회세력과 메커니즘은 **특정한** 역량·책임과 상이하고 불안정한 세력균형을 가진 **특정한** 국가 형태들에 압력을 가한다. 이러한 압력을 받는 영토국가들이 모두 (3장과 5장에서 정의된 바대로) 국민국가인 것은 아니다. '지역국가'로서 경쟁에 유리한 위치에 있다고 여겨지는 도시국가와 그 배후지도 있으며, 그 외에도 다양한 '비생산적' 자본이 운용되는 주권적 '역외' 거점으로 기능하면서 지구적 자본축적에 핵심적인 역할을 하는 섬나라 또는 소국들이 많이 있다. [지구화의 압력으로] 기존 국가역량이 약화되고 일부 국가들이 실패하면서 군벌주의, 마약왕국, 노멘클라투라Nomenklatura[특권적 지배계층]의 자산 탈취 등이 횡행할 수 있는 공간이 열리게 된다. 일부 국가와 주민들은 특히 신자유주의적 형태의 세계시장 탓에 심각한 피해를 입는다. 반면 다른 국가들과 주민들은 세계시장으로 통합하고 좋은 거버넌스를 갖추라는 압력 등에서 혜택을 받을 수 있다.

더구나 세계시장은 국가역량을 형성하는 과정에서 국가 내의 세력균형을 변화시키는데, 이는 전략관계론의 가정과 일치하는 결과다. 다양한 정도로 일어나는 국가역량의 상실(또는 증가)은 일부 경제·정치·사회 세력을 다른 세력들보다 더 유리하게 만들 것이다. 또한 그것은 투쟁을 위한 공간을 창출하고 촉진할 것이다. 이러한 투쟁을 통해 국가 형태와 역량이 바뀌거나 지구화가 촉진되고, 지구화의 방향이 수정되거나 지구화에 대한 저항이 일어난다. 이러한 문제를 연구하기 위해서는 지구화의 양상, 국가 형태와 정치체제의 특수성에 대한 진지한 접근이 필요하다. 지구화의 양상과 국가의 형태는 종종 서로 연관되어 있는데, 이는 상이한 형태의 국가가 상이한 형태의 지구화에 강점을 보이기 때문이다. 지구화의 양상은 과거에 세계시장에 편입되었던 방식에 기초하고 있으며, 전형적으로 권력 블록과 계급 타협의 재구성과 연관되어 있다. 마찬가지로 지구화의 차별적이고 불균등한 역동성은 제국주의적 자본주의 국가, 수출 지향적 개발국가, 불로소득 산유국, 탈식민지 국가, 탈사회주의 국가 등에 각기 다른 영향을 미칠 것이다.

이러한 이론적 관찰은 세계시장 통합과 국가권력에 제로섬 방식으로 접근하는 것을 배제한다. 특히 그러한 식의 접근이 **초시간적 시간** timeless time **속에서 작동하는 단일하고 새로운, 국경 없는 흐름 기반의 경제**의 관점에서 제기될 때 그렇다. 그러한 접근방식은 이렇게 새로운 형태의 경제가 **고정된 영토 경계를 통제하는 '권력을 담는 그릇'으로서 작동하는 전통적인 영토적 국민국가의 다원성**을 희생시키면서 확장되고 있다고 상정한다. 한편으로 이러한 제로섬 방식의 접근은 세계시장의 복잡성과 모순적인 역동성을 지나치게 단순화하고, 세계시장이 장소 기반 경쟁우위에 의존하고 있다는 사실을 무시한다. 또한 그것은 경제 활동이 장소적·시간적으로 제약된 경제외적 지원책들에 일반적으로 의존한다는 점을 경시하고, 산업자본과 상업자본은 물론 금융자본에 있어서도 이미 진정으로 전 지구적인 경제가 출현했다면서 그 정도를 과장한다. 그리고 그것은 지구화의 경제적 논리와 비논리가 정치체계의 작동뿐만 아니라 개별 기업·지사·클러스터를 얼마나 제약하는지를 무시한다.▼

다른 한편으로 이러한 제로섬 방식의 접근은 근대 국가체계에서 주권국가 간에 형식적인 동등성이 있음에도 모든 국가가 국내적으로든 국제적으로든 동등하게 권력을 행사할 수 있는 것은 아니라는 사실을 무시하는 경향이 있다. 각 국가는 국내외에서 서로 다른 문제에 직면하고 있으며, 이에 대응해 그러한 문제를 해결하고 재조직하는 데 있어 서로 다른 역사와 역량을 가지고 있다. 그리고 국내 문제뿐 아니라 국제 문제에서도 일부 국가는 다른 국가보다 더 강력한 힘을 가지고 있다.

이러한 고찰에서 세 가지 결론을 도출할 수 있다. 첫째, 세계시장의 역동성은 상품, 생산자본, 이자 낳는 자본, 또는 가변자본(즉 노동력 이민)의 흐름으로 환원할 수 없다. 그것은 중요한 영토적 차원을 가지고 있다(이는 산업지구, 집적경제, 세계도시, 지역적 자본주의 또는 국민국가적 자본주의와 같은 개념에서 나타난다). 둘째, 국가는 '권력의 연결자' 또는 '권력을 담는 그릇' 이상이다. 셋째, 지구화가 국가에 미치는 영향은 국가역량과 변동하는 세력균형을 매개로 나타난다. 따라서 정치세력이 국가역량을 어떤 목적으로 어떻게 행사하기를 선택하는지, 국가역량이 시장의 힘에 비해 어떻게 강화·적응·축소될 수 있는지 알지 못하면 지구화가 국가의 힘을 약화시킨다고 말할 수 없다. 따라서 우리는 정치와 경제, 각각의 제도적 구현물의 조직 변동에 초점을 맞추어야 하며, 경계와 국경을 미리 주어지고 고정된 것이 아니라 우연적이고 능동적으로 재생산되는 것이라고 보아야 한다. 이 세 가지 결론 모두는 전략관계적 접근법을 채택함으로써 설명될 수 있다. 이 접근법은 자본과 국가가 사회적 관계로

▼ 제솝은 자본주의적 지구화에 따라 심화되는 자본의 모순과 딜레마를 '비논리illogics'라고 부른다. 구체적으로는 초이동적 금융자본과 영토화된 생산자본의 모순, 단기적인 경제적 이익 추구와 '실제 경쟁'의 장기적·경제외적 역동성 사이의 모순, 네크워크화된 지식기반경제에서 생산력의 사회화와 생산관계의 사적 통제 사이의 모순 등이 있다(Bob Jessop, "The Crisis of National Spatio-Temporal Fix and the Tendential Ecological Dominance of Globalizing Capitalism", *International Journal of Urban and Regional Research*, 24(2), June 2000: pp. 345~348).

서 각각의 사회적 형태와 제도적 틀을 통해 세력균형의 변동을 응축하는 방식에 초점을 둔다.

자본 논리의 지배 강화

이 절은 자본이론적 **그리고** 계급이론적 관점을 채택한다. 세계시장의 통합은 다음과 같은 조건에서만 자본의 경제적·정치적 권력을 강화한다. 자본의 권력 강화는 (1) 경제적 착취에 맞서 경제적·정치적·이데올로기적 영역에서 하위주체subaltern—'다중multitude'만으로는 효과적으로 대체할 수 없는(다중에 관해서는 Hardt and Negri 2000 참조)—의 일치된 행동▼▼을 이끌어내는 조직노동의 역량을 약화시키고 (2) 주로 일국적 틀 안에서 경제 활동을 규제하는 국민국가의 힘을 약화시키는 한에서 일어난다. 세계시장의 통합을 확대하고 심화하기 위해 고안된 신자유주의적 조치들은 자본관계의 사용가치적 계기보다 교환가치적 계기를 강화한다. 이러한 신자유주의적 조치들은 운동하는 가치value in motion(즉 유동 자본)를 우선시하고, 노동자를 처분과 대체가 가능한 생산요소로 취급하며, 임금을 (국제적) 생산비용으로 간주한다. 또한 그것은 화폐를 (특히 파생상품의 중요성 증가에 따라) 국제통화로 취급하고, 자연을

▼▼ 여기서 제솝은 하트와 네그리의 '다중' 개념과 그람시의 '하위주체' 개념을 대조시키고 있다. 둘 다 지배적인 권력구조에 대항하는 주체를 가리키지만, '다중'은 수평적이고 이질적인 네트워크로 연결되어 있는 매우 다양한 주체들의 유동적인 집합인 반면, '하위주체'는 계급관계 내에서 조직되고 의식화되는 사회적 약자들이나 종속계급을 뜻한다.

상품으로 다루며, 지식을 재산으로 만든다.▼ 더욱이 자본이 한때 권력을 담는 그릇으로 여겨졌던 국민국가의 제약에서 점점 더 해방되고 다른 시스템에서 점점 더 분리됨에 따라, 사회적 필요 노동시간, 사회적 필요 회전시간, 자연에 필요한 생산시간(즉 부의 원천인 '자연'을 재생산하는 데 드는 시간)을 줄이기 위한 무제한적 경쟁은 자본축적의 역동성에 대한 더욱더 강력한 추진력이 되고 있다.▼▼

전반적으로 이는 국가들로 하여금 자본의 이해관계와 국가의 이해

▼ 마르크스는 『자본론』 1권에서 자본주의 생산양식에서는 사회적 노동의 결과가 상품의 형태를 띠고, 그 형태는 사용가치(재화의 쓸모)와 교환가치(화폐적 가치)의 두 측면으로 나누며, 교환가치에 대한 물신숭배가 일어난다고 보았다. 제솝은 이 분석틀을 자본주의적 사회관계 전반에 적용한다. 노동력·임금·화폐·생산자본·토지·지식·국가는 각각 한편으로는 숙련, 유효수요, 가치의 척도와 축장/교환수단, 생산재와 기업가적 역량, 자연, 지적 공유물, 사회적 응집인자 등의 사용가치적 측면을 갖고 있지만, 다른 한편으로는 대체 가능한 생산요소, 생산비용, 이자 낳는 자본, 화폐자본, 지대소득의 원천, 지식재산권, 관념적 총자본 등의 교환가치적 측면을 갖고 있다. 그에 따르면 본문에서처럼 신자유주의는 특히 더 사용가치 측면을 희생시키고 교환가치적 측면을 강화한다(Jessop 2002: p. 20 참조). 신자유주의적인 교환가치 강화는 헝가리 출신의 사회경제학자 칼 폴라니가 허구적 상품화라 부른 현상과 일맥상통한다. 허구적 상품화란 본래 상품으로 생산되지 않은 노동·화폐·자연이 마치 본래부터 가격(교환가치)이 붙은 상품인 것처럼 취급되고 시장에서 거래됨을 말한다. 그러나 그것들은 실제로는 유기적 전체로 존재하는 세계에서 분리될 수 없기 때문에 결코 진정한 상품이 될 수 없다는 것이 폴라니의 주장이다(칼 폴라니, 『거대한 전환』, 홍기빈 옮김, 길, 2009 참조).

▼▼ 마르크스에 따르면 자본주의 생산양식에서 상품의 객관적인 사회적 가치는 사회 전반적으로 그 상품을 생산하는 데 평균적으로는 소요되는 '사회적 필요 노동시간'에 따라 결정된다. 따라서 개별 기업의 경우 특정 상품을 생산하는 데 드는 사회적 필요 노동시간(예: 1분)보다 짧은 시간(예: 30초)에 해당 상품을 생산하게 되면 더 많은 이익을 얻을 수 있다. 사회적 평균보다 낮은 가격에 판매할 경우에는 상품 1단위당 이익이 늘어나고, 사회적 평균보다 더 싼 가격에 상품을 판매할 경우에는 다른 기업보다 매출을 높일 수 있기 때문이다. 따라서 개별 자본들 사이에는 필요 노동시간 단축 경쟁이 벌어지고, 이는 다시 사회적 필요 노동시간의 단축으로 이어지며, 결국 해당 상품가치의 하락을 초래한다(Postone 1993 참조). 한편, 자본의 '사회적 필요 회전시간'이란 사회 전반적으로 자본이 화폐자본 형태에서 시작해 생산자본과 상품자본의 형태를 거쳐 다시 증가된 화폐자본 형태로 돌아오는 데 걸리는 자본순환(또는 자본회전turnover) 시간을 가리킨다. 쉽게 말해 일정한 돈을 투자해서 생산설비와 원자재를 구매하고 노동자를 고용한 다음 상품을 생산하고 판매해 원금과 이윤을 얻는 데 걸리는 시간을 가리킨다. 이 경우도 개별 기업이 사회적 평균(예: 6개월)보다 자본의 회전시간을 단축(예: 3개월)하면 동일 시간(예: 1년)에 더 많은 매출과 이익(예: 2배 이상의 매출)을 올릴 수 있으므로 시간 단축 경쟁이 벌어지며, 이에 따라 지구화와 금융화가 가속화되면서 자본의 사회적 필요 회전시간도 줄어들게 된다(Harvey 1996 참조).

관계 사이의 긴장을 다양한 스케일에서 관리하려고 노력하게 만든다. 잠재적으로 이동 가능한 자본은 장소 의존성을 줄이고 시간적 제약에서 자유로워지려고 한다. 반면 국가는 (이롭다고 여겨지는) 자본을 자국 영토에 고정fix시키고 자본의 시간 지평과 리듬을 국가와 정치의 통상적 절차, 시간성과 위기 경향에 맞추려고 한다. 이러한 상반된 압력에 대한 중요한 대응책은 다양한 스케일에서 '경쟁국가competition state'를 발전시키는 것이다(Altvater 1994; Hirsch 1995; Cerny 1997, 2010). 경쟁국가는 협소하게 개념화된 경제적 경쟁력을 강화할 뿐만 아니라, 이전에는 '경제외적인 것'으로 여겨지던 많은 영역을 현재 제기되고 있는 자본 축적의 명령에 종속시키려 한다(Jessop 2002: pp. 95~139). 이러한 경쟁국가의 성립은 권위주의적 국가주의의 부상을 동반하는데, 이는 행정권한을 강화하고, 정치의 미디어화를 강화하며, 국가권력과 자본의 이해관계를 연결하는 병렬 권력 네트워크를 확장한다(9장).

주류의 논의는 [자본 논리와 국가의 변화에 관련된] 이러한 추세를 협소하게 국가이론적인 관점에서 보는 경향이 있다. 그렇게 보았을 때 이러한 추세는 국익의 수호자로 상정되는 **국민**국가의 영토적·시간적 주권에 대한 위협으로 보이거나, 더 협소하게는 고유한 논리와 이해관계를 가진 장치로서 국민국가가 직면한 문제들에 대한 대응으로 보이게 된다. 그러나 자본이론적 관점에서 볼 때 이러한 추세는 세계시장의 통합에 대응해 자본관계의 경제적·정치적 계기들(그리고 특히 자본관계에 내재한 모순과 위기 경향의 일반화와 심화)을 새롭게 다시 접합하는 수단일 수 있다. 또는 계급이론적 관점에서 볼 때 그것은 강력한 계급세력들이 주도적으로 시장-국가 관계를 자신들에게 유리하도록(그리고 물론 최근 수십 년을 보면 특히 국제 금융자본과 다른 초국적 자본의 이해관계에 부합하도록) 재조직하려는 광범위한 추진력의 일환일 수도 있다.

국가 대응에서 나타나는 추세와 반대 추세

이제 나는 좀 더 국가이론적이지만 국가 중심적이지는 않은 관점을 채택하고자 한다. 지구화가 모든 국가에 똑같은 영향을 주는 단일한 압력을 발생시키지 않는 것처럼, 지구화가 취하는 여러 다양한 형태에 대해 모든 국가가 공통된 대응을 하지는 않는다. 그럼에도 영토적 국민국가의 재구조화는 현대 선진 자본주의 국가의 변형과 재기능화에서 국가와 체제에 따라 다양하게 나타나는 일반적 추세 세 가지를 특징으로 한다. 이 맥락에서 '추세'란 2장에서 살펴본 세 가지의 국가 형태, 특히 그 중에서도 국가의 제도적 아키텍처에서 나타나는, 경험적으로 관찰 가능한 변화에 관한 정형화된 사실을 가리킨다. 추세란 자본이 지배하는 정치경제의 근본적인 특징을 가리키거나 국가의 형태와 기능에 근거를 둔 인과적 메커니즘 또는 '경향적 법칙'을 가리키지 않는다.* 이러한 의미에서 추세를 설명한다는 것은 상당히 이질적인 일련의 변화들 속에서 나타나는 공통점을 포착하고, 이러한 공통점을 특정한 국가 형태 또는 정치체제의 핵심적 특징에 연결시켜 설명함으로써 더 깊은 이론적·경험적 연구의 기초를 마련하는 것이다.

　　여기서 논하는 추세는 전후 선진 자본주의의 영토국가의 추세지만, 식민지적·신식민지적·제국주의적 지배를 확장하는 이 국가들의 역할을 고찰하지는 않을 것이다. 또한 영토외적 권력에 대한 어떠한 주장에도 관심을 두지 않을 것이다. 종속적 자본주의 국가를 준거점으로 삼으면 여기서 논하는 것과는 다른 추세가 확인될 것이다.

여기서 살펴볼 세 가지 추세란 (a) 국가성의 탈국민국가화denationalization of statehood, (b) 정치의 탈국가화destatization of politics, (c) 정책체제와 정책입안의 국제화internationalization of policy regimes and policymaking를 가리킨다([표 8-1] 참조). 이에 대한 세 가지 반대 추세도 있다. (a′) 스케일 간 접합에 대한 국가의 역할 강화, (b′) 여러 다른 거버넌스 형태들 간의 관계를 끊임없이 재편하면서 일어나는 통치에서 메타거버넌스로의 전환, 그리고 (c′) 국제 정책체제와 정책집행에서 헤게모니와 지배력을 차지하기 위한 투쟁의 증가가 그것이다. 통치에서 거버넌스로의 전환과 거버넌스에서 메타거버넌스로의 전환의 결합은 부분-전체 패러독스가 어떻게 재구성되는지를 또 다른 방식으로 예시한다.▼▼ 추세와 반대 추세가 결합된다는 것은 변화하는 세계질서 속에서

▼ 비판적 실재론에서 '경향tendencies'이란 세계의 심층에서 작용하지만 반드시 그대로 일어나거나 관찰되지는 않는 인과적 힘을 가리킨다. 그 이유는 그것이 다른 힘에 의해 억제되거나 상쇄될 수 있기 때문이다. 반면 '추세trend'는 여러 다양한 경향이 모임으로써 상당한 기간 동안 실제로 일어나고 관찰되는 현상을 가리킨다. 이 둘은 반대로 나타날 수 있다. 예를 들면 일반적으로 금리인하에는 경기를 부양하고 물가를 인상시키는 논리적 필연성과 인과적 힘이 있다. 이 경우 그것을 경향적 법칙으로 간주할 수 있다. 그런데 실제 추세는 이러한 경향적 법칙과 정반대로 나타날 수 있다. 금리인하가 다른 요인들 때문에 실제로 오랫동안 경기부양과 물가인상을 일으키지 못할 수 있는 것이다. 예를 들면 일본은 이른바 '잃어버린 30년' 동안 저금리에도 경기부양과 물가인상 효과가 없었으며, 미국도 지구화 덕분에 오랫동안 물가인상이 없었던 것이다. 힘과 그 힘의 현실화를 가리키는 이 두 가지 상반되는 개념은 각각 '경향성'과 '경향'이라고 번역(박지훈, "얼룩덜룩한 자본주의에 대한 문화정치경제학: 밥 제습과 나일링 섬의 초학과적 이론 기획", 『경제와사회』 126호, 486~487쪽 참조)할 수도 있지만, 이 책에서는 혼동을 피하고 더욱 확실하게 구분하기 위해 각각 '경향'과 '추세'로 번역한다.

[표 8-1] 국가 변형의 세 가지 추세와 반대 추세

추세	반대 추세
• 국가의 탈국민국가화: 국민국가의 상위·하위·측면 스케일로 권한 이전	• 국가가 스케일 간 접합에 관여할 수 있는 범위의 확대
• 정치의 탈국가화: 통치에서 다양한 형태의 국가 외부적·비위계적 거버넌스로 전환	• 다양한 수준의 거버넌스, 특히 공형화에서 국가의 역할 증대
• 정책체제의 국제화: 세계사회의 통합과 기능적·사회공간적·작동적 복잡성의 증가에 따라 발생하는 문제들을 해결	• 국제체제들의 형태, 상대적 중요성과 실행에 대한 도전: 국가이익 또는 주어진 국가가 동맹을 통해 추구하는 국제적 이익의 증진

출처: 이 장의 내용에 기초한 독자적 정리.

국민국가가 여전히 중요한 정치세력으로 남아 있음을 함축한다(이에 대한 훌륭한 개관으로는 Weiss 1998; Nordhaug 2002 참조).

국가성의 탈국민국가화▼▼▼

여기서 '국민국가적인 것'이란 상상의 민족공동체가 아니라 영토의 제도적 배열territorial institutional arrangements을 가리킨다. 이러한 의미에서 국가성의 탈국민국가화는 본질적으로 국가의 **영토적** 경계의 재접합

▼▼ 국가는 부분이고 사회가 전체라고 보았을 때, 국가가 '통치에서 거버넌스로 전환하는 것'은 통치의 실패를 보완하기 위해 국가(부분)의 권한을 사회(전체)에 배분하는 과정을 수반한다면, 국가가 '거버넌스에서 메타거버넌스로 전환하는 것'은 자기조직화 실패를 보완하기 위해 사회(전체)의 거버넌스 규칙을 국가(부분)가 수정하는 과정을 수반한다.

▼▼▼ 이 책에서는 postnational을 '포스트국민국가(적)'으로, denational과 여기서 파생된 말들을 '탈국민국가(적)'이라고 옮긴다. 전자는 국민국가 이후를 뜻하지만 후자는 국민국가적이거나 민족국가적인 성격의 탈피를 강하게 함축하고 있다.

에 영향을 주고 국민국가적 경계의 역할을 감소시킨다. 이러한 추세에는 다음과 같은 것들이 포함된다. 이전에는 **국민국가적** 수준에 있던 일부 역량들이 더 넓은 범위의 권한을 가진 범지역적·초지역적·다국적·국제적 기구들로 점점 더 많이 상향 이동한다. 다른 역량들은 국민국가의 틀 내에서 재구조화된 지방정부나 지역국가로 하향 이전된다. 그밖의 다른 역량들은, 중앙정부를 우회해 여러 다른 국가의 지방이나 지역들을 서로 연결하는 새로운 수평적 권력 네트워크—지방·대도시·지역—에 전달되거나 강탈된다. 이 사례는 새로운 형태의 다층적 통치 multilevel government의 발전을 보여준다고 할 수 있다. 이 개념은 특히 스케일들 간의 뒤얽힌 위계 때문에 그 위계의 최상위에 있는 것이 항상 지배적이지 않을 경우에 부합한다(5장 참조).

이보다 약간 더 복잡한 것은 다층적 거버넌스multilevel governance의 사례다. 즉 이 새로운 형태의 공공적 권위는 국민국가 수준의 위와 아래에 있는 다양한 영토적 스케일들을 서로 연결하는 데 그치지 않는다. 그것은 하나 또는 그 이상의 영토적 스케일에 연고가 있는 행위자들뿐만 아니라 그 활동 범위가 영토 경계와 반드시 일치하지 않는 기능적 행위자들도 동원한다(8장 참조). 국가의 새로운 권한들도 다양한 정치적 스케일에 배분된다. 때때로 이러한 권한 이전은 국가의 권한을 지구적 스케일의 시장경제에 맞추어 재조정해야 할 필요성, 또는 경쟁력을 강화하고 불균등한 발전을 관리하기 위해 미시적 사회관계에 침투해야 할 필요성에 근거해 정당화된다.

이 모든 것을 지구화에 직면한 국가의 쇠퇴로 해석하는 것은 이중으로 잘못된 해석이다. 한편으로 이러한 해석은 국가성의 특수한 한 형태와 스케일에 불과한 영토적 국민국가를 물신화한다. 자본관계는 [국가의 쇠퇴를 요구하는 게 아니라] 축적과 사회적 응집성의 확보에 핵심적인 경제외적 조건인 법-정치적 질서에서 시장을 매개로 한 이윤 지향적 '경제'를 어떤 형태로든 분리시킬 것을 요구할 뿐이다. '신헌정주의 new constitutionalism▼'는 그러한 외적 질서를 제공할 수 있다. 다른 한편으로 국민국가가 권한의 스케일 간 이동에 남아 있는 약간의 권력을 행사하려고 한다는 상당한 증거가 여러 현장에서 발견된다. 또한 국민국가가 여전히 위기나 기타 긴급한 문제에 관해 결단력 있는 조치를 요구하는 목소리의 최종 수취인 역할을 하고 있다는 점도 확인된다. 이러한 국민국가의 대응은 국가역량의 재조정을 수반하며, 부분적으로는 일종의 메타거버넌스와 공형화로 이해될 수 있다(6장).

이렇게 볼 때 특정한 국가 권력의 탈영토화와 재영토화 과정은, 현대의 국가간체계 속에서 상호 배타적이고 형식적으로 주권적이며 공간적으로 분절된 실체로서 기능하는 영토적 국민국가를 약화시킨다. 그러나 이는 또한 공식적 주권의 융합과 재분배를 통해 국가의 작동적 자율성과 전략적 역량을 강화할 수도 있다. 물론 이런 측면들에서 모든 국가가 동등하게 강화되거나 약화되는 것은 아니다. 각 지역 블록 내에는 일반적으로 하나의 패권국가hegemon가 존재한다. 예를 들어 유럽연합에서 이 세력은 전통적으로 독일로 간주되고 프랑스는 핵심적 라이벌이자 파트너로 간주된다. 실제로 다채로운 자본주의의 관점에서 볼 때

▼ '신헌정주의'란 신자유주의적 지구 질서를 촉진하고 보호하기 위해 경제 활동을 민주적 통제에서 분리시키는 일련의 법적·정치적·정책적 실천들을 가리킨다(Gill 1995).

유로존 경제는 독일 신중상주의의 그늘 아래 조직된 것으로 볼 수 있고, 그 규제는 독일의 국가와 그 동맹국이 지배하는 것으로 볼 수 있다(cf. Jessop 2014b).

이와 유사하게 지구적 질서에서는 미국이 패권적 역할을 하고 있고, 세계시장도 미국의 제국주의 국가가 하드파워와 소프트파워를 통해 지휘하는 신자유주의의 그늘 아래 조직화되어 있다고 볼 수 있다. 따라서 국가의 탈국민국가화와 재국민국가화는 본질적으로 '국가권력'의 **영토적** 경계, 그리고 이러한 영토적 경계와 서로 승인된 영토적(또는 국민국가적) '주권국가들'의 경계가 일치하는 정도와 관련된다. 국가의 탈국민국가화와 재국민국가화는 민족국가성의 측면에서는 국가에 직접적 영향을 미치지 않는다. 그럼에도 이러한 (재)영토화 과정은 민족국가의 형태와 미래에 대한 투쟁으로 촉발될 수 있다. 이러한 투쟁은 국가의 경계를 다시 그리는 분리독립, 연방주의, 정치보복 등을 초래할 수 있다.

정체·정치·정책의 탈국가화

탈국민국가화는 국가 활동의 영토적 분산이나 재조정과 관련되는 반면, 탈국가화는 국가 장치·활동과 비국가 장치·활동 간의 경계를 재조정한다. 탈국가화는 그 자체로 '공공-민간'의 구분선을 바꾸고 정치와 정책 분야에서 주권국가의 권위를 축소한다. 이는 때때로 통치에서 거버넌스로의 전환이라고 불리기도 한다(7장 참조). 이런 관점에서 보면 거버넌스란 선거 정치, 입법 심의, 행정적 결정, 관료적 행정, 사법적 판단 등의 형태로 (국민적 또는 비국민적) 영토국가의 권한 범위에 속했던 이슈를 불분명하게 규정된 정치적 영역으로 옮기는 과정이다. 이 영역에서 '이해관계자', '사회적 파트너' 또는 여러 사회세력의 연합체들은 상호 관심 영역에 대한 사회적 조향societal steering에 관해 숙의하고 협상한다. 그러나 탈국가화는 사회적 조향을 촉진하거나 강화하는 데 국한되지 않는다. 그것은 집합적 문제 해결이든, 아니면 사적인 물질적·이념적 이해관계들의 충돌이든, 정치와 정책의 좀 더 일반적인 조직에서 일어난다.

이러한 탈국가화의 추세는 [수직적] 통치의 우위가 줄어들고 [수평적] 거버넌스 또는 자치적 거버넌스self-governance에 대한 의존도가 커지는 변화에서도 드러난다. 국가권력을 건너뛰거나 우회하는 다양한 영토적 스케일과 기능적 영역에서 이루어지는 거버넌스에 대한 의존이 커지고 있는 것이다. 이러한 변화는 국가실패와 시장실패에 불만을 품은 사회세력들의 요구를 반영하는 것이거나, 아니면 공중public'에게 더 나은 서비스를 제공하기 위해 좀 더 전통적인 형태의 하향식 통치를 보완·대체하려는 국가 관리자들의 이니셔티브를 반영하는 것일 수 있다. 이러한 측면에서 거버넌스는 기존에 있는 공공-민간의 구분선을 넘나든다. 그것은 '뒤얽힌 위계', 병렬 권력 네트워크, 또는 정부와 기능 영역을 이루는 여러 층위들 간의 기타 연계를 포함할 수 있다. 이러한 혁신은 정치체계와 다른 기능체계들 사이에 새로운 형태의 상호 침투를 일으키고, 체계·공론장·시민사회·일상생활 사이의 관계를 바꾼다. 그리고 후자의 세 가지 사회 분야는 국가권력의 본질과 행사에 영향을 미친다.

새로운 형태의 거버넌스는 흐름의 관리에서 특히 두드러진다. 이러한 새로운 거버넌스 배열은 새로운 형태의 국제체제들과 영토외적 네트워크를 통해 국가를 건너뛰거나 우회한다. 어떤 스케일에 있든 국가가 수행하는 기능들 중 일부(기술적·경제적·재정-금융적·법-정치적·이데올로기적 기능 등)는, 경제적·사회적 관계들을 조율하기 위해 준정부, 비정부, 민간 또는 상업 부문의 행위자들, 제도적 장치 또는 체제로 완전히 이전되거나 이들과 공유된다. 이 과정에서 공공과 민간의 구분은 모호해지고, 보충성의 원칙은 확대·강화된다. 특히 복지와 집합적 소비의 제공에 있어 민간 기업뿐 아니라 비공식 부문이 강화되고, '규제된 자율규제regulated self-regulation'와 '사익 추구 정부private-interest government'▼ 같은 메커니즘들이 강화된다. 또한 이러한 과정은 기능적 상호의존성, 지식 분업, 상호적인 학습·성찰성·조율의 필요성에 대한 인식이 커지면서 국가가 탈중심화된 사회지도societal guidance 전략을 확대하고 있는 것과도 관련이 있다.

국가는 이러한 거버넌스 배열에서 적극적인 역할을 하는 경우에도 기껏해야 동등한 자들 사이에서 1인자일 뿐이다. [거버넌스의 확대라는] 이러한 추세는 때때로 국가 관리자의 요청에 따라 [정부의] '과부하'를 줄이는 방법으로 발생하기도 한다(이는 이러한 추세에 대한 여러 국가이론적 설명이 강조하는 것이다). 거버넌스의 확대 추세는 종종 국가역량의 감소를 의미한다고 여겨지지만, 이러한 경우 거버넌스의 확대가 반드시 전체 정부 권력의 감소를 수반하는 것은 아니다. 권력은 제로섬 자원이 아니기 때문이다. 거버넌스에 의존하면 국가는 영향력 있는 비정부 파트

▼ '사익 추구 정부'란 국가가 공공정책 결정에 이익집단을 참여시키는 것을 넘어 이익집단에 정치적 권한을 넘기고 국가의 역할을 민간의 결정에 대한 승인으로 축소하는 통치 형태를 말한다(Claudius Wageman, "Private Interest Governments are Dead, Long Live Private Interest Governments?", European University Institute, Florence, EUI working Paper SPS No, 2004/13 참조).

너나 이해관계자의 지식과 권력 자원을 동원함으로써 영향력을 더욱더 확대하고 목표를 달성할 수 있게 된다. 그러한 경우 국가는 어떤 방식으로든 권한을 자신에게 환수할 권리를 보유할 수 있다. 그러나 다른 경우 이러한 변화는 불가항력(예: 구조조정 또는 더 강력한 국가들과의 양자간·다자간 협상)으로 부과되거나, 실로 국가 관리자의 '등 뒤'에서 분자적 변화 molecular shifts의 축적을 통해 부과될 수도 있다. 첫 번째 경우뿐 아니라 두 번째 경우도 자본(또는 일부 자본들)을 국가 통제와 빚는 마찰에서 해방시키고 세계시장 통합에 더 유리한 국제질서를 촉진하기 위한 방법이라 할 수 있다.

정책체제의 국제화

정책체제의 국제화 추세에는 세 가지 측면이 있다. 첫째, (국민국가·지역·지방 수준에서 이루어지는) 국가의 국내적 행위를 둘러싼 국제적 맥락에는 이제 광범위한 영토외적·초국적 요인과 과정이 포함된다. 둘째, 국내 정책에서 국제적 맥락이 전략적으로 더욱 중요해졌다. 셋째, 정책체제의 주요 행위자들도 확대되어 외국의 행위자들과 기관들이 정책 아이디어, 정책설계와 정책실행의 출처로 포함되었다. 이러한 변화는 국민국가 수준 아래에 있는 지방·지역국가는 물론 초국가적 국가 구성체들과 국제체제에도 영향을 미친다. 상이한 국민국가 구성체에 속한 지방·지역 당국과 거버넌스 체제들을 서로 연결하는 지역·국경 간 연계의 성장이 나타난다. 이것은 특히 다양한 종류의 국제체제가 엄청나게 확장되고 국제 비정부기구와 시민사회 조직이 발전하는 데서 분명하게 드러난다(cf. Drori, Meyer, and Hwang, 2006; Meyer et al., 1997).

[이제까지 서술한 국가의 탈국민국가화, 정치의 탈국가화, 정책체제의 국제화라는] 세 가지 추세는 분석적으로는 구별되지만 여러 가지 다른 방식으로 서로 결합될 수 있다. 이를 예시하는 두 가지 대조적인 예는 다음과 같다. (1) 지구화하고 있는 경제의 상대적 안정화를 위해 공공 대표와 민간 대표를 둔 국제체제의 중요성이 커지고 있다. (2) 국가가 사이버공간을 급속히 재식민화·감시·통제하고 있음에도 사이버 네트워크는 국가 통제를 벗어난 것으로 여겨지는 영토외적 컴퓨터 통신 공간에서 부상하고 있다(9장 참조).

세 가지의 반대 추세 집합

각각의 추세는 각각의 반대 추세와도 연관되어 있다. 반대 추세는 각 추세가 국가·정치·정책의 형태에 대해 갖는 함의를 제한하고 변형시킨다. 추세와 반대 추세의 결합은, 사회발전의 연속적 단계들에 따라 발생하는 복잡한 '보존-해체conservation-dissolution' 효과의 존재 이상을 수반한다. 그러한 효과는 국가의 변형에 따라 과거의 형태와 기능이 보존되거나 해체되는 한에서 분명히 존재한다. 그러나 위에서 언급한 반대 추세들은 이전의 패턴이 잔존한 것이라기보다는 새로운 추세들에 대한 특정한 반응이다. 따라서 이들을 새로운 추세 이전의 낡은 추세보다는 새로운 추세에 대한 반대 추세로 보는 것이 더 낫다.

국가성의 탈국민국가화에 대응하는 것은, 국민국가가 새롭게 출현하는 '스케일의 상대화'에 직면해 다양한 스케일들의 접합에 대한 통제력을 유지하려는 시도를 강화하는 것이다. 5장에서 살펴본 바와 같이 전후 시기에는 많은 국가에서 국민국가 수준의 경제·정치 조직이 우선시되었다. 현재의 지구화-지역화의 역동성 속에서는 국민국가 스케일이 당연시되던 우위를 잃었지만, 다른 스케일들도 그것과 비슷한 우위를 확보하지는 못하는 상황이 벌어지고 있다. 국민국가에 버금가는 권력을 가진 초국가적 국가supranational state는 존재하지 않는다. 반면 국민국가는 경제와 정치가 조직되는 상이한 스케일들 간의 관계를 관리함으로써 권력을 되찾으려 끊임없이 새롭게 시도한다. 국가의 탈국민국가화는 이러한 맥락과 연결되어 있다.

거버넌스로의 전환에 대응하는 것은 **메타거버넌스**에서 정부의 역할 강화다. 이를 통치의 최고 심급으로서 국가주권의 잔존이나 다른 모든 파트너십이 어떻게든 종속되는 일종의 '메가파트너십'의 출현과 혼동해서는 안 된다. 오히려 다양한 스케일 위에 있는 여러 정부는 시장, 파트너십, 네트워크, 거버넌스 체제의 자기조직화를 촉진하는 데 더욱더 많이 관여하고 있다. 달리 말하면 국가는 '위계적 그늘 아래의 거버넌스'가 구현되는 다양한 형태를 제정한다. 국가는 위계적 명령에만 국한되지 않으며 네 가지 형태의 거버넌스 모두를 여러 가지 다른 방식으로 조합한다. 국가는 또한 이러한 메커니즘들이 어떻게 작동하는지 모니터링하고, 그에 따라 이들 사이의 조합을 수정하려 할 수도 있다(7장 참조).

정책체제의 국제화에 다소 모호하게 대응하면서도 그것을 강화하는 것은 증가하고 있는 국제적 제약들의 **내부화**interiorization다. 국제적 제약들이 국내 정책 결정자들의 정책 패러다임과 인지적 모델 속으로 통합되는 것이다. 이러한 내부화의 과정은 국민국가 차원에만 국한되어 발생하지 않는다. 그것은 지방·지역·월경·지역 간 수준은 물론 이른바 '기업가적 도시'의 활동에서도 분명하게 드러난다(예: Paul 2003). 스케일의 상대화는 모든 수준의 경제·정치 조직에서 국제적 규범, 협약, 체제에 대한 확인을 중요하게 만들고, 실제로 '세계지역화'와 같은 현상에서 나타나는 공간적 접합의 복잡한 변증법에 대한 관심을 불러일으킨다. 이와 동시에 (각 국가의 이름과 권력 블록 또는 국민적·대중적 세력을 대변해) 국제체제의 형태와 운영방식을 자신에 유리하게 형성하려는 국가들의 투쟁이 증가하고 있다. 이러한 투쟁은 지역 블록이 형성되는 요인 중 하나이며, 특히 국가체계 속에서 더 큰 힘을 가진 국가들이 주도한다. 이러한 경향은 금융과 경제의 새로운 지구적 아키텍처에 대한 모색이 빠르게 진행되는 글로벌 경제위기라는 맥락 속에서 다시 한 번 더 분명해졌다.

추세와 반대 추세의 상호작용에 대해 성찰하는 이 절을 마무리하면서, 우리는 다음과 같이 말할 수 있다. 국민국가는 그 권한을 상·하·측면으로 이전함으로써 공식적인 영토주권에 손실을 입는다. 그러나 국가가 그것이 수행할 수 있는 다른 활동이 무엇이든 자본관계의 확대 재생산에 필수적인 계기로 남아 있는 한, 그러한 손실은 주권의 융합과 스케일 간의 조율을 통해 사건을 통제shape events할 수 있는 역량의 강화로 보상될 수 있다. 이 과정은 다층적 거버넌스에서 국가가 수행하는 역할뿐만 아니라 역외 금융센터, 조세 피난처, 수출 가공구역, 유독성 폐기물 처리장 등 영토외적/치외법권적 공간을 생산하고 규제(또는 비규제)하는 데서 국가가 수행하는 역할과도 관련되어 있다. 또한 그것은 '깃발 꽂기flagging out'와 같은 관행, 즉 상업용 선박이 편의에 따라 다른 국적의 깃발을 꽂고 운항하는 것을 허용하는 데서 국가가 수행하는 역할과도 관련되어 있다.

물론 국민국가 이외의 다른 수준에 있는 국가들도 스케일 간의 관계를 관리하는 데 관여한다. 그러나 가장 선진적인 초국가적 정치기구인 유럽연합조차도 여전히 회원국들, 특히 프랑스와 독일처럼 더 큰 국가들에 필적할 만한 권한과 정당성을 갖고 있지 않다. 그리고 유럽연합이 가지고 있는 권한들도 가장 유리한 정치적 지형에서 자신들의 이익을 추구하려는 강력한 경제적·정치적 세력이 관여한 다층적 전략게임의 결과다. 국가정책은 순전히 국가의 논리나 국가 관리자들의 이해관계에 따라 결정되지 않는다. 그것은 변동하는 세력균형이 만들어낸 다중스케일적인 타협적 균형을 반영하는 경제전략과 국가 프로젝트에 연결되어 있다.

시간적 주권의 손실

위에서 살펴본 추세와 반대 추세를 가로지르는 또 다른 중요한 변화는 시간적 주권의 상대적 손실이다. 국가의 영토주권이 세계시장과 이와 연관된 흐름의 공간의 발전으로 도전받는 반면, 국가의 시간적 주권은 시간적 가속화로 도전받고 있다(Rosa 2013 참조).[1] 국가들은 새로운 형태의 시공간 원격화time-space distantiation, ▼ 시공간 압축time-space

---

1 하트무트 로사Hartmut Rosa는 기술적 가속화, 기능적 분화와 전문화에 기반을 둔 사회적 가속화, 삶의 속도 증가와 시간의 희소성에 대한 인식을 구분한다(2013). 이러한 유형화는 기술혁신과 그것이 미치는 광범위한 사회적 영향을 만들어내는 차등적 축적의 시공간적 논리(예: Castree 2009)를 놓치고 있다.

compression,[▼▼] 시공간 차별화time-space differentiation[▼▼▼] 때문에 정책 결정과 실행에 있어 점점 더 많은 시간적 압박에 직면하고 있다. 예를 들어 지방 스케일에서 지구 스케일에 이르기까지 다양한 스케일에서 발생하는 경제의 시간적 리듬이 국가의 시간적 리듬에 비해 빨라짐에 따라, 국가가 경제적 사건·충격·위기에 대한 정치적 대응을 결정하고 조율할 수 있는 시간은 [상대적으로] 줄어든다. 국민국가(또는 다른 스케일의 국가), 공사협력이나 사적 이익 정부 또는 국제체제 중 그 어느 것이 대응하든 상관없다. 이러한 상황은 시장의 시간과 국가의 시간 사이의 충돌을 심화시킨다. 국가의 시간적 주권 상실에 대한 한 가지 해결책은, 국가의 대응이 너무 느려 추세를 바꿀 수 없는 영역이나 국가가 시장의 시간에 보조를 맞추려고 할 경우 과부하가 걸릴 수 있는 영역에서는 자유방임주의로 후퇴하는 것이다. 이때 국가는 단기적인 경제적 계산·활동·이동을 통제하려는 시도를 포기한다. 이러한 대응의 좋은 예가 바로 규제완화와 자유화다. 그러나 이러한 대응은 초고속·초이동적 자본의 이동을 자유롭게 함으로써 규제가 완화된 금융시장과 경제위기가 초래하는 불안정화의 충격을 강화할 수 있다. 이러한 충격은 글로벌 금융위

▼ '시공간 원격화'는 영국의 사회학자 앤서니 기든스Anthony Giddens가 현대성의 한 특징을 묘사하기 위해 만든 개념으로, 비교적 근접한 시간과 장소에서 이루어지던 사회적 상호작용과 관계가 문자, 인쇄매체, 교통과 통신의 발달에 따라 원시간(예: 과거와 미래)과 원거리(예: 지방과 중앙)로 확대됨을 가리킨다(1981).

▼▼ '시공간 압축'은 데이비드 하비가 창안한 개념으로 자본축적의 요구에 따라 교통과 통신이 발전하면서 동일한 활동과 공간 이동에 걸리는 시간이 줄어드는 것(예: 사회적 필요 노동시간과 사회적 필요 회전시간의 단축)을 가리킨다(Harvey 1996).

▼▼▼ '시공간 차별화' 또는 '시공간 분화'는 기든스의 개념으로 본래 사회가 도시와 시골로 분화됨을 가리키나, 국가의 시간적 주권에 대한 제약을 논하는 맥락에서는 국가의 느린 시간 리듬(예: 정당정치를 통한 정치적 의사결정)과 시장의 빠른 시간 리듬(예: 금융시장의 실시간 거래)이 차별화됨을 가리킨다(Giddens 1981).

기에서, 즉 그것의 초기 역동성과 그 이후의 전 지구적 전염효과에서 볼 수 있다.

또 다른 해결책은 국가가 빠른 정책결정과 신속한 정책실행을 통해 자체적인 의사결정 주기를 단축하는 것이다. 이렇게 하면 국가는 시기 적절하고 적합한 개입을 할 수 있다. 그러나 이 전략은 신뢰할 수 없는 정보, 불충분한 협의, 참여 부족 등에 근거해서 결정을 내리게끔 압박한 다. 그럼에도 국가 관리자들은 정책을 협상·수립·제정·판결·결정·실행하는 데 너무 오랜 시간이 걸린다고 생각한다. 이 경우 정당성이 있든 없든 긴급조치와 예외적 통치에 유리한 분위기를 조성하기 위해 위기의 수사법이 호출될 수 있다. '신속정책'에 대한 이러한 의존은 정책 개발 주기의 단축, 신속한 의사결정, 신속한 프로그램 출시, 지속되는 정책실험, 가이드라인과 벤치마크의 끊임없는 개정에서 나타난다(cf. Rosa 2013; Peck and Theodore 2015). 신속정책은 압축된 시간 단위 내에 작업을 끝낼 수 있는 이들에게 특권을 부여하고, 정책과정에 대한 참여자의 범위를 좁히며, 숙의·협의·협상의 범위를 제한한다. 프랑크푸르트학파의 영향을 받은 학자 빌 슈어만Bill Scheuerman은 이러한 추세들 중 일부를 '경제적 비상사태economic states of emergency'로의 일반적 전환이라는 용어로 요약했다(2000). 이는 행정권력의 우세, 지속적인 법률의 변화와 역동성을 특징으로 한다(비상사태에 대해서는 9장 참조).

이러한 대응은 국가의 구조와 운영에 중요한 영향을 미친다. 물론 그러한 대응이 자본과 계급에 주는 영향은 변동하는 세력균형에 따라 달라진다. 신속정책은 조합주의, 이해관계자, 법치, 공식적 관료제, 그리고 좀 더 일반적으로는 민주정치의 통상적 절차와 주기에 반하는 것이다. 그것은 입법부와 사법부보다 행정부를, 산업자본보다 금융자본을, 장기투자보다 소비를 우선시한다. 일반적으로 신속정책에 의존하게 되면 의사결정의 주기가 더 긴 결정권자들의 권력은 약화된다. 빨리 생각하는 사람들과 빠른 정책결정자들의 속도에 적응해야 하게 되면서, 자신의 통상적인 절차에 따라 의사결정을 내릴 수 있는 역량을 잃게 되기 때문이다. 이러한 권력의 훼손은 정책의 선택, 정책의 초기 목표, 정책이 시행되는 현장, 성공을 판별하는 기준에 상당한 영향을 미칠 수 있다. 이는 특히 최근의 글로벌 금융위기에서 잘 드러난다. 조치를 취해야 한다는 압박은 국가들에게 '대마불사'로 간주된 은행들을 구제하도록 강요했고, 의사결정 권력은 애초에 위기를 초래하는 데 핵심적 역할을 한 소수의 금융엘리트에 집중되었다.

이것에 대안적인 전략은 **절대적으로** 정치적 시간을 압축하는 것이 아니라 자본순환을 늦춤으로써 **상대적으로** 정치적 시간을 창출하는 것이다. 이와 관련해 잘 알려진 제안은 금융거래에 적당한 세금(이른바 토빈세Tobin tax▼)을 부과해 초고속으로 이동하는 금융자본의 흐름을 늦추고 실물경제에 미치는 왜곡된 영향을 제한하자는 것이다. 투쟁의 또 다른 중요한 장은 기후변화다. 대응의 시기·속도·성격에 대한 국민국가 간 갈등이 계속되고 있으며, 지구를 희생시킬 수 있는 지속적인 경제 확

▼ 토빈세는 생산적·실질적 투자와 무관하게 단기적 차익을 노리고 투자하고 사고팔기를 반복함으로써 각국의 금융시장을 교란하는 초국적 금융자본을 규제하기 위해 부과되는 세금을 가리킨다. 처음에는 미국의 경제학자 제임스 토빈James Tobin의 제안에 기초해 외환거래에 부과되는 세금을 가리켰지만, 현재는 모든 단기거래에 부과되는 세금을 포괄한다. 단기투자에 거래세를 부과하면 수익성이 줄어들기 때문에 장기투자를 유도할 수 있다. 그러나 거래세를 부과하면 자본 이탈이 일어난다는 우려 때문에 실제 토빈세를 도입한 사례는 아직 많지 않다.

장에 대해 기득권적 이해관계를 가진 기업이나 부문에서 풍부한 자금을 지원받는 반대세력의 큰 목소리가 계속 나오고 있다. 이러한 의미에서 환경위기는 모두에게 똑같이 영향을 미치는 일반적인 문제가 아니다. 환경위기가 초래하는 차별적인 인과적 효과와 불균등한 충격, 적절한 대응과 조정비용의 분배를 둘러싼 투쟁은 계급적 측면이 강하다 (Burkett 1999; Moore 2015a).

결론

주로 신자유주의 노선을 따른 세계시장 통합 강화의 전반적인 영향은 특정한 시간과 장소에서만 가치증식이 가능한 생산적 자본을 희생시키고 [시간과 장소를 가리지 않고 가치증식이 가능한] 국제 금융자본을 강화하는 것이었다. 그럼에도 생산적 자본 또한 종속적 계급들과 광범위한 공공이익을 희생시키는 규제완화와 유연화에서 이익을 얻는다. 금융자본의 강화가 곧 생산자본의 지속적 가치증식에 대한 금융의 전반적인 의존을 영원히 연기할 수 있다거나 지구적 규모의 자본축적에 뿌리 박힌 위기 경향을 회피할 수 있음을 의미하지는 않는다. '실물경제'의 복수는 (2015년 중반에도) 지속되고 있는 유동성·신용·금융 부문의 위기들에서, 그리고 이러한 위기들이 금융과 연관된 거품을 꺼뜨림으로써 자본순환의 통일성을 강제로 재구축하는 데서 볼 수 있다. 신자유주의의 위기는 국민국가가 경제·정치·사회 문제를 해결해달라는 호소의 최종 수취자로 남아 있음을 보여준다.

역설적이게도 신자유주의적 자본과 그 동맹자들이 국가의 결정적 개입을 요구하고 있지만, 신자유주의는 국가의 영토적·시간적 주권과 위기를 해결할 수 있는 역량을 약화시켜버렸다. 국민국가들은 북미자유무역협정NAFTA, 유럽연합, G8, G20, IMF 또는 기타 형태의 정상회의 같은 포럼을 통해서는 자신들의 이해관계를 조율할 수 없다. 이렇게 변화하는 상황 속에서 자본축적의 미시사회적 조건에 대한 촉진은 국민국가 수준보다 다른 수준에서 더 잘 이루어질 수 있다. 하지만 영토적 통합, 사회적 응집성, 사회적 배제의 문제는 여전히 거대한 영토적 국민국가 수준에서 가장 잘 다루어질 수 있다. 영토적 국민국가는, 국가의 재정적·금융적 권한과 세력균형을 재조정하고 새로운 사회적 타협을 확보하는 재분배 정치에 대한 역량을 고려할 때 여전히 대체 불가능하기 때문이다. 이는 특히 신자유주의의 길을 가장 멀리 간 경제들의 부실 금융기관들에 지급된 막대한 보조금과 구제금융에서 잘 드러난다. 또한 이는 신자유주의적 정책조정을 수행했지만, 통합된 세계시장에서 전 지구적 규모로 일반화된 신자유주의의 모순에 발목이 잡혀버린 다른 경제들의 노력에서도 잘 드러난다.▼

우리는 축적을 재조절할 수 있는 자체적인 제도적 아키텍처를 갖춘 새로운 시공간적 조정이 (아직) 확립된 것으로 보이지 않는다고 잠정적

▼ 신자유주의의 위기에 영향을 받은 다른 나라들에는 실용적 신자유주의적 전환이 일어난 경제들이 있다. 예를 들어 스칸디나비아나 독일 경제와 같은 경우가 이에 해당한다. 이 나라들은 원칙적인 신자유주의적 전환을 추구하지 않았지만, 신자유주의적 위기 경향의 외부 확산에 영향을 받았으며, 원칙적 신자유주의 체제에서 비롯된 위기의 지역적 또는 전 지구적 여파에 대응하기 위해 긴축조치를 취해야 했다. 다른 예로는 아프리카나 라틴아메리카의 주변부 경제들이 있을 수 있는데, 이들은 세계은행이나 IMF와 같은 외부 세력에 의해 신자유주의적 긴축을 강요받았다(옮긴이의 요청에 따른 저자의 추가 설명).

인 결론을 내릴 수 있다. 1990년대 후반 새로운 스케일은 북미·유럽·동아시아의 삼극이 될 것처럼 보였다. 이러한 스케일 재편은 삼극의 각 지역마다 다음과 같이 다른 형태로 나타날 것으로 예상되었다. NAFTA 내에서는 이미 압도적인 미국의 지배력이 공고화되었고, (일련의 지역 동맹들도 공고화되고 있는) 중남미와 카리브 해로 확장되고 있다. 확장되고 심화된 유럽연합 내에서는 다층적 거버넌스가 이루어지고 있고, EU의 영향력은 북아프리카와 중동으로 확대되고 있다. 가장 문제적인 동아시아에서는 개방적 지역주의가 공고화되고 있다. 그러나 2000년 이후로는 전망이 더 복잡해졌다. 이는 미국의 (지배와는 구별되는) 헤게모니 쇠퇴, (리스본 의제▼의 실패와 유로존 위기에서 볼 수 있는) 유럽연합의 명백한 정치적 마비, BRICS(브라질·러시아·인도·중국·남아프리카공화국)의 부상, 동아시아뿐만 아니라 아프리카·라틴아메리카·중동에 대한 중국의 영향력과 유라시아 중심부를 다시 연결하려는 중국의 움직임 때문이다.

▼ 유럽연합이 2000년에 고안한 리스본 의제 또는 리스본 전략·프로세스는 2010년까지 유럽연합의 경제를 세계에서 가장 경쟁력 있는 지식기반 경제로 만드는 것을 목표로 했으나, 이 계획이 세운 대부분의 목표는 달성되지 못했고, 이는 IT 분야에서 최근 확대된 미국과 유럽의 격차에서 확인된다.

9장

자유민주주의, 예외국가, 새로운 정상성

이 장에서는 민주주의, 민주주의의 위기, 예외체제뿐만 아니라 강한 예외주의적 요소를 드러내는 권위주의적 국가주의 정체가 정상적인 것이 되는 추세를 다룬다. 이 장은 자유주의적 부르주아 민주주의가 자본주의 국가의 '정상적인' 형태라는 주장에서 출발한다. 이러한 주장에 따르면 자유민주주의란 합리적으로 조직된 자본주의가 지배적일 뿐만 아니라 시장을 매개로 한 이윤 지향적 축적이 사회조직화의 지배적인 원리이기도 한 사회에 형식적으로 적합한 국가 형태다.

이 주장은 자본주의 사회에 있는 대부분의 국가에 자유민주주의가 존재함을 뜻하지 않는다. 정치학자, 싱크탱크, 기타 연구자들이 개발한 일련의 경험적 지표에 따르면 이는 사실이 아니다. 오히려 이 주장이 함축하는 바는 자유민주주의가 확립되고 실질적인 민주주의 원칙에 따라 운영된다면 자본주의가 도전받을 여지가 줄어들 것이라는 점이다. 4장에서 언급했듯이, 이러한 형태의 정치체제가 계급권력의 본질을 더 효과적으로 은폐하기 때문이다. 이는 국가장치가 지배계급(또는 지배적 계급분파들)에게 노골적으로 통제될 때보다 더 효과적이다. 또한 이는 국가장치가 약탈적 자본과 밀접하게 결탁하거나 개인적 부를 위해 공공연히 약탈적 정권을 운영하는 국가 관리자들에게 통제될 때보다 더 효과적이다.

이를 바탕으로 정통파와 이단파를 막론하고 일부 학자들은 민주적 제도에 대한 순응과 헤게모니적 계급 지도력을 기준으로 '정상국가'와 '예외체제'를 구분한다. 정상국가는 부르주아의 헤게모니가 안정적이고 확고한 국면의 특징이고, 예외체제는 헤게모니의 위기에 대응해서 발전한다. 이러한 분석의 암묵적 전제는 정치적·이데올로기적 위기가 계급과 다른 사회세력의 정상적이고 민주적인 경합을 통해 해결될 수 없을 경우, 민주적 제도는 중지 또는 제거되고 위기는 헌법적 세부사항을 무시하는 공공연한 '기동전'을 통해 해결된다는 것이다. 따라서 정상국가에서는 동의가 합헌적 폭력보다 우세하지만, 예외국가에서는 물리적 억압이 강화되고 피지배계급이나 다른 하위 또는 주변 세력에 대한 '공공연한 전쟁'이 수행된다.

앞으로 보겠지만 이러한 분석은 일시적 비상사태와 위임독재제도를 전문적으로 다루는 헌법 관련 문헌에 의지한다(아래 참조). 이들 관련 문헌은 또한 더욱 지속적인 형태의 독재가 가능함을 지적하며, 그러한 독재의 가능성은 다시 보나파르트주의Bonapartism▼, 카이사르주의Caesarism▼▼, 권위주의, 전체주의를 분석할 수 있는 토대를 제공한다. 독재의 가능성은 자유민주주의의 지속적인 쇠퇴라는 약한 명제와 권위주의적 국가주의의 저항할 수 없는 부상이라는 강한 명제로 요약될 수 있는 최근의 두 가지 국가이론적 분석노선에도 반영되어 있다(예를 들어,

Crouch 2004, Streeck 2014와 Poulantzas 1978, Bruff 2013, Oberndorfer 2015를 비교하라. 추가적 논의는 아래 참조). 앞의 명제가 정치현장 수준의 징후들에 초점을 맞추는 편이라면, 뒤의 명제는 그 분석의 근거를 현대 자본주의의 좀 더 근본적인 전환과 국가안보에 대한 도전에 두는 편이다.

나는 이 문제를 다음과 같은 여섯 단계로 나누어 다루겠다. (1) 자본주의와 민주주의 사이의 선택적 친화성, (2) 이러한 친화성의 주요 결정 요인, (3) 민주주의 형태가 계급적 이해관계 또는 기타 주요한 사회적 균열선에 기반을 둔 정치투쟁에 미치는 영향, (4) 정치적 위기와 비상사태, (5) 정상국가와 예외체제의 차이, (6) 예외체제의 전형적인 주요 특징이 현대 자본주의 사회에서 출현하고 있는 권위주의적 국가주의 속에서 정상적인 것이 되어가는 과정, 즉 예외가 규범이 되어가는 과정. 나는 민주주의가 자본주의를 위한 최상의 정치적 외피로 간주될 수 있는 조건은 역사적으로(경제적·정치적으로, 그리고 다른 방식으로) 제한되

▼ '보나파르트주의'는 마르크스가 『루이 보나파르트와 브뤼메르 18일』에서 부르주아 계급의 간섭에서 벗어나 예외적인 자율성을 보인 루이 보나파르트(나폴레옹 3세) 시기의 국가체제를 가리키기 위해 사용한 말이다. 마르크스는 "제2의 보나파르트 치하에서야 비로소 국가는 완전히 독립된 것처럼" 보였고, 루이 보나파르트는 "독립적인 힘으로 된 행정권"이 되었다고 묘사한다(카를 마르크스, 『프랑스혁명사 3부작: 1848년에서 1950년까지 프랑스에서의 계급투쟁』, 임지현 옮김, 소나무, 2017, 312쪽, 322쪽 참조). 또한 엥겔스에 따르면 "예외적인 현상이지만 투쟁하는 계급들 간의 세력이 균형에 도달하여 국가권력이 외견상 두 계급의 조정자로서 어느 정도의 독립성을 한동안 획득하게 되는 시기"가 있는데, 프랑스 "제2제국의 보나파르트주의"도 이러한 시기에 해당한다(프리드리히 엥겔스, 『가족, 사유재산, 국가의 기원』, 김대웅 옮김, 아침, 1987, 233쪽 참조).

▼▼ '카이사르주의'는 안토니오 그람시가 『옥중수고』에서 제시한 개념으로 "갈등하는 세력들이 파국적인 방식으로 상호 균형지우고 있는 상황" 또는 "세력들 간의 갈등이 계속되면 결국 상호파괴로써 종식될 수밖에 없게끔 균형이 취해져 있는 상황"을 가리킨다. 특히 대립하는 세력 "A도 B도 모두 상태를 패퇴시키지 못하는 경우 [중략] 제3의 세력 C가 외부로부터 개입해 들어와 A와 B 양측 모두의 잔여세력을 정복할 수도 있다."(안토니오 그람시, 『옥중수고 1: 정치편』, 이상훈 옮김, 거름, 1986, 229쪽)

어 있으며, 권위주의적 국가주의의 추세가 현대국가의 확고한 특징이 되고 있다는 결론을 내린다.

'가능한 최상의 정치적 외피?'[1]

자본주의는 흔히 사유재산, 생산수단에 대한 사적 통제, (노동력이 일반적으로 상품 형태를 취하고 노동자가 **마치** 상품인 **것처럼** 취급되는) 자유노동의 원칙을 특징으로 하는 상품생산 시스템으로 묘사된다. 이러한 맥락에서 자본축적이란 시장을 매개로 한 상품의 이윤 지향적 생산·유통·교환을 바탕으로 한다.

막스 베버는 자본주의의 발전에 대한 역사적 연구를 바탕으로 이윤 지향 양식의 여섯 가지 이념형을 구분했다. 그중 두 가지는 합리적 자본주의의 사례로 분류되었다. 다시 말해 (a) 시장에서 이루어지는 자유로운 거래와 자본주의적 생산의 합리적 조직화, (b) 화폐·통화·대출·신용 시장에서 이루어지는 거래와 투기가 그것이다. 베버는 또한 내부적으로 이질적이기는 하지만 **정치적 자본주의 양식**modes of political capitalism의 세 가지 이념형을 식별했다. 이들은 각각 (c) 약탈 활동, (d) 물리력과 지배, (e) '정치권력과의 비정상적인 거래'[2]를 통해 수익을 창

---

1   레닌은 이 문구를 1917년 『국가와 혁명』이라는 책자에서 사용했다. "부르주아 민주공화국은 자본에게는 최상의 정치적 외피이며, 일단 이러한 외피를 얻게 되면 자본은 사람, 제도, 당이 어떻게 바뀌든 흔들 수 없을 정도로 확고하게 권력을 수립한다."(Lenin 1972: p. 393).

출한다. 그는 또한 (f) 전통적인 상업 거래에서 이윤을 얻는 여섯 번째 유형에도 주목했다(Weber 1978, 1961; Swedberg 1998 참조). 이러한 유형 분류는 역사적 근거가 있으며, 오늘날의 세계시장을 이해하는 데도 적합하다. 이는 또한 자본주의의 다양한 유형과 정치체제의 다양한 형태 간의 관계에 대한 더욱 섬세한 설명의 기초를 제공한다.

자본주의와 민주주의의 선택적 친화성elective affinity▼에 대한 주장은 의도적이든 아니든 (a) 형식상 합리적인 자본주의와 (b) 법치주의에 기초한 현대의 영토적 국민국가의 민주적 특성 간의 관계에 초점을 맞추는 경향이 있다. 이들의 관계는 지금까지 주로 사회적 형태들의 동형성 또는 상보성(형태적 구성)의 측면에서만 연구되어왔으며, 경제·정치 제도와 그 관행의 실제적이고 역사적인 궤적(역사적 구성)의 측면에서는 거의 연구되지 않았다. 자본주의와 민주주의의 다양한 모순·패러독스·딜레마는 형태 분석보다는 역사 분석에서 가장 분명히 나타난다. 자본주의와 민주주의 사이의 친화성은 우리가 다른 시대나 다른 종류의 자본주의로 눈을 돌리거나 국가성의 탈국민국가화가 초래하는 결과로 눈을 돌리면 덜 분명해진다(이에 대해서는 8장 참조).

2　스웨드베리Swedberg(1998)는 정치적 자본주의의 하위 유형 중 하나에 대한 베버의 묘사를 이렇게 번역했다. 해당 독일어의 직역은 '정치적 연합에 따른 특별공급Außerordentliche Lieferungen politischer Verbände'이다.

▼　'선택적 친화성'이란 여러 다른 사회적 요소들이 서로를 인과하지는 않지만 내적으로 강화하고 지지하는 관계에 있음을 가리킨다. 이 개념을 처음 쓴 막스 베버는 자본주의 정신과 개신교 윤리의 관계를 이 개념으로 설명한 바 있다. 즉 개신교 윤리가 자본주의 정신을 발생시킨 것은 아니지만 그것을 강화하고 지지했다는 것이다(막스 베버, 『프로테스탄티즘의 윤리와 자본주의 정신』, 김덕영 옮김, 길, 2010). 여기서 제솝은 역사를 분석하거나 자본주의 국가의 모순·패러독스·딜레마를 볼 때 자본주의와 민주주의 사이에 그러한 관계를 찾기 어렵다고 말하고 있다.

자유민주주의에는 특정한 법적 전제조건들이 있다. 여기에는 구체적으로 제도화된 정치적 자유(예: 결사의 자유, 언론의 자유, 자유선거), 경쟁적인 정당제도, 단독으로든 연립으로든 자연적 통치정당(3장 참조)의 (잠재적인) 교체, 행정부와 국가 행정에 대한 의회의(또는 의회에 상응하는) 통제, 입법자와 행정 간부의 유권자·여론에 대한 설명책임accountability[▼] 등이 포함된다. 대중-민주주의 투쟁은 시민의 권리가 유효한 영역을 확장하고, 더 많은 인구를 시민의 범주에 포함시키는 것을 목표로 한다. 또한 그것은 대중이 자유민주주의의 법적 전제조건들을 감시하고 보호할 수 있게 하는 사회적 조건과 함께 [견제와 균형이 있는] 불안정한 세력균형을 창출·유지하는 데 필요한 법적 틀의 도입과 공고화를 목표로 한다.

이러한 법적 틀을 통해 민주적 제도는 사회적 응집성과 정치적 계급 지배 체제에 중대한 균열이나 단절이 발생하는 것을 억제한다. 그러나 정치적·이념적 위기가 계급이나 다른 사회세력의 정상적이고 민주적인 경합을 통해 해결될 수 없게 된다면, 민주적 제도를 중지 또는 제거하고 헌법적 세부사항을 무시하는 공공연한 '기동전'을 통해 위기를 해결하려는 압력이 커지게 된다. 그러나 민주적 제도를 폐지하는 행위 자체는 예외국가가 수립될 때의 지배적인 세력균형을 고착화시키는 경향이 있다. 한나 아렌트Hannah Arendt가 지적했듯이, 일단 권력을 장악하면 독재정권은 일상화되고 예측 가능하며 길들여지는 경향이 있다 (1956: p. 407). 특정한 정세나 국면을 이렇게 동결시키면 일상적이고 점

▼ '설명책임', '책임성', '책무성'으로 번역되는 accountability는 정치인과 공직자들이 자신들의 행동과 결정에 책임을 지고 시민들의 요구와 우려에 반응하고 설명할 의무가 있다는 개념이다.

진적인 정책조정을 통해 새로운 위기와 모순을 해결하고 새로운 타협의 균형을 확보하는 것이 더 어렵게 된다(Poulantzas 1974, 1976). 요컨대 이른바 예외체제의 강력함은 실제로는 그 취약성을 숨기고 있다. 그럼에도 이 취약성은 예외체제의 유형에 따라 달라진다(아래 참조).

정치체제의 다양성이 생기는 또 다른 이유는 자본주의의 발전이 여러 시기로 구분된다는 데 있다. 자본주의의 기원은 (a) 중상주의와 절대주의, '착취'가 교환의 형태를 취할 수 있는 조건을 창출하는 국가의 역할과 관련되어 있다. 그러한 조건이 확립되었을 때 (적어도 최초의 자본주의 경제들에서는) (b) 자유주의적 자본주의가 가능해졌다. 또한 이는 아직은 위에서 언급한 조건들을 충족하는 자유민주주의 국가는 아니더라도 법치주의와 의회주의적 정부의 공고화에 토대를 둔 국가의 발전을 촉진했다. 이러한 유형의 국가는 시장의 자유로운 거래와 자본주의적 생산의 조건을 유지하고 시장실패를 보상할 수 있었다. 이는 시민들과 시장경제 참여자들 사이의 형식적 평등에 대한 환상을 만들어냄으로써 부르주아의 지배가 정당화될 수 있는 조건을 만들었다. 세 번째 단계가 등장한 것은 위기 경향이 더욱 분명해지고 (c) 독점 자본주의가 자유주의적 경쟁 자본주의를 희생시키면서 확장되었을 때였다. 후발 개발도상국들 또한 대형은행과 국가의 산업자본에 대한 더 강한 유대를 특징으로 한다(cf. Gerschenkron 1962).

우리가 설사 중상주의-경쟁 자본주의-독점 자본주의라는 이 조잡한 3단계 모델을 받아들인다 해도, 이 모델은 주로 영국·네덜란드·벨기에·미국 같은 최초의 자본주의 경제에나 적용된다는 것이 분명하다. 이러한 사례들에서조차도 베버가 말한 세 가지 유형의 정치적 자본주의의 영향(예: 노예제, 식민주의, 제국주의적 정복, 날강도 귀족robber barons)을 볼 수 있다. 게다가 자본주의의 최근 추세가 신자유주의와 금융지배적 축적finance-dominated accumulation▼에 뿌리를 두고 있기 때문에 자유시장과 민주주의의 관계는 더욱더 약화되고 있다. 마이클 허드슨Michael Hudson이 지적했듯이 신자유주의자들에게 "자유시장이란 세제 혜택을 받는 **불로소득**rentier 계급이 자유롭게 이자, 경제적 지대, 독점가격을 추출해내는 곳"이기 때문이다(2011). 이러한 종류의 자유시장은 지난 세기, 특히 지난 40년 동안 만연한 앙상하게 뼈만 남은 형식적이고 엘리트주의적인 민주주의와도 양립할 수 없다.

금융투기와 위험감수에서 나오는 이윤이 생산적 자본의 순환에 필수적인 금융중개와 위험관리 활동에서 발생하는 이윤을 초과하기 시작하면 자본주의와 자유민주주의의 선택적 친화성은 약화된다. 금융지배적 축적이 규제완화, 자유화, 경제(특히 금융)권력과 정치권력의 상호침투를 통해 소득과 부의 불평등을 증가시키는 경우 이 친화성은 더욱 약화된다. 그리고 이 친화성은 이윤 추구의 지배적 형태가, 약탈적이고 정치적인 수익(예: 도둑정치kleptocracy▼▼와 강탈을 통한 본원적 축적primitive accumulation▼▼▼), 물리력과 지배(예: 다른 축적체제에 신자유주의적인 규칙·제

▼ '금융지배적 축적'이란 이자를 낳는 자본이 경제와 사회 전반에 걸쳐 지배적 영향력을 행사하는 자본축적의 방식을 가리킨다. 이는 금융 순환이 실물경제로부터 상대적으로 자율성을 갖게 되고, 비금융기업의 행태와 일상생활이 금융화(증권화·부채화)되는 현상을 수반한다. 금융지배적 축적은 이데올로기적으로 신자유주의와 밀접히 연관되고, 세계시장 통합을 추진하는 주요 동력으로 작용했으며, 불로소득의 가장 중요한 원천으로 기능한다(Bob Jessop, "Finance-Dominated Accmulation and the Limits to Institutional and Spatio-Temporal Fixes in Capitalism", S. A. Jansen et al. Hrsg. *Fragile Stabilität—stabile Fragilität*, Springer VS, 2013, pp. 303~328 참조).

도·관행을 강요하고 새로운 축적의 장을 여는 국가권력의 행사)에서 주로 파생되는 수익,[3] 또는 국가 관리자나 정치 당국과 맺는 '특별한 거래'(예: 특정 자본에 특권을 부여하고 법치의 정상적 한계를 훨씬 벗어나는 특별한 입법·행정·사법·재정 또는 상업적 결정에 대한 대가로 받는 금전적 수익)에 의존하게 될 때 더욱더 지속하기 어려워진다. 이러한 관찰은 왜 자본주의와 민주주의가 항상 일치하지 않는지를 보여준다. 사실 어림잡아 본다면 정치적 형태의 이윤 창출이 지배적인 곳에서는 권위주의적 통치가 예외가 아니라 정상적이라고 할 수도 있다.

전반적으로 이러한 서술은 부르주아 민주주의의 핵심적 모순들에 대한 마르크스의 설명을 확인해준다. 즉 하위계급들은 정치적(선거적·의회적이라고 읽는다) 권력을 지배계급의 사회적(경제적·정치적·이데올로기적이라고 읽는다) 권력에 도전하는 데 행사하지 않는다는 조건으로 정치 과정에 참여할 수 있으며, 지배계급은 민주적 통치의 단기적인 변칙을 용인하는 조건으로 좀 더 기본적인 형태의 사회적 권력을 누릴 수 있다는 것이다(3장과 4장 참조). 당연히 이러한 모순은 자유민주주의 국가 내

▼▼ '도둑정치' 또는 '약탈정치'란 그리스어 kleptes(도둑)와 kratos(통치)의 합성어로 정치 지도자들이 개인적 이익을 위해 광범위하고 체계적으로 횡령·배임·유용 등의 부패행위를 통해 국가자원을 착복하는 정부 형태를 가리킨다. 이는 현대에는 극도로 부패한 독재정권이나 민주주의의 실패를 비판적으로 묘사하기 위해 쓰인다.

▼▼▼ '본원적 축적' 또는 '원시적 축적'이란 마르크스의 『자본론』 1권에 나오는 말로, 일차적으로는 초기 자본주의 형성기에 지배계급이 직접 생산자에게서 생산수단을 폭력적으로 분리·강탈함으로써 영리 활동에 필요한 자본을 축적하고 무산계급의 형성을 촉진한 사건을 가리킨다. 그러나 마르크스는 이 개념 앞에 '이른바so-called'라는 수식어를 붙임으로써 이러한 '강탈에 따른 축적accumulation by dispossession'이 자본주의 초기에만 일어나는 것이 아니라 계속 반복됨을 암시했다(Marx 1967; Harvey 2005 참조).

3   정복이나 식민지화를 위한 진정한 전쟁이든, 마약·테러 등에 대한 은유적이지만 수익성 있는 '전쟁'이든, '전쟁'의 수행과 관련된 약탈적 자본주의는 여기서는 잠시 제쳐둔다.

에 일련의 긴장을 야기한다. 그람시는 이에 대한 하나의 잠재적 해결책을 제시했다. 그의 설명에 따르면 정치적·지적·도덕적 지도력에 대한 투쟁 속에서 정교해지는 국가 프로젝트와 헤게모니적 비전은 서로 다른 경제적·사회적 범주와 기타 범주들이 가진 특수한 이해관계들을 부분적으로 화해시키고 '허상적'인 일반적 이해관계를 만들어낸다(4장 참조). '자연적 통치정당'은 여기서 핵심적인 역할을 수행한다. 유권자의 상당 부분과 지배계급의 핵심 부분이나 분파들 간의 이해관계들을 조율할 수 있는 것이다(Gamble 1973 참조). 이러한 조율이 이루어지지 않으면 대표성의 위기가 출현하고 국가체계의 정당성에 대한 위협이 발생할 수 있다. 여기서 무엇이 문제가 되는지 알아보기 위해 먼저 비상사태와 독재의 관계에 대해 살펴보겠다.

비상사태와 예외체제

헌법 사학자들은 포위상태, 비상사태 또는 기타 국가에 대한 긴급한 위협에 대응하기 위해 출현하는 예외체제의 두 가지 주요한 유형을 구분한다. 한 가지 유형은 로마적 유형의 '**위임**commissarial 독재' 또는 대리적delegated 독재에서 찾을 수 있다. 원래의 로마 모델을 규정하는 세 가지 특징은 다음과 같다. (1) 한 기관(원로원)이 제2의 기관(집정관)을 통해 제3의 특별기관, 즉 독재자에게 일시적으로 권력을 위임하고, (2) 독재자는 국가의 영토보전, 국가장치의 존속 또는 인구의 안전을 위협하는 비상사태가 발생하는 동안 일상적인 헌법구조 밖에서 권력을 행사하며, (3) 그는 이후 정상기관에 권력을 반환하고 즉시 '평소와 같은 정치적 업무'가 재개된다. 페레존Ferejohn과 파스퀴노Pasquino가 '신로마' 모델이라고 부르는 두 번째 유형에서는 비상사태가 지속되는 동안 특별전권(전권위임pleins pouvoirs, 독재권력Diktaturgewalt 등)을 부여받은 정규적인 정부의 한 기관, 보통은 대중적으로 선출된 행정부가 비상사태의 권한을 행사한다(2004). 원래 모델에서와 마찬가지로 비상사태가 종료되면 이 정부기관은 정상적인 헌법적 규칙에 따라 운영된다.

신로마 모델의 한 가지 변형은 비상 당국의 결정이 사후에 법원의 사법적 통제를 받고 실시간으로 번복될 수 있게 한다. (잉글랜드 내전 이후) 올리버 크롬웰Oliver Cromwell과 (프랑스 혁명 이후) 나폴레옹 보나파르트Napoleon Bonaparte의 시대에는 독재자들이 인민의 이름으로 통제권을 장악했다(McCormick 2004: p. 198). 이러한 유형은 유럽의 준대통령제semi-presidential systems▼와 대통령이 직접선거를 통해 대중적 정당성을 얻는 라틴아메리카의 사례에서 찾아볼 수 있다(Ferejohn and Pasquino 2004: pp. 334~338).

위임독재에 대한 앞의 서술은 헌법적 틀 속에서 이루어졌다. 마치 독재의 선포가 주로 전쟁이나 침략처럼 국가의 생존에 임박한 실존적

▼ 준대통령제 또는 이원집정부제dual executive system란 직선제로 선출된 대통령과 의회에 책임을 지는 총리가 행정부 권력을 공유하는 정부 형태다. 유럽에서는 프랑스·포르투갈·핀란드·오스트리아 등이 채택하고 있으며, 대통령제와 의원내각제의 특징을 혼합해서 권력의 균형과 견제를 추구한다. 이 시스템에서 대통령은 주로 외교와 국방을 담당하고, 총리는 국내 정책을 주도하지만, 국가별로 그 권한 배분에 차이가 있다. 의회에서 선출된 총리의 권한이 더 큰 경우는 의원내각제와 별 차이가 없기 때문에 일반적으로 대통령의 권한이 더 큰 프랑스가 준대통령제의 대표적 사례로 종종 제시된다(Robert Elgie, ed., *Semi-Presidentialism in Europe*, Oxford University Press, 1999 참조).

위협 때문에 내려지는 입법적 또는 사법적 결정의 문제인 양 서술된 것이다. 그러나 이러한 서술은 문제가 있다. 위협이 조작된 경우(예: 위장 작전false-flag operation이 개전 사유casus belli를 제공하는 경우, 테러에 대한 전쟁이 선포된 경우, 내부의 적이 발견되는 경우, 총파업 또는 금융위기로 경제적 비상사태가 발생하는 경우 등)에는 문제가 더 복잡해진다. 이러한 경우 비상사태 선포는 종종 **위기로 유발된**—또는 적어도 **위기로 정당화되는**—정책에 반대하는 사회세력들을 약화시키려는 공개적이거나 은밀한 조치들을 엄호한다(실제의 비상사태와 허구적인 비상사태의 구별에 대해서는 Agamben 2005: pp. 3~5, 59~63의 논의 참조).[4] 게다가 독재정권은 정상적인 헌법 규칙들이 서서히 침식됨으로써 발생할 수 있다. 즉 헌법 규칙에 대한 제한이 커지고 예외적 통치의 기간이 길어지고 예외가 정상[규범]이 되면서 독재는 자라난다(cf. Rossiter 1948; Lasswell 1950; Morgenthau 1954). 동일한 현상이 '안보적 국민국가national security state'▼에서도 나타난다. 특히 안보에 대한 위협이 외부의 임박한 군사적 위험에 그치지 않고 경제안보, 국내의 정치적 전복 시도, 문화적 퇴행으로 확대될 때 그러한 현상이 발생할 수 있다(아래 참조).

위임독재와의 근본적인 단절이 일어난 것은 로마 장군인 루시우스

---

4   슈미트에 대한 응답으로 1942년에 쓴 글에서 발터 베냐민Walter Benjamin은 '예외상태'가 정상[규범]이 되었다고 적었다. 또한 조르조 아감벤Giorgio Agamben은 그것이 새천년에 들어와서는 영구적인 것이 되었다고 나중에 덧붙였다(2005: pp. 1~32).

▼   '안보적 국민국가'란 경제운영과 사회질서 유지에 있어 국가안보의 논리가 우선시되는 국가로서 대표적인 예로는 각기 북한과 중국과 대립하는 한국과 대만을 들 수 있다(Bob Jessop, "A regulationist and state-theoretical analysis", in R. Boyd and T.-W. Ngo (eds), *Asian States: Beyond the Developmental Perspective*, London: Routledge, pp. 19~42 참조).

코르넬리우스 술라Lucius Cornelius Sulla(기원전 138-78)와 가이우스 율리우스 카이사르Gaius Julius Caesar(기원전 100-44) 아래에서였다. 그들은 위헌적으로 권력을 장악하고 '주권적 독재'를 수립했으며, 그들의 권력을 영구화하고자 비상권한을 행사해 로마의 헌정질서를 바꾸었다. 독일의 법·정치 이론가인 카를 슈미트는 그의 저서 『독재Die Diktatur』(Schmitt 1921, 영어판 2013)에서 위와 같은 사건들을 설명하면서 바이마르 공화국▼의 전간기 의회민주주의의 위기에 대한 대응책으로 이러한 종류의 주권적 독재를 강력하게 옹호했다(1988). 그는 이러한 독재가 국민표결로 확정되기만 하면 된다고 보았다. 그는 의회민주주의가 비상 상황에서 단호하게 행동을 취할 수 없고 말만 무성한 비효율적인 제도가 되었다고 비판했다.

헌법적 측면에서 주권적 독재가 중요한 이유는 그것이 정상과 예외 사이의 관계를 다음과 같이 거꾸로 뒤집는다는 데 있다. 첫째, 독재자는 예외의 성격과 시기를 결정하고, 그 범위를 확대하며, 이를 영구화할 수 있다. 둘째, 독재자의 개인적 결정만으로 그의 무한한 주권적 권한은 언제든지 행사될 수 있고, 그에 따라 영구화될 수 있다(cf. Gross 2000: p. 1845). 간단히 말해 예외가 정상[규범]이 되는 것이다. 이제 안보를 명목으로 정당화되는 권위주의적 조치들은 국가 아키텍처의 재설계, 자본관계의 재편, 대외 전쟁 또는 내전, 집단학살 목적의 추구 등 다양한

▼ 바이마르 공화국은 1차 세계대전 직후인 1919년 2월에 수립되어 히틀러가 총리에 취임한 1933년 1월까지 지속된 독일의 국가체제로서 존속 기간 내내 정치적·경제적 혼란으로 어지러워 히틀러와 나치가 권력을 잡는 계기를 제공했다.

범위를 포괄할 수 있다(Neocleous 2006). 클라우디오 그로스만Claudio Grossman은 아메리카 반구의 사례를 검토하면서 다음과 같은 것을 관찰한다.

아메리카 반구에서 발생한 대부분의 비상사태 사례들은, 비상사태를 선포한 국가가 인권을 완전히 회복할 확률이 비상사태 기간 동안 자행된 인권침해 규모에 반비례한다는 사실을 가리킨다(1986: p. 37).

정치위기와 비상사태

국가에 대한 위협이 발생하면 이에 대응해 비상사태가 선포되거나 위임 독재가 수립되고, 그렇지 않으면 (의사)주권적 독재가 권력을 장악한다. 그러나 이러한 것들은 경제적·정치적 위기에 대한 대응으로 제도화될 수도 있다. 그다지 긴급하거나 심각하지 않아도 정부나 지배계급, 그리고 그들이 대변하는 기타 주요 사회세력의 관념적·물질적 이익에 위협이 되는 위기에는 그러한 대응이 나타날 수 있다. 경제위기만으로는 정치위기와 국가위기가 발생하지 않는다. 실로 정상적인 민주주의 국가에 새겨진 유연성, 특히 정당들과 연립정권들 사이에 이루어지는 정권교체는 종종 위기관리의 토대가 되거나, 적어도 끊임없는 비난, 책임전가, 새로운 실망의 게임을 통해 문제를 회피할 수 있는 역량을 제공한다.

이러한 유연성이 정치위기 속에서 차단되는 경우, 즉 타협적 균형이

[표 9-1] **정상국가와 예외체제**

정상국가	예외체제
• 보통선거권이 주어지고 형식적으로 자유로운 선거가 이루어지는 자유민주주의 • 정당 또는 정부 사이의 법치에 따른 안정적 권력이양 • 국가와 상대적으로 독립되어 작동하는 일련의 다원적인 이데올로기적 장치들. • 권력분립 • 권력의 유연한 재조직화를 촉진하는 권력의 유기적인 순환	• 선거 중단(국민표결과 국민투표는 예외) • 권력이양에 대한 법적 규제의 부재('힘이 곧 정의', 예외상태, 포위상태) • 공식적 국가장치에 통합되어 국가권력을 향상하고 정당화하는 이데올로기적 장치들 • 권력의 집중 • 이러한 체제들은 예외체제가 도입될 때 존재했던 세력균형을 응결시킴.

출처: Poulantzas(1974, 1976, 1978)와 이 장에서 제시된 자료에 기초함.

파국을 맞거나 정치적 제도의 효율성이 심각하게 붕괴하는 경우, 자본주의 국가는 개방성과 민주성이 줄어들고 점점 더 강제적으로 변하며, 이에 따라 예외체제가 등장할 가능성이 커진다. 또한 정치위기는 하위 주체 집단들에 대한 물질적 양보의 범위가 장기적으로 축소되면서 정당과 정부의 정치적 유연성이 제한될 경우에도 발생할 수 있다. 이러한 상황은 특히 차등적 축적(이윤 추구)의 주요 메커니즘과 국가장치 사이에 긴밀한 관계가 있는 경우에 발생할 가능성이 높다. 한편, 이러한 관계는 주로 정치적 자본주의의 유형들을 통해 축적이윤, 공공재의 사적 전용, 과시적 소비가 발생할 때 더 생기기 쉽다. 정치위기는 또한 경제적 투쟁과 정치적 투쟁 사이의 제도적 분리가 무너질 때(예: 정치적 목적을 가진 총파업, 자본을 몰수하거나 특권에 도전하기 위한 정치권력의 행사 등) 발생할 수도 있다. 정치와 경제의 분리는 자유민주주의의 원활하고 합법적인 작동에 필수적이기 때문이다.

이 글이 긴밀하게 따르고 있는 풀란차스는 정상국가와 예외체제를 네 가지 제도적·운영적 차이의 측면에서 대조했다([표 9-1] 참조, Poulatnzs 1973, 1974, 1976, 1978).

- 정상국가에는 보편적 참정권과 경쟁적 정당들을 갖춘 대표제 민주주의▾ 제도가 있지만, 예외국가를 지배하는 사람들은 복수정당제를 폐지하고 위에서 철저히 통제하는 국민표결제plebiscites나 국민투표제referenda를 채택한다.
- 정상국가에서는 헌법과 법률에 따라 권력이양이 이루어지지만, 예외체제에서는 경제·정치·헤게모니의 위기 해결에 필요하다고 여겨지는 변화를 촉진하기 위해 법치를 중단시킨다.
- 정상국가의 이데올로기적 장치는 전형적으로 '사적인' 법적 지위를 가지고 있고 정부의 직접적인 통제를 거의 받지 않지만, 예외체제의 이데올로기적 장치는 강제력 행사의 증가를 정당화하고 헤게모니의 위기에 동반된 이데올로기적 위기의 극복을 돕는 데 동원된다.
- 권력의 형식적 분립 또한 축소된다. 병렬 권력 네트워크와 권력

▾ 흔히 '대의민주주의'로 번역되는 representative democracy를 이 책에서는 '대표제 민주주의'로 번역한다. 정치학자 이관후에 따르면 우리말에서 "'대표代表'라는 용어는 대표자의 역할에 대해 순전한 대리에서 완전한 자율 사이의 다양성을 포괄하고 있는 반면, '대의代議'는 대표제나 대표자의 기능과 역할을 '대신 의논하는 것'으로 한정한다. (중략) 대의'라는 개념에서는 대표되는 사람들의 의지가 반영되어야 한다는 의미보다는, 대표자들이 의논을 통해서 그들의 이익을 수호한다는 맥락이 강하다." 따라서 대의민주주의 개념은 민주주의가 "계급의 이해를 반영"하고 "유사성을 가진 사람 중에서 대표자가 나와야 한다"는 현대적 대표제의 개념이 들어 있지 않다(이관후, "왜 '대의민주주의'가 되었는가?: 용례의 기원과 함의", 『한국정치연구』 25집 2호, 2016, 21~22쪽 참조).

전송 벨트가 광범위하게 활용되기 때문이다. 그에 따라 지배적 부처는 하위부처들과 권력 중심부에 침투하고, 서로 다른 부처와 중심들은 서로 연결된다. 이는 정치적 통제력을 중앙에 집중시키고 통제의 적용지점을 배가함으로써 헤게모니를 재편하고, 내부 분열에 대응하며, 내부의 저항을 고립시키고 유연성을 촉진한다(Poulantzas 1973: pp. 123, 130, 226~227, 311; 1974: pp. 314~318, 320~330; 1976: pp. 42, 50, 91~92, 100~101, 113~114; 1978: pp. 87~92; 더 자세한 논의는 Jessop 1985: pp. 90~103 참조).

풀란차스는 또한 단 한 가지 유형의 정치위기만이, 즉 권력 블록 내부에서 일어나는 헤게모니의 위기만이 예외적인 정치체제를 생산한다고 주장했다. 이러한 헤게모니의 위기는 자체적인 정치조직을 통해서든 '의회민주주의' 국가를 통해서든, 어떤 계급이나 분파도 권력 블록의 다른 구성원들에게 '지도력'을 행사할 수 없을 때 발생한다. 이는 대개 사회 전체에 대한 헤게모니가 전반적으로 위기에 처했을 때 나타난다. 이러한 위기는 정치현장과 국가체계에 반영된다. 위기의 징후에는 정당 대표성의 위기, 즉 다양한 계급이나 분파와 그들을 대표하는 정당들 간의 분열, 정당을 우회해 국가에 직접 영향을 미치려는 다양한 사회세력의 시도, 공식적인 권력 채널을 통해 내려오는 결정과는 독립적으로 정치질서를 부과하려는 상이한 국가장치들의 노력 등이 포함된다. 이러한 현상은 국가가 계속 기능하는 경우에도 국가의 제도적·계급적 통일성을 약화시키고 국가체계의 상층과 하층 간의 분열을 유발할 수 있다. 또한 국가는 폭력에 대한 독점권을 잃을 수도 있다(Poulantzas 1974:

여러 곳, 1976: p. 28 참조).

　풀란차스는 적어도 선진적인 중심부 자본주의 사회구성체에서 자본주의적 유형의 국가가 취하는 정상적인 형태가 자유민주주의라는 확고한 견해를 갖고 있었다. 이러한 견해는 비상사태 시의 위임독재에 대한 법적 정당화에 기초했다. 즉 위임독재의 기간은 제한되며 일시적 위기가 극복되면 해산된다는 것이다. 또한 이 견해는 유럽에서 대부분의 예외체제가 불안정했다는 일반적 경험(그의 관찰은 대부분 여기서 도출되었다)에도 기초했다. 이러한 관찰에 따라 그는 **정상국가**와 **예외체제**를 구별했다. 그럼에도 그는 예외체제들 사이에 중요한 차이점을 발견했으며, 특히 파시즘의 유연성과 기동성에 깊은 인상을 받았다. 이와 대조적으로 군사독재는 유연성이 가장 낮은 유형이며, 보나파르트주의는 이 양극단의 중간에 위치한다(자세한 논의는 Jessop 1985: pp. 229~283 참조). 이와 유사하게 한나 아렌트도 정체되는 경향이 있는 독재와, 끊임없는 운동상태에서 장벽을 넘나들며 영속혁명에 몰두하는 전체주의 국가를 구분하고 있다(cf. Canovan 2004).

　풀란차스에 따르면 독재의 이러한 상대적 경직성이 특히 두드러지는 경우는 예외체제가 대중의 지지를 전달하고 통제할 수 있는 전문화된 정치적·이데올로기적 장치를 결여하고, 그에 따라 대중과 고립되어 있을 때다. 이러한 체제는 각각의 국가장치와 연결된 별개의 정치집단들 사이에 국가권력이 경직되게 배분된다는 특징이 있다. 이들에게는 국가의 통일성뿐만 아니라 국민적·대중적 응집성을 확보할 수 있는 이데올로기가 없다. 이러한 조건은 예외체제가 대중의 반대를 무력화하려고 시도할 때 대중을 향한 정책이 일관성을 잃고 혼란에 빠지게 만든다. 또한 이러한 체제는 지배계급과 분파들 간의 순전히 기계적인 타협, 전술적인 동맹, '경제적·조합적' 이익 정산으로 이어진다. 결과적으로 이러한 상황은 국가장치의 내부 모순을 심화시키고 경제적·정치적 위기에 직면했을 때 체제의 유연성을 떨어뜨린다(Poulantzas 1976). 이러한 특징들 때문에 예외국가는 모순과 압력이 누적되면서 갑작스럽게 붕괴하기 쉬우며, 그렇게 되면 민주주의로의 이행도 단절과 위기를 수반할 것이다.

따라서 정상국가에서 예외체제로 이행하는 과정이 연속적이고 선형적인 경로를 밟기보다는 정치적 위기와 단절을 수반하는 것처럼, 반대 방향으로 이행하는 과정도 단순한 자기 변형보다는 일련의 단절과 위기를 수반할 것이다. 이는 민주화 과정에서 헤게모니를 차지하기 위한 정치적 계급투쟁에 특히 중요한 가치를 부여한다. 실제로 풀란차스는 정상국가의 제도적 형태와 계급적 성격은 이 투쟁의 결과에 따라 크게 달라질 것이라고 주장했다(1976: pp. 90~97, 124, 그 외 여러 곳). 1970년대 중반 남유럽(그리스·포르투갈·스페인)의 군사독재 정권 붕괴나, 중부와 동유럽(특히 루마니아)의 사회주의 국가 붕괴가 대표적인 예이며, 이들은 붕괴 당시 지배적이었던 세력균형에 따라 매우 다른 결과를 초래했다(계급, 기타 사회세력, 국가장치의 요소들을 설명하는 서로 대조적인 이론적 관점들로는 Chilcote et al., 1990; Ivanes 2002; Poulantzas 1976; Przeworski 1993; Linz and Stepan 1996 참조).

약한 국가, 실패한 국가, 불량국가

국가 강도는 국가역량의 배치, 국가 관리자가 국가 외부로 권력을 투사하는 능력, 당면한 도전에 따라 상당히 달라진다. 실제로 극단적인 경우에는 국가가 해체되거나 흔히 '국가실패'로 묘사되는 다른 징후를 보일 수 있다. 모든 국가는 어떤 특정한 측면에서는 실패하며, 정상적인 정치는 실패에서 배우고 실패에 적응하게 만드는 중요한 메커니즘이다. 반면, '실패한 국가'는 반복되는 국가실패에 직면해 국가의 활동을 재창조하거나 방향을 전환하는 능력을 결여하고 있으며, 그 결과 국내 정책에서 '정상적인 정치적 서비스'를 계속 제공하지 못한다. '실패한 국가'라는 담론은 종종 국내 정치뿐만 아니라 국가 간 정치의 일부인 일부 체제들을 낙인찍는 데 이용된다. 이러한 묘사는 아마도 약탈국가, 즉 공무원들이 [자원의] 확대 재생산 조건을 확보하지 않고 특정 계급이나 더 일반적으로 국민들한테 잉여자원과 기타 자원을 '뜯어먹고 사는live off' 국가의 경우에 정당화될 수 있을 것이다. 이 현상을 가리키는 다른 이름으로는 '도둑정치'와 '흡혈귀 국가vampire state'가 있다. 이러한 경우 종종 좋은 거버넌스와 자유주의적 시장 개혁의 신중한 혼합이 권장되지만, 이것이 만병통치약은 아니다. 외부의 압박이나 개입이 있는 다른 경우에도 마찬가지지만 국가의 변형을 결정하는 주요 요인은 국가 내부의 역량과 (외부 요인들로 변화되는) 내부의 세력균형이다. '좋은 거버넌스' 정책의 성공 사례(예: 르완다)도 있지만, 심각하고 지속적인 실패 사례(예: 아프가니스탄, 짐바브웨, 구벨기에령 콩고)도 많이 있다.

마찬가지로 '불량국가'라는 딱지도 패권적·지배적 국가들, 특히 미국이 기존 국제질서에 위협이 된다고 간주하는 국가를 폄하하는 데 쓰인다. 미 국무부는 이러한 국가들을 식별하기 위해 (1) 권위주의 정권, (2) 테러에 대한 후원, (3) 대량 살상무기 확산에 대한 모색, (4) 자국 내

심각한 인권유린이라는 네 가지 기준을 적용했다. 2000년 미 국무부는 공식 담론에서 '불량국가'를 '우려 대상 국가states of concern'로 대체했다. 일부 '불량국가'는 동시에 '실패한 국가'지만, 다른 불량국가들은 강하면서도 불안정한 예외국가(예: 북한·미얀마)다. 불량국가라는 딱지는 미국 자체가 오랫동안 최악의 불량국가였다는, 대항 헤게모니적인 비판적 반응을 불러일으켰다(예: Bloom 2001; Chomsky 2001). 이런 종류의 공격과 반격은 '실패국가'나 '불량국가' 같은 용어들이 크게 논란이 되었음을 가리킨다. 하지만 그렇다고 해서 그러한 주장의 타당성이 특정한 기준에 따라 검증될 수 없다는 것은 아니다. 이러한 명칭들과 비슷한 딱지로는, 국내에서는 인권을 침해하지만 세계평화를 위협하지 않는 국가들(예: 미얀마·짐바브웨)에 적용되는 '왕따국가pariah state'가 있다.

권위주의적 국가주의

보나파르트주의와 카이사르주의 같은 개념은 19세기 유럽의 정치 담론에서 핵심적인 부분이었고, 정치적 권위와 대중적 의지 사이의 관계에 대한 탐구에서 민주주의와 함께 중심 주제가 되었다. 이 주제에 대한 탐구는 20세기에도 계속되었고, 특히 전간기 동안 독재와 전체주의를 중심으로 계속되었다. 권위주의적 통치라는 주제는 2차 세계대전이 끝난 후, 특히 냉전의 맥락에서 그리고 안보적 국민국가의 부상과 관련해서 다시 부활했다. 또한 이 주제는 전후의 번영, 포괄정당과 확대된 복지국가에 대한 강력한 지지가 결합되었던 대서양 포드주의 성장양식의 위기 이후에도 부활했다.

'권위주의적' 통치 형태는 성숙한 자본주의의 특징이며, 자본의 본원적 축적과 후발 발전의 시기, 혹은 종속적이고 주변적인 자본주의에서만 발견되는 것이 아니라고 시사하는 몇 가지 중요한 설명이 있다. 그 예로는 1세대 프랑크푸르트학파 이론가들의 견해를 들 수 있다. 그들은 경제위기와 국가 자본주의의 출현이라는 맥락에서 그 형태가 권위주의적이거나 전체주의적인 강력한 관료주의 국가의 등장을 분석했다(Dubiel and Söllner 1981, Scheuerman 1996, Scheuerman 2008의 논의 참조). 이 초기 프랑크푸르트학파의 이론가들은 이러한 국가 형태가 조직화된 자본주의 또는 국가 자본주의의 부상과 관련이 있다고 주장했다. 이러한 형태의 국가는 점점 더 대중매체에 의존해 이데올로기적 권력을 행사했고, 노동운동을 정치적 버팀목으로 흡수하거나, 아니면 전체주의 지배를 강화시키는 과정의 일환으로 분쇄했다.

전후 이론가들 중에서는 후기 자본주의의 공론장 쇠퇴에 관한 위르겐 하버마스Jürgen Habermas의 주장(1989)을 언급할 수 있다. 다른 예로는 전후 포드주의의 맥락 속에서 부상한 안보국가에 관한 요아힘 히르쉬Joachim Hirsch의 주장(1980)이 있으며, '강한 국가starker Staat', '병영국가garrison state', '상냥한 파시즘friendly fascism' 등의 경향에 관해서도 다양한 주장이 나온 바 있다. 이러한 주장들은 일반적으로 유럽과 북미의 선진 자본주의 사회에 있는 국가들에 관한 것이다. 주변부 자본주의는 국가주의가 개발국가(예: 케말 아타튀르크Kemal Atatürk의 튀르키예, 리콴유 Lee Kwan-Yiu의 싱가포르)에 동화되는 한에서 국가주의의 문제를 더욱더 강렬히 제기한다. 이러한 더 '정상적인' 형태의 개발주의적 국가주의뿐만 아니라 예외적인 '개발주의적' 국가들(예: 자본분파들 사이의 분열과 대중적 압력의 증가로 민주화가 이루어지기 이전, 독재정권이 주재하는 강력한 국가안보체제를 갖췄던 한국과 대만의 초기 단계 개발국가)도 있다.

2차 세계대전 직후 현실주의 국제관계 이론가인 한스 모겐소Hans Morgenthau는 미국의 국가체계를 법치주의에 따라 행동하는 '정규적인 국가질서regular state hierarchy'와, 정규국가를 감시하고 통제하는 더 숨겨진 '안보질서security hierarchy'로 구성된 이상블라주라고 묘사했다. 후자는 민주주의의 영향력을 제한하고 내외부의 적에 대한 공포를 조장함으로써 보호에 대한 요구를 유발한다. 좀 더 최근에 올라 투난더Ola Tunander는 마틴 쇼Martin Shaw의 서구 복합체 국가western conglomerate state▼ 개념(2000)을 발전시키는 동시에 제한하면서, 미 제국US Reich이 (그가 서구 광역권western Großraum이라고도 지칭하는) 서구 국가를 둘로 나누었다고 주장한다. 하나는 법치주의 아래 운영되는 일련의 정규적인

▼ '복합체 국가'란 본래 초기 근대 유럽의 국가 형태를 이르는 말로, 지배자들과 서로 다른 관계를 맺는 여러 다른 종류의 영토로 이루어진 국가를 뜻한다. 단일한 행정력이 미치는 근대국가와 달리 이 국가는 정치적·법적·행정적 모자이크라고 할 수 있다(Harald Gustafsson, "The Conglomerate State: A Perspective on State Formation in Early Modern Europe", *Scandinavian Journal of History* 23(3~4), 1998: pp. 189~213). 마틴 쇼는 이를 현대의 '지구적 국가global state' 또는 일본을 포함한 '서구 국가Western state'의 특징으로 묘사한다.

'복합체conglomerate'라는 용어는 서구 국가에서 이러한 제도들이 뒤섞여 결합되는 복잡한 방식을 나타내며, 자본 복합체가 형성되는 방식과 느슨한 유사성을 가진다. 이는 옛 국민국가 단위들의 결집뿐만 아니라 국제적 통합·규제가 이루어지는 다양한 층위들의 불균형한 결합을 나타내는 데 도움이 된다. 또한 복합체는 서구 국가에 단일한 공식적 헌법구조로 가리킬 수 있는 것과 같은 단순한 통일성이 부재함을 시사한다. 대신, 이 국가는 복잡하고 중첩된 정치적 관계로 구성된다. 이러한 관계의 주요 중심—미국—은 분명하지만, 이들은 단일한 공식구조로 구체화되지 않았다. 서구 국가는 실재할 뿐만 아니라 법과 권력의 중심이었던 국민국가들에서 진화해왔다. 이러한 역사는 여전히 국가들 간의 관계에 있어 중요한 의미를 가진다(Shaw 2000: p. 243).

민주국가 또는 공공적인 국민국가이고, 다른 하나는 은밀한 초국적 안보국가다. 초국적 안보국가는 특정 활동을 국가 또는 국제안보에 대한 근본적인 위협으로 해석하고, 경우에 따라 테러리즘을 핑계로 군사 쿠데타나 쿠데타 시도를 정당화함으로써 정규적인 민주국가의 결정을 거부하고 정규정치를 '안보화[담보화]securitize'할 수 있다(Tunander 2009: pp. 56~57과 여러 곳).

안보질서 또는 안보국가라는 관념은 최근 커지고 있는 '심층국가 deep state'에 대한 관심에도 반영되어 있다. '심층국가'는 튀르키예에서 만들어진 용어(튀르키예어로는 **derin devlet**)로서 정보기관, 군대, 보안, 사법부, 조직범죄 내부의 고위급 요소들로 구성된 시스템을 나타낸다(예를 들면 Park 2008; Söyler 2013 참조). 이와 유사한 네트워크들이 이집트와 우크라이나, 스페인과 콜롬비아, 이탈리아와 이스라엘, 다른 여러 국가에서도 발각되었다. 마이크 로프그렌Mike Lofgren은 이러한 관점에서 조지 W. 부시 행정부에 관한 내부자 폭로물을 저술했다. 그에 따르면 심층국가란 "정부의 요소들과 최상위 금융·산업 중 일부분이 혼성된 결사체로서, 공식적인 정치과정을 통해 표현되는 피통치자의 동의에 준거하지 않고도 미국을 효과적으로 통치할 수 있다."(Lofgren 2014)

비슷한 맥락에서 제이슨 린지Jason Lindsey는 **표층국가**shallow state와 **암흑국가**dark state를 구별한다(2013). 표층국가는 국가의 공개적인 얼굴이다. 이는 연설·선거·정당정치 같은 정치현장의 무대 전면을 형성한다. 반면에 암흑국가는 대중의 시선에서 점점 더 은폐되며(또는 '눈앞에 있지만 보이지 않으며'), 공무원·민간기업·언론매체·싱크탱크·재단·NGO·이익단체와 일상생활이 아닌 자본의 필요에 부응하는 기타 세력들의 네트워크로 구성된다. 실제로 이는 규제완화, 민영화, 주권이 약화되었다는 거짓말myth 등 신자유주의의 비호와 관행을 통해 점점 더 많이 은폐되고 있다. 그 결과 공공-민간의 구별이 어떻게 자본과 국가의 서로 맞물린 이익에 기여하는지 은폐된다. 급진적 저널리스트인 톰 엥겔하트Tom Engelhardt는 이를 입법부·행정부·사법부와 함께 미국 정부의 '제4기관the Fourth Branch'▼이라고 부른다. 그에게 이 제4기관이란 비밀의 베일 뒤에서 작동하는, 더욱 견제받지 않고 책임지지 않는 워싱턴 중심부를 포함한다(2014).

풀란차스는 병렬 권력 네트워크와 예외체제의 핵심인 '벙커'의 역할에 대한 분석에 더해, 이전에는 예외적이고 일시적이었던 정치질서의 특징들이 그가 권위주의적 국가주의 유형의 자본주의 국가라 일컫는 것에서는 점점 더 정상적인 것이 되고 있다고 주장하게 되었다. 세계시장의 통합이 심화됨에 따라 그 모순이 일반화되고 위기 경향이 더욱더 분명해졌기 때문이다. 이로써 위기를 지연시키거나 다른 곳에 전가하기가 더 어려워졌고, 위기는 현대 자본주의의 영구적인 특징이 되었다. 따라서 중요한 '예외적' 특징들은 자본주의 국가 유형의 '정상적' 특징들을 유지·수정하면서, 공식적인 국가체계와 병렬로 운영되는 영구적인 구조를 만들어낸다. 이 과정에서 국가장치와 통치정당의 지시와 통제 아래 정상구조와 예외구조가 끊임없이 공생하고 기능적으로 교차하게 된다(Poulantzas 1978).

▼ 정부에서의 독립성을 강조하는 '제4부/신분the fourth estate'과 달리 '제4기관'라는 표현은 그것이 정부의 일부임을 함축한다.

따라서 풀란차스는 자본주의 국가 유형이 이제 **"정치위기와 국가위기를 규정하는 일반적 요소들의 특이한 극단화를 영구적·구조적 특징으로 한다"**고 주장했다. 권위주의적 국가주의의 부상은 1970년대에 나타난 현대 자본주의의 장기적인 구조적 경제위기와 그것이 다양한 정치적·이데올로기적 위기로 응축된 현상을 반영한 것이었다. 이러한 정치적·이데올로기적 위기는 개입주의 국가의 사회적 기반에 균열을 일으켰다. 예를 들면 부르주아지와 신구 소부르주아지 간의 전통적 동맹이 해체되고, 일반 노동조합원과 기타 하위집단의 전투성이 증가했다. 또한 이전에는 '부차적'인 것으로 여겨졌던 전선에서 신사회운동이 성장함에 따라 이데올로기적 위기가 발생하고, 국제화가 자본분파들 간의 관계에 준 충격으로 권력 블록 내의 모순이 첨예화되었다(Poulantzas 1978: pp. 210~214, 219, 221). 이러한 징후들은 대서양 포드주의의 위기를 반영한 것이지만, 이와 유사한 징후들이 1990년대와 금세기 초반 20년간의 수출 주도적 지식기반경제와 신자유주의적인 금융지배적 경제에서도 나타난다. 더욱이 1970년대 중반에 비해 훨씬 더 통합된 현재의 세계시장에서 위기 경향은 풀란차스가 예상했던 것보다 더 다양한 형태·스케일·중심을 갖게 되었으며, 더 많은 균열, 물질적·이념적 이해관계, 정체성에 따라 발생하고 있다.

풀란차스의 세부적인 분석은 그가 저술하고 있던 당시의 정세를 반영했지만, 새롭게 부상하는 '정상적' 형태의 자본주의 국가 유형에 대한 그의 서술은 상당한 선견지명을 보였다. 그는 '권위주의적 국가주의'의 기본적 발전 경향을 "사회경제적 삶의 모든 영역에 대한 국가의 통제 강화와 정치적 민주주의 제도의 급격한 쇠퇴, 이른바 '형식적' 자유에 대한 엄격하고도 다양한 제한"이라고 묘사했다(1978: pp. 203~204). 더 구체적으로 보면, 권위주의적 국가주의의 주요 특징과 그것이 대표제 민주주의에 미치는 영향은 다음과 같다.

- 입법부에서 행정부, 행정 시스템으로 권력의 이전과 실질적인 권력 집중. 이는 국민의 대표로 간주되는 정당과 의회가 행정부에 행사하는 영향력을 차단한다. 실로 정치는 대통령실이나 총리의 비서실에 점점 더 집중되고 있다. 행정부의 정점에 서 있는 이 비서실은 순수하게 대통령-총리 개인의 시스템으로 나타난다.
  이것은 자신의 손에 전제적 권력을 집중시키는 진정한 보나파르트주의적 독재자를 수반하지 않는다. 그것은 지배계급을 위해서, 좀 더 국민표결적 방식plebiscitary fashion으로는 인민 대중을 위해서, 복잡한 정치에 전략적 방향성을 제시할 수 있는 카리스마 있는 대표주자를 찾는 것과 관련된다. [정치 지도자의 개인적 특성과 카리스마를 중심으로 정치체제를 구축하는] 인격주의personalism는 실제로는 여러 모순적인 압력을 응축시키며, 여전히 행정부 내부에서 모순적 형태로 표출되는 서로 갈등하는 세력과 대중적 이해관계를 재조정하는 역할을 한다(1978; cf. Poulantzas 1974: pp. 311~314).
- 입법부·행정부·사법부 사이의 가속적인 융합과 이에 동반되는 법치의 쇠퇴. 의회와 정당은 이제 매우 제한된 권한을 가진 단순한 선거 '등록소'에 불과하며, 의원들이 선거자금 후원자, 로비스트, 현대정치의 회전문에 있는 잠재적인 미래 고용주에 '매이는 owned' 것도 무리가 아니다. 그러므로 국가정책 개발의 주요 현장

이 된 것은 정무직 공직자들이 이끄는 국가 행정부다.

이러한 변화는 또한 집권당(또는 영구적으로 야당 역할을 맡도록 운명 지어진 정당과는 대조되는 '자연적 통치정당')을 단일하거나 과점적인 권위주의적 대중정당으로 변형시킨다. 이러한 정당은 국가에 대중의 이익과 요구를 직접적으로 표현하고 대변하기보다는 국민 표결적 방식을 통해 국가정책에 대한 대중적 지지를 동원하는 임무를 더 많이 수행한다. 이는 행정부를 대단히 정치화하며, 관료적 위계질서와 통일성이라는 형식적인 외관 뒤에서 행정부의 파편화를 초래할 위험이 있다(Poulantzas 1978: p. 236). 이러한 추세의 존재는 카츠Katz와 메이어Mair의 분석에서 잘 드러난다(1994). 그들은 정당 엘리트 전략의 변화와 정당경쟁 동학의 변동이 어떻게 풀뿌리 당원들과 전국적인 중앙당 집행부를 희생시키고 '공직에 있는 정당'의 우위를 가져왔는지 잘 보여준다(3장도 참조).

• 행정부와 정치적 대화를 할 수 있는 주요 채널이자 헤게모니를 조직하는 주요 세력으로서 정당의 기능적 쇠퇴. "(단지 헌법적 규칙에 의거해서만이 아니라) 기존의 국가제도 전체에 의거해 유기적으로 [자연스럽게] 고정되고 예측되는, 규칙적 정권교체 패턴에 따라 정부에 참여하려 하고 실제로 참여하는" 집권당에서도 변화가 있다 (Poulantzas 1978: p. 220). 이 정당의 권력 블록에 대한 대표와 유대는 느슨해진다. 이는 독점자본이 의회정당들을 통해 헤게모니를 조직하는 것이 더 어렵다고 판단하면서 행정부에 로비를 집중하기 때문이다(Poulantzas 1973; 1974; 1978: pp. 221~223).

따라서 정당은 (공통된 당 강령을 중심으로 한 타협과 동맹을 통해 이루어지는) 정책입안이나 (국민적·대중적 신임을 얻기 위한 선거경쟁을 통해 이루어지는) 정치적 정당화라는 전통적 기능들을 더는 충족시키지 않는다. 이제 그들은 공식적 결정의 전달 벨트에 지나지 않으며, 단지 그들이 대중화하기로 선택한 공식적 정책의 측면들에서만 차이가 있을 뿐이다(Poulantzas 1978: pp. 229~230, 237). 결국 정치적 정당화는 행정부가 지배하고 대중매체를 통해 증폭되는 득표기술과 조작기법에 기반을 둔 여러 통로를 통해 재조정된다(1978: p. 229; 3장도 참조).

• 국가의 공식적인 조직들을 가로지르며 국가의 다양한 활동에서 결정적인 지분을 차지하는 병렬 권력 네트워크의 성장(Poulantzas 1974, 1978). 더 정확하게 말하면 권위주의적 국가주의는 행정부, (인민의 의사를 국가에 전달하기보다 국가의 의사를 인민에 전달하는) 지배적 '국가정당', 새로운 반민주적 이데올로기의 역할 강화를 수반한다. 이는 이미 심각하게 제한되어 있는 대중의 정치적 의사결정에 대한 참여를 더욱더 제한하고, (복수정당 제도가 고스란히 남아 있는 경우에도) [시민사회와 정치사회를 연결하는] 정당제도의 유기적 기능을 심각하게 약화시키며, 민주적 형태의 정치 담론의 활력을 떨어뜨린다.

따라서 권위주의적 국가주의의 형태들이 사회생활의 모든 영역에 지속적으로 침투하는 것을 가로막는 장애물은 거의 없다. 특히 (국가)안보와 테러와의 전쟁이라는 명목으로 이러한 침투가 정당화되는 경우에는 더욱 그러하다. 실제로 풀란차스는 "현대의 모든 권력은 권위주의적 국가주의에 기능적이다"라고 과장되게 주장하기도 했다(1978: p. 239).

사실 풀란차스는 국가 행정부의 활동이 그 자체의 정치적 구조와 운영에 내재된 한계들에 지속적으로 부딪히게 된다는 점을 지적하면서 이러한 주장에서 다소 후퇴했다. 그 한계들은 특히 행정부 내의 서로 다른 집단·인맥·파벌 사이의 내부적 분열, 국가체계 내부에서 발생하는 계급갈등과 모순의 재생산에서 분명하게 드러난다. 따라서 우리는 어떻게 행정부가 이러한 긴장들을 극복하고 효과적으로 독점자본을 대변할 수 있는지 질문해야 한다. 예외국가들은 행정부와는 구별되는 정치적 장치들(예를 들어 파시스트 정당, 군대, 정치경찰)을 통해 이를 달성한다. 대표제 민주주의의 일반적 형태에서는, 중앙 행정기구 밖에 위치한 다원적 정당체계의 유기적 기능▼을 통해 동일한 목적을 달성한다(1978: cf. Poulantzas 1974)

문제는 이러한 유기적 기능이 권위주의적 국가주의 아래에서 어떻게 실현될 수 있는가 하는 것이다. 풀란차스는 지배적 대중정당이 지배적 국가정당으로 변모함으로써 이것이 실현된다고 제안했다. 이 정당은 이제 행정부의 핵심에서 정치위원political commissar▼▼의 역할을 하는 병렬 네트워크로서 기능한다. 이 네트워크는 핵심 공무원들과 함께 물질적·이데올로기적 이익공동체를 발전시키고, 대중을 대표하는 것

▼ 이 맥락에서 '유기적 기능'이란 국가와 시민사회의 여러 다른 기관과 부분을 어떤 통일된 목표를 위해 유기적으로 통합하는 기능을 가리킨다.
▼▼ 정치위원 또는 정치장교란 군대를 정치적으로 장악하기 위해 군대의 조직과 정치적 교육을 감독하는 요원들을 가리킨다.

이 아니라 국가를 대표한다. 이는 또한 국가 이데올로기를 대중에게 전달하고 국민표결을 통해 권위주의적 국가주의의 정당화를 강화한다(Poulantzas 1978: pp. 236~267). 이렇게 고도로 통일되고 구조화된 대중정당은 집권당이 오랫동안 교체되지 않을 경우 발전할 가능성이 높다. 정당들 사이에 존재하는 단일한 '중심'도 이와 유사한 기능을 수행하면서 정권교체 과정을 지배할 수 있다(1978: pp. 232, 235~236).

풀란차스는 이러한 "국가 행정부의 저항할 수 없는 부상"을, 정치적 상황에 따라 수정되기는 하지만 주로 국가의 **경제적** 역할 증가와 연관시켰다. 다시 말하지만, 그의 설명은 1970년대라는 시대적 국면과 맞물려 있다. 하지만 그것은 신자유주의적 체제 전환, 실용적인 신자유주의적 정책조정, 외부에서 강요된 신자유주의적 구조조정 정책이 일어나고 있는 현 시기에 맞게 재구성될 수 있다.▼

국가 개입은 법이 더는 국민-대중의 일반의지를 구체화한 의회가 독점적으로 제정하는, 일반적이고 형식적이며 보편적인 규범에 국한될 수 없음을 의미한다. 미국의 사례에 대한 최근 연구에 따르면 기업의 이익을 대변하는 경제 엘리트와 조직화된 집단은 미국 정부의 정책에 상

▼ 제솝은 1970년대 이후 발전한 신자유주의 체제의 네 가지 주요 형태를 분별한다. 첫째는 가장 급진적인 형태는 옛 소비에트 블록에서 일어난 '신자유주의적 체계 변형'으로서, 예를 들면 러시아는 충격요법을 통해 국가 사회주의 제도를 창조적으로 파괴했다. 둘째는 미국·영국·오스트레일리아·캐나다·뉴질랜드·아일랜드 등 영미 경제권에서 발생한 '신자유주의적 체제 전환'으로서 자유화·규제완화·민영화 등 제도변화뿐만 아니라 자본에 유리한 세력균형의 형성도 수반했다. 셋째는 '신자유주의적 구조조정'으로 주로 아프리카·아시아, 중동부 유럽과 라틴아메리카 등 위기 지역에 대한 외부 초국적 경제기관의 재정 지원과 기타 지원으로 부과되는 '워싱턴 컨센서스Washington Consensus'에 부합하는 정책들을 포함한다. 넷째는 '신자유주의적 정책조정'으로서 지구화에 대응해 사회민주주의적 사회경제 모델을 유지하기 위해 북유럽과 독일 등에서 도입된 소폭의 누적적인 변화를 가리킨다(Bob Jessop, "Neoliberalism." In George Ritzer (ed.), *The Wiley-Blackwell Encyclopedia of Globalization*, London: John Wiley & Sons, 2012).

당한 독립적 영향을 주는 반면, 일반 시민과 대중에 기반을 둔 이익단체
는 독립적 영향력이 거의 또는 전혀 없다(Gilens and Page 2014; Ferguson
1995, Hacker and Pierson 2011 참조). 또한 입법도 의회보다는 행정부가
주도하는 경우가 점점 더 많아지고 있으며, 그것도 종종 기업의 이익이
나 로비에 대한 청취를 통해 이루어진다. 미국의 주 차원에서 시행될 표
준 문안 모델을 준비하는 미국입법교류위원회ALEC: American Legislative
Exchange Council▼가 그 예다. 마찬가지로 법적 규범도 행정부가 특정한
정세·상황·이해관계에 맞추어 점점 더 많이 수정하고 정교화하고 있다
(Poulantzas 1978: pp. 218~219; Scheuerman 2003 참조). 법치의 쇠퇴는 정
치적 영역에도 영향을 미친다. 그 징후 중 하나는 명확하게 정의된 법
위반에 대한 사법적 처벌보다는 잠재적으로 불충실하고 일탈적인 사람
들에 대한 예방적 치안preemptive policing이 점점 더 강조되고 있다는 것
이다(Poulantzas 1978: pp. 219~220; cf. Boukalas 2014). 좀 더 일반적으로
말하면, 헤게모니의 위기란 국가 행정부가 권력 블록 내에서 '불안정한
타협적 균형'이 정교화되는 **중심** 현장이 됨을 의미한다. 이러한 현상은
대기업과 국가의 중앙 행정기구(특히 경제기구)를 교차하는 유대 네트워
크가 점점 더 긴밀해지고 정치와 행정의 중앙 집중이 전반적으로 증가
하기 때문에 발생한다.

  그러나 의회, 대중정당, 민주적 자유를 희생시키면서 행정권력을 집
중시켰다고 해서 국가가 엄청나게 강화되는 것은 아니다. 오히려 권위

▼ 미국입법교류위원회는 보수적인 주의회 의원과 민간 부문 대표로 구성된 비영리조직으로 미국 내 주정부들
   에 배포하기 위해 시범 법안을 작성하고 공유한다.

주의 국가는 그 강도, 상호연관과 공간적 범위가 확대되고 있는 경제적 모순과 위기 경향에 대한 관리와 새로운 형태의 대중투쟁에 대한 대처에서 어려움을 겪게 된다. 국가는 경제위기가 본래의 경로대로 진행되도록 내버려두거나, 경제위기 관리에 대해 책임을 져야 한다. 후자의 경우 국가는 그 위기효과를 제거하지 못하고 다른 곳에 전가하거나 발생을 지연시킨다. 지배적 분파가 자신의 장기적인 정치적 헤게모니를 강화하기 위해 자신의 단기적인 경제적·조합적 이익을 희생하는 것도 훨씬 더 어려워진다. 또한 행정부가 유연한 복수정당 제도 대신 헤게모니를 조직하고 계급 간의 불안정한 타협적 균형을 관리하는 것은 훨씬 더 어렵다. 마찬가지로 이제까지는 주변적이었던 사회생활 영역에 대해 국가의 개입이 증가하면서 대중은 정치화된다. 특히 전후의 사회정책 공약이 지출삭감·긴축·재상품화를 배제했기에 현재의 지출삭감·긴축·재상품화는 정당성 위기를 초래하며, 그 결과 대중은 국가에 직접적으로 맞서고 국가의 안정을 위협하게 된다. 이러한 영역들에 대한 개입의 실패는 노동력의 사회적 재생산을 저해할 것이다. 자본의 국제화를 촉진하는 국가의 역할이 커지는 것도 국민통합에 문제를 일으킨다. 이는 특히 자본의 국제화가 저개발 지역과 소수민족에 미치는 영향에서 분명하게 드러난다(Poulantzas 1978).

중도와 좌파에서 우파에 이르는 여러 다른 비판적 논평가도 비슷한 견해를 발전시켜왔다. 이는 특히 최근 지속되고 있는 금융위기와 그 광범위한 경제적 반향을 배경으로 한다. 예를 들어 그레고리 알보 Greg Albo와 카를로 파넬리Carlo Fanelli는 '영구긴축permanent austerity'의 정치적 형태로서 양당제적 또는 다당제적 '규율민주주의disciplinary democracy'의 새로운 국면을 언급한다(2014; 그 밖에 Rasumus 2010; Stützle 2013 참조). 이안 브러프Ian Bruff는 '신자유주의적인 권위주의적 헌정주의'를 언급하고(2013), 잉거 솔티Ingar Solty는 경쟁적 긴축competitive austerity의 경제적 거버넌스를 특징으로 하는 '권위주의적 위기 헌정주의'를 식별하며(2013), 루카스 오번도퍼Lucas Oberndorfer는 '권위주의적인 경쟁적 국가주의'의 발전을 서술한다(2015). 볼프강 슈트렉Wolfgang Streeck은 사회민주주의적 관점에서, 복지국가가 재정건전화 국가consolidation state로 전환하고 있다고 언급하고(2013), (전) 페이비언 사회주의자인 콜린 크라우치는 포스트민주주의적 전환을 서술한다(Crouch 2004). 자유주의 우파에서는 강력하고 억압적인 국가, 즉 금융자본을 옹호하고 이에 대한 반대를 감시하기 위해 위헌적인 개입을 일삼는 국가 유형에 대한 비난이 있다(예: Stockman 2014). 이와 같은 주장들은 이러한 국가의 조치들이 단기적 일탈인지, 일시적 비상사태인지, 아니면 '새로운 정상성'의 전조인지에 관한 질문을 제기한다.

1970년대 중반에 글을 썼던 풀란차스가 크게 간과한 것은 초국민국가적 수준에서 권위주의적 국가주의 경향의 발전이다. 이러한 발전은 자본의 입장에서 스케일 뛰어넘기(5장 참조)를 수반하는데, 이는 병렬 권력 네트워크를 통해 조율되며 '신헌정주의'의 조건을 확보하는 것을 목표로 한다(Gill 1995). 신헌정주의는 신자유주의가 전 지구적으로 확대됨에 따라 자본에 특별한 보호를 제공하며, 국민국가의 영토적·시간적 주권을 제한한다. 환태평양경제동반자협정TPP: Trans-Pacitif Partnership, 범대서양무역투자동반자협정TTIP: Transatlantic Trade and Investment Partnership, 서비스무역협정TiSA: Trade in Services Agreement을 중심으로

벌어지는 각 국민국가(와 유럽연합)의 행정부, 자본의 대표, 포스트 워싱턴 컨센서스 국제 경제기구 간의 비밀협상이 이러한 추세를 잘 보여준다. 이들 기구는 자본주의 기업과 그 활동에 대한 준헌법적 보호가 이루어지는 스케일을 논쟁의 여지가 많은 국민국가의 정치 영역에서 국제적 수준으로 재조정하려고 한다. 또한 그들은 (국가와의 분쟁을 포함한) 분쟁에 대한 판결을 민간 재판소, 전문가, 변호사, 기타 표면적으로 비정치적인 포럼과 인물에게 맡기려고 한다. 그리고 놀랍게도(그리고 사실은 놀랍지 않게도) 이른바 민주주의 체제에서조차 선출된 정부의 권력을 금융적 처벌이라는 위협을 통해 제한함으로써 초국적 기업의 예상 이익을 해칠 입법 또는 행정규칙의 도입을 저지하려고 한다.[5]

그 세부내용이 공적 영역으로 새어나오면서 커지고 있는 TPP, TTIP, TiSA에 대한 대중의 적대감은 초국적 심층국가의 힘에 한계가 있음을 보여주는 하나의 예다. 또 다른 사례는 경제·정치 엘리트들 사이에 커지고 있는 우려다. 이는 부와 소득의 불평등 심화에서, 그리고 북대서양 금융위기와 유로존 위기를 관리하는 과정에서 명백히 드러난 금융자본 편향에 대한 반발에 관한 것이다. 따라서 '권위주의적 국가주의'의 부상은 하나의 패러독스를 내포하고 있다. 이 현상은 자유주의적인 대표제 민주주의를 희생시키면서 국가권력을 분명히 강화하지만, 부르주아 헤게모니를 확보할 수 있는 역량도 약화시킨다(Poulantzas 1978: pp. 241, 263~265; Bruff 2013).

---

5   이러한 의미에서 국가는 법을 제정하거나 규제를 수정할 수 있는 형식적 주권을 보유하지만, 정부가 이를 진행하기 전에 다시 한 번 더 생각하게 만들 수 있는 막대한 금융적 불이익의 위험을 감수해야 한다.

유럽연합

이러한 추세는 유럽연합에서 더욱 분명하게 드러난다. 따라서 우리는 회원국의 행정부들이 각료이사회Council of Ministers와 유럽이사회 European Council를 통해 유럽연합의 입법부에 대표되고, 집행기관으로서 유럽연합 집행위원회European Commission의 권한이 지속적으로 확대되고 있으며, 이 기관이 행정·입법과 일부 사법 권한이 융합되는 주요 장소이기도 하다는 점을 관찰할 수 있다. 유럽연합은 또한 회원국들의 국익과는 더욱더 분리되어 있다(가중 다수결 투표제qualified majority voting 도입을 볼 것). ▼ 유럽의회는 여전히 미미한 수준에 머물러 있고 정당 블록은 취약하며, 유럽 단위의 정당을 공통의 플랫폼에서 직접 선출하지 않는다. 게다가 비공식 네트워크, 워킹 그룹, 위원회 등의 역할이 강화되고 있으며, 특히 생산자 그룹이 큰 영향력을 행사하고 있다(CEO 2004, ALTER-EU 2010, Cronin 2013). 이제 그것은 서로 다른 국익들이 서로 경쟁하는 정부 간 양식intergovernmental mode의 물질적 응축이 아니다. 오히려 집행위는 이제 공식적으로 "EU 전체의 이익을 대변하고 옹호한다"고 주장하며 정상적인 대표 원칙보다 초국민국가적 **국가이성**을 주장하고 있다(Kaczyinski 2014: p. 5).

▼ 유럽연합에서 입법권·예산권·협정체결권을 가지고 있는 각료이사회의 의사결정 방식으로, 한 나라가 1표를 행사하는 단순 다수결이 아니라 회원국의 인구나 경제력·영향력 등을 고려해 각각 다르게 배정된 표를 합산한 후 가결 여부를 결정하는 방식을 가리킨다. 이는 의사결정 속도가 느리고 복잡한 만장일치제를 대체하기 위해 1987년에 도입되었다. 그럼에도 반대하는 회원국이 투표를 포기함으로써 결정이 지연되는 일이 종종 발생하자 기권 시에도 무조건 결정이 내려지는 단순 다수제 도입이 제안되었다(한경 경제용어사전 참조, https://dic.hankyung.com).

예를 들자면 볼프람 엘스너Wolfram Elsner는 다음과 같이 주장한다. 유럽연합 집행위원회 의장, 유럽중앙은행 총재, IMF와 ESM의 수장, 경제재무장관회의, 최고 은행가들로 구성된 유럽연합의 **'경제와 금융 거버넌스(또는 통치)**EFG: Economic and Financial Governance (or Government)' 기구는 쉽게 **포스트민주주의의 원형**이 될 수 있으며 심지어 국가주권과 민주주의에 반하는 독재 직전pre-dictatorial의 지배구조가 될 수도 있다(2012: p. 158).

미국 국토안보부

권위주의적 국가주의의 발전은 국가 부처의 재편과 관련이 있다. 이러한 연관성은 (국가)안보기구의 중요성 증가, 국가의 공식적인 한계와 경계를 넘나드는 안보기구의 작동방식, 안보기구가 공식적으로는 국가 외부에 위치하고 있는 중요한 세력들과 병렬 권력 네트워크를 통해 연결된다는 사실에서 볼 수 있다. 수많은 중요한 활동이 공식적인 비밀의 장막, 불투명성, '알 권리'의 원칙 뒤에서 수행된다. 인구[국민]는 정책의 형성이나 통제에서 배제되어 있으며, 오직 제4부/신문[미디어]과 조율된 포퓰리즘적 복화술을 통해서만 참여할 수 있으나, 이 또한 불안감을 조장하는 데 일조한다. 안보기구에 채택된 전략과 전술 중 일부는 식민지, (반)주변부 또는 점령국가에서 개발되었다(예: McCoy 2009; Grandin 2007). 테러의 위협이 국가 개입을 확장하기 위해 호출되며, 그 결과 "테러는 우리의 일상생활에 (중략) [국가의] 대테러 활동을 통해서만 [간접적으로] 영향을 미칠 뿐이다."(Boukalas 2014a: p. 2)

이러한 제도와 관행의 대표적인 예로 미국 국토안보부DHS: Department of Homeland Security를 들 수 있다. 이는 국가안보 관료제를 더욱 발전시킨 것이며, 여러 상호의존적인 기관들을 포괄하는 시스템으로 간주된다. 이 시스템은 2차 세계대전 이후인 1947년, 포괄적인 국가안보법National Security Act을 통해 설립되었으며, 이 법은 국무부를 제외한 미국 국가안보 관료제의 모든 주요 기관을 만들어냈다. 일본의 진주만 공격과 거기서 얻은 안보적 교훈이 1947년 법안의 근거가 된 것처럼, 미국 애국자법USA PATRIOT Act과 국토안보부도 세계무역센터에 대한 공격 이후에 도입되었다. 1947년 제정된 법은 '진주만 체제'를 확립했다(Stuart 2008). 이 체제에서는 전 세계에 대한 군사력의 투사와 핵무기의 지원을 바탕으로 한 국가안보가 미국의 최우선 목적 또는 국가 프로젝트였다. 결국 9·11은 '국토안보 시스템'이라고 부를 수 있는 것의 토대가 되었다. 이것은 본질적으로 정치적 범죄인 국내 테러를 겨냥한 '대테러법'(애국자법·국토안보법·정보개혁법과 그 하위법령)과 준입법(행정·군사 명령)의 복합체다(Boukalas 2014a: p. 8). 이 모든 것을 최고 통수권자 대통령의 권한에 더함으로써, 미국 내에서 권력분립과 개인의 권리가 쇠퇴했고, 국내뿐만 아니라 해외에서도 비상사태가 구축되었음을 보게 된다. 그 결과 다른 국가들은 국제법과 자국의 헌법질서에 예외를 두어야 한다는 요구를 받는다(Scheppele 2004).

그리스의 또 다른 정치학자 크리스토스 부칼라스Christos Boukalas에 따르면, 이는 권위주의적 국가주의의 발전에서 세 번째 단계를 나타낸다. 이 단계의 국가주의는 행정부·의회·법원 간의 관계를 변화시킨다. 그것은 행정부에 권력을 집중하고, 치안 메커니즘의 구조와 운영, 치안의 공간성과 시간성을 변화시키며, 시민·'외국인'·'적 전투원' 등 모든 인구에 대해 국가의 권한을 확장한다. 이러한 권한은 또한 경제적 비상사태의 영향을 관리하기 위해 전개되며, 9·11 조항은 선제적 조치, 의심, 함정수사 같은 방법들을 포함해 대중정치를 범죄화하는 데 이용되고 있다. 이제는 반전·점령·환경운동·동물권리운동 등 테러리즘에 대한 기존의 정의와는 거리가 먼 대중운동이 표적이 되고 있으며, 언론인과 개인 반대자들은 의심·감시·협박을 받고 있다. 그 결과는 지배자본에게는 다원주의가, 인구의 나머지에게는 전제주의가 작동하게 되었다는 것이다(Boukalas 2014b). 이러한 국가 형태는 경제적·정치적 위기와 싸워야 하는 국가의 필요성에서 비롯된 것이며, 국가장치의 재생산, 차등적 축적과 사회적 응집성의 조건 회복, 대중 압력의 완화 등 국가의 다양한 이해관계가 혼합되어 형성된 것이다. 그러나 그것은 위기를 발생시키고 그럼으로써 안보국가가 더욱더 확장될 수 있는 조건을 만드는 형태이기도 하다!

지속되는 긴축국가

긴축정책은 '자본주의의 다양한 유형'에 따라 달라진다. 전자는 후자의 고유한 경제적 특성과 상상계를 반영하기 때문이다. 하지만 그것은 국제적 상호의존성 때문에 형성되기도 한다. 그러한 상호의존성은 지역과 지구적 거버넌스 형태를 포함한 국가 간 관계, 대외무역과 기타 세계시장 통합의 특징, 세계시장의 지배적인 논리에서 비롯된다. 이는 긴축을 경제적·정치적 장의 기본 형태와 제도적 구조, 이들 장 사이의 관계,

세력균형의 변동이 이들에 주는 영향이라는 측면에서 검토할 필요가 있음을 강조한다.

2장에서 소개한 정책-정치-정체의 삼박자는 긴축을 세 가지 방식으로 연구할 수 있음을 시사한다. 첫째, 단기적·즉각적 문제에 대응해 처음에는 일시적 조치로 도입되는 **국면적 긴축정책**이 있다. 상황이 다시 호전되면 이러한 정책은 중단되거나 철회된다. 둘째, 실재든 가공된 것이든, 재정·금융 영역 또는 경제 전반의 '만성적' 위기에 대응해 추진되는(관련 문헌에서는 종종 '영구긴축'이라고도 불리는) **지속적 긴축정치**enduring politics of austerity가 있다.[6] 앞서 언급한 바와 같이, 이러한 지속적 긴축정치는 기존의 경제·정치 체제를 보호하기 위해 정책을 조정하기보다는 자본에 유리한 세력균형이 더 오래 지속되도록 그것을 재조직하는 데 그 목적이 있다. 셋째, **긴축정체**austerity polity가 있다. 이는 자본주의 구성체의 경제·정치 관계에 대한 지속적이고 근본적인 제도적 재편에서 비롯된다. 이는 지속적 긴축정치가 의도치 않게 누적된 결과일 수 있다. 특히 지속적 긴축정치가 금융·재정 위기의 근본적인 요인들을 악화시키는 경우에 그렇다. 이는 또한 일면적으로 교환가치 논리를 강조하는 신자유주의 담론이 해석하는 바대로 정치를 세계시장의 '명령'에 더욱 직접적이고 지속적으로 종속시키려는 의도적인 전략에서 비롯된 결과일 수도 있다. 그리고 금융·경제·재정 위기의 맥락에서 발생한 정치

---

6 미국 당국은 중동과 기타 지역의 군사 점령과 기지를 설명할 때 '영구적permanent'이라는 단어를 피하기 위해 '지속적enduring'이라는 단어를 쓴다. 마찬가지로 긴축정치가 영구적일지는 알 수 없지만, 그것은 분명히 정해지지 않은 기간 동안 그리고 미국 당국이 필요하다고 판단하는 만큼 오랫동안 지속되는 것을 의도하고 있다.

적·이데올로기적·헤게모니적·유기적 위기들을 고려할 때, 이는 또한 기술관료주의적이고 금권정치적인 성격의 위기 대응으로 고조되는 대중적 불만—이는 우익 극단주의의 형태를 취할 수 있다—에 권위주의적으로 대응하는 것일 수도 있다.

국면적 긴축정책들은 신자유주의적 정책조정의 일환으로 시행되고 특정한 분야를 표적으로 한 예산삭감과 연관되어 있는 반면, 지속적인 긴축정책은 신자유주의적 체제 전환의 특징이고 재정·금융을 일반적으로 억제하는 형태를 취한다. 이는 대부분의 지출 영역, 특히 재량적 지출에 하방 압력을 가한다(Pierson 2002; Ferrera 2008; Seymour 2014). 이러한 긴축 패턴은 정상적인 정치 형태에서, 경제적 비상상태에서, 심지어는 지속적인 예외상태에서도 발생할 수 있다. 이는 명백하고 실제적인 위기, 의도적으로 과장된 위기, 정치적 목적을 위해 '조작된' 위기로 촉발될 수 있다. 실로 신자유주의 체제에서는 경제상황이 어떻든 언제나 공공지출을 줄일 적기(기업에 대한 지원은 제외)인 것처럼 보인다. 이는 적절히 고안된 (교묘한) 긴축정치를 통해 이루어진다. 긴축은 지출을 양적으로 삭감하는 것보다 훨씬 더 많은 것을 포함하는데, 이는 그것이 질적이고 변혁적인 효과를 내는 것 또한 의도하고 있기 때문이다. 긴축은 자본, 특히 이자 낳는 자본의 권력을 강화·확장하고 사회생활의 더 넓은 영역을 차등적 축적의 논리에 포섭하기 위한 수단으로 추진된다. 이는 일상생활을 식민화·상품화하고 궁극적으로는 금융화하는 주요 동인이 된다. 하지만 이 과정은 마찰·저항·위기 경향을 내포한다.

리처드 시모어Richard Seymour는 이를 잘 설명한다(2014). 그는 긴축이 단순한 지출삭감보다 훨씬 더 광범위하고 복잡한 어떤 것을 가리킨다고 주장한다. 긴축은 국가 지출의 구조조정, 재조정과 방향 전환이라는 역할을 수행하기 때문이다. 실제로 그에게 긴축이란 유럽과 북미의 글로벌 경제위기에 대한 주된 **정치적** 대응articulation이다. 긴축의 전략에는 일곱 가지 측면이 있다. 긴축은 (1) 임금 주도 성장에서 금융 주도 성장으로 경제의 균형을 재조정하고, (2) 임금노동자의 소득을 자본에 재분배하며, (3) 일상생활의 금융화를 강화하는 규율 메커니즘이자 수단으로서 삶의 모든 영역에서 '불안정성precarity'을 촉진하고, (4) 사회계급을 재구성해 계급 간 소득과 부의 불평등, 계급들 내부의 계층화를 확대한다. 또한 긴축은 (5) 기업의 국가에 대한 침투를 촉진하고, (6) 공유된 시민권에 기반을 둔 케인스적 복지국가를 강제력, 가벼운 가학casual sadism, (특히 미국의 경우) 형벌에 의존하는 근로연계복지 체제workfare regime로 더욱 빠르게 전환시키며, (7) 위계질서와 경쟁력의 가치를 높인다(Seymour 2014: pp. 2~4).

여러 면에서 이러한 특징들은 이미 [선진 자본주의 국가를 중심으로 한] 신자유주의적 체제 전환의 정치에 각인되어 있었다. 그러나 시모어에 따르면 이는 2007~2009년 금융위기와 경제위기 이후 더욱 강화되었다. 이러한 긴축의 강화는 부분적으로는 1990년대부터 2010년대까지 예산을 감축하기 위해 이미 취해진 고통스러운 여러 조치가 북대서양 금융위기와 유로존 위기의 충격 탓에 헛수고가 되었다는 사실 때문에 일어났다. 정부들이 은행을 구제하거나 경기부양책을 마련하기 위해 더 많은 부채를 떠안게 되었기 때문이다(Rasmus 2010; Hudson 2012).

이러한 긴축정치의 강화는 부분적으로는 이 위기에 대한 금융자본의 대응이 국가의 재정·금융 위기를 심화시켰기 때문에 발생했다. 이자 낳는 자본을 폰지적 동학Ponzi dynamic의 효과와 금융수익 추구의 본질적인 지속 불가능성에서 구출하기 위한 조치가 취해졌다(위와 Demirović and Sablowski 2013 참조). 이는 민간 부문뿐만 아니라 공공재정까지 악화시키는 부채-불이행-디플레이션의 동학을 창조했다(Rasmus 2010). 게다가 시모어가 다른 이들과 마찬가지로 지적했듯이 영구긴축의 정치는 경제위기뿐만 아니라 정치적·이데올로기적 위기에 대한 대응이며, 실로 자본주의 사회질서의 유기적 위기에 대한 대응이다(Seymour 2014: 4; cf. Gramsci 1971: pp. 210~218, 318 = Q13, §23*, Q22, §15; Bruff 2013). 이러한 위기는 경제적 비상사태를 정당화하는 데 이용된다. 경제적 비상사태는 처음에는 즉각적이거나 만성적인 문제에 대한 '일시적' 대응으로 제시되지만, 나중에는 누적적이고 상호 강화적인 제도 변화, 예외적 조치의 일상화와 습관화를 통해서 더욱 영구적인 형태를 획득한다.

긴축정치는 자본에 유리한 방향으로 제도적 매트릭스와 세력균형을 재편하기 위한 장기적인 전략적 공세로 해석될 수 있다. 그것은 (1) 화폐가 자본으로서 그리고 자본이 재산으로서 갖는 사회적 권력과, (2) 국가의 정치적 권력 사이의 관계를 재구성하는 것을 목표로 한다. 특히 이 과정에서 나타나는 정치적 전략은 하위계급을 **탈조직화**하고, 자본주의 권력 블록을 **재조직**하는 것을 목표로 한다. 이러한 탈·재조직은 (신자유주의 체제에서는) 이자 낳는 자본을 중심으로, 그리고 (신자유주의적 정책조정이 우세한 경제에서는) 수출에서 이윤을 생산하는 자본을 중심으로 이루어진다. 예를 들어 유로존에서 우리는 '권위주의적 위기 헌정주의'의 출현을 목격하고 있다(Solty 2013: p. 75). 즉 신자유주의적 헌정주의가 더욱 권위주의적인 방향으로 강화된 것이다. 이는 규모가 서로 다른 국가들의 경제적·정치적 위기 관리능력을 강화하기 위한 것이다. 이러한 법-정치적 대응의 핵심 목표는 신자유주의적 조건에 따라 EU의 통합을 심화시키고 경쟁적 긴축을 통해 통치하는 것이다. 이는 서로 다른 규모의 경제공간과 정치체제들을 긴축정책 수용 의지의 측면에서 서로 경쟁시킨다. 금융지배적 체제와 수출 지향적 체제 모두에서 긴축정치의 전반적인 접근방식은 공격적 전술과 방어적 전술 사이를 오갈 수 있다(후자의 예로는 신자유주의적 전환의 전반적 동력을 유지하기 위한 측면·보조 지원 메커니즘을 갖춘 '제3의 길'이 있다). 당연하게 받아들여질 수는 없지만 이 전략의 성공적인 추구는 '영속적인' 긴축정치를 제도화한 정치체계(정체)와 그것에 착근되어 있는 **긴축국가**austerity state를 낳는다.

결론

권위주의적 국가주의의 예외적 특징들은 정상적인 요소들의 지배 아래 접합된다. 8장에서 나는 '통치+위계적 그늘 아래의 통치성'으로 정의되는 국가의 초국적화가 어느 정도 진행되었는지를 탐구했다. 그리고 이 장에서는 예외체제들을 살펴보면서 어떻게 이러한 초국적화가 국내의 예외적 조치뿐만 아니라 선진 자본주의 국가들과 대다수의 다른 국가들에 걸쳐 예외국가의 조직화를 수반하는지에 주목했다. 이러한 권위주의적 대응은 지정학적·지경학적 장에서 공세적이거나 수세적인 조치로서 취해진다. 국가안보 문제, 경제적 비상사태, 테러와의 전쟁의 격화는 "다른 국가를 억압하는 국가는 결코 자유로울 수 없다"는 원리, 세계시장의 통합이 자본주의의 모순을 일반화하고 심화시킨다는 원리, 대테러 활동이 악순환의 고리 속에서 테러를 증가시키는 역효과를 초래할 수 있다는 원리를 다양한 방식으로 보여준다.

이러한 국면 속에서 구축되고 있는 포스트민주주의적이고 권위주의적인 정치적 비상사태는 설사 금융위기가 해결될지라도 그리고 해결되었더라도 약탈적인 금융지배적 축적체제를 위한 '최상의 정치적 외피'로서 계속될 것이다. 위에서 언급했듯이 이 새로운 권력 블록의 생존은 베버가 말한 세 가지 형태의 정치적 자본주의에 크게 의존하기 때문이다. 정치적 자본주의가 오래 살아남을수록 그것이 '실물경제', 인류번영, 자연환경에 미치는 해로운 영향은 더욱더 커질 것이다. 위기는 이에 대한 해결책을 낳지 않으며, 주관적으로 비결정되고 객관적으로 과잉결정되는 계기일 뿐이다. 만약 위기가 해결될 수 있다면, 위기가 어떻게 해결되느냐는 각 경우에 나타나는 세력균형에 따라 달라진다. 위기 해결의 방식과 형태는 다음 번 위기가 표현되는 형태를 결정한다. 파편화된 여러 형태의 저항들이 수평적·수직적·횡적으로 연결되어 이 새로운 권력 블록, 금융지배적 축적체제, '새로운 정상국가' 형태에 효과적으로 도전할 수 있을지는 아직 미지수다. 이는 이 권력 블록의 취약성을 이용함으로써 가능할 것이다. 이 새로운 권력 블록은, 민주적 게임 규칙은 '금지'하지만 새로운 초국적 금융블록은 계속 자행하고 있는 비민주적인 방식으로 경제적·정치적 권력들을 서로 연결하려고 한다[는 점에서 정치적으로 취약하다].

10장

국가와 국가성의 미래

이 책은 지금까지 다양한 학문 분과에서 나온 국가에 대한 주류 접근과 이단적 접근의 몇 가지 주요 주제를 검토했다. 정치권력의 영토화의 한 형태로 간주되는 국가에 대해 4대 요소 접근법을 제시했고, 국가와 국가권력의 주요한 형태적·실질적 특징을 탐구하기 위한 몇 가지 개념적 틀을 제공했으며, 국가의 역사와 현재 상태에 대해 논평했다. 1차적 국가 형성에 대한 분석은 광범위한 지리적 범위에 걸친 사례들을 바탕으로 그 현상의 다양하고 분산된 특성을 반영했다. 반면에 현재의 국가에 대한 분석은 주로 선진 자본주의 사회구성체와 그에 대한 통치와 통치성의 형태에 국한했다. 이러한 초점은 저자의 전문 분야를 반영할 뿐만 아니라, '국가들의 세계Staatenwelt'의 성격, 즉 좋든 나쁘든 미국과 서유럽이 여전히 강력한 영향력을 행사하고 있는 다채로운 지구적 정치질서의 전반적인 역동성도 반영한다. 그러나 국가의 선택성을 다루는 데 있어 이러한 편향성은 국가를 이론화하는 데 일반적인 약점이 되기도 한다.

국가이론은 유럽 중심적인가?

국가이론의 경향은 북반구의 경험에서 지나치게 많은 영향을 받았다. 역사사회학자 찰스 틸리는 국가가 서유럽에서 발전해 점차 확산되었다고 제안했으며(Tilly 1992), 이러한 견해는 매우 일반적이다(cf. Lachmann 2010). 특히 정치철학, 규범적 정치이론, 국가 발전 사이의 밀접한 연관을 고려하면 이러한 견해는 국가이론에서도 나타난다. 이는 세계사회의 반주변부 또는 주변부에 있는 여러 국가에 대한 국가이론의 적실성을 평가하기 어렵게 만든다. 이들 국가는 '정상적인'(또는 부르주아 민주주의적인) 자본주의 국가 형태를 가지고 있을 가능성이 낮다. 따라서 이러한 국가들은 '자본주의적 유형의 국가'의 사례로서가 아니라 '자본주의 사회의 국가'로서 연구하는 것이 더 적절하다(4장 참조). 후자에 대한 연구는 [합리적 자본주의에만 국한되지 않는] 베버가 제시한 여섯 가지 이윤 지향 방식 중 한 가지[특히 정치적 자본주의]가 공식적 경제조직의 지배적 토대라고 가정한다.

'자본주의 사회의 국가'에 대한 연구의 필요성은 다음과 같은 국가의 다형적 특성을 상기하면 더욱더 커진다. 즉 국가는 지배적인 사회조직화 원리들에 따라, 또는 특정한 국면에서 나타나는 가장 즉각적인 문제, 위기 또는 (푸코의 프랑스 용어를 빌리자면) '긴급상황urgences'에 따라 여러 가지 다른 형태를 취할 수 있다. 이와 연관된 하나의 문제는 선진 자본주의 국가가 국가간체계와 분리될 수 없다는 것이다. 이 국가간체계는 개별적 영토국가들의 무정부적인 총합을 초과한다. 오히려 그것은 국가들 간의 공진화, 구조적 결합, 그리고 이론적으로나 실제적으로

나 동등하게 중요한 다양한 사회세력의 (종종 무산되고 실패하기 쉬우며 역풍을 받기 쉬운) 전략적 시도들을 반영한다. 그들은 물리력·법·화폐·정보와 기타 국가 자원을 통해 국가 간 관계를 재편하고 다채로운 지구적 정치체계의 위계적 성격을 재창조하려 한다(Willke 1997). 요컨대 선진 자본주의 사회구성체에서 국가는 여전히 출현 중에 있는 세계사회의 좀 더 일반적인 특성뿐만 아니라 그들이 속한 국가간체계도 반영한다.

그렇다면 '북방'의 자유민주주의 시장경제와 비교해볼 때 '남방'의 사회구성체가 그와는 다른(그리고 서로 다르게 관련된) 경제·정치 제도를 특징으로 하는 것은 놀랍지 않다. 이러한 구별은 동북아시아와 (동)남아시아 일부 지역의 개발국가에 대한 연구에서, 그리고 라틴아메리카·북아프리카·남아프리카 일부 지역의 종속적 자본주의 국가에 대한 연구에서 나타난다(Amin-Khan 2012; Canak 1984; Ebenau 2012; Larrain 1986; McMichael 1996; Robinson 2012; Woo 1991). 이는 단지 후발 경제가 현대 자본주의의 일부 서구적인 유형을 따라잡고 거기에 수렴함으로써 극복해야 할 불완전한 근대화의 문제가 아니다. 일반적으로 남방의 많은 국가는 예외적(또는 비민주적) 체제로 묘사되어왔으며, 경우에 따라서는 실패한 국가 또는 불량국가로 묘사되기도 했다.

민주화의 세 번째 또는 네 번째 물결이 ['남방'의] 이러한 문제를 치유하지 못했다는 것은 이미 분명하다. 소비에트 블록이 붕괴했을 때 네오콘과 신자유주의자들이 보여준 응원과 승리주의가 무색하게도 서구 열강은 다양한 '색깔 혁명colour revolution'▼을 조장하고 주도했으며, 이는 대부분의 경우 종속적인 자본주의 발전으로, 몇몇 경우에는 취약국가로 이어졌던 것이다. 마찬가지로 중동과 북아프리카MENA: Middle East and North Africa와 다른 사회구성체들에서 민중봉기가 일어났지만 대부분 봉쇄되거나 역전되었고, 아니면 (이 글을 쓰는 시점에는) 실패한 국가들로 귀결되었다.

이는 우리가 국가이론이 본질적으로 유럽 중심적Eurocentric인 것인지, 아니면 더 일반적인 방식으로 발전할 수 있는 것인지를 고려하게 한다. 이것은 베스트팔렌적 의미의 '국가' 개념이 결여되어 있고, 정치적 권위와 관련된 지배적 제도와 정세적 문제가 더 넓은 사회구성체 속에 깊이 착근되어 있다[즉 사회와 분리될 수 없다]는 생각을 품은 [비서구] 사회들을 다룰 때 특히 더 문제가 된다.

유럽 중심주의적 범주와 이론을 '남방'에 적용할 때 생기는 몇 가지 문제점은 동아시아 경제성장에 대한 분석으로 예시할 수 있다. 1990년대 후반과 2000년대 초반에는 시장 중심주의적, 개발주의적, 문화주의적인 세 가지 설명이 지배적이었다.

첫 번째는 국제통화기금IMF과 세계은행의 신자유주의적 정책 지향과 밀접히 관련되어 있다. 이 설명은 "시장이 경제생활의 중심 무대를 차지하고 정부는 부차적인 역할을 하"며(World Bank 1993: p. 82), 따라서 시장의 힘이 자유롭게 작동하도록 허용되고 국가가 경제발전에서 최소주의적인 파수꾼 역할을 할 때만 가장 효율적인 자원배분이 이루어질 수 있다고 주장하는 신고전파 이론에 기초하고 있다. 세계은행은 동아

▼ '색깔 혁명'이란 21세기 초 조지아·우크라이나·키르키즈스탄 등과 같은 소비에트 블록 국가들과 유고슬라비아에서 일어난 정권교체와 서구식 자유민주주의 수립을 가리킨다. 주로 인터넷과 비정부기구, 비폭력적 시위를 통해 일어났다.

시아에 수출 지향적 단일 경제성장 모델이 있다는 생각을 정확하게 거부하면서도, 국가가 모든 경우에 민간 부문의 강점을 능숙하게 활용했다고 주장했다. 그 기본 메커니즘은 다음과 같다. (1) 높은 투자, 높은 경제성장률, 높은 저축률의 선순환, (2) 양질의 노동력과 노동 참가율 증가, (3) 외국 자본과 기술 수입에 기초한 생산 효율성의 상승(World Bank 1993).

이러한 접근법을 비판하면서, 국가 중심적 연구는 동아시아의 '경제기적'이 광범위하고 효과적인 국가개입, 목표 지향적인 산업정책, 시장의 힘이라는 형식적 합리성 대비 경제적 성과라는 실질적 기준의 우위에 결정적으로 의존했다고 주장한다. 이러한 국가 중심적 분석이 두 번째 설명이다.

세 번째는 특정한 문화적 요인들을 거론하는데 '유교 자본주의 Confucian capitalism'라는 혼란스럽고 지나치게 확장된 개념이 그 대표적인 예다. 이러한 설명들 중 어느 것도 개별적으로는 만족스럽지 않으며, 설사 종합되더라도 [서구 밖의] 다른 사회구성체들을 분석하는 데는 종종 부적합한, 시장-국가-시민사회라는 문제적인 계몽주의적 개념 삼중체를 재생산한다. 이러한 설명들은 동아시아의 특수성보다는 유럽적 사고방식에 더 많은 빚을 지고 있다(여기서 소개한 차원들 중 일부를 다루는 연구들로는 H. J. Chang 2007, D. O. Chang 2009, Chibber 2003, Evans 1995, 2011, Kang 2002, Kohli 2004, Mazzucato 2013, Routley 2014, Weiss 2013, Weiss and Hobson 1995 참조).

이러한 설명들의 문제점은 동아시아 사회가 시장의 힘이 작용하는 뚜렷한 영역, 위계적으로 조직되고 제도적으로 구분되는 주권국가, 또는 부르주아 시민사회를 특징으로 하지 않는다는 것이다. [동아시아 사회에서] 시장은 경제적·정치적·사회적 자원을 통제하는 네트워크들과 밀접하게 연결되어 있고, 국가는 제도적으로 명확히 구획되어 있지 않고 그 경계가 모호하며 병렬적 권력이 부여된 봉토들과 다른 종류의 네트워크들로 나뉘어 조직될 수 있다. 또한 시민권과 개인주의는 집단성·종족성 등과 연결되어 있다. 따라서 [시장-국가-시민사회라는] 계몽주의적 범주들은 [동아시아 사회의] 경제적 활동·조직·제도와 경제외적 활동·조직·제도의 복잡성과 상호의존성을 파악하는 데 적합하지 않다.

실로 서구에서도 이러한 범주들이 물신화되어 있고 부적절하다고 주장할 만한 충분한 근거가 있다. 실리콘밸리나 제3이탈리아Third Italy ▼ 와 같은 성장 거점, 이른바 '자본주의의 다양성'을 특징짓는 다양한 형태의 거버넌스, 또는 '군산복합체', '지식기반경제', '글로벌 도시 네트워크' 같은 일반적 용어들이 의미하는 내용에 대한 분석이 이를 뒷받침한다. 이러한 문제를 피하려면 개발국가를 세계시장, 국가간체계, 그리고 행위 지평으로서 세계사회의 출현이라는 맥락에 놓아야 한다.

또 다른 쟁점은 근대국가(여기서는 개발국가를 포함)의 여러 특성을 공유하지 않는 국가들과 관련된다. 중동·아프리카·중앙아시아에서는 혈연과 부족에 대한 충성심이 근대국가의 전형적인 제도나 그러한 제도

▼ 제3이탈리아란 20세기 후반 높은 경제성장을 이룬 이탈리아 중부와 북동부의 에밀리아로마냐, 베네토, 토스카나 주를 묶어 부르는 말로서. 전통적인 공업지대인 북부(제1이탈리아)와 농업지대인 남부(제2이탈리아)와 대조된다는 의미에서 '제3이탈리아'로 불린다. 특히 이 지역은 미국의 정치경제학자 피오레와 세이블이 그 성장의 비결을 중소기업의 유연 전문화flexible specialization와 협력 네트워크에서 찾자 학계에서 주목의 대상이 되었다(Michael Piore and Charles Sabel, *The Second Industrial Divide: Possibilities for Prosperity*. New York: Basic Books, 1984 참조).

를 그럴듯하게 모방한 것들보다 더 중요한 경우가 많다. 이러한 지역에서 국가는 때때로 도둑정치의 방식으로 운영된다. 즉 국가는 군벌, 마피아, 약탈적 기관으로서 석유, 콜탄▼, 다이아몬드, 마약 등 천연자원에 대한 지방적·지역적·국민국가적·국제적 교역에서 공물이나 '약탈물'을 징수한다. 일부 왕조국가들도 여전히 존재하는데, 대표적으로 사우디아라비아와 기타 중동 석유 군주국들이 있다(이에 대해서는 Kostiner 2000와 Gause III 2013 참조). 또한 중동에는 새롭게 부상하고 있는 민족 정체성과 연관된 광범위한 종교적 부흥이 일어나고 있으며, 그중 많은 수가 독립국가에 대한 열망을 뒷받침하고 있다(예: 레바논 남부의 시아파, 가자 지구의 팔레스타인, 오스만 제국 이후 네 개의 국가로 분산된 쿠르드족).

첫째, 국가란 정치권력의 영토화를 수반한다는 일반적인 가정 외에도 국가 형태와 국가 간 관계, 국가의 기능적 필요성 또는 역사적 우연성, 국가와 더 넓은 범위의 사회적 관계와의 접합에 관한 여러 해결되지 못한 질문이 있다. 이러한 질문들이 제기되는 것은 부분적으로는 한두 가지 국가 형태(예: 베스트팔렌 국가, 베버의 근대국가)에 초점을 맞춰 마치 이것이 모든 국가의 전형인 것처럼 보거나, 반대로 체계적인 비교와 이론 구성·검증에 적합하지 않은 상세한 민족지학적 연구나 고도로 구체적인 역사적 분석으로 후퇴하는 경향이 있기 때문이다.

둘째, 이러한 일련의 쟁점들과 밀접하게 연관되어 있(으며 이에 대한

▼ 텔레비전, 휴대전화 등의 전기회로에 쓰이는 탄탈륨tantalum의 원광으로서 콩고민주공화국에 전 세계 매장량의 약 80퍼센트가 매장되어 있는 것으로 추정된다. 내전의 자금줄로 쓰이고 가혹한 노동착취를 통해 생산되기 때문에 미국이 분쟁광물conflict minerals 중 하나로 지정했다.

논쟁을 활성화시키)는 것은 국가장치의 본래적인 다형성과 다기능성이다. 국가들은 서로 매우 다른 경제전략, 국가 프로젝트, 사회적 비전을 추구하도록 조직되어왔으며, 이러한 특징을 국가이론에 통합하는 것은 중요하다. 이 점이 함축하는 한 가지는 자본주의적 생산관계가 지배적인 사회에서조차도 국가의 자본주의적 성격을 당연시할 수 없다는 것이다.

셋째, 복잡한 사회구성체의 핵심적인 제도적 장치인 국가의 미래에 관한 주요 쟁점들이 있다. 국가의 진보와 후퇴, 변형과 부활, 기능 변화와 지속적으로 명백히 나타나는 새로운 형태의 공사협력 등이 그러한 쟁점들이다.

넷째, 어떤 이들은 국가실패를 일탈로 간주하고 다른 이들은 그것을 국가의 내재적 경향으로 보지만, 국가실패와 국가개혁, 메타거버넌스에 참여하는 국가의 역량에 대해 좀 더 섬세한 설명을 제공하는 것이 중요하다(관련 문헌에 대한 좋은 개관으로는 Taylor 2013 참조).

다섯째, 세계시장, 세계정치, 새로운 세계사회의 증가하는 복잡성과 관련해 국가 행위, 거버넌스, 메타거버넌스가 이루어지는 적절한 스케일에 대해 더 많은 연구가 필요하다. 여기서 특히 문제가 되는 경우는 현대사회가 직면한 '작은' 문제와 '큰' 문제 양자를 모두 다룰 수 있는 새로운 스케일을 찾지 못하거나 국민국가 스케일이 다시 적절한 스케일로 강조될 경우다. 이러한 과정들은 '북방'에서 더 많이 논의되었지만 '남방'에도 영향을 미치고 있다.

마지막으로 국가가 더는 정치적 행동, 사회적 연대 또는 윤리-정치적 권위의 주요 근거지로 당연시되지 않는다는 점을 고려할 때, 국가 행위를 어떻게 다시 근거 짓고 다시 정당화할 것인가, 국가를 어떻게 새로운 기능에 맞게 재설계할 것인가, 어떻게 기존 과제와 새로운 과제의 달성을 촉진할 것인가 등이 중요한 쟁점이 된다.

국가는 어디로?

국가의 장기적인 미래를 사변적으로 추측하는 것은 어리석은 일이다. 그것은 하나의 이론적 틀 안에서 '오늘날 국가들의 잡다한 다양성'(아래 참조)을 포괄하려고 시도하는 것보다도 훨씬 더 어리석다. 이러한 이유로 이 책의 서문은 최소 여섯 가지의 이론적 관점에서 국가에 접근하는 것이 탐색적 측면에서 잠재력을 가지고 있을 뿐만 아니라 필요하다는 점을 강조하고 각각의 이론적 관점이 여러 다른 입장과 연관될 수 있음을 언급했다. 이후의 여러 장에서 제시된 분석은 이러한 일반적인 전략을 채택했다.

그러나 그 과정에서 분석은 대체로 자본주의적 유형의 국가와 자본주의 사회의 국가에 초점을 맞추었다. 그 이유는 (정치적 자본주의의 여러 다른 형태와 접합되어 나타나는) 시장을 매개로 한 이윤 지향적 축적이 전 지구적 규모에서 사회를 조직하는 지배 원리이며, 따라서 현대국가의 분석에 가장 적합한 진입점이기 때문이다. 하지만 이 때문에 특정한 국가나 특정한 국면을 연구할 때 다른 진입점을 취하는 것이 배제되지 않으며, 배제되어서도 안 된다. 사실 다른 진입점을 선택하는 것은 국가와 국가권력의 다형적 특성을 온전히 이해하는 데 필수적이다.

앞에서 설명한 전략관계적 접근법SRA은 국가의 미래를 성찰하는 데 몇 가지 지침을 제공할 수 있다. 비록 **미래적 미래**future futures가 아니라 **현재적 미래**present futures라는 의미의 미래이기는 하지만 말이다(이 둘 의 차이에 대해서는 Adams and Groves 2007, Koselleck 1985, Luhmann 1982, Esposito 2011 참조). 여기서 쟁점은 금융지배적 축적의 그늘과 갈수록 불 안하고 위기에 취약한 세계질서의 [국가]안보 논리 속에서 조직되고 있 는 오늘날의 국가체계에 무엇이 **잠재적으로**in potentia 존재하는가 하는 것이다. 오늘날의 국가와 국가간체계의 점진적 해체, 갑작스러운 붕괴 또는 전복 이후에 어떤 유형의 국가와 어떤 형태의 체제가 등장할지— 즉 미래적 미래에 대한 질문—는 사변적 추측의 문제로서 여러 경쟁하 는 정치적 상상계가 출현할 시기가 무르익고 있다.

이에 대해 니클라스 루만Niklas Luhmann이 지적했듯이, "우리가 미래에 대해 아는 유일한 것은 그것이 과거와는 다르리라는 점뿐이 다."(1998: p. 21) 현재적 미래를 생각하는 데 중요한 지침은 이미 140년 전 페르디난트 라살레Ferdinand Lassalle가 이끄는 독일 노동자당이 마련 한 『고타 강령The Gotha Programme』에 대한 카를 마르크스의 비판에서 언급된 바 있다. 이 강령에는 오늘날의 사회와 오늘날의 국가에 대한 언 급이 가득 차 있었다. 마르크스는 이렇게 논평했다.

'오늘날의 사회'는 자본주의 사회이고, 이 사회는 모든 문명국에 실존하 고 있으며, 정도의 차이는 있으나 모두 중세기의 혼합물에서 자유롭고, 각 나라의 특수한 역사적 발전을 통해 변모하고 있으며, 발전하고 있다. 반면에 '오늘날의 국가'는 나라의 경계와 함께 변화한다. 프로이센-독일 제국의 국가는 스위스의 국가와 다르며, 영국의 국가는 미국의 국가와 다르다. 따라서 '오늘날의 국가'란 하나의 허구다.

하지만 서로 다른 문명국들의 서로 다른 국가들은 그들의 형태가 잡다하게 다양함에도 모두 어느 정도는 자본주의적으로만 발전한 현대 부르주아 사회의 기반 위에 서 있다는 공통점을 가지고 있다. 그렇기 때문에 이 국가들은 일정한 본질적 특성을 공통점으로 가지고 있다. 이러한 의미에서 '오늘날의 국가'를 그 현재적 뿌리인 부르주아 사회가 사멸할 미래와 대비해서 말하는 것이 가능하다(Marx 1989: pp. 94~95).

이러한 견지에서 우리는 오늘날의 사회(즉, 모든 모순·적대·위기 경향과 함께 시장을 매개로 한 이윤 지향적인 축적 논리의 지배 아래 현재 조직되어 있는 새로운 세계사회)와 '오늘날의' 국가(즉 국가들의 세계를 함께 구성하는 '통치+위계적 그늘 아래의 거버넌스' 형태들)의 관계에 대해 성찰할 수 있다(8장 참조). 전자의 경우 주요 거시적 추세를 고려해야 한다. 후자의 경우는 **정치**의 우연적[상황적]이고 변화하는 성격이나 정책의 세부사항보다는 **정체**를 구성하는 국가의 4대 요소와 여섯 가지 차원에 초점을 맞춰야 한다. 무작위적 사건, 정당정치의 변동성, 정치현장의 사회운동, 정치적·정책적 오류, 시행착오 실험 등 정치와 정책의 모든 가능한 범위가 지나치게 넓음을 고려한다면 말이다.

에른스트 블로흐Ernst Bloch는 마르크스가 마음의 내면에 대한 낭만적 성찰이나 가능한 미래의 유토피아에 대한 길고 시간이 많이 걸리는 추상적인 사적 사변에는 거의 관심이 없었다고 주장했다. 반대로 마르크스의 비판은 다음과 같은 것을 드러냈다.

[마르크스의 비판은] 객관적으로 존재하는 경제에 포함된 우묵한 곳, 틈, 균열, 대비를 더욱 선명하게 드러냈다. (중략) 추상적 유토피아에 관한 논의들은 그 공간의 10분의 9를 미래의 국가State를 묘사하는 데 할애하고 오직 10분의 1만을 현재에 대한 비판적이고 종종 단지 부정적일 뿐인 고려에 할애했다. 이는 물론 목표를 다채롭고 생생하게 그렸지만, 그 목표를 향한 길은 주어진 상황 속에서 숨겨진 채로 남겨지게 되었다. 마르크스는 그의 저술의 10분의 9 이상을 현재에 대한 비판적 분석에 할애했고, 미래에 대한 서술에는 상대적으로 적은 지면을 할애했다(Bloch 1986b: p. 620).

이러한 관점에서 볼 때 선진 자본주의 국가의 발전을 제약할 네 가지의 주요 거시적 추세가 있다고 할 수 있다.

1. 지구적·지역적·지방적 환경위기의 심화. 이는 자본축적의 우위, 자본축적을 둘러싼 국민국가 간 또는 자본분파 간의 경쟁, 남북 갈등과 그것이 환경안보, 자원전쟁, 실패한 국가, 내전, 기후난민 등에 미치는 영향에 기인한다(Hamilton, Gemmene, and Bonneuil 2015; Klare 2001, 2012; Le Billon 2005; Moore 2015a, 2015b; Smith 2013; Global Commission on the Economy and Climate 2014).

2. 세계경제의 모순, 위기 경향과 적대의 심화. 이는 부와 소득의 양극화 심화, 잉여 인구, 하위계급의 불안정성 증가를 포함한다(Chase-Dunn and Lawrence 2011a, 2011b; Harvey 2005; Elsner 2012; Standing 2011).

3. 경제적·정치적 측면에서 글로벌 패권국인 미국의 상대적 쇠퇴 지속. 이는 국가안보기구와 국토안보기구의 팽창, 대외 개입과 대내적인 준군사적 치안 활동의 강화를 통해 '전방위적 지배권'을 확보하려는 미국의 노력, 그리고 이에 대한 모든 방식의 반작용을 낳을 것이다. 특히 중국이 지역적으로나 전 세계적으로 지정학적·지경학적 입지를 확보하기 위한 장기전을 추진하고 러시아와의 협력을 통해 유라시아 지역에서 그 새로운 힘을 공고히 함에 따라 그렇게 된다(Boukalas 2014a; Engdahl 2009; Escobar 2015; Jessop 2011; Li 2008; McNally 2012; Patomäki 2008).

4. 국제적·초국적·초국가적 정부 협정과 거버넌스 체제의 강화. 이는 초국적 자본의 이익에 기여하고 시민사회를 주변화시킨다(Gill 1995, 2011; Overbeek and van Apeldoorn 2012; Stephen 2014).

이러한 추세를 바탕으로 볼 때 국가성의 현재적 미래는 정치권력의 영토화라는 독특한 형태의 국가의 종말을 의미하지 않는다. 국민국가와 지역국가의 그늘 아래에서 조직되는 더 복잡한 형태의 다공간적 메타거버넌스가 등장할 것이기 때문이다(7장과 8장 참조). 특히 지구적 규모의 신자유주의적인 금융지배적 기관들과 전략들의 그늘 아래에서 진행되는 차등적 축적의 논리와, 갈등적이고 다차원적이며 종종 제로섬적인 '안보' 요구 사이의 긴장이 커지면서 형식적인 민주주의 제도와 실질적인 민주주의 관행이 더욱더 침식될 것이다. 그리고 이는 권위주의적 국가주의화의 경향을 심화하고, 더욱 결정적인 군사화·준군사화와 '감독/감시super-vision' 국가로의 전환을 동반할 것이다.

풀란차스가 권위주의적 국가주의에 대한 분석(9장 참조)에서 확인한 다양한 추세는 권력 블록의 정치적 위기, 정치체제의 대표성 위기, 전후 개입주의 국가와 신자유주의적 전환의 이중적 실패와 관련된 정당성 위기와 국가위기, 지구화가 영토적 국민국가의 우위에 제기하는 도전의 증가에 대응해 더욱더 커지고 있다. 우리는 특히 의회와 법치의 지속적인 쇠퇴, 행정부의 자율성 증가, 대통령 또는 총리 권한의 중요성 증대, 인민 대중을 향해 국가를 대변하는 권위주의적인 국민표결적 정당의 공고화, 그리고 풀란차스가 간과한 정치의 미디어화, 즉 정치적 상상계·강령·토론을 형성하는 미디어의 역할 증대에 주목해야 한다. 국내외에서 벌어지는 이른바 테러와의 전쟁과 관련해 국가안보와 선제적 치안의 문제가 더욱 강조되면서 인권과 시민적 자유에 대한 공격도 강화되었다는 점도 주목해야 한다.

선진 자본주의 국가에서는 국민적 복지국가를 포스트국민국가적 근로연계복지 체제로 더욱 빠르게 전환할 것이며, 지속적인 긴축상태/국가를 향한 현재의 경향도 강화될 것이다(Jessop 2002, 2015c). 반주변부의 안정된 국가들은 '중간계급'의 소비 확대에 부응하고 고향을 떠난 농촌인구를 포함한 하위계급의 불안정성 증가를 완화하기 위해 근로연계복지 체제를 발전시킬 수도 있다. 또한 신헌정주의가 확대되고 군대, 경찰, 사이버 보안기구의 통합이 강화됨에 따라 '통치+거버넌스'의 모든 수준 또는 스케일에서 자신의 이익을 보호하려는 초국적 자본의 압력이 더 커질 것이다. 여기서 나는 풀란차스의 권위주의적 국가주의에 대한 분석의 타당성을 지지하며, 정치생태학 비판을 포함하고 정치경제학 비판을 넘어서는 성찰로 이를 뒷받침한다. 그러나 이는 '대안이 없다there is no alternative'는 TINA의 주문에 굴복하는 것이 아니다. 오히려 이는 대안의 공간을 창출하는 균열과 마찰을 강조하는 것이다.

국가이론은 어디로?

나는 국가에 관한 일곱 가지의 일반적인 명제로 결론을 맺은 다음, 향후 연구 과제에 대해 몇 가지 제안을 하고자 한다. 이 제안들은 앞의 여러 장에서 개진된 몇 가지 논의를 서로 연결하고 전략관계적 접근법이 국가와 국가권력을 이해하는 데 어떤 일반적인 함의가 있는지 살펴본다.

첫째, 국가는 자신에 고유한 계산양식과 운영절차를 가진 복잡한 제도적 앙상블이자 특정한 목적을 위해 다양한 제도와 역량을 전개하려는 정치적 실천의 현장으로 분석해야 한다. 국가의 핵심을 선험적으로 정의하려고 하기보다는 국가의 경계가 국가 안팎의 구체적인 실천을 통해 어떻게 설정되는지 살펴볼 필요가 있다. 더구나 국가의 핵심을 식별할 때, 이러한 식별로 국가를 완전히 정의할 수 있다거나, (확장된 국가는 고사하고) 국가의 핵심이 통일되고 단일하며 일관된 앙상블 또는 기관이라고 주장해서는 안 된다. 오히려 국가의 경계와 국가가 앙상블 또는 기관으로서 가지는 상대적 통일성은 우연적[상황적]일 것이다. 이는 국가에 상대적인 제도적 통일성을 불어넣고 더 넓은 사회와의 정합성을 촉진하는 다양한 프로젝트와 실천을 검토할 필요가 있음을 시사한다. 우리는 종종 서로 경합하면서 새롭게 출현하는 '국가들'을 발견하는데, 이들은 국가체계의 작동과 전체적으로 부합하지 않는 서로 경쟁적인 국가 프로젝트들을 반영한다.

둘째, 국가를 실재하는(또는 허구적인) 주체가 아니라 제도적 앙상블로 간주하면 국가는 권력을 행사하지 않으며 행사할 수도 없다. 국가는 내외부의 여러 다른 세력에게 정치적 목적의 행위 기회를 불균등하게 제공하는 여러 [권력] 중심들로 구성된 [제도적] 앙상블이다. 따라서 행위를 하는 것은 국가가 아니다. 그것은 언제나 국가체계의 특정 부분에 위치한 특정한 정치인들과 국가 공무원들의 특정한 집합이다. 그러나 정치세력은 국가와 독립적으로 존재하지 않는다. 그들은 부분적으로는 국가의 대표 형태, 내부구조, 개입 형태를 통해 형성된다. 특수한 제도와 기관에 각인되어 있는 구체적인 권력과 국가역량을 활성화하는 것은 바로 이러한 정치세력들이다.

우리는 또한 국가의 제도적 앙상블에 각인된 다양한 종류의 잠재적인 구조적 권력들 또는 국가역량들(둘 다 복수형)을 탐구해야 한다. 더구나 국가체계는 고유한 자원과 권한을 가지고 있지만 고유한 책임도 가지고 있다. 국가체계는 그것이 처한 환경의 다른 곳에서 생산되는 자원도 필요로 한다. 국가의 이러한 권력들(과 이와 관련된 책임들)이 어느 정도, 어떤 방식으로 현실화되는지는 이 복잡한 앙상블 안팎에 위치한 특정 사회세력의 행위·반응·상호작용에 따라 달라진다. 국가권력의 실현은 국가와 국가를 포괄하는 정치체계 간의 구조적 연결, 국가 관리자와 다른 정치세력 간의 전략적 연결, 국가와 정치체계를 더 넓은 환경과 연결하는 복잡한 상호의존성의 그물과 사회적 네트워크에 달려 있다. 그리고 모든 사회적 행위의 경우에서와 마찬가지로 국가권력 행사의 성공 또는 실패에 영향을 미치는 알려지지 않은 조건들과 그에 따른 예기치 않은 결과들이 존재한다. 요컨대 국가권력이란 복합적인 사회적 관계이며, 그것은 특정한 국면 속에서 변동하는 사회세력의 균형을 반영한다.

셋째, 국가에 대한 적절한 설명은 사회에 대한 이론의 일부로서만 발전할 수 있다. 설사 국가의 제도적 경계를 정밀하게 정의할 수 있다고 가정하더라도 국가에만 초점을 맞춰서는 국가의 구조적 권력과 역량을 이해할 수 없다. 이는 국가에 고유한 속성이 없고, 따라서 국가가 다른 요소와 힘들에서 완전히 도출되고 설명될 수 있다는 의미가 아니다. 일단 역사적으로 구성되고 고유한 조직 형태와 계산방식을 갖추게 되면 국가는 자신의 고유한 논리를 획득하기 때문이다. 대신 이는 국가가 자신의 모든 제도적 분리와 작동적 자율성을 유지하면서도 더 넓은 정치체계뿐 아니라 더 넓은 자연·사회 환경에도 착근되어 있다는 것을 뜻한다. 국가의 권력, 따라서 국가권력의 행사와 영향은 항상 조건적이고 관계적이다.

넷째, (이 책에서 제안하는 접근법에서) 국가의 네 번째 요소가 국가관념, 즉 분할된 사회의 허상적인 일반 이익에 대한 국가의 신비화된 관심이라면, 그리고 국가권력이 사회 전체 내에서 권력관계를 집중시키고 응축한다면, 국가는 그러한 일반 이익을 촉진하는 프로젝트들의 출현을 검토하고 이 프로젝트들을 국가 안팎의 변동하는 세력균형과 연관시킴으로써만 이해될 수 있다. 국가는 일반의지 형성의 준거점이 되는 '허상적 공동체illusory community'가 건설되는 핵심적 장소지만, 정치적 상상계는 항상 선택적이며 일부의 의지와 이익을 불가피하게 주변화한다. 이것이 바로 이데올로기 비판의 전문 영역이다.

다섯째, 현대사회는 너무 복잡하고 분화되어 있어 어떤 하위체계도 구조적으로 '최종심급에서 결정적'일 수 없으며, 어떤 조직체도 모든 곳에 지배력을 행사하는 단일한 위계적 명령체계의 정점을 차지할 수 없다. 그 대신 있는 것은 여러 다른 하위체계와 훨씬 더 많은 권력의 중심들이다. 이들 중 상당수는 국가를 포함한 외부적 힘의 직접적인 통제를 벗어날 정도로 발전해왔다. 그럼에도 각 하위체계는 다른 하위체계들과 복잡한 기능적·자원적 상호의존 관계에 얽혀 있고, 자신의 환경인 다른 하위체계들의 행위를 직접 통제할 수 없다는 문제에도 직면해 있다. 이 때문에 현대사회는 각 부분 간의 독립성이 커지는 동시에 상호의존성도 커지는 패러독스가 발생하고 있다.

여섯째, 국가는 이러한 [부분-전체] 패러독스의 최고 구현체다. 한편으로 국가는 사회구성체 내의 여러 제도적 앙상블 중 하나에 불과하지만, 다른 한편으로는 최종심급에서 이들 다른 제도적 앙상블 간의 상호의존성을 관리하고 자신이 그 일부를 이루는 구성체의 응집성을 유지하는 전체적인 책임을 지고 있다는 점에서 고유하다. 사회의 일부이자 전체로서 국가는 다양한 사회세력들에게 계속 사회문제 해결에 대한 요청을 받지만 그만큼 '국가실패'를 계속 발생시킬 운명에 처해 있다. 왜냐하면 많은 문제가 국가의 통제 범위를 벗어나 있고, 심지어 개입 시도 때문에 악화될 수도 있기 때문이다.

그러나 [사태가 아무리 악화되더라도] 국가는 여러 제도적 질서 중 하나로서 자신만의 제도·조직·절차를 통해서만 행위를 할 수 있을 따름이다. 따라서 국가는 [사회 전체에] 집합적으로 구속력 있는 결정을 내리고 집행할 권한이 있지만, 국가의 그러한 행위는 [사회의 일부에 불과한] 전체 정치체계 내부에서 벌어지는 투쟁이 특정하게 선택적으로 집중되고 응축된 것일 뿐이다. 그 성공 여부는 국가가 즉각적으로 영향력을 행사할 수 있는 범위를 넘어서는 조건과 세력에 달려 있다. 이런 의미에서 국가의 성공은 그것이 역사적 블록에 통합되느냐에 달려 있다. 역사적 블록은 비필연적이고 사회적으로 구성되며 담론적으로 재생산된 상대적 통일성을 특징으로 한다. 이러한 역사적 블록은 진화를 통해 이루어지는 서로 다른 제도적 질서들의 구조적 결합, 그리고 제도적 질서들 사이에 어느 정도의 상호조응을 만들어내려는 다양한 전략적 프로젝트의 영향으로 출현할 수 있다. 이는 탈집중화된 사회구성체 내에서 가장 큰 수준의 작동적 자율성을 획득한 하나의 제도적 질서[예를 들면 경제]의 우위를 반영할 수 있다.

일곱째, 국가이론들 간의 수많은 차이는 이러한 [부분-전체] 패러독스의 다양한 구조적·전략적 계기들에 대한 상반된 접근방식에 근거하고 있다. 이 패러독스의 전반적인 논리(또는 어쩌면 '비논리')를 이해하려는 시도는 이러한 이론적 차이들 중 일부를 해소하고 다중심적인 사회구성체 속에 있는 국가의 전략관계적 특성에 대한 좀 더 포괄적인 분석을 촉진하는 생산적 진입점이 될 수 있다. 따라서 적합한 국가이론이란 사회에 대한 더 넓은 이론의 부분으로서만 생산될 수 있는 것이다. 바로 이 지점에서 우리는 국가이론의 해결되지 않은 여러 문제를 발견한다.▼

우리가 국가에 관한 일반적인 명제들을 진지하게 받아들인다면, 국가에 대한 연구는 사회관계의 구조화에 대한 더 일반적인 이론적·경험적 작업과 함께 진행되어야 한다. 따라서 국가이론가들이 자신의 연구 분야를 계속 국가로 정의한다고 해서 그들이 반드시 국가에 대한 물화

되고 물신화된 개념을 채택할 필요가 있는 것은 아니다. 대신 이는 구조
와 전략의 변증법과 관련된 연구라는 일반적인 맥락에서 그들의 특별
한 관심 분야가 국가권력이라는 것을 의미할 수 있다. 여기에는 두 가지
주요 문제에 대한 연구가 포함된다. 국가이론가들은 한편으로 국가로
식별되는 특정한 제도적·조직적 앙상블이 사회적 권력을 응축하고 물
질화하는 독특한 방식에 초점을 맞추고, 다른 한편으로는 어떻게 (국가
에 대한 관념이 결정적으로 방향을 잡는 역할을 하는) 정치적 상상계가 접합되
고, 특정 프로젝트를 중심으로 사회세력들을 동원하며, 국가의 지형 위
에서 그 표현을 찾는지 살펴볼 것이다.

▼ 근대국가는 사회와 분리된 동시에 연결되어 있으며, 따라서 사회의 부분인 동시에 전체와 관련된다. 한편으
로 현대사회의 기능적 분화 또는 자본주의 생산양식에서 이루어진 정치–경제의 제도적 분리는 국가를 사회
와 분리시킨다. 하지만 다른 한편으로 국가는 사회와 완전히 분리되지 않고 연결된 상태에 있다. 각 하위체
계는 더 큰 사회체계 속에 있고, 정치와 경제는 더 포괄적인 자본주의 사회구성체 속에 있기 때문이다. 따라
서 국가는 (경제를 포함한) 사회에서 분리된 한 부분이자 제도적 질서로서 어느 정도의 자율성을 갖고 있는
반면, 사회의 부분으로서 사회 전체로부터 영향을 받는다. 또한 국가는 사회와 연결되고 사회 전체를 대표하
는 제도로서 사회 전체를 책임지고 관리할 것으로 기대를 받지만 사회의 일부분에 불과하기 때문에 그러한
큰 기대에 부응하기 어렵다. 제솝이 여기서 말하고자 하는 것은 이러한 부분–전체 패러독스의 어느 측면(부
분 또는 전체)에 초점을 두느냐에 따라 국가에 대한 관점이 달라지며, 해결하지 못하는 문제도 달라진다는
것이다.
예를 들어 다원주의와 엘리트주의 국가론은 국가의 부분적 기능(사회적 이해관계의 반영)에 초점을 두고, 반
대로 베버주의적인 국가 중심주의 국가론은 국가의 전체적 기능(사회 전체에 대한 조율)에 초점을 둔다. 반
면 구조주의적 마르크스주의 국가론은 대개 두 가지 모두(자본가계급 이해관계의 반영과 자본주의적 사회
구성체의 재생산)를 보려고 한다. 앞의 두 접근은 국가의 다른 측면을 간과하는 반면, 세 번째 접근은 부분과
전체의 모순을 해명하는 대신 국가의 부분적 측면과 전체적 측면을 편리하게 하나로 통합한 '상대적 자율성'
의 개념으로 대체할 뿐이다. 제솝에 따르면 적합한 국가이론은 국가가 이러한 부분–전체 패러독스 속에서
그러한 패러독스를 일시적으로 해결하는 전략적 실천을 통해 작동한다는 것을 인식해야 한다. 즉 사회와의
분리와 연결이라는 상반된 특성이 초래하는 역설적 상황과 딜레마, 그리고 그것이 국가의 운영을 둘러싼 실
천에 대해 갖는 함의를 이론화해야 한다.

『자본론』에서 『국가론』까지

밥 제솝의 전략관계적 국가이론

밥 제솝의 『국가론: 국가의 형성에서 미래의 추세까지』(원제 *The State: Past, Present, Future*, Polity Press, 2016)는 40년이 넘는 그의 국가 연구를 집대성한 저작이다. 『국가론』의 출간은 1968년 혁명을 배경으로 본격화된 서구 마르크스주의의 국가 연구가 그 정점에 도달했음을 의미한다. 카를 마르크스는 자신이 계획했던 정치경제학 비판 작업에 국가에 대한 연구를 포함시켰으나 이를 실행하지는 못했다. 이후 마르크스적 국가론의 체계화와 완성은 마르크스주의의 주요 과제 중 하나로 부상했다. 도구주의·구조주의·국가도출론 등 수많은 이론과 논쟁이 제기되었고, 국가는 자본 논리의 부수 현상, 지배계급의 도구, 상대적으로 자율적인 총자본 등으로 다양하게 개념화되었다.

그러나 마르크스주의 국가론은 최종적으로 제솝의 국가이론 연구를 통해 국가도 자본처럼 '사회적 관계'라는 입장으로 수렴되었다. 그러므로 제솝의 『국가론』은 마르크스의 정치경제학 비판이 완수하지 못한 체계적인 국가 비판을 최선의 수준에서 실현한 저작으로 평가할 수 있다. 현대 자본권력에 대한 이해와 비판의 출발점이 마르크스의 『자본론』이라면, 현대 국가권력에 대한 이해와 비판의 출발점은 제솝의 『국가론』이 되어야 할 것이다.

제솝의 생애와 대표 저작

밥 제솝은 영국의 사회학자·정치경제학자로 케임브리지대학교 리서치 펠로우와 에식스대학교 정치학과 교수를 거쳐 현재는 영국 랭커스터대학교 사회학과의 명예교수로 있다. 그는 보수적인 수공업 장인의 집안에서 태어났으나, 1967~1968년 베트남전쟁 반대 시위와 학생혁명을 겪으면서 정치적으로 급진화되었고, 비판적 정치경제학과 국가이론에 관심을 갖게 되었다. 그의 연구는 이론적으로 비판적 실재론, 구조와 행위, 체계이론, 조절이론, 비교 자본주의, 복잡성, 마르크스, 그람시, 폴란차스, 푸코, 폴라니, 문화정치경제학을 포괄하고, 경험적으로 영국 정치문화, 포드주의와 포스트포드주의, 세계화, 기업가형 도시, 지식기반경제, 케인스적 복지국가와 슘페터적 경쟁국가, 북대서양 금융위기와 위기관리 등 다양한 영역에 걸쳐 있다. 하지만 제솝의 대표 연구 분야는 국가이론으로, 그는 이 분야에서 세계적인 대가로 인정받고 있다.

제솝의 국가이론은 마르크스, 그람시, 알튀세르, 풀란차스의 영향으로 시작되었지만 이후에 비판적 실재론, 독일의 국가이론과 니클라스 루만의 체계이론, 프랑스의 조절학파 경제학과 푸코의 통치성 이론, 폴라니의 사회적 경제학 등을 흡수하면서 발전했다. 그의 주요 국가이론서는 『대처리즘*Thatcherism: A Tale of Two Nations*』(1990, 4인 공저)을 빼

고는 모두 국내에 번역·출간되었는데, 그 내용을 간략히 살펴보면 다음과 같다. 최초의 국가이론서인『자본주의와 국가*The Capitalist State*』(1982)는 다양한 마르크스주의 국가론과 대결하면서 관계론적 국가이론의 토대를 만들고,『풀란차스를 읽자*Nicos Poulantzas: Marxist Theory and Political Strategy*』(1985)는 "전후 시기 단 한 명의 가장 중요하고 영향력 있는 마르크스주의 국가·정치이론가"의 아이디어를 전략이론으로 발전시켰다. 그리고『전략관계적 국가이론: 국가의 제자리 찾기*State Theory: Putting the Capitalist State in Its Place*』(1990)는 제숍의 국가이론을 전략관계적 접근법으로 정식화했다. 이후 그의 국가에 대한 관심은 경험적인 것으로 이동했다.

『대처리즘』은 영국의 대처 정권을 분석하고 스튜어트 홀Stuart Hall의 '권위주의적 포퓰리즘' 개념을 비판했으며,『자본주의 국가의 미래』(2002)는 서구에서 케인스적 복지국가의 쇠퇴와 슘페터적 근로연계복지 경쟁국가의 부상을 다뤘는데, 제숍은 이 과정에서 국가의 패러독스와 딜레마, 국가 공간과 세계화, 거버넌스 실패와 메타거버넌스 등과 관련해 또 한 번의 이론적 혁신을 이루어냈다. 또한『국가권력: 마르크스에서 푸코까지, 국가론과 권력이론들*State Power: A Strategic-Relational Approach*』은 전략관계적 접근법의 발전을 개관하면서 이를 마르크스, 그람시, 풀란차스, 푸코와 직접 연결시키고 페미니스트 국가이론, 세계화, 거버넌스, 복잡성에 적용한다. 끝으로『국가론』은 그의 국가에 대한 거의 모든 연구를 집약하고 있다. 필자는 이 책이 마르크스의 미완성 국가 연구 프로젝트를 체계적으로 실현하는 데 성공했다는 점에서, 국가이론 분야에서『자본론』에 견줄 만한 명저라고 감히 평가하고 싶다.

마르크스의 미완성 프로젝트

마르크스는 『자본론』의 저자로 잘 알려져 있지만 그의 정치경제학 비판 계획은 그보다 훨씬 더 큰 것이었다. 그는 『정치경제학 비판을 위하여』(1859)의 서문에서 다음과 같이 자신의 연구 계획을 서술하고 있다.

> 나는 부르주아 경제체제를 다음 순으로 고찰한다. 즉, 자본, 토지소유, 임노동, 그리고 국가, 대외무역, 세계시장의 순서로 고찰한다.[1]

그는 이보다 앞서 작성한 『정치경제학 비판 요강』의 '서설'에서 이를 더 상세하게 기술한 바 있다.

> [비판적 정치경제학의 연구 대상 또는 범주는] 분명히 다음과 같이 나누어져야 한다. 1. 다소 모든 사회 형태에 속하지만 위에서 진술한 의미에서의 일반적인 추상적 규정들. 2. 부르주아 사회의 내부구조를 구성하고, 기본 계급들이 기초하는 범주들 자본, 임노동, 토지 소유. 이들의 상호관계. 도시와 농촌. 3대 사회 계급. 이들 사이의 교환, 유통, 신용 제도(민간) 3. 국가 형태에서 부르주아 사회의 집약. 자기 자신에 대한 관계에서 고찰. "비생산적인" 계급들, 조세, 국채, 공공 신용, 인구, 식민지, 이민. 4. 국제적 생산관계, 국제 분업, 국제 교환, 수출입, 환율. 5. 세계시장과 공황.[2]

---

1   카를 마르크스, 『정치경제학 비판을 위하여』, 김호균 옮김, 중원문화, 2017, 5쪽.

이렇게 국가에 대한 비판은 마르크스의 연구 계획에서 필수적인 부분을 차지하고 있다. 그러나 마르크스는 『자본론』 1권만 자신의 손으로 직접 출판했을 뿐, 임노동, 토지소유, 국가, 대외무역, 세계시장, 공황에 대해서는 체계적인 저술을 남기지 못했다. 따라서 마르크스의 국가에 대한 견해는 대부분 그의 단편적 언급이나 서술에서 유추할 수 있을 뿐이다. 문제는 마르크스의 국가에 대한 묘사들이 너무 다양해서 무엇이 그의 진정한 견해였는지 알기 어렵다는 점이다.

마르크스 국가론의 수수께끼

일견 마르크스의 국가관은 경제결정론에 입각한 것처럼 보인다. 마르크스는 『정치경제학 비판을 위하여』 서문(1857)에서 "생산관계 전체가 사회의 경제적 구조, 현실적 토대를 이루며, 이 위에 법적이고 정치적인 상부구조가 세워지고 (중략) 물적 생활의 생산양식이 사회적, 정치적, 정신적 생활과정 일체를 조건 지운다"라고 서술한다.[3] 그뿐만 아니라 그는 『자본론』 3권(1894)에서 "직접 생산자에 대한 생산조건 소유자의 직접적인 관계에서 우리는 언제나 사회구조 전체의, 그리하여 또한 주권·종속관계의 정치적 형태[요컨대 그때그때의 특수한 국가 형태]의 가장 깊은 비밀, 은폐된 토대를 발견하게 된다"고 서술한다.[4] 마르크스주의 내에서

2   카를 마르크스, 『정치경제학 비판 요강 1』, 김호균 옮김, 백의, 2002, 80쪽.
3   카를 마르크스, 『정치경제학 비판을 위하여』, 김호균 옮김, 중원문화, 2017, 7쪽.

는 이러한 언급들을 기초로, '역사유물론'이라는 이름으로 공식화된 '역사에 대한 경제적 해석'과 더불어, 국가를 경제적 토대·관계나 자본축적 논리의 부수 현상으로 보려는 흐름이 생겨났다. 물론 이는 모든 것을 경제로 설명하는 환원론을 함축하지 않는다. 그러나 이는 정치행위나 계급투쟁의 역할을 삭제하거나 축소한다는 점에서 계급투쟁을 강조하는 마르크스의 다른 저술들과 모순된다.[5]

마르크스는 국가를 경제적 토대의 반영보다 지배계급의 도구로 보는 듯한 견해도 피력했다. 그는 일찍이 그가 편집장으로 근무한 『라인신문Rheinische Zeitung』에 "국가제도와 개별 행정관청의 규정, 모든 것이 산림 소유자의 수단으로 전락"했다는 논설(1842)을 쓴 적이 있으며,[6] 엥겔스와 함께 쓴 『공산당 선언』(1848)에서는 "[부르주아 계급은] 현대의 대의제 국가에서 배타적인 정치적 지배를 쟁취하였다. 현대의 국가권력은 부르주아 계급 전체의 공동업무를 처리하는 위원회일 뿐"이라고 규정했다.[7] 엥겔스도 『가족, 사유재산, 국가의 기원』(1884)에서 "국가는 (중략) 예외 없이 지배계급의 국가이며, 또 본질적으로 모든 경우에 압박받고 착취당하는 계급을 억압하는 기관"이라고 규정한 바 있다.[8] 이러한 언급들을 기초로 자본주의 사회에서 국가는 본질적으로 자본가계급의

---

4 카를 마르크스, 『자본론 Ⅲ』(하), 김수행 옮김, 비봉출판사, 2015, 1002~1003쪽.

5 Arthur M Prinz, "Background and Ulterior Motive of Marx's Preface of 1859", *Journal of History of Ideas* 30(3) (Jul.–Sep., 1969): pp. 437~450 참조.

6 카를 마르크스, "제6차 라인주의회 의사록―세 번째 논설: 도벌법에 관한 논쟁", 『청년 마르크스 저작선』, 김정로 옮김, 백산서당, 2019, 260쪽.

7 카를 마르크스·프리드리히 엥겔스, 『공산당 선언』, 강유원 옮김, 이론과실천, 2008, 11쪽.

8 프리드리히 엥겔스, 『가족, 사유재산, 국가의 기원』, 김대웅 옮김, 아침, 1991, 238쪽.

지배도구라는 해석이 등장했다. 하지만 이 견해는 자본가계급 또는 그들의 대표자가 직접 국가를 운영하지 않을 경우 어떻게 국가를 자본가계급의 지배도구로 볼 수 있는지 명쾌히 설명하지 못한다.

마르크스는 이른바 국가의 '상대적 자율성'을 암시하는 언급도 많이 남겼다. 국가의 상대적 자율성이란, 경제적 논리나 자본가계급과 일정한 거리를 두고 적대적인 계급들을 중재(때로는 자본가계급의 단기적 이익을 희생)함으로써, 사회질서를 유지·재생산하는 국가의 특성을 가리키는 개념이다. 국가의 이러한 행위는 궁극적으로 자본주의적 생산관계를 유지·재생산하는 데 기여한다는 점에서 자본가계급 전체의 장기적 이익에 부합한다. 따라서 국가의 자본가계급에 대한 자율성은 절대적이지 않고 상대적이라고 개념화된다.

그 사례로 많이 언급되는 것은 마르크스가 『자본론』 1권(1867)에서 분석한 19세기 영국의 공장법 사례다. 국가는 개별 자본과 달리 사회적 갈등과 문제를 첨예하게 감지하고 1일 노동시간을 제한하는 입법을 했던 것이다. 그에 따르면 "개별공장주들이 아무리 옛날부터 탐욕을 채우기 위해 마음대로 하려고 해도, 공장주계급의 대변인들과 정치적 지도자들은 공장주들에게 노동자들에 대한 태도와 말씨를 고쳐야 한다고 명령"했고, "공장감독관들은 계급적 적대관계가 들어보지 못한 정도의 긴장상태에 도달해 있다는 것을 정부에 긴급 경고"했다.[9]

엥겔스는 『반듀링론』(1878)에서 좀 더 직접적으로 "근대 국가도 부르주아 사회가 노동자들뿐만 아니라 개별 자본가들의 침해로부터 자

---

[9] 카를 마르크스, 『자본론 I』(상), 김수행 옮김, 비봉출판사, 2015, 381쪽, 397쪽.

본주의적 생산양식의 일반적인 외적 조건들을 유지하기 위해 만들어 낸 조직에 지나지 않는다. 근대 국가는 어떠한 형태를 띠든 간에 본질적으로 (중략) 관념적인 총자본가ideelle Gesamtkapitalist"라고 한다.[10] 문제는 이러한 견해도 왜 국가가 독립적으로 사회질서 유지를 위해 기능하는지 명쾌하게 설명하지 않는다는 것이다. 사실 공장법 입법의 사례도 국가의 자율적 행위보다는 곡물법 폐지를 위해 노동자의 지지를 얻으려던 공장주들, 소규모 작업장에도 규제를 확대하려던 대공장주들, 표준노동일 도입을 요구한 노동자들이 투쟁한 결과였다. 더구나 '상대적'이라는 말만으로는 국가가 구체적으로 어디까지 자율적일 수 있는지도 불분명하다. 이는 구체적 수준에서 '장기적 이익'이란 상당 부분 주관과 담론을 통해 규정되기 때문이다.

형태, 관계, 전략: 제숍의 혁신

제숍은 국가에 대한 경제주의적·도구주의적·기능주의적 신화를 해체한다. 대신 그는 국가의 형태, 국가가 속한 사회적 관계, 국가를 둘러싼 전략적 실천에 초점을 두고 마르크스의 국가론을 재구성한다. 제숍에 따르면 자본주의 국가란 지배적 전략이 그 형태를 규정하는 사회관계이고 그의 이러한 접근법은 전략관계적 접근법이라고 불린다. 그러면 이것이 무엇을 의미하는지 살펴보자.

---

10   프리드리히 엥겔스, 『반뒤링론』, 김민석 옮김, 새길, 1988, 299쪽.

국가의 형태적 편향성

제솝은 근대국가의 성격을 자본축적의 논리나 자본가계급의 이익을 보장하는 '기능'에서 찾지 않는다. 대신 그는 그 성격을 특정한 세력, 즉 자본가계급에 더 유리한 편향을 갖는 근대국가의 특수한 '형태'에서 찾는다. 근대국가는 경제와 제도적·형태적으로 분리되어 있다. 예를 들면 경제 활동은 일차적으로 교환의 형태를 취하고 이 과정에서 국가의 강제력은 사용되지 않는다. 그런데 이는 국가가 자본가계급의 이익을 보장할 수 없다는 것을 뜻한다. 왜냐하면 경제와 분리된 국가의 형태는 국가가 경제적 기능을 원활히 수행하는 데 근본적인 한계를 부과하기 때문이다. 즉 국가는 경제 활동을 도우려고 하지만 그것을 대신할 수 없다. 예를 들면 국가의 재정정책은 자본을 돕기도 하지만 자본에 해가 되기도 한다. 국가가 재정지출을 확대하면 단기적으로 자본에 도움이 되지만 장기적으로는 조세가 인상되고 민간투자를 상대적으로 축소하면서 자본의 수익을 제한할 수 있다.

하지만 마르크스와 엥겔스는 『독일 이데올로기』(1845~1846)에서 이러한 국가의 분리된 형태가 "재산과 이익의 상호 보장을 위하여 부르주아지가 채택하지 않을 수 없는 조직형태"라고 주장했다.[11] 국가와 경제 또는 공공과 민간의 구별이 사유재산권 보장의 전제조건이기 때문이다. 이렇게 "근대적인 사적 소유에 근대국가[의 형태]가 조응한다."[12] 그래서 제솝은 근대국가가 또는 더 정확히는 '자본주의적 국가 유형'이 그

---

11   카를 마르크스·프리드리히 엥겔스, 『독일 이데올로기』, 김대웅 옮김, 두레, 2015, 117쪽.

12   위와 같은 곳.

기능이 아니라 형태의 측면에서 자본주의 경제에 조응한다고 주장한다. 이러한 국가 형태는 사유재산권 보장이라는 측면에서 자본가계급에 유리한 편향을 갖고 있다. 그러나 자본가계급을 돕는 국가의 기능에는 형태적인 한계가 부과된다. 제솝은 이러한 국가의 형태를 내부적 아키텍처, 대표양식, 개입양식의 세 측면으로 나누어 분석한다.

사실 마르크스의 국가 형태에 대한 관심은 초기부터 나타난다. 그는 이미 "근대국가에 대한 저술을 위한 계획 초안"(1844)에서 국가와 사회의 분리, 국가의 대표·개입·제도 형태에 대한 분석 계획을 세운 바 있다.[13] 또한 그는 『헤겔 법철학 비판』(1843)에서 "국가의 피안적 현존재가 바로 특수적 영역들의 자기소외의 확증"이라며 국가를 시민사회의 소외된 형태로 규정했던 것이다. 중후기의 마르크스는 구체적인 정치분석을 통해 국가 형태에 내재된 편향을 더 직접적으로 지적한다. "루이 보나파르트의 브뤼메르 18일"(1581)은 1848년 혁명으로 프랑스에 성립된 "의회 공화정은 (중략) 사회의 여타 계급들과 자신들 내부의 개별 당파의 주장을 [부르주아 계급] 자신들의 일반적인 계급 이익에 종속시킬 수 있는 유일한 국가 형태"였다고 규정하면서 그 편향성을 서술한다.[14]

이는 경제적 토대의 반영, 지배계급의 도구 또는 총자본이라고 오해되는 국가의 성격이 사실은 국가의 본질적 기능이 아니라 역사적·사회적으로 형성된 국가의 형태적 편향에서 나온 것이라는 점을 시사한다.

---

13 Karl Marx, "Draft Plan for a Work on the Modern State", *Marx–Engels Collected Works*, Vol. 4, p. 666.

14 카를 마르크스, "루이 보나파르트의 브뤼메르 18일", 『프랑스 혁명사 3부작』, 임지현·이종훈 옮김, 소나무, 2017, 285쪽.

따라서 국가의 친자본적 편향성은 변화할 수 있다. 사실 국가와 (경제를 포함한) 더 넓은 사회 사이의 경계는 계속 변화하고, 국가를 이루는 구성 요소들도 계속 변화한다. 예를 들면 공공서비스의 민영화 또는 반대로 민간기업의 국유화는 국가와 사적 부문 사이의 경계를 이동시킨다. 이러한 국가의 형태 변화는 특정 계급과 세력에 유리했던 국가의 편향성을 변화시키고, 그 결과 국가권력의 행사 방향과 효과성도 변화하게 된다. 예를 들면 국가와 사회의 경계를 넘나드는 신자유주의적 거버넌스 (특히 공사협력)의 증가는 사기업이 국가권력의 행사에 참여할 기회를 늘린다. 거버넌스의 사례는 국가와 사회의 경계가 이동할 뿐만 아니라 항상 분명한 것은 아니라는 점을 보여준다. 사실 국가와 사회, 정치와 경제는 구별되기는 하나 완전히 분리될 수는 없으며 서로를 구성하는 역할을 한다. 그래서 국가는 종종 정치적·경제적 위기 상황을 타개하기 위해 정치와 경제가 분리되어 있는 정상적인 '자본주의적 국가 유형'에서 벗어나 권위주의적인 '예외체제'의 형태를 취한다. 또한 지역과 분야에 따라 (특히 비서구권 사회에서는) 정치와 경제가 분리되기보다 융합되어 있는 경우도 있다.

사회적 관계 속의 국가

제숍에 따르면 '자본주의적 국가 유형'에 국한되지 않는 국가 형태와 권력의 양상의 변화는 국가를 둘러싼 사회적 관계의 변화 때문에 일어난다. 즉 실제로 존재하는 '자본주의 사회의 국가'는 더 넓은 사회적 관계가 응축되거나 결정화된 결과로 만들어진다. 예를 들면 자본과 노동, 대기업과 중소기업, 남성과 여성, 구세대와 신세대, 수도권과 지방,

국가와 시민사회 사이의 역학관계가 선거, 미디어, 정치적 반향 등 다양한 경로로 국가의 운영과 제도적 형태에 반영된다. 따라서 사회적 세력관계 또는 세력균형이 변화하면 국가 형태와 권력의 방향성도 변화한다. 바꿔 말하면, 국가권력을 둘러싼 정치적 투쟁이란 곧 사회적 세력관계·균형과 국가의 편향된 형태를 유지·변형하려는 투쟁을 가리킨다. 이러한 의미에서 국가, 그리고 국가권력은 사회적 관계다.

이러한 관계론적 국가이론의 아이디어 또한 마르크스를 기원으로 한다. 그는 『자본론』 1권에서 자본은 단순한 생산수단이 아니라 사회적 관계라고 규정한다.

먼저 [영국의 식민지 개척자] 웨이크필드E.G. Wakefield가 식민지에서 발견한 것은, 어느 한 사람이 화폐·생활수단·기타 생산수단을 소유하더라도, 만약 그 필수적 보완물인 임금노동자[즉 자기 자신을 자유의사로 판매하지 않을 수 없는 다른 사람]가 없다면, 그는 아직 자본가로 될 수 없다는 사실이다. 그는 **자본은 물건이 아니라 [물건을 매개로 형성된] 사람들 사이의 사회적 관계**라는 것을 발견했다. 그는 미스터 필Mr. Peel이 총액 50,000파운드의 생활수단과 생산수단을 잉글랜드에서 서부 오스트레일리아의 스완 강 지역으로 가지고 갔다는 것을 개탄하고 있다. 미스터 필은 선견지명이 있어 그밖에 노동계급의 남녀 성인과 아동들 3,000명을 데리고 갔다. 그러나 목적지에 도착하자 "미스터 필에게는 그의 잠자리를 돌보아준다든가 강물을 길어다 줄 하인이 한 사람도 없었다." 불행한 미스터 필은 모든 것을 준비했지만 잉글랜드의 생산관계를 스완 강으로 수출하는 것만은 준비하지 못했던 것이다![15]

미스터 필의 일화는 자본이 자본으로서 기능하려면, 다시 말해 이윤을 창출하려면 임금 노동자가 필요하다는 것을 보여준다. 그런데 임금 노동자란 직접 생산자가 생산수단에서 분리된 특정한 자본주의적 생산 관계 속에서만 존재한다. 만약 임금 노동자가 드넓은 오스트레일리아에서처럼 자신의 생계에 충분한 생산수단[땅]을 가질 수 있게 된다면 그는 더는 자본가를 위해 일하지 않게 될 것이다. 그리하여 임금 노동자가 사라진다면 자본은 자본이기를 멈추게 된다. 즉 생산수단을 이윤을 창출하는 자본으로 만드는 것은 임금 노동자를 지속적으로 (재)생산하는 자본-노동의 특정한 사회적 관계다. 이러한 의미에서 자본은 사회적 관계인 것이다. 그런데 이는 자본의 구체적인 모습이 자본-노동 관계의 구체적인 양상에 따라 달라진다는 것을 뜻한다. 예를 들면 노동계급의 세력이 강성한 곳에서 자본은 저임금, 장시간 노동, 고강도 노동에 의존할 수 없으며 생산성을 높일 수 있는 다른 방안을 모색해야 한다.

그렇다면 국가는 어떠한가? 마르크스 자신은 국가가 사회적 관계라고 명시적으로 말하지 않았지만 보나파르티즘과 파리 코뮌에 대한 분석을 통해 그의 관계론적 국가론을 예시한다.

보나파르티즘이란 1851년 당시 프랑스의 대통령이었던 루이 보나파르트(나폴레옹 3세)가 친위 쿠데타를 통해 수립한 프랑스의 제2제정을 가리킨다. 그것은 엥겔스에 따르면, "예외적인 현상이지만 투쟁하는 계급들 간의 세력이 균형에 도달하여 국가권력이 외견상 두 계급의 조정자로서 어느 정도의 독립성을 한동안 획득"하는 하나의 사례를 보여준

---

15 카를 마르크스, 『자본론 I』(하), 김수행 옮김, 비봉출판사, 2015, 1050쪽, 강조는 옮긴이.

다. 마르크스는 이 보나파르티즘의 성립을 1848년 혁명 후 프롤레타리아 계급의 도전으로 어느 계급도 주도권을 잡지 못하는 파국적인 세력균형 속에서 사회질서 붕괴의 공포에 휩싸인 부르주아가 질서유지를 위해 스스로 지배를 포기하고 독재자에게 권력을 넘기는 과정으로 묘사한다. 그에 따르면 "프랑스에서 가장 단순한 남자[루이 보나파르트]가 가장 다양한 의미를 획득하는 일이 벌어졌다. 그는 아무것도 아니라는 이유 때문에 그 자신을 제외한 모든 것을 의미할 수 있었다." 또한 그를 지지한 분할지 농민들은 동일한 계급적 이해관계를 형성하지 못했기 때문에 "스스로를 대표할 수 없고, 누군가[루이 보나파르트]에게 대표되어야" 했다.[16] 결국 "프랑스에서 계급투쟁은 우스꽝스러운 보통 사람[루이 보나파르트]으로 하여금 영웅으로 행세할 수 있는 그러한 환경과 정세를 만들어"냈다.[17] 이렇게 마르크스는 부르주아 지배의 편향성을 수정한 루이 보나파르트의 상대적으로 자율적인 독재권력이 그의 개인적 역량이나 국가기관의 특성이 아니라 어느 계급도 주도권을 잡지 못한 당시 프랑스의 특정한 사회적 관계와 세력균형에서 나왔음을 밝혔다.

이후 마르크스는 1871년 프로이센-프랑스 전쟁 중에 수립된 최초의 공산주의 정부인 파리 코뮌을 분석하면서 자본-노동의 사회관계가 역전되면 국가 형태와 그것의 편향성이 바뀔 수 있다는 것을 보인다. 그는 "이전의 모든 정부 형태가 억압적이었던 반면에 코뮌은 철저하게 개

---

16 카를 마르크스, "1848년에서 1850년까지 프랑스에서의 계급투쟁", 『프랑스 혁명사 3부작』, 임지현·이종훈 옮김, 소나무, 2017, 94쪽, 314쪽.

17 카를 마르크스, "루이 보나파르트의 브뤼메르 18일", 『프랑스 혁명사 3부작』, 임지현·이종훈 옮김, 소나무, 2017, 186쪽.

방적인 정치 형태"라고 평가하면서 이는 코뮌이 "본질적으로 노동계급의 정부"로서 군, 경찰, 선거제도, 입법부, 행정부, 사법부를 개혁했기 때문이라고 설명한다.[18]

이러한 마르크스의 관계론적 국가론은 이탈리아의 정치사상가 안토니오 그람시와 그리스 출신의 프랑스 정치사회학자 니코스 풀란차스에 의해 정식화되었다. 그람시는 국가가 '정치사회+시민사회'라고 정의하고, "국가라는 일반적 개념 속에는 시민사회의 개념에 준거될 필요가 있는 요소들이 포함되어 있다"며 국가를 더 넓은 사회관계, 특히 '지배자'와 '피지배자'의 정치적 관계 속에서 이해해야 한다는 점을 정식화했다.[19] 풀란차스는 좀 더 직접적으로 "국가는 본질적인 실체로 간주될 수 없고, '자본'처럼 그것은 (중략) 세력들의 관계, 좀 더 정확히는 계급과 계급분파들 사이의 세력관계의 물질적[제도적] 응축이며, 그것은 국가 안에서 필연적으로 특정한 형태로 표현된다"고 정의했다.[20]

제솝은 이러한 마르크스, 그람시, 풀란차스의 관계론적 국가이론을 계승한다. 국가를 사회적 관계로 보았을 때 다음과 같은 결론이 뒤따른다. (1) 국가는 권력을 소유하지 않는다. 즉 국가는 권력을 일방적으로 국가기관들과 더 넓은 사회에 투사할 수 없다. 국가권력의 효과성은 구체적인 사회관계 속에서만 판명난다. (2) 국가 그 자체는 권력을 행사하는 주체가 아니다. 국가의 경계와 구성요소는 사회적 관계와 투쟁 속에

18 카를 마르크스, "프랑스 내전", 『프랑스 혁명사 3부작』, 임지현 · 이종훈 옮김, 소나무, 2017, 406~411쪽.

19 안토니오 그람시, 『옥중수고 I』(정치편), 이상훈 옮김, 거름, 1986, 141~142쪽, 279쪽. 번역을 일부 수정했음.

20 니코스 풀란차스, 『국가, 권력, 사회주의』, 박병영 옮김, 백의, 1994, 165쪽. 번역을 일부 수정했음.

서 계속적으로 변화하며, 따라서 국가는 선험적으로 주체로서의 동일성을 갖고 있지 않다. 그것은 그 자체로는 그냥 잡다한 기관들의 통일성 없는 앙상블에 불과하다. 만약 국가가 주체처럼 보인다면 그것은 일부분을 전체로 착각하는 것이거나 국가에 인위적으로 일정한 전략적 통일성이 부여되었기 때문이다. (3) 권력 행사의 주체는 국가가 아니라 개별적인 국가기관들을 움직일 수 있는 권한과 영향력을 갖고 있는 사람들과 집단들이다. 그러나 그들은 국가기관을 도구처럼 자유롭게 사용할 수 없다. 앞서 언급했듯이 권력을 일방적으로 다른 국가기관들과 사회에 투사할 수 없기 때문이다. (4) 이러한 의미에서 국가권력이란 여러 다른 사회세력들(특히 그중에서도 헤게모니를 잡은 세력)이 국가장치에 대한 차별적인 접근권과 영향력을 통해 만들어내는 전체적인 국가효과라 할 수 있다.

국가를 둘러싼 전략적 행위와 실천

국가의 형태적·관계적 측면에 대한 강조가 마르크스와 일부 마르크스주의 전통의 계승과 재해석이라면, 제솝의 마르크스주의 국가론에 대한 가장 독창적인 기여는 국가와 국가권력을 전략적 행위와 실천의 산물로 보는 데 있다. 앞서 언급했듯이 국가는 그 자체로는 잡다한 기관들의 통일성 없는 앙상블에 불과하고 국가권력은 사회관계 속에서만 행사되므로 특정 세력을 통해 국가권력이 비교적 일관되게 효과적으로 행사되려면 전체 국가기관을 하나로 통합하는 리더십과 전략적 방향이 있어야 한다. 제솝은 국가에 물질적·이념적·실천적 통일성을 부여하는 전략을 '국가 프로젝트'라 부르고, 이에 대한 사회적 지지를 동원하는 전략을 '헤게모니적 비전' 또는 '헤게모니 프로젝트'라고 부른다.

제솝은 이러한 전략적 접근법을 풀란차스의 짤막한 언급에서 착안했다. "한 사회구성체 내에서 계급과 계급위치의 구조적 결정을 규정하는 것articulation은 (중략) 특별한 개념을 필요로 한다. 나는 이것을 전략의 개념이라 부를 것인데, 이것은 특히 계급 양극화와 계급 동맹 같은 현상을 포괄한다."[21]

속류화된 마르크스주의의 경제결정론 또는 '자본이론'에 따르면 국가는 자본축적을 위해 기능하고 자본주의를 재생산할 뿐이다. 계급투쟁과 각종 사회정치적 투쟁은 이를 바꿀 수 없다. 따라서 모든 근대국가는 자본주의 국가일 뿐이다. 이는 현실에 존재하는 국가의 친자본적 정책 역량을 과장할 뿐 아니라 그 다양성을 간과한다. 반면 계급투쟁을 강조하는 입장 또는 '계급이론'에 따르면 국가는 계급투쟁의 반영일 뿐이다. 그러나 이 경우 국가들은 그냥 서로 다를 뿐이며, 그럼에도 국가가 왜 대체로 자본주의를 위해 기능하는지는 설명되지 않는다.

'전략' 개념은 이 문제에 대한 해답을 제시한다. 자본축적과 국가권력에는 수많은 구조적 모순과 딜레마가 내재되어 있다. 예를 들면 국가가 임금과 노동조건에 대한 규제를 완화해달라는 자본의 요구를 수용하면 그만큼 노동력과 자본주의적 사회질서의 재생산에 문제가 생길 수 있다. 그렇다고 반대로 임금과 노동조건을 개선하면 자본의 수익성이 악화될 수도 있다. 이렇게 자본을 축적하고 국가를 운영하는 데 있어

---

21 Nicos Poulantzas, *Classes in Contemporary Capitalism*, NLB, 1975, p. 24; 밥 제솝, 『풀란차스를 읽자』, 안숙영·오덕근 옮김, 백의, 1996, 438쪽 참조.

단 하나의 최선책은 없으며 오직 각각의 강점과 약점이 있는 다양한 전략들이 있을 뿐이다.

따라서 자본과 국가권력의 실제 작동은 구조적으로 결정되는 것이 아니라 모순과 딜레마를 그 나름의 방식으로 관리하는 전략적 실천을 통해 이루어지고, 계급과 사회세력들의 위치와 연합도 풀란차스의 통찰대로 전략에 따라 규정된다. 이에 따르면 지배적인 정치적·사회적 실천의 전략적 다양성은 (대체적으로 자본주의 사회라는 한계 내에서) 국가 형태와 국가권력의 다양성(또는 다형성)을 만들어낸다. 제숍의 전략적 접근법은 이를 포착할 수 있게 해주고, 마르크스의 다음과 같이 일견 모순적인 말도 이해할 수 있게 해준다.

'오늘날의 국가'는 나라의 경계와 함께 변화한다. 그것은 프로이센-독일 제국의 국가는 스위스의 국가와 다르며, 영국의 국가는 미국의 국가와 다르다. 따라서 '오늘날의 국가'란 하나의 허구다. 하지만 서로 다른 문명국들의 서로 다른 국가들은 그들의 형태가 잡다하게 다양함에도 모두 어느 정도는 자본주의적으로만 발전한 현대 부르주아 사회의 기반 위에 서 있다는 공통점을 가지고 있다. 그렇기 때문에 이 국가들은 일정한 본질적 특성을 공통점으로 가지고 있다.[22]

요컨대 제숍에게 국가는 자본의 논리도, 지배계급의 도구도, 상대적

---

22 카를 마르크스, "고타 강령 초안 비판", 『칼 맑스 프리드리히 엥겔스 저작 선집』, 박종철출판사, 1992, 385쪽. 번역을 일부 수정했음.

자율성을 가진 주체도, 그냥 사회적 관계도 아니다. 그것은 자본과 마찬가지로, 지배적 전략이 그 형태를 규정하는 사회관계다. 즉 국가의 형태는 사회를 (재)생산하는 다양한 전략적 실천들이 상호작용하고 그 결과가 물질적으로 응축[제도화]됨으로써 만들어진다. 자본주의 사회에서는 이러한 국가 형태와 그것을 둘러싼 더 넓은 사회적 관계가 자본가계급, 특히 그중에서 특정한 분파에 더 유리한 편향된 사회적 조건으로 작용한다. 이를 제솝은 구조에 각인된 '전략적 선택성'이라고 부른다.

그런데 이는 구조가 단독으로 만들어내는 것이 아니라 구조 속에서 벌어지는 전략적 각축을 통해 지배적인 것으로 등장한 전략(들)이 만들어내는 것이다. 따라서 이 개념은 비자본가 계급과 세력에 상대적으로 유리한 선택성이 만들어질 가능성을 완전히 배제하지 않는다. 또한 '유리하다'는 표현에서 알 수 있듯이, 자본에 유리한 전략적 선택성 속에서 비자본가 계급과 세력이 전술적 기동을 통해 일정한 정치경제적 성과를 거둘 가능성도 배제하지 않는다.

『국가론』 사용법

이제까지는 주로 마르크스의 정치경제학 비판과 『자본론』과의 관계 속에서 제솝의 『국가론』의 가치를 논했다. 하지만 그 가치는 마르크스주의 국가론에만 국한되지 않는다. 제솝의 국가이론이 널리 그 가치를 인정받는 것은 그것이 국가를 계급관계뿐만 아니라 일반적인 사회관계 속에서 논하기 때문이다. 또한 앞에서도 언급했듯이 그의 이론은 마르크스주의뿐만 아니라 폴라니, 푸코, 루만, 페미니즘 등 다양한 이론과 사상을 지적 원천으로 삼고 있다. 제솝의 입장은 그 자신의 표현대로 마르크스적 분석의 한계를 인정하는 '순수한 마르크스주의'라고 묘사될 수 있는데, 이는 계급을 여전히 가장 중요한 사회 집단으로 보지만, 그럼에도 다른 유형의 집단과 정체성의 중요성을 부정하지 않는다. 예를 들면 그는 현대국가의 젠더 편향성에 대해서도 분석한 바 있다.[23]

이렇게 제솝의 전략관계적 접근법은 마르크스주의에서 유래하기는 했지만 그것으로 환원될 수 없으며, 따라서 그의 이론은 비단 마르크스주의뿐만 아니라 다양한 정치세력과 사회운동세력에게도 국가를 분석하는 훌륭한 분석틀을 제공한다고 할 수 있다. 또한 잘 알려지지 않기는 했지만 전략관계적 접근법은 국가론을 넘어 일반적인 사회이론으로서 그 적용 가능성이 매우 높다. 게다가 국가의 시공간, 세계화, 거버넌스와 메타거버넌스에 대한 그의 연구는 사회학과 정치학을 넘어 비판적 지리학과 행정학 등 다양한 분야에 널리 영향을 미치고 있다. 따라서 독자는 이 책을 통해 국가에 관한 최신 논의 대부분을 접할 수 있을 것이다.

끝으로 놓치지 말아야 할 사실은 제솝의 『국가론』이 그의 이론을 집약하는 데 그치지 않고, 기존의 마르크스주의적 접근법과 다르게 베버를 포함한 유럽적 국가이론 전통의 3대 요소 접근법에서부터 새롭게 논의를 전개한다는 사실이다. 또한 그는 여기에 네 번째 요소로 '국가관념'을 추가하고, 이와 관련된 '상상계'라는 개념을 통해 국가이론에 문화

---

23 밥 제솝. "국가의 젠더 선택성". 『국가 권력: 마르크스에서 푸코까지, 국가론과 권력 이론들』. 남상백 옮김. 이매진, 2021, 241~272쪽.

정치경제학을 접목한다. 그뿐만 아니라 그동안 그의 연구가 주로 근대 자본주의 국가의 개입양식과 그것의 현재와 미래 추세를 논했다면 이 책은 최초로 자본주의 이전의 국가 형성과 함께 국가의 대표양식과 정당체계에 대해 본격적으로 논의하고 있기도 하다. 이는 이 책만의 국가이론에 대한 독창적 기여로서 제솝의 국가이론에 이미 익숙한 독자들에게도 새로운 지식을 전달할 것이다.

제솝의 『국가론』이 한국 정치에 주는 교훈

그렇다면 이 책은 한국의 독자들에게 어떠한 의미를 가질까? 현대 한국의 역사는 민족주의, 국가 독립, 전쟁과 국가 폭력, 군사독재, 국민 동원, 국가의 문화/교육 통제, 관치금융과 국가 주도 경제발전, 국가 부도 위기와 국가 주도 경제개혁 등 국가의 그림자가 짙게 드리워 있다. 그래서 국가는 우리에게 너무나 자명한 사실로 인식된다. 하지만 바로 그 때문에 우리는 국가가 무엇인지 진정으로 물었던 적이 없다. 국가는 정말로 그렇게 자명한 것일까? 우리는 '국가'라는 이름과 결부된 체험들을 토대로 '국가'라는 복잡한 대상을 너무나 간단하게 이해했던 것은 아닐까? 예를 들면 국가는 너무나 쉽게 사회로부터 독립된 폭력과 발전의 주체로 이해되거나, 아니면 집권만 하면 마음대로 움직일 수 있는 도구로 여겨지지 않았을까? 또는 국가권력을 법이나 제도가 부여한 권한 또는 공직에서 나오는 것으로 여기지 않았을까? 혹 민주화 이후 국가를 운영했던 수많은 세력들은 국가에 대한 이러한 단순한 이해 때문에 실패를 거듭했던 것은 아닐까?

민주화 이후 한국 정치는 '진보'와 '보수'가 번갈아가며 집권하면서도 '기대'와 '실망'의 사이클을 반복해왔다. 두 세력 모두 대체로 사회경제적 개혁의 열망(예: 상식과 원칙, 중도 실용주의, 경제민주화, 촛불혁명 등)을 받으면서 집권한 다음 그러한 기대를 배신하는 방식으로 정권을 잃어왔다. '합리적', '개혁적' 보수는 자리를 잃고 '진보'는 보수화되는 것이 패턴이었다. 이러한 패턴의 반복을 진보-보수의 팽팽한 대립구도라는 구조적 요인의 탓만으로 돌릴 수는 없다. 집권세력은 매번 중도층 유권자의 지지를 크게 잃었고, 이는 분명 구조적 맥락과 정세를 정확히 읽고 행동하는 전략적 역량의 결여에도 기인한 것이었다.

특히 근래의 한국 정치는, 국가가 주체나 도구가 아니며, 국가권력이 법이나 제도 또는 자리에서 나오는 것이 아니라 국가를 둘러싼 사회적 관계 또는 사회적 세력균형에서 나온다는 것을 망각한 듯한 모습을 너무나 자주 보인다. 또한 한국의 민주주의는 대화와 타협을 모르는 진영 간의 날카로운 대립, 정치적 협상 이전에 유무죄부터 가리자는 사법적 논리, 승자가 모든 것을 독식하는 선거의 논리에 지배당하면서 위기에 빠져 있다.

이렇게 볼 때 한국 정치가 '기대'와 '실망'의 사이클을 끊어내고 민주주의의 위기를 극복하는 동시에 시대가 요구하는 사회경제적 개혁을 통한 체제의 갱신을 이뤄내려면 국가와 국가권력이 무엇인지 다시 생각해볼 필요가 있다.

첫째, 국가는 집권세력이 마음대로 사용할 수 있는 도구가 아니다. 즉 권력은 특정한 자리를 차지하는 데서 나오지 않는다. 그것은 권력의 극히 일부분을 설명할 수 있을 뿐이다. 이는 일차적으로 국가가 그 나름의 제도적 관성과 인적 연속성을 갖고 있기 때문이다. 이에 따라 국가를 이루는 수많은 제도·기관·인력들은 일정한 편향성을 가지고 사회경제적 개혁에 저항할 수 있다. 따라서 국가 형태의 편향성을 바꾸는 국가개혁이 동반되지 않는 한 사회경제적 개혁은 성공하기 어렵다. 과거 '진보' 정부의 사회경제적 개혁이 성공하지 못한 이유 중 하나는 바로 본격적인 국가개혁 없이 사회경제적 개혁을 시도한 데 있었다.

둘째, 제도적 관성과 인적 연속성이 있다고 해서 국가가 적절한 지휘, 감독과 통제 없이도 (자본을 위해 또는 사회를 위해) 스스로 합리적으로 잘 움직이는 자율적 주체인 것도 아니다. 즉 권력은 법과 제도가 행사하는 것이 아니며, 관료제적 합리성만으로 국가가 잘 기능할 것이라 기대할 수 없다. 정치 지도자가 분명한 비전과 전체적인 전략적 방향(국가 프로젝트)을 정하지 못한 채 손을 놓고 있으면, 관료제의 하부 단위들은 서로 어긋나면서 각자의 이익만 챙기거나 복지부동하기 시작한다. 그 결과 정책의 비일관성이 커지고 온갖 통치실패가 일어난다. 세월호 참사, 메르스 사태, 이태원 참사, 오락가락하는 교육·주택·의료·금융 정책 등이 그 전형적인 예다.

셋째, 국가권력의 효과성은 구조적 측면의 제도 정비와 전략적 측면의 비전·지도력뿐만 아니라, 권력이 행사되는 더 넓은 사회관계의 맥락 속에서 나온다. 국가권력의 행사가 물리력에 직접적 기반을 두는 경우는 흔치 않으며, 그럴 경우 그것은 도리어 국가의 취약성을 드러낸다. 반면 국가권력은 시민사회의 동의에 기초할 때 훨씬 더 강력하고 효율적으로 행사될 수 있다. 따라서 (특히 시민사회의 역량이 강화된 민주주의 사회일수록) 국가권력의 효율적·효과적 행사는 사회적 동의와 그것을 만들어낼 수 있는 헤게모니적 비전에 달려 있다. 사회의 동의를 얻지 않는 (대신 비선실세에 의존하는) 권력 행사는 대개 저항에 부딪히고 마침내 좌초하게 되거나 정권의 상실 또는 비참한 말로로 이어질 수밖에 없다. 한미 FTA 추진, 광우병 논란 미국산 소고기 수입, 4대강 유역 개발, 위안부 피해자 문제 합의 등은 그러한 사회적 동의나 기반 없이 진행된 사례들로 모두 부정적 결과를 초래했다.

넷째, 권력을 행사할 수 있는 사회적 기반을 마련하고 국가기관을 통일성 있게 지휘하더라도 국가에 내재한 패러독스와 딜레마는 여전히 존재한다. 현대사회의 특징 중 하나는 정치와 경제 또는 국가와 나머지 사회의 제도적 분리이고, 이로부터 국가의 '부분-전체 패러독스'가 나온다. 부분-전체 패러독스란 국가가 전체 사회의 한 부분에 불과함에도 그러한 위상에 걸맞지 않게 사회 전체의 문제에 대해 책임을 지는 특수한 위치에 있다는 것을 가리킨다. 이는 국가 능력을 필연적으로 제한한다. 사회의 일부분에 불과한 국가가 가진 정보·지식·역량은 제한적이기 때문이다. 또한 앞서 언급했듯이 경제·사회로부터 제도적으로 분리된 국가의 형태는 경제·사회문제 해결이라는 기능에 적합하지 않다. 즉 국가는 경제·사회 문제 해결을 위해 개입해야 하지만 개입의 결과 도리어 문제를 더 악화시킬 수 있다. 따라서 국가가 경제·사회 문제에 개입할 수도 개입하지 않을 수도 없는 '위기관리의 위기'의 상황이 초래될 수도 있다.

한국의 정부도 경제·주거·의료·교육 등 여러 분야에서 개입을 하면 하는 대로, 안 하면 안 하는 대로 정책실패에 대해 비판받는 경우가 너무 많다. 이에 대해 언론 탓만 해서는 안 된다. 부분-전체 패러독스의 관점에서 볼 때 어느 정도의 국가실패는 불가피한 것이다(물론 시장실패도 그만큼 불가피하다). 그렇다면 문제는 그러한 국가실패를 어떻게 하면 최소화할 수 있는가, 그리고 어느 측면에서 더 용인할 수 있느냐가 된다. 따라서 국가의 정책수립은 의도되지 않은 실패와 부작용의 가능성에 더욱더 민감해야 하며, 민주적 의사결정 과정은 그러한 실패가 사회에 미치는 불균등하고도 불평등한 영향을 반드시 고려해야 한다. 또한 통치에 대한 과도한 기대를 피하고 (거버넌스 실패도 불가피하긴 하지만) 시민사회의 자기조직화 역량도 함께 강화해야 한다.

결론적으로 제솝의 국가이론이 한국 정치와 사회에 주는 매우 기초적이지만 핵심적인 교훈은, 사회개혁은 국가개혁을 동반해야 하고, 국가운영에는 적절한 비전과 전략이 필요하며, 국가권력의 행사는 사회적 동의에 기반을 둬야 하고, 국가 개입의 실패를 정치적·사회적으로 대비해야 한다는 것이다.

국가를 다시 생각한다

제솝의 『국가론』은 우리에게 국가와 국가권력에 대한 새로운 이해의 틀을 제공한다. 그의 전략관계적 접근법은 국가를 단순히 도구나 주체로 보는 환상을 걷어내고, 국가를 복잡한 사회관계의 산물이자 전략적 실천의 장으로 파악하게 해준다. 이는 단순히 이론적 통찰에 그치지 않는다. 오늘날 한국의 정치현실에서 볼 수 있듯이, 국가에 대한 단순한 이해는 심각한 정치적 실패로 이어질 수 있기 때문이다.

특히 주목할 점은 국가권력이 법적 권한이나 공직의 자리에서 자동적으로 나오는 것이 아니라는 점이다. 권력은 사회적 세력관계 속에서 형성되고, 그 효과는 전략적 실천을 통해서만 실현된다. 이는 최근 한국의 진보와 보수 정권들이 반복적으로 저지른 실수를 설명해준다. 이들은 집권만 하면 국가를 통해 목적을 달성할 수 있다고 생각했지만, 실제로는 전략과 비전 없이는, 국가 자체의 개혁 없이는, 그리고 사회적 동의 기반 없이는 어떤 정치 행위도 어떤 개혁도 성공할 수 없었다. 동시에 제솝의 이론은 국가실패가 어느 정도 불가피하다는 점도 일깨워준다. 국가와 사회의 제도적 분리, 국가의 제한된 능력과 정보, 그리고 개입의 딜레마는 완벽한 국가 운영을 불가능하게 만든다. 중요한 것은 이러한 한계를 인정하면서도, 어떻게 하면 실패를 최소화하고 그 부담을 사회적으로 공평하게 분배할 수 있을지를 고민하는 것이다.

결국 제솝의 국가론은 단순히 하나의 이론을 넘어, 현대 민주주의 사회에서 국가와 정치를 어떻게 이해하고 실천해야 하는지에 대한 깊은 통찰을 제공한다. 그의 이론은 우리가 국가를 도구나 주체로 보는 단순한 시각에서 벗어나, 복잡한 사회관계와 전략적 실천의 관점에서 국가를 바라보고 운영해야 함을 일깨워준다. 이 책이 한국의 정치발전과 사회개혁을 위한 중요한 이론적·실천적 지침이 되길 희망하며, 끝으로 긴 번역의 여정을 함께해준 아내와 아들, 이 책의 출판에 힘써주신 소은주 대표님, 귀찮은 질문에 자세한 답변과 함께 한국어판 서문을 보내주신 제솝 선생님께 감사드린다.

참고문헌

한국어판 서문

Debray, Régis (1973). 'Time and politics', in idem, *Prison Writings*, London: Allen Lane, pp. 87~160.

Foucault, Michel. (1977). *Discipline and Punish*, Allen Lane: London.

Foucault, Michel (2008) *Security, Territory, Population. Lectures at the Collège de France, 1977-1978*, Basingstoke: Palgrave.

Gramsci, Antonio (1971). *Selections from the Prison Notebooks*, London: Lawrence & Wishart.

Gramsci, Antonio (1975). *Quaderni del Carcere, edizione critica dell'Instituto Gramsci*, 4 volumes, Torino: Einaudi.

Jessop, Bob (2016). 'The developmental state in an era of finance-dominated accumulation', in Yin Wah Chu, ed., *The Asian Developmental State: Reexaminations and New Departures*, New York: Palgrave-Macmillan, pp. 27~55.

Jessop, Bob (2020). *Putting Civil Society in its Place: Governance, Metagovernance, and Subjectivities*, Bristol: Policy Press.

Jessop, Bob (2025). 'The development of the strategic-relational approach to state power and governance', *Marxism21* [경상국립대학교 사회과학연구원 발행 『마르크스주의 연구』] (forthcoming).

Jessop, Bob and Knio, Karin, eds. (2018). *The Pedagogy of Crisis: Crisis Dynamics, Construals and Lessons*, London: Routledge.

Ji, Joo Hyoung (2006). *Learning from Crisis: Political Economy, Spatio-Temporality, and Crisis Management in South Korea, 1961-2002*, PhD thesis. Lancaster University.

Park, Yoon Shik (2011). 'Developing an International Financial Center to Modernize the Korean Service Sector', Washington DC: Korea Economic Institute of America Academic Papers, #47.

Park, Geun-Hye (2013). 'Opening a New Era of Hope (18th Presidential Inaugural Address)', 25 February, Office of the President (Republic of Korea).

Reinert, E.S. (1999) 'The role of the state in economic growth', *Journal of Economic Studies*, 26 (4/5).

Sum, Ngai-Ling and Jessop, Bob (2013). *Towards A Cultural Political Economy: Putting Culture in its Place in Political Economy*, Cheltenham: Edward Elgar.

본문

Abrams, P. (1988). Notes on the difficulty of studying the state. *Journal of Historical Sociology* 1(1): pp. 58~89.

Adams, B. and Groves, C. (2007). *Future Matters: Action, Knowledge, Ethics*. Brill: Leiden.

Adler, P. S. (2001). Market, hierarchy, and trust: The knowledge economy and the future of capitalism. *Organization Studies* 12(2): pp. 215~234.

Agamben, G. (2005). *State of Exception*. University of Chicago Press: Chicago. 조르조 아감벤, 『예외상태』, 김항 옮김, 새물결, 2009.

Agnew, J. and Corbridge, S. (1995). *Mastering Space*. Routledge: London.

Albert, M. (2005). Politik der Weltgesellschaft und Politk der Globalisierung: Überlegungen zur Emergenz von Weltstaatlichkeit. In B. Heintz, R. Münch, and T. Hartmann (eds) *Weltgesellschaft: Theoretische Zugänge und empirische Problemlagen. Zeitschrift fur Soziologie Sonderheft* 34: pp. 223~239.

Albert, M. and Brock, L. (1996). De-bordering the state: New spaces in international relations. *New Political Science* 35: pp. 69~107.

Albo, G. and Fanelli, C. (2014). Austerity against democracy: An authoritarian phase of neoliberalism? Socialist Project Canada. At www.socialistproject.ca/documents/AusterityAgainstDemocracy.pdf

Ali, T. (2002). *The Clash of Fundamentalisms: Crusades, Jihads, and Modernity*.

Verso: London. 타리크 알리, 『근본주의의 충돌』, 정철수 옮김, 미토, 2003.

Allegri, G. and Ciccarelli, R. (2014). What is the fifth estate? *OpenDemocracy*, 24 February. At https://www.opendemocracy.net/can-europe-make-it/giuseppe-allegri-roberto-ciccarelli/what-is-fifth-estate

Almond, G. (1960). Introduction: A functional approach to political systems. In G. Almond and J. S. Coleman (eds), *The Politics of Developing Areas*. Princeton University Press: Princeton, pp. 3~64.

ALTER-EU [Alliance for Lobbying Transparency and Ethics Regulation in the EU] (2010). Bursting the Brussels Bubble: The Battle to Expose Corporate Lobbying at the Heart of the EU. ALTER-EU, Brussels. At http://www.alter-eu.org/sites/default/files/documents/bursting-the-brussels-bubble.pdf

Althusser, L. (1971) [1969]. Ideology and ideological state apparatuses (notes towards an investigation). In idem, *Lenin and Philosophy and Other Essays*. New Left Books: London, pp. 127~186. 루이 알튀세르, "이데올로기와 이데올로기적 국가기구", 이진수 옮김, 『레닌과 철학』, 백의, 1995.

Althusser, L. (2006). *Philosophy of the Encounter: Later Writings 1978-87*. Verso: London. 루이 알튀세르, 『철학과 맑스주의』, 백승욱·서관모 옮김, 중원문화, 2023(일부 번역).

Altvater, E. (1994). Operationsfeld Weltmarkt, oder Die Transformation des souveranen Nationalstaats in den nationalen Wettbewerbsstaat. *Prokla* 24(4): pp. 517~547.

Amable, B. (2009). Structural reforms in Europe and the (in)coherence of institutions. *Oxford Review of Economic Policy* 25(1): pp. 17~39.

Amin-Khan, T. (2012). *The Post-Colonial State in the Era of Capitalist Globalization: Historical, Political and Theoretical Approaches to State Formation*. Routledge: London.

Amitai-Preiss, R. and Morgan, D. O. (2000). *The Mongol Empire and Its Legacy*. Brill: Leiden.

Anderson, B. (1981). *The Imagined Community*. New Left Books: London.

Anderson, J. (1996). The shifting stage of politics: New mediaeval and postmodern territorialities. *Environment and Planning D: Society and Space*, 14: pp. 133~153.

Anderson, P. (1974a). *Lineages of the Absolutist State*. New Left Books: London. 페리 앤더슨, 『절대주의 국가의 계보』, 김현일 옮김, 현실문화, 2014.

Anderson, P. (1974b). *Passages from Antiquity to Feudalism*. New Left Books: London. 페리 앤더슨, 『고대에서 봉건제로의 이행』, 한정숙 유재건 옮김, 현실문화, 2014.

Anderson, P. (1976). *Considerations on Western Marxism*. New Left Books: London. 페리 앤더슨, 『서구 마르크스주의 읽기』, 류현 옮김, 이매진, 2003.

Andreski, S. (1968). *Military Organization and Society*. Routledge and Kegan Paul: London.

Ansell, C. (2000). The networked polity: Regional development in Western Europe. *Governance* 13(2): pp. 303~333.

Anter, A. and Breuer, S. (eds) (2007). *Max Webers Staatssoziologie: Positionen und Perspektiven*. Nomos: Baden-Baden.

Anthias, F. and Yuval-Davis, N. (eds) (1989). *Woman -Nation -State*. Macmillan: Basingstoke, UK.

Archer, M. S. (2003). *Structure, Agency and the Internal Conversation*. Cambridge University Press: Cambridge.

Arendt, H. (1956). Authority in the twentieth century. *Review of Politics* 18(4): pp. 403~417.

Arrighi, G. (1994). *The Long Twentieth Century: Money, Power and the Origins of Our Times*. Verso: London. 조반니 아리기, 『장기 20세기』(개정판), 백승욱 옮김, 그린비, 2014.

Axtmann, R. (2004). The state of the state: The model of the modern state and its contemporary transformation. International Political Science Review 25(3): pp. 259~279.

Badie, B. and Birnbaum, P. (1983). *The Sociology of the State*. University of Chicago Press: Chicago. 베르뜨랑 바디·삐에르 비른보움, 『국가 사회학』, 차남희 옮김, 학문과사상사, 1987.

Badiou, A. (2005). A speculative disquisition on the concept of democracy. In idem, *Metapolitics*. Verso: London, pp. 78~95. 알랭 바디우, 『메타정치론』, 김병욱·박성훈·박영진 옮김, 이학사, 2018.

Bagehot, W. (1963) [1867]. *The English Constitution*. Fontana: London.

Balasopoulos, A. (2012). Introduction: Intellectuals and the state: Complicities, confrontations, ruptures. *Occasion: Interdisciplinary Studies in the Humanities* 3(1): pp. 1~34.

Balibar, E. (1990). The nation form: History and ideology. *Review: Fernand Braudel Center* 13(2): pp. 329~361.

Barak, G. (1991). *Crimes by the Capitalist State: An Introduction to State Criminality*. SUNY Press: New York.

Barber, B. (1995). *Jihad vs McWorld: Terrorism's Challenge to Democracy*. Random House: New York.

Barfield, T. J. (2001). The shadow empires: Imperial state formation along the Chinese –omad frontier. In C. M. Sinopoli and T. N. D'Altroy (eds), *Empires: Perspectives from Archaeology and History*. Cambridge University Press: Cambridge, pp. 8~11.

Barkan, J. (2011). Law and the geographic analysis of economic globalization. Progress in Human Geography 35(5): pp. 589~607.

Barker, E. (1966). *The Development of Public Services in Western Europe 1660–1930*. Archon Books: Hamden, CT.

Barrow, C. W. (1993). *Critical Theories of the State: Marxist, neo–Marxist, post–Marxist*. University of Wisconsin Press: Madison.

Barry, A. (2002). The anti–political economy. *Economy and Society* 31(2): pp. 268~284.

Barry, B. (1965). *Political Argument*. Routledge and Kegan Paul: London.

Bartelson, J. (1995). *A Genealogy of Sovereignty*. Cambridge University Press: Cambridge.

Bartelson, J. (2001). *Critique of the State*. Cambridge University Press: Cambridge.

Bartelson, J. (2013). *Sovereignty as Symbolic Form*. Routledge: London.

Bashford, A. (2006). Global biopolitics and the history of world health. *History of the Human Sciences* 19(1): pp. 67~68.

Bayart, P., Ellis, S., and Hibou, B. (eds) (2009). *The Criminalization of the State in Africa*. Indiana University Press: Bloomington.

Beaulac, S. (2004). The Westphalian model in defining international law: Challenging the myth. *Australian Journal of Legal History* 8(2): pp. 181~213.

Beck, U. (2005). *Power in the Global Age*. Polity: Cambridge. 울리히 벡, 『세계화 시대의 권력과 대항 권력: 새로운 세계정치경제』, 홍찬숙 옮김, 길, 2011.

Beck, U. and Grande, E. (2007). *Cosmopolitan Europe: Paths to Second Modernity*. Polity: Cambridge.

Beer, S. (1990). Recursion zero: Metamanagement. *Systems Practice* 3(3): pp. 315~316.

Béland, D. and Cox, R. H. (eds) (2011). *Ideas and Politics in Social Science Research*. Oxford University Press: Oxford.

Bell, S. and Hindmoor, A. (2009). *Rethinking Governance: The Theory of the State in Modern Society*. Cambridge University Press: Cambridge.

Bentham, J. (1970) [1789]. *Introduction to the Principles of Morals and Legislation*. Clarendon: Oxford.

Bentley, A. F. (1908). *The Process of Government: A Study of Social Pressures*. University of Chicago Press: Chicago.

Bernhardt, R. (ed.) (1989). *Encyclopedia of Public International Law*, vol. 11: *Law of the Sea, Air and Space*. Elsevier: Amsterdam.

Bevir, M., (ed.) (2007). *Encyclopedia of Governance*. SAGE: London.

Bevir, M. (2010). *Democratic Governance*. Princeton University Press: Princeton, NJ.

Biggs, M. (1999). Putting the state on the map: Cartography, territory, and European state formation. *Comparative Studies in Society and History* 41(2): pp. 374~405.

Biller, P. (2000). *The Measure of Multitude: Population in Medieval Thought*. Oxford University Press: Oxford.

Bloch, E. (1986a). *The Principle of Hope*, vol. 1. Blackwell: Oxford. Bloch, E. (1986b). *The Principle of Hope*, vol. 2. Blackwell: Oxford. 에른스트 블로흐, 『희망의 원리』 1, 2권, 박설호 옮김, 열린책들, 2004.

Bloch, E. (1986b). *The Principle of Hope*, vol. 2. Blackwell: Oxford.

Blockmans, W. P. (1978). A typology of representative institutions in late medieval Europe. *Journal of Medieval History* 4(2): pp. 189~215.

Blockmans, W. P. (1996). The growth of nations and states in Europe before 1800. *European Review* 4(3): pp. 241~251.

Blok, A. (1975). *The Mafia of a Sicilian Village 1860－960: A Study of Violent*

Peasant Entrepreneurs. Harper Torch: New York.

Blum, W. (2001). *Rogue State: A Guide to the World's Only Superpower*. Zed: London.

Blyth, M. and Katz, R. S. (2005). From catch-all politics to cartelisation: The political economy of the cartel party. *West European Politics* 28(1): pp. 33~60.

Börzel, T. and Risse, T. (2010). Governance without a state: Can it work? *Regulation and Governance* 4(2): pp. 113~134.

Boldt, H., Conze, W., Haverkate, G., Klippel, D., and Koselleck, R. (1992). Staat und *Souveränität*. In O. Brunner, W. Conze, and R. Koselleck (eds), *Geschichtliche Grundbegriffe Historisches Lexicon zur Politisch-Sozialen Sprache in Deutschland*, vol. 6. Klett-Colta: Stuttgart, pp. 1~154.

Bonney, R. (1995). *Economic Systems and State Finance: The Origins of the Modern State in Europe, 13th to 18th Centuries*. Oxford University Press: Oxford.

Boukalas, C. (2014a). *Homeland Security, Its Law and Its State: A Design of Power for the 21st Century*. Routledge: London.

Boukalas, C. (2014b). No exceptions: Authoritarian statism: Agamben, Poulantzas and homeland security. *Critical Studies on Terrorism* 7(1): pp. 112~130.

Bourdieu, P. (1994). Rethinking the state: Genesis and structure of the bureaucratic field. *Sociological Theory* 12(1): pp. 1~18.

Bourdieu, P. (2014). *On the State: Lectures at the College de France, 1989 – 1992*. Polity: Cambridge.

Bratsis, P. (2003). The construction of corruption, or rules of separation and illusions of purity. *Social Text* 21: pp. 1~33.

Bratsis, P. (2006). *Everyday Life and the State*. Anthem: London.

Braudel, F. (1975). *Capitalism and Material Life: 1400-1800*. Harper Colophon: New York. 페르낭 브로델, 『물질문명과 자본주의 1』, 주경철 옮김, 까치, 2024.

Brennan, J. (2007). Dominating nature. *Environmental Values* 16(4), pp. 513~528.

Brenner, N. (2004). *New State Spaces: Urban Restructuring and State Rescaling in Western Europe*. Oxford University Press: Oxford.

Bretthauer, L., Gallas, A., Kannankulam, J., and Stolty, I. (eds) (2011). *Reading Poulantzas*. Merlin: London.

Breuer, S. (2014). *Der charismatische Staat: Ursprunge und Fruhformen staatlicher*

Herrschaft. WBG: Darmstadt.

Brown, W. (1992). Finding the man in the state. *Feminist Studies* 18: pp. 7~34.

Brubaker, R. (1992). *Citizenship and Nationhood in France and Germany*. Harvard University Press: Cambridge, MA.

Bruff, I. (2013). The rise of authoritarian neoliberalism. *Rethinking Marxism* 26(1): pp. 113~129.

Brunner, O. (1992). *Land and Lordship: Structures of Governance in Medieval Austria*. University of Pennsylvania Press: Philadelphia.

Bruyneel, K. (2007). *The Third Space of Sovereignty: The Postcolonial Politics of US-ndigenous Relations*. University of Minnesota Press: Minneapolis.

Burkett, P. (1999). *Marx and Nature: A Red and Green Perspective*. St Martin's Press: New York.

Bussolini, J. (2010). What is a dispositive? *Foucault Studies* 10: pp. 85~107.

Calhoun, C. (1995). *Critical Social Theory: Culture, History, and the Challenge of Difference*. Blackwell: Oxford.

Callinicos, A. (2009). *Imperialism and Global Political Economy*. Polity: Cambridge. 알렉스 캘리니코스, 『제국주의와 국제정치경제』, 천경록 옮김, 책갈피, 2011.

Campbell, B. B. and Brenner, A. D. (eds) (2000). *Death Squads in Global Perspective*. Palgrave Macmillan: Basingstoke, UK.

Canak, W. L. (1984). The peripheral state debate: State capitalist and bureaucratic authoritarian regimes in Latin America. *Latin American Research Review* 19(1): pp. 3~36.

Canovan, M. (2004). The leader and the masses: Hannah Arendt on totalitarianism and dictatorship. In P. Baehr and M. Richter (eds), *Dictatorship in History and Theory: Bonapartism, Caesarism, and Totalitarianism*. Cambridge University Press: Cambridge, pp. 241~260.

Canovan, M. (2005). *The People*. Polity: Cambridge. 마거릿 캐노번, 『인민』, 김만권 옮김, 그린비, 2015.

Canovan, M. (2008). The people. In J. S. Dryzek, B. Honig, and A. Phillips (eds), *The Oxford Handbook of Political Theory*. Oxford University Press: New York, pp. 349~362.

Carlyle, T. (1908) [1840]. *On Heroes and Hero Worship*. James Fraser: London.

토머스 카알라일, 『영웅숭배론』, 박상익 옮김, 한길사, 2023.

Carneiro, R. L. (1981). The chiefdom: Precursor of the state. In G. Jones and R. Kautz (eds), *The Transition to Statehood in the New World*. Cambridge University Press: Cambridge, pp. 33~79.

Carroll, W. K. (2010). *The Making of a Transnational Capitalist Class: Corporate Power in the 21st Century*. Zed: London.

Castells, M. (1992). Four Asian tigers with a dragon head. In J. Henderson and R. P. Appelbaum (eds), *States and Development in the Pacific Rim*. SAGE: London, pp. 33~70.

Castree, N. (2009). The spatio-temporality of capitalism. *Time & Society* 18(1): pp. 26~61.

CEO [Corporate European Observatory] (2004). *Lobby Planet Brussels: The EU Quarter*. CEO: Brussels.

CEO [Corporate European Observatory] (2011). *Lobby Planet Brussels: The EU Quarter*, 2nd edn. CEO: Brussels.

Cerny, P. G. (1997). Paradoxes of the competition state: The dynamics of political globalization. *Government and Opposition* 32(2): pp. 251~274.

Cerny, P. G. (2010). *Rethinking World Politics: A Theory of Transnational Neopluralism*. Oxford University Press: Oxford.

Chang, D. O. (2009). *Capitalist Development in Korea: Labour, Capital and the Myth of the Developmental State*. Routledge: London.

Chang, H. J. (2007). *The East Asian Development Experience: The Miracle, the Crisis and the Future*. Zed: London.

Chase-Dunn, C. and Lawrence, K. S. (2011a). The next three futures. Part I: Looming crises of global inequality, ecological degradation, and a failed system of global governance. *Global Society* 25(2): pp. 137~153.

Chase-Dunn, C. and Lawrence, K. S. (2011b). The next three futures. Part II: Possibilities of another round of US hegemony, global collapse, or global democracy. *Global Society* 25(3): pp. 269~285.

Chibber, V. (2003). *Locked in Place: State-Building and Late Industrialization in India*. Princeton University Press: Princeton, NJ.

Chilcote, R., Hadjiyannis, S., Lopez, F. A. III, Nataf, D., and Sammis, E. (1990).

*Transition from Democracy to Dictatorship: Comparative Studies of Spain,
Portugal and Greece*. Taylor & Francis: New York.

Chomsky, N. (2001). *Rogue States: The Rule of Force in World Affairs*. Pluto:
London. 노엄 촘스키, 『불량국가』, 장영준 옮김, 두레, 2001.

Chomsky, N. (2012). *Occupy*. Penguin: Harmondsworth, UK. 노엄 촘스키,
『촘스키, 점령하라 시위를 말하다』, 강주헌 옮김, 수이북스, 2012.

Cioran, E. M. (1975) [1949]. *A Short History of Decay*. Arcade: New York.

Claessen, H. J. M. and Skalnik, P. (1978). The early state: Theories and hypotheses.
In eidem (eds), *The Early State*. Mouton: The Hague, pp. 3~29.

Clark, C. and Lemco, J. (1988): The strong state and development: A growing list
of caveats. Journal of Developing Societies 4(1): pp. 1~8.

Clark, J. and Jones, A. (2012). After 'the collapse': Strategic selectivity, Icelandic
state elites and the management of European Union accession. *Political
Geography* 31: pp. 64~72.

Clarke, S. (1977). Marxism, sociology, and Poulantzas's theory of the state.
Capital & Class 2: pp. 1~31.

Coleman, J. (1990). *Foundations of Social Theory*. Belknap Press: Cambridge, MA.

Collinge, C. (1999). Self-organization of society by scale: A spatial reworking of
regulation theory. *Environment and Planning D: Society and Space* 17(5):
pp. 557~574.

Connolly, W. E. (ed.) (1969). *Pluralism in Political Analysis*. Atherton: New York.

Connolly, W. E. (1983). *The Terms of Political Discourse*, 2nd edn. Princeton
University Press: Princeton.

Connolly, W. E. (2005). *Pluralism*. Duke University Press: Durham, NC.

Cook, T. E. (2005). *Governing with the News: The News Media as a Political
Institution*, 2nd edn. University of Chicago Press: Chicago.

Costa, O. and Magnette, P. (2003). The European Union as a consociation?
A methodological assessment. *West European Politics* 26(3): pp. 1~18.

Coulson, A. (1997). Transaction cost economics and its implications for local
governance. *Local Government Studies* 23(1): pp. 107~113.

Cox, L. and Nilsen, A. G. (2014). *We Make Our Own History: Marxism and Social
Movements in the Twilight of Neoliberalism*. Pluto: London.

Cronin, D. (2013). *Corporate Europe: How Big Business Sets Policies on Food, Climate and War*. Pluto: London.

Crouch, C. (2004). *Post-Democracy*. Polity: Cambridge. 콜린 크라우치, 『포스트 민주주의: 민주주의 시대의 종말』, 이한 옮김, 미지북스, 2008.

Crouch, C. (2005). *Capitalist Diversity and Change: Recombinant Governance and Institutional Entrepreneurs*. Oxford University Press: Oxford.

Crozier, M. J., Huntington, S. P., and Watanuki, J. (1975). *The Crisis of Democracy: Report on the Governability of Democracies to the Trilateral Commission*. New York University Press: New York.

Crutzen, P. J. (2006). The 'Anthropocene'. In E. Ehlers and T. Krafft (eds), *Earth System Science in the Anthropocene*. Springer: Berlin and Heidelberg, pp. 13~18.

Curtis, B. (2002). Foucault on governmentality and population: The impossible discovery. *Canadian Journal of Sociology* 27(4): pp. 505~533.

Dalton, R. J. and Kuechler, M. (1990). *Challenging the Political Order: New Social and Political Movements in Western Democracies*. Polity: Cambridge.

Davies, J. S. (2011). *Challenging Governance Theory: From Networks to Hegemony*. Policy: Bristol.

de Vattel, E. (1758). *Le Droit des gens, ou Principes de la loie naturelle, appliques a la conduite et aux affaires des nations et des souverains*, 2 vols. London.

Dean, M. (1990). *The Constitution of Poverty: Towards a Genealogy of Liberal Governance*. Routledge: London.

Delaney, D. (2005). *Territory: A Short Introduction*. Blackwell: Oxford. 데이비드 딜레이니, 『영역』, 황성원 박배균 옮김, 시그마프레스, 2013.

Delanty, G. and Krishan, K. (eds) (2005). *Handbook of Nations and Nationalism*. SAGE: London.

Deleuze, G. and Guattari, F. (1983) [1972]. *Anti-Oedipus: Capitalism and Schizophrenia*. University of Minnesota Press: Minneapolis. 질 들뢰즈·펠릭스 가타리, 『안티 오이디푸스』, 김재인 옮김, 민음사, 2014.

Demirović, A. and Sablowski, T. (2013). *The Finance-Dominated Regime of Accumulation and the Crisis in Europe*. Rosa Luxemburg Stiftung: Berlin.

Dierkes, M., Antal, A. B., Child, J., and Nonaka, I., (eds) (2001). *Handbook of*

Organizational Learning and Knowledge. Oxford University Press: Oxford.

Disraeli, B. (1845). *Sybil, or a Tale of Two Nations*. At http://www.gutenberg.org/files/3760/3760-h/3760-h.htm

Dobel, J. P. (1978). The corruption of a state. *American Political Science Review* 72(3): pp. 958~973.

Dodgshon, R. A. (1987). *The European Past: Social Evolution and Spatial Order*. Macmillan: London.

Dodgshon, R. A. (1998). *Society in Time and Space: A Geographical Perspective on Change*. Cambridge University Press: Cambridge.

Doehring, K. (2004). *Allgemeine Staatslehre: Eine systematische Darstellung*, 3rd edn. C. F. Muller: Heidelberg.

Domhoff, G. W. (2013). *Who Rules America? The Triumph of the Corporate Rich*, 7th edn. New York: McGraw-Hill.

Drori, G. S., Meyer, J. W., and Hwang, H. (eds) (2006). *Globalization and Organization: World Society and Organizational Change*. Clarendon: Oxford.

Dubiel, H. and A. Sollner (eds) (1981). *Wirtschaft, Recht und Staat im Nationalsozialismus: Analysen des Instituts fur Sozialforschung, 1939-1942*. Suhrkamp: Frankfurt.

Dunsire, A. (1990). Holistic governance. *Public Policy and Administration* 5(4): pp. 4~19.

Dunsire, A. (1993). Manipulating social tensions: Collibration as an alternative mode of government intervention. MPIfG Discussion Paper 93/7. Max Planck Institut fur Gesellschaftsforschung, Koln.

Dunsire, A. (1996). Tipping the balance: Autopoiesis and governance. *Administration & Society* 28(3): pp. 299~334.

Dutton, W. H. (2009). The fifth estate emerging through the network of networks. *Prometheus* 27(1): pp. 1~15.

Duverger, M. (1954). *Political Parties: Their Organization and Activity in the Modern State*. Methuen: London. 모리스 뒤베르제, 『정당론』, 중앙선거관리위원회, 1980.

Dyson, K. F. H. (1982). *The State Tradition in Western Europe*. Martin Robertson: Oxford.

Earle, T. K. (1997). *How Chiefs Come to Power*. Stanford University Press: Stanford.

Easton, D. (1965). *A Systems Analysis of Political Life*. Wiley: New York.

Ebenau, M. (2012). Varieties of capitalism or dependency? A critique of the VoC approach for Latin America. *Competition & Change* 16(3): pp. 206~223.

Eder, K. (1999). Societies learn and yet the world is hard to change. European Journal of Social Theory 2(2): pp. 195~215.

Eisenstadt, S. N. (1963). *The Political Systems of Empires: The Rise and Fall of Bureaucratic Societies*. Free Press: New York.

Elazar, D. J. (1991). Introduction: Federalist responses to current democratic revolutions. In idem (ed.), *Federal Systems of the World: A Handbook of Federal, Confederal and Autonomy Arrangements*. Longman: Harlow, UK, pp. I~xxi.

Elden, S. (2007). Governmentality, calculation, territory. *Environment and Planning D: Society and Space* 25(3): pp. 562~580.

Elden, S. (2010). Land, terrain, territory. *Progress in Human Geography* 36(6): pp. 799~817.

Elfferding, W. (1983). Klassenpartei und Hegemonie. Zur impliziten Parteientheorie des Marxismus. In W. Elfferding, M. Jager, and T. Scheffler, *Marxismus und Theorie der Parteien*. Argument Verlag: Berlin, pp. 7~35.

Elfferding, W. (1985). Zur Perspektive materialistischer Parteitheorie. *Prokla* 59: pp. 142~151.

Elias, N. (1982) [1939]. *The Civilizing Process: State Formation and Civilization*. Blackwell: Oxford. 노르베르트 엘리아스, 『문명화 과정』 1, 2권, 박미애 옮김, 한길사, 1996.

Elias, N. (1983) [1939]. *The Court Society*. Blackwell: Oxford. 노르베르트 엘리아스, 『궁정사회』, 박여성 옮김, 한길사, 2003.

Elsner, W. (2012). Financial capitalism – at odds with democracy: The trap of an 'impossible' profit rate. *Real-World Economics Review* 62: pp. 132~159. http://www.paecon.net/PAEReview/issue62/Elsner62.pdf

Elster, J. (1982). The case for methodological individualism. *Theory and Society* 11(4): pp. 453~482.

Engdahl, F. W. (2009). *Full Spectrum Dominance: Totalitarian Democracy in the New World Order*. Edition Engdahl: Wiesbaden. 윌리엄 엥달, 『전방위 지배:

미국은 냉전 이후 오바마 행정부까지 어떻게 세계를 지배하고 있는가』, 유지훈 옮김, 에버리치홀딩스, 2010.

Engelhardt, T. (2014). *Shadow Government: Surveillance, Secret Wars, and a Global Security State in a Single Superpower World*. Haymarket Books: Chicago.

Engels, F. (1972) [1875]. *The Origins of the Family, Private Property, and the State*. Lawrence & Wishart: London. 프리드리히 엥겔스, 『가족, 사유재산, 국가의 기원』, 김대웅 옮김, 두레, 2012.

Engelhardt, T. (2014). *Shadow Government: Surveillance, Secret Wars, and a Global Security State in a Single Superpower World*. Haymarket Books: Chicago.

Engels, F. (1972) [1875]. *The Origins of the Family, Private Property, and the State*. Lawrence & Wishart: London.

Escobar, P. (2015). Westward Ho on China's Eurasia BRIC road: The new Chinese dream. *Counterpunch*, 24 March.

Escolar, M. (1997). Exploration, cartography and the modernization of state power. *International Social Science Journal* 151: pp. 55~75.

Esposito, E. (2011). *The Future of Futures: The Time of Money in Financing and Society*. Edward Elgar: Cheltenham, UK.

Esser, F. and Stromback, J. (eds) (2014). *Mediatization of Politics: Understanding the Transformation of Western Democracies*. Palgrave Macmillan: Basingstoke, UK.

Estulin, D. (2007). *The True Story of the Bilderberg Group*. TrineDay: Walterville, OR. 다니엘 에스툴린, 『빌더버그 클럽: 세계를 움직이는 보이지 않는 손』, 김수진 옮김, 랜덤하우스코리아, 2008.

Evans, P. B. (1989). Predatory, developmental, and other apparatuses: A comparative political economy perspective on the Third World State. *Sociological Forum* 4(4): pp. 561~587.

Evans, P. B. (1995). *Embedded Autonomy: States and Industrial Transformation*. Princeton University Press: Princeton, NJ.

Evans, P. B. (1997). The eclipse of the state? Reflections on stateness in an era of globalization. *World Politics* 50(1): pp. 62~87.

Evans, P. B. (2011). Constructing the 21st century developmental state. In O. Edigheji (ed.), *Constructing a Democratic Developmental State in South Africa: Potentials and Challenges*. Human Sciences Research Council: Cape Town, pp. 37~58.

Evans, P. B., Rueschemeyer, D., and Skocpol, T. (eds) (1985). *Bringing the State Back In*. Cambridge University Press: Cambridge.

Falkner, G. (2005). *Complying with Europe: EU Harmonisation and Soft Law in the Member States*. Cambridge University Press: Cambridge.

Ferejohn, J. and Pasquino, P. (2004). The law of exception: A typology of emergency powers. *International Journal of Constitutional Law* 210: pp. 333~348.

Ferguson, N. (2004). *Colossus: The Price of America's Empire*. Penguin: New York. 니알 퍼거슨, 『콜로서스: 아메리카 제국 흥망사』, 김일영 강규형 옮김, 21세기북스, 2010.

Ferguson, T. (1995). *Golden Rule: The Investment Theory of Party Competition and the Logic of Money-Driven Political Systems*. University of Chicago Press: Chicago.

Ferguson, Y. H. and Mansbach, R. W. (1989). *The State, Conceptual Chaos, and the Future of International Relations Theory*. Lynne Rienner: London.

Ferrera, M. (2008). The European welfare state: Golden achievements, silver prospects. *West European Politics* 31(1-2): pp. 82~107.

Fine, R. (2007). *Cosmopolitanism*. Routledge: London.

Finer, S. E. (1975). State and nation-building in Europe: The role of the military. In C. Tilly (ed.), *The Formation of National States in Western Europe*. Princeton University Press: Princeton, pp. 84~163.

Finer, S. E. (1997a). *The History of Government*, vol. 1: *Ancient Monarchies and Empires*. Oxford University Press: Oxford.

Finer, S. E. (1997b). *The History of Government*, vol. 2: *The Intermediate Ages*. Oxford University Press: Oxford.

Finer, S. E. (1997c). *The History of Government*, vol. 3: *Empires, Monarchies and the Modern State*. Oxford University Press: Oxford.

Fischer, F. (2009). *Democracy and Expertise: Reorienting Policy Inquiry*. Oxford University Press: Oxford.

Flannery, K. V. (1972). The cultural evolution of civilization. *Annual Review of Ecological Systems* 3: pp. 399~326.

Flannery, K. V. (1999). Process and agency in early state formation. *Cambridge Archaeological Journal* 9(1): pp. 3~21.

Foisneau, L. (2010). Governing a republic: Rousseau's general will and the problem of government. *Republics of Letters* 2(1), pp. 93~104.

Foucault, M. (1977) [1975]. *Discipline and Punish*. Allen Lane: London. 미셸 푸코, 『감시와 처벌: 감옥의 탄생』(번역개정 2판), 오생근 옮김, 나남출판, 2020.

Foucault, M. (1980). *Power/Knowledge: Selected Interviews and Other Writings 1972-1977*. Pantheon: New York. 콜린 고든 편, 『권력과 지식: 미셸 푸코와의 대담』, 홍성민 옮김, 나남출판, 1991.

Foucault, M. (1981) [1976]. *The History of Sexuality*, vol 1. Penguin: Harmondsworth, UK. 미셸 푸코, 『성의 역사 1: 지식의 의지』(4판), 이규현 옮김, 나남출판, 2020.

Foucault, M. (2007). *Security, Territory, Population: Lectures at the Collège de France, 1977-1978*. Palgrave: Basingstoke, UK. 미셸 푸코, 『안전, 영토, 인구: 콜레주드프랑스 강의 1977-78년』, 오트르망·심세광·전혜리·조성은 옮김, 난장, 2011.

Foucault, M. (2008). *The Birth of Biopolitics: Lectures at the Collège de France, 1978-1979*. Palgrave: Basingstoke, UK. 미셸 푸코, 『생명관리정치의 탄생: 콜레주드프랑스 강의 1978-79년』, 오트르망·심세광·전혜리·조성은 옮김, 난장, 2012.

Fraenkel, E. (1941). *The Dual State: A Contribution to the Theory of Dictatorship*. Oxford University Press: Oxford.

Fried, M. H. (1967). *The Evolution of Political Society: An Essay in Political Anthropology*. Random House: New York.

Friedmann, T. (2005). *The World is Flat*. Farrar, Straus and Giroux: New York. 토머스 L. 프리드먼, 『세계는 평평하다: 세계는 지금 어디로 가고 있는가?』, 이건식 옮김, 21세기북스.

Friedmann, T. (2008). *Hot, Flat, and Crowded*. Farrar, Straus and Giroux: New York. 토머스 L. 프리드먼, 『코드그린: 뜨겁고 평평하고 붐비는 세계』, 최정임·이영민 옮김, 21세기북스, 2008.

Friedmann, T. (2011). *That Used to be Us*. Farrar, Straus and Giroux: New York. 토머스 L. 프리드먼, 『미국 쇠망론: 10년 후 미국, 어디로 갈 것인가?』, 이은경·강정임 옮김, 21세기북스, 2011.

Friedrichs, J. (2001). The meaning of new medievalism. *European Journal of International Relations* 7(4): pp. 475~502.

Fukuyama, F. (1992). *The End of History and the Last Man*. Free Press: New York. 프랜시스 후쿠야마, 『역사의 종말』, 한마음사, 1997.

Fukuyama, F. (1995). *Trust: The Social Virtues and the Creation of Prosperity*. Free Press: New York. 프랜시스 후쿠야마, 『트러스트』, 구승회 옮김, 한국경제신문, 1996.

Fukuyama, F. (2003). *State Building: Governance and World Order in the 21st Century*. Cornell University Press: Ithaca, NY. 프랜시스 후쿠야마, 『강한 국가의 조건』, 안진환 옮김, 황금가지, 2005.

Fukuyama, F. (2011). *The Origins of Political Order: From Prehuman Times to the French Revolution*. Farrar, Straus and Giroux: New York. 프랜시스 후쿠야마, 『정치 질서의 기원』, 함규진 옮김, 웅진지식하우스, 2012.

Gailey, C. W. (1985). The state of the state in anthropology. *Annual Review of Anthropology* 9(1-4): pp. 65~91.

Gambetta, D. (ed.) (1988). *Trust: Making and Breaking Cooperative Relations*. Blackwell: Oxford.

Gamble, A. (1973). *The Conservative Nation*. Routledge: London.

Gause III, F. G. (2013). Kings for all seasons: How the Middle East's monarchies survived the Arab Spring. Brookings Institute: Washington, DC / Doha: Qatar.

Gellner, E. (1983). *Nations and Nationalism*. Blackwell: Oxford.

Georgi, F. and Kannankulam, J. (2012). *Das Staatsprojekt Europa in der Krise: Die EU zwischen autoritärer Verhärtung und linken Alternativen*. Rosa Luxemburg Stiftung: Berlin.

Gerschenkron, A. (1962). *Economic Backwardness in Historical Perspective*. Cambridge University Press: Cambridge.

Gerstenberger, H. (2008). *Impersonal Power: History and Theory of the Bourgeois State*. Brill: Leiden.

Giddens, A. (1981). *A Contemporary Critique of Historical Materialism: Power, Property and the State*. Macmillan: London. 앤서니 기든스, 『사적 유물론의 현대적 비판』, 최병두 옮김, 나남, 1991.

Giddens, A. (1985). *The Nation-State and Violence*. Polity: Cambridge. 안쏘니 기든스, 『민족국가와 폭력』, 진덕규 옮김, 삼지원, 1993.

Gilens, M. and Page, B. (2014). Testing theories of American politics: Elites, interest groups, and average citizens. *Perspectives on Politics* 12(3): pp. 564~581.

Gill, S. (1991). *American Hegemony and the Trilateral Commission*. Cambridge University Press: New York.

Gill, S. (1995). The global Panopticon? The neo-liberal state, economic life and democratic surveillance. *Alternatives* 20(1): pp. 1~49.

Gill, S. (ed.) (2011). *Global Crises and the Crisis of Global Leadership*. Cambridge University Press: Cambridge.

Giraldo, J. (1996). *Colombia: The Genocidal Democracy*. Common Courage Press: Monroe, ME.

Gitlin, T. (2012). *Occupy Nation: The Roots, the Spirit, and the Promise of Occupy Wall Street*. HarperCollins: New York.

Giugni, M. G. (1998). Was it worth the effort? The outcomes and consequences of social movements. *Annual Review of Sociology* 24: pp. 371~393.

Gledhill, J., Bender, B., and Larsen, M. T. (eds) (1988). *State and Society: The Emergence and Development of Social Hierarchy and Political Centralization*. Unwin Hyman: London.

Glennon, M. J. (2014). *National Security and Double Government*. Oxford University Press: New York.

Global Commission on the Economy and Climate (2014). *Better Growth, Better Climate: The New Climate Economy Report*. World Resources Institute: Washington, DC.

Goldberg, D. T. (2002). *The Racial State*. Blackwell: Oxford.

Goldscheid, R. (1976) [1917]. Finanzwissenschaft und Soziologie. In R. Hickel (ed.), *Rudolf Goldscheid/Joseph Schumpeter, Die Finanzkrise des Steuerstaates*. Suhrkamp: Frankfurt, pp. 317~328.

Goody, J. (1980). *Technology, Tradition and the State in Africa*. Cambridge University Press: Cambridge.

Gorski, P. S. (2001). Beyond Marx and Hintze? Third wave theories of early modern state formation. *Comparative Studies in History and Society* 43(4): pp. 851~861.

Gowan, P. (2000). *The Global Gamble: America's Faustian Bid for World Domination*. Verso: London. 피터 고완, 『세계 없는 세계화: 금융패권을 통한 미국의 세계 지배 전략』, 홍수원 옮김, 시유시, 2001.

Gramsci, A. (1971). *Selections from the Prison Notebooks*. Lawrence & Wishart: London. 안토니오 그람시, 『그람시의 옥중수고』 1/2, 이상훈 옮김, 1999.

Gramsci, A. (1995). *Quaderni del Carcere, edizione critica dell'Istituto Gramsci,*

4 vols. Einaudi: Turin.

Grandin, G. (2007). *Empire's Workshop: Latin America, the United States, and the Rise of the New Imperialism*. Henry Holt: New York.

Green, D. and Shapiro, I. (eds) (1996). *Pathologies of Rational Choice Theory: A Critique of Applications in Political Science*. Yale University Press: New Haven, CT.

Green, P. and Ward, T. (2004). *State Crime: Governments, Violence and Corruption*. Pluto: London.

Greven, M. (2010). Sind Parteien in der Politik alternativlos oder ist ihre Rolle historisch begrenzt? In D. Gehne and T. Spier (eds), *Krise oder Wandel der Parteiendemokratie?* VS Verlag: Wiesbaden, pp. 225~235.

Grofman, B. and Lijphart, A. (eds) (2003). *Electoral Laws and their Political Consequences*. Agathon Press: New York.

Gross, O. (2000). The normless and exceptionless exception: Carl Schmitt's theory of emergency powers and the norm-xception dichotomy. *Cardozo Law Review* 21: pp. 1824~1867.

Grossman, C. (1986). A framework for the examination of states of emergency under the American Convention on Human Rights. *American University International Law Review* 1(1): pp. 35~55.

Günther, G. (2004) [1973]. Life as polycontexturality. In H. Fahrenbach (ed.), *Wirklichkeit und Reflexion*. Neske: Pfullingen, pp. 187~210. (Reprinted in Vordenker, February 2004. At www.vordenker.de)

Günther, R. and Diamond, L. (2003). Species of political parties: A new typology. *Party Politics* 9(2): pp. 167~199.

Günther, R., Montero, J. R., and Linz, J. J. (eds) (2002). *Political Parties: Old Concepts and New Challenges*. Oxford University Press: Oxford.

Haanappel, P. P. C. (2003). *The Law and Policy of Air Space and Outer Space: A Comparative Approach*. Kluwer Law International: The Hague.

Haas, P. M. and Haas, E. B. (1995). Learning to learn: Improving international governance. *Global Governance* 1(4): pp. 255~285.

Habermas, J. (1989) [1962]. *The Structural Transformation of the Public Sphere: An Inquiry Into a Category of Bourgeois Society*. MIT Press: Cambridge, MA.

위르겐 하버마스, 『공론장의 구조변동: 부르주아 사회의 한 범주에 관한 연구』, 한승완 옮김, 나남출판, 2004.

Habermas, J. (1976). *Legitimation Crisis*. Hutchinson: London. 위르겐 하버마스, 『후기 자본주의 정당성 연구』, 문학과사회연구소 옮김, 청하, 1983.

Habermas, J. (2002). *The Post-National Constellation*. Polity: Cambridge.

Hacker, J. and Pierson, P. (2011). *Winner-Take-All-Politics: How Washington Made the Rich Richer – and Turned Its Back on the Middle Class*. Simon & Schuster: New York.

Häusler, J. and Hirsch, J. (1987). Regulation und Parteien im Ubergang zum 'post-Fordismus'. *Das Argument* 165: pp. 651~671.

Hall, J. A. and Ikenberry, G. J. (1989). *The State*. Open University Press: Buckingham.

Hall, P. A. and Soskice, D. (eds) (2001). *Varieties of Capitalism: The Institutional Foundations of Comparative Advantage*. Oxford University Press: Oxford.

Hall, P. A. and Taylor, R. C. R. (1996). Political science and the three new institutionalisms. *Political Studies* 44(4): pp. 936~957.

Hall, S. (1983). The great moving right show. In S. Hall and M. Jacques (eds), *The Politics of Thatcherism*. Lawrence & Wishart: London, pp. 19~39.

Hamilton, C., Gemenne, F., and Bonneuil, C. (eds) (2015). *The Anthropocene and the Global Environmental Crisis*. Routledge: London.

Handel, M. I. (1990). *Weak States in the International System*, 2nd edn. Frank Cass: London.

Hannah, M. (2000). *Governmentality and the Mastery of Territory in nineteenth-century America*. Cambridge University Press: Cambridge.

Harding, S. (1991). *Whose Science? Whose Knowledge? Thinking from Women's Lives*. Cornell University Press: Ithaca, NY. 샌드라 하딩, 『누구의 과학이며 누구의 지식인가: 여성들의 삶에서 생각하기』, 조주현 옮김, 나남출판, 2009.

Harding, S. (ed.) (2003). *The Feminist Standpoint Theory Reader: Intellectual and Political Controversies*. Routledge: London.

Hardt, M. and Negri, A. (2000). *Empire*. Harvard University Press: Cambridge, MA. 안토니오 네그리, 마이클 하트, 『제국』, 윤수종 옮김, 이학사, 2001.

Hartman, H. (1979). The unhappy marriage of Marxism and feminism: Towards a more progressive union. *Capital and Class* 8(1): pp. 1~33.

Harvey, D. (1996). *The Condition of Postmodernity*. Blackwell: Oxford. 데이비드 하비, 『포스트모더니티의 조건』, 구동회·박영민 옮김, 한울, 1994.

Harvey, D. (2005). *A Brief History of Neoliberalism*. Oxford University Press: Oxford. 데이비드 하비, 『신자유주의: 간략한 역사』, 최병두 옮김, 한울, 2010.

Harvey, D. (2008). The right to the city. *New Left Review* 54: pp. 23~40.

Hay, C. (1995). *Re-stating Social and Political Change*. Open University Press: Buckingham.

Hay, C. (2002). *Political Analysis*. Palgrave Macmillan: Basingstoke, UK.

Hayes, B. (2009). *NeoConOpticon. The EU Security-ndustrial Complex*. Transnational Institute/Statewatch: Amsterdam.

Hegel, G. W. F. (1977) [1807]. *Phenomenology of Spirit*. Clarendon: Oxford. 게오르크 빌헬름 프리드리히 헤겔, 『정신현상학』 1, 2권, 김준수 옮김, 아카넷, 2022.

Heidenheimer, A. J. (1986). Politics, policy and policey as concepts in English and continental languages. *Review of Politics* 48: pp. 1~26.

Heigl, M. (2011). Social conflict and competing state projects in the semiperiphery: A strategic-relational analysis of the transformation of the Mexican state into an internationalized competition state. *Antipode* 43(1): pp. 129~148.

Held, D. (1992). Democracy: From city-states to a cosmopolitan order? *Political Studies* 40: pp. 10~32.

Heller, H. (1983) [1934]. *Staatslehre*, 6th edn. Mohr Verlag: Tubingen.

Héritier, A. and Rhodes, M (eds) (2011). *New Modes of Governance in Europe: Governing in the Shadow of Hierarchy*. Palgrave Macmillan: Basingstoke, UK.

Hilferding, R. (2007) [1911]. *Finance Capital: A Study in the Latest Phase of Capitalist Development*. Routledge: London. 루돌프 힐퍼딩, 『금융자본론』, 김수행·김진엽 옮김, 비르투출판사, 2011.

Hintze, O. (1975). *The Historical Essays of Otto Hintze*. Oxford University Press: New York.

Hirsch, J. (1980). *Der Sicherheitsstaat: Das 'Modell Deutschland', seine Krise und die neuen sozialen Bewegungen*. EVA: Hamburg.

Hirsch, J. (1995). *Der nationale Wettbewerbsstaat: Staat, Demokratie und Politik im globalen Kapitalismus*. ID Archiv: Berlin.

Hirsch, J. (2005). *Materialistische Staatstheorie. Transformationsprozesse des kapitalistischen Systems*. VSA: Hamburg.

Hodai, B. (2013). *Dissent or Terror: How the Nation's Counter Terrorism Apparatus, in Partnership with Corporate America, Turned on Occupy Wall Street*. Center for Media and Democracy: Washington, DC.

Hood, C. (1998). *The Art of the State: Culture, Rhetoric and Public Management*. Oxford University Press: Oxford.

Hudson, M. (2011). Europe's deadly transition from social democracy to oligarchy. *Counterpunch*, 9-11 December. At http://michael-hudson .com/2011/12/ europes-transition-from-social-democracy-to-oligarchy/

Hudson, M. (2012). *The Bubble and Beyond: Fictitious Capital, Debt Deflation and the Global Crisis*. Islet: Dresden.

Huntington, S. P. (1998). *The Clash of Civilizations and the Remaking of World Order*. Simon & Schuster: New York. 새뮤얼 헌팅턴, 『문명의 충돌: 세계질서 재편의 핵심 변수는 무엇인가』, 이희재 옮김, 김영사, 2016.

Ingham, G. K. (1984). *Capitalism Divided? The City and Industry in British Social Development*. Macmillan: Basingstoke, UK.

Innis, H. (1951). *The Bias of Communication*. University of Toronto Press: Toronto.

Isaac, J. C. (1987). *Power and Marxist Theory: A Realist Approach*. Cornell University Press: Ithaca, NY.

Ivanes, C. D. (2002). Romania: A kidnapped revolution and the history of a pseudo-transition. Eras Journal 2. At http://artsonline.monash.edu .au/eras/ romania-a-kidnapped-revolution-and-the-history-of-a-pseudo-transition/

Jager, M. (1979). Von der Staatsableitung zur Theorie der Parteien: Ein Terrainwechsel im Geister Antonio Gramscis. In Arbeitskreis westeuropäische Arbeiterbewegung (ed.), *Eurokommunismus und Theorie der Politik*. Argument Verlag: Berlin, pp. 45~64.

Jameson, F. (2002). *A Singular Modernity: Essay on the Ontology of the Present*. Verso: London. 프레드릭 제임슨, 『단일한 근대성: 현재의 존재론에 관한 에세이』, 황정아 옮김, 2020.

Jellinek, G. (1905). *Allgemeine Staatslehre*, 2nd edn. Verlag O. Häring: Berlin.

Jenson, J. (1986). Gender and reproduction: Or, babies and state. Studies in *Political Economy* 20: pp. 9~46.

Jenson, J. (2007). The European Union's citizenship regime: Creating norms and building practices. *Comparative European Politics* 5(1): pp. 53~69.

Jessop, B. (1982). *The Capitalist State: Marxist Theories and Methods*. Martin Robertson: Oxford. 밥 제숍, 『자본주의와 국가』, 이양구·이선용 옮김, 돌베개, 1985.

Jessop, B. (1985). *Nicos Poulantzas: Marxist Theory and Political Strategy*. Macmillan: Basingstoke, UK. 밥 제숍, 『풀란차스를 읽자: 맑스주의 이론과 정치전략』, 안숙영·오덕근 옮김, 백의, 1996.

Jessop, B. (1990). *State Theory: Putting the Capitalist State in its Place*. Polity: Cambridge. 밥 제숍, 『전략관계적 국가이론: 국가의 제자리 찾기』, 유범상·김문귀 옮김, 한울, 2000.

Jessop, B. (2002). *The Future of the Capitalist State. Polity: Cambridge*. 밥 제숍, 『자본주의 국가의 미래』, 김영화 옮김, 양서원, 2010.

Jessop, B. (2004). Multi-level governance and multi-level meta-governance. In I. Bache and M. Flinders (eds.), *Multi-level Governance*. Oxford University Press: Oxford, pp. 49~74.

Jessop, B. (2007a). Dialogue of the deaf: Reflections on the Poulantzas – Miliband debate. In P. Wetherly, C. W. Barrow, and P. Burnham (eds), *Class, Power and the State in Capitalist Society*. Palgrave: Basingstoke, UK, pp. 132~157.

Jessop, B. (2007b). *State Power: A Strategic-Relational Approach*. Polity: Cambridge. 밥 제숍, 『국가 권력: 마르크스에서 푸코까지, 국가론과 권력이론들』, 남상백 옮김, 이매진, 2021.

Jessop, B. (2009). Cultural political economy and critical policy studies. *Critical Policy Studies* 3(3-4): pp. 336~356.

Jessop, B. (2011). Rethinking the diversity of capitalism: Varieties of capitalism, variegated capitalism, and the world market. In G. Wood and C. Lane (eds), *Capitalist Diversity and Diversity within Capitalism*. Routledge: London, pp. 209~237.

Jessop, B. (2013). Revisiting the regulation approach: Critical reflections on the contradictions, dilemmas, fixes, and crisis dynamics of growth regimes. *Capital & Class* 37(1): pp. 5~24.

Jessop, B. (2014a). Capitalist diversity and variety: Variegation, the world market, compossibility and ecological dominance. *Capital & Class* 38(1): pp. 43~56.

Jessop, B. (2014b). Repoliticizing depoliticization: Theoretical preliminaries on some responses to the American and Eurozone debt crises. *Policy & Politics* 42(2): pp. 207~223.

Jessop, B. (2014c). Variegated capitalism, *Modell Deutschland*, and the Eurozone crisis. *Journal of Contemporary European Studies* 22(3): pp. 248~260.

Jessop, B. (2015a). Comparative capitalisms and/or variegated capitalism. In I. Bruff, M. Ebenau, and C. May (eds), *New Directions in Critical Comparative Capitalisms Research*. Palgrave Macmillan: Basingstoke, UK, pp. 65~82.

Jessop, B. (2015b). The symptomatology of crises: Reading crises and learning from them: Some critical realist reflections. *Journal of Critical Realism* 14(3): pp. 1~37.

Jessop, B. (2015c) Neo-liberalism, finance-dominated accumulation, and the cultural political economy of austerity. In K. Featherstone and Z. M. Irving (eds), *Politics of Austerity*. Palgrave Macmillan: London, pp. 85~108.

Jessop, B., Brenner, N., and Jones, M. R. (2008). Theorizing sociospatiality. *Environment and Planning D: Society and Space* 26(3): pp. 389~401.

Johnson, C. A. (1982). *MITI and the Japanese Miracle: The Growth of Industrial Policy, 1925-1975*. Stanford University Press: Stanford.

Johnson, C. A. (1987). Political institutions and economic performance: The government‐usiness relationship in Japan, South Korea, and Taiwan. In F. C. Deyo (ed.), *The Political Economy of the New Asian Industrialism*. Cornell University Press: Ithaca, NY, pp. 136~164.

Jellinek, G. (1905). *Allgemeine Staatslehre*, 2nd edn. Verlag O. Haring: Berlin.

Jenson, J. (1986). Gender and reproduction: Or, babies and state. *Studies in Political Economy* 20: pp. 9~46.

Jenson, J. (2007). The European Union's citizenship regime: Creating norms and building practices. *Comparative European Politics* 5(1): pp. 53~69.

Johnson, C. A. (2002). *Blowback: The Costs and Consequences of American Empire*. Sphere: New York. 찰머스 존슨, 『블로우백』, 이원태 옮김, 삼인, 2003.

Jones, M. R. and Jessop, B. (2010). Thinking state/space incompossibly. *Antipode* 42(5): pp. 1119~1149.

Jones, R. (2007). *People/State/Territories: The Political Geographies of British*

State Transformation. Wiley Blackwell: Oxford.

Joseph, J. (2012). *The Social in the Global: Social Theory, Governmentality and Global Politics*. Cambridge University Press: Cambridge.

Joseph, J. (2014). Combining hegemony and governmentality to explain global governance. *Spectrum: Journal of Global Studies* 6(1): pp. 1~15.

Kaasch, A. and Martens, K. (eds) (2015). *Actors and Agency in Global Social Governance*. Oxford University Press: Oxford.

Kaczyinski, R. (2014). Transnational internal security, democracy and the role of the state. At http://www.inter-disciplinary.net/at-the-interface/wp-content/uploads/2012/06/Kaczynski_web_12_06_03.pdf

Kalpagam, U. (2000). The colonial state and statistical knowledge. *History of the Human Sciences* 13: pp. 37~55.

Kang, D. C. (2002). *Crony Capitalism: Corruption and Development in South Korea and the Philippines*. Cambridge University Press: Cambridge.

Kannankulam, J. and Georgi, F. (2012). Die Europaische Integration als materielle Verdichtung von Krafteverhaltnissen: Hegemonieprojekte im Kampf um das 'Staatsprojekt Europa'. Phillips-Universitat Marburg, Marburg. At http://www.uni-marburg.de/fb03/politikwissenschaft/eipoe/publikationen/publikationen/a30.pdf

Katz, R. S. and Mair, P. (1994). Party organizations: From civil society to the state. In eidem (eds), *How Parties Organize: Change and Adaptation in Party Organization in Western Democracies*. SAGE: London, pp. 1~22.

Katz, R. S. and Mair, P. (1995). Party organization, party democracy and the emergence of the cartel party. In P. Mair (1997). *Party System Change: Approaches, and Interpretations*. Clarendon: Oxford, pp. 93~119.

Katz, R. S. and Mair, P. (2002). The ascendancy of the party in public office. In R. Gunther, J. M. Montero, and J. J. Linz (eds), *Political Parties: Old Concepts and New Challenges*. Oxford University Press: Oxford, pp. 113~134.

Kautsky, K. (1914). Der Imperialismus. *Die Neue Zeit* 2(32), 11 September.

Kayaoğlu T. (2010). *Legal Imperialism: Sovereignty and Extraterritoriality in Japan, the Ottoman Empire, and China*. Cambridge University Press: Cambridge.

Keating, M. (2001). *Plurinational Democracy: Stateless Nations in a Postsovereign*

Era. Oxford University Press: Oxford.

Kellner, D. (2005). Western Marxism. In A. Harrington (ed.), *Modern Social Theory: An Introduction*. Oxford University Press: Oxford, pp. 154~174.

Kelly, D. (2003). *The State of the Political: Conceptions of Politics and the State in the Thought of Max Weber, Carl Schmitt and Franz Neumann*. Oxford University Press: Oxford.

Kelly, M. G. E. (2009). *The Political Philosophy of Michel Foucault*. Routledge: London.

Kelsen, H. (1945). *General Theory of Law and the State*. Harvard University Press: Cambridge, MA.

Kenway, P. (1980). Keynes, Marx and the possibility of crisis. *Cambridge Journal of Economics* 4(1): pp. 23~36.

Kirchheimer, O. (1966). The transformation of Western European party systems. In J. La Palombara and M. Weiner (eds), *Political Parties and Political Development*. Princeton University Press: Princeton, NJ, pp. 177~200.

Kirchheimer, O. (1969). Party structure and mass democracy in Europe. In idem, *Politics, Law and Social Change: Selected Essays of Otto Kirchheimer*. Columbia University Press: New York, pp. 245~268.

Kitschelt, H. (1991). Industrial governance structures, innovation strategies, and the case of Japan: Sectoral or cross-national comparative analysis? *International Organization* 45(4): pp. 453~493.

Kjaer, P. F. (2010). *Between Governing and Governance: On the Emergence, Function and Form of Europe's Post-National Constellation*. Hart: Oxford.

Klare, M. (2001). *Resource Wars: The New Landscape of Global Conflict*. Metropolitan Books: New York.

Klare, M. (2012). *The Race for What's Left: The Global Scramble for the World's Last Resources*. Metropolitan Books: New York.

Kofele-Kala, N. (2006). *The International Law of Responsibility for Economic Crimes: Holding State Officials Individually Liable for Fraudulent Enrichment*. Ashgate: Aldershot, UK.

Kohli, A. (2004). *State-Directed Development: Political Power and Industrialization in the Global Periphery*. Princeton University Press: Princeton, NJ.

Kooiman, J. (ed.) (1993). *Modern Governance: New Government - ociety Interactions*. SAGE: London.

Kooiman, J. (2003). *Governing as Governance*. SAGE: London.

Kooiman, J. and Jentoft, S. (2009). Meta-governance: Values, norms and principles, and the making of hard choices. *Public Administration* 87(4): pp. 818~836.

Koole, R. (1994). The vulnerability of the modern cadre party in the Netherlands. In R. Katz & P. Mair (eds), *How Parties Organize: Change and Adaptation in Party Organizations in Western Democracies*. SAGE: London, pp. 278~304.

Kornhauser, W. (1959). *The Politics of Mass Society*. Routledge & Kegan Paul: London.

Koselleck, R. (1985). *Futures Past: On the Semantics of Historical Time*. MIT Press: Cambridge, MA. 라인하르트 코젤렉, 『지나간 미래』, 한철 옮김, 문학동네, 1998.

Kostiner, J. (ed.) (2000). *Middle East Monarchies: The Challenge of Modernity*. Lynne Rienner: Boulder, CO.

Kratke, M. (1984). *Die Kritik der Staatsfinanzen: Zur politischen Okonomie des Steuerstaats*. VSA: Hamburg.

Kratochwil, F. (1986). Of systems, boundaries, and territoriality: An inquiry into the formation of the state system. *World Politics* 34(1): pp. 27~52.

Kriesi, H., Lavenex, S., Esser, F., Matthes, J., Buhlmann, M., and Bochsler, D. (2013). *Democracy in the Age of Globalization and Mediatization*. Palgrave Macmillan: Basingstoke, UK.

Krouwel, A. (2003). Otto Kirchheimer and the catch-all party. *West European Politics* 26(2): pp. 23~40.

Lachmann, R. (2010). *States and Power*. Polity: Cambridge.

Laclau, E. and Mouffe, C. (1985). *Hegemony and Socialist Stategy*. New Left Books: London. 에르네스토 라클라우, 샹탈 무페, 『헤게모니와 사회주의 전략: 급진 민주주의 정치를 향하여』, 이승원 옮김, 후마니타스, 2012.

Lange, S. (2003). *Niklas Luhmanns Theorie der Politik: Eine Abklarung der Staatsgesellschaft*. Westdeutscher Verlag: Opladen.

Lapavitsas, C. (2013). *Profiting without Producing: How Finance Exploits Us All*. Verso: London. 코스타스 라파비차스, 『생산 없는 이윤: 금융은 우리를 어떻게 착취하는가』, 송종운 옮김, 서울경제경영, 2020.

Larrain, J. (1986). *Theories of Development: Capitalism, Colonialism and Dependency*. Polity: Cambridge.

Larsson, B. (2013). Sovereign power beyond the state: A critical reappraisal of governance by networks. *Critical Policy Studies* 7(2): pp. 99~114.

Lasswell, H. D. (1950). *National Security and Individual Freedom*. McGraw Hill: New York.

Latour, B. (2005). *Reassembling the Social: An Introduction to Actor-Network Theory*. Oxford University Press: New York.

Latour, B. (2010). *The Making of Law: An Ethnography of the Conseil d'etat*. Polity: Cambridge.

Law, J. (2009). Actor network theory and material semiotics. In B. S. Turner (ed.), *The Blackwell Encyclopedia of Social Theory*. Wiley Blackwell: Oxford, pp. 142~158.

Le Billon, P. (2005). Diamond wars? Conflict diamonds and geographies of resource wars. *Annals of the American Association of Geographers* 98(2): pp. 345~372.

Lefebvre, H. (1968). *Le Droit à la ville*. Anthropos: Paris. 앙리 르페브르, 『도시에 대한 권리』, 곽나연 옮김, 이숲, 2024.

Lefebvre, H. (1971). *Everyday Life in the Modern World*. Penguin: Harmondsworth, UK. 앙리 르페브르, 『현대세계의 일상성』, 박정자 옮김, 기파랑, 2005.

Lefebvre, H. (1991) [1978]. *The Production of Space*. Blackwell: Oxford. 앙리 르페브르, 『공간의 생산』, 양영란 옮김, 에코리브르, 20111.

Lefebvre, H. (2004) [1992]. Rhythmanalysis: Space, Time and Everyday Life. Continuum: London. 앙리 르페브르, 『리듬분석: 공간, 시간, 그리고 도시의 일상생활』, 정기헌 옮김, 2013.

Leibholz, G. (1966). *Das Wesen der Repräsentation und der Gestaltwandel der Demokratie im 20. Jahrhundert*. Walter de Gruyter: Berlin.

Lemke, T. (1997). *Eine Kritik der politischen Vernunft: Foucaults Analyse der modernen Gouvernementalität*. Argument Verlag: Hamburg.

Lenin, V. I. (1972) [1917]. *State and Revolution. In idem, Collected Works*, vol. 35. Progress Publishers: Moscow, pp. 381~492. 블라디미르 일리치 레닌, 『국가와 혁명: 마르크스주의 국가론과 혁명에서 프롤레타리아트의 임무』, 문성원·안규남 옮김, 돌베개, 2015.

Lepsius, M. R. (1993). *Demokratie in Deutschland: Soziologisch –istorische Konstellationsanalysen, ausgewahlte Aufsatze*. Vandenhoeck & Ruprecht: Gottingen.

Levene, M. (2005a). *Genocide in the Age of the Nation-State*, vol. 1: *The Meaning of Genocide*. I. B. Tauris: London.

Levene, M. (2005b). *Genocide in the Age of the Nation State*, vol. 2: *The Rise of the West and the Coming of Genocide*. I. B. Tauris: London.

Li, M. (2008). *The Rise of China and the Demise of the Capitalist World-Economy*. Pluto: London.

Lijphart, A. (1969). Consociational democracy. *World Politics* 21(2): pp. 207~225.

Lijphart, A. (1999). *Patterns of Democracy: Government Forms and Performance in Thirty-six Countries*. Yale University Press: New Haven, CT. 아렌드 레이프 하트, 『민주주의의 유형』, 김석동 옮김, 성균관대학교출판부, 2016.

Lijphart, A. (2008). *Thinking about Democracy: Power Sharing and Majority Rule in Theory and Practice*. Routledge: London.

Lindblom, C. E. (1977). *Politics and Markets: The World's Political Economic Systems*. Basic Books: New York. 찰스 린블럼, 『정치와 시장: 세계의 정치경제체계』, 주성수 옮김, 인간사랑, 1989.

Lindsey, J. R. (2013). *The Concealment of the State*. Bloomsbury: London.

Ling, L. (1996). Feminist international relations: From critique to reconstruction. *Journal of International Communication* 3(1): pp. 27~41.

Linz, J. J. (1990a). The perils of presidentialism. *Journal of Democracy* 1(1): pp. 51~69.

Linz, J. J. (1990b). The virtues of parliamentarism. *Journal of Democracy* 1(3): pp. 84~91.

Linz, J. J. (1993). State building and nation building. *European Review* 1(4): pp. 355~369.

Linz, J. J. (1994). Presidential or parliamentary democracy: Does it make a difference? In J. J. Linz and A. Valenzuela (eds), *The Crisis of Presidential Democracy: Comparative Perspective*. Johns Hopkins University Press: Baltimore, MD, pp. 3~89.

Linz, J. J. (1998). Democracy's time constraints. *International Political Science*

Review 19(1): pp. 19~39.

Linz, J. J. (2000). *Totalitarian and Authoritarian and Regimes*. Lynne Rienner: Boulder, CO.

Linz, J. J. (2002). Parties in contemporary democracies: Problems and paradoxes. In R. Gunther, J. R. Montero, and J. J. Linz (eds), *Political Parties: Old Concepts and New Challenges*. Oxford University Press: Oxford, pp. 291~317.

Linz, J. J. and Stepan, A. (eds) (1996). *Problems of Democratic Transitions and Consolidation: Southern Europe, South America, and Post-Communist Europe*. John Hopkins University Press: Baltimore, MD.

Lipschutz, R. (2005). Global civil society and global governmentality. In G. Baker and D. Chandler (eds), *Global Civil Society*. Routledge: London.

Lipset, S. M. and Rokkan, S. (1967). Cleavage structures, party systems, and voter alignments: An introduction. In eidem (eds), *Party Systems and Voter Alignments: Cross-National Perspectives*. Free Press: New York, pp. 1~64.

Listner, M. (2012). Could commercial space help define and delimitate the boundaries of outer space? *Space Review: Essays and Commentary about the Final Frontier*, 29 October. At http://www.thespacereview.com/article/2180/1

Lloyd, G. (1983). *The Man of Reason: 'Male' and 'Female' in Western Philosophy*. University of Minnesota Press: Minneapolis.

Lofgren, M. (2014). Anatomy of the deep state. 21 February. At http://billmoyers.com/2014/02/21/anatomy-of-the-deep-state/#1

Loughlin, M. (2009). In defence of Staatslehre. *Der Staat* 48(1): pp. 1~28.

Loughlin, M. (2014). *Foundations of Public Law*. Oxford University Press: Oxford.

Luhmann, N. (1979). *Trust and Power*. Wiley: Chichester.

Luhmann, N. (1982). The future cannot begin: Temporal structures in modern society. In idem, *The Differentiation of Society*. Columbia University Press: New York, pp. 271~288.

Luhmann, N. (1989). Staat und Staatsrason im Übergang von traditionaler Herrschaft zu moderner Politik. In idem, *Gesellschaftstruktur und Semantik 3*. Suhrkamp: Frankfurt, pp. 74~103.

Luhmann, N. (1998). *Observations on Modernity*. Polity: Cambridge. 니클라스 루만, 『근대의 관찰들』, 김건우 옮김, 문학동네, 2021.

Luhmann, N. (2000). *The Reality of the Mass Media*. Polity: Cambridge. 니클라스 루만, 『대중매체의 현실』, 김성재 옮김, 커뮤니케이션북스, 2006.

Lukács, G. (1971) [1923]. *History and Class Consciousness: Studies in Marxist Dialectics*. Merlin: London. 죄르지 루카치, 『역사와 계급의식』, 조만영·박정호 옮김, 지만지, 2015.

MacKay, J. (2006). State failure, actor-etwork theory, and the theorisation of sovereignty. *Brussels Journal of International Studies* 3: pp. 61~98.

MacKinnon, C. (1989). *Towards a Feminist Theory of the State*. Harvard University Press: Cambridge, MA.

MacLaughlin, J. (2001). *Re-Imagining the State. The Contested Terrain of Nation-Building*. Pluto: London.

Mazzucato, M. (2013). *The Entrepreneurial State: Debunking Public vs Private Sector Myths*. Anthem: London. 마리아나 마추카토, 『기업가형 국가: 공공경제부분의 한계 극복 대안』, 매일경제신문사, 2015.

McCormick, J. P. (2004). From constitutional technique to Caesarist ploy: Carl Schmitt on dictatorship, liberalism, and emergency powers. In P. Baehr and M. Richter (eds), #Dictatorship in History and Theory: Bonapartism, Caesarism, and Totalitarianism. Cambridge University Press: Cambridge, pp. 197~200.

McCoy, A. W. (2009). *Policing America's Empire: The United States, the Philippines, and the Rise of the Surveillance State*. University of Wisconsin Press: Madison.

McFarland, A. S. (2004). *Neopluralism: The Evolution of Political Process Theory*. University of Kansas Press: Lawrence.

McIntosh, D. (1977). The objective bases of Max Weber's ideal types. *History and Theory* 16(3): pp. 265~279.

McMichael, P. (1996). *Development and Social Change: A Global Perspective*. Pine Forge Press: Thousand Oaks, CA. 필립 맥마이클, 『거대한 역설: 왜 개발할수록 불평등해지는가』, 조효제 옮김, 교양인, 2013.

McNally, C. A. (2012). Sino-capitalism: China's reemergence and the international political economy. *World Politics* 64(4): pp. 741~776.

McNicoll, G. (2003). Population. In P. Demeny and G. McNicoll (eds), *Encyclopedia of Population*. Macmillan: New York, pp. 226~234.

Mainwaring, S. and Shugart, M. S. (1997). Juan Linz, presidentialism, and democracy: A critical appraisal. *Comparative Politics* 29(4): pp. 449~471.

Mann, M. (1984). The autonomous power of the state. *European Journal of Sociology* 25(2): pp. 187~213.

Mann, M. (1986). *The Sources of Social Power*, vol. 1: *A History of Power from the Beginning to ad 1760*. Cambridge University Press: Cambridge.

Mann, M. (1996). *The Sources of Social Power*, vol. 2: *The Rise of Classes and Nation-States*. Cambridge University Press: Cambridge.

Mann, M. (2008). The infrastructural power of the state. *Studies in Comparative International Development* 43: pp. 355~365.

Mann, M. (2012a). *The Sources of Social Power*, vol. 3: *Global Empires and Revolution*. Cambridge University Press: Cambridge.

Mann, M. (2012b). *The Sources of Social Power*, vol. 4: Globalizations, 1945-2011. Cambridge University Press: Cambridge.

Maran, R. (1989). *Torture: The Role of Ideology in the French -Igerian War*. Praeger: New York.

Marshall, A. G. (2015). World Economic Forum: A history and analysis. Transnational Institute, Amsterdam. At www.tni.org/article/world-economic-forum-history-and-analysis (accessed 21 March 2015).

Marx, K. (1967) [1896]. *Capital*, 3 vols. Lawrence & Wishart: London. 카를 마르크스, 『자본론』 1~3권, 김수행 옮김, 2015.

Marx, K. (1975) [1843]. *Contribution to the Critique of Hegel's Philosophy of Law*. In *MECW*, vol. 3, pp. 3~129. 카를 마르크스, 『헤겔 법철학 비판』, 강유원 옮김, 이론과실천, 2011.

Marx, K. (1978a) [1850]. *The Class Struggles in France*. In *MECW*, vol. 10, pp. 47~145. 카를 마르크스, "1848년에서 1850년까지 프랑스에서의 계급투쟁", 임지현·이종훈 옮김, 『프랑스 혁명사 3부작』, 소나무, 2017.

Marx, K. (1978b) [1852]. *The Eighteenth Brumaire of Louis Bonaparte*. In *MECW*, vol. 11, pp. 99~197. 카를 마르크스, "루이 보나파르트의 브뤼메르 18일", 임지현·이종훈 옮김, 『프랑스 혁명사 3부작』, 소나무, 2017.

Marx, K. (1989) [1875]. *Critique of the Gotha Programme*. In *MECW*, vol. 28, pp. 75~99. 칼 맑스, "고타강령 초안 비판", 『칼 맑스 프리드리히 엥겔스 저작선집 4』, 박종철출판사, 1997.

Marx, K. and Engels, F. (1976a) [1845~1846]. *The German Ideology*. In *MECW*, vol. 5, pp. 19~539. 카를 마르크스, 프리드리히 엥겔스, 『독일 이데올로기』 1, 2권, 이병창 옮김, 먼빛으로, 2024.

Marx, K. and Engels, F. (1976b) [1848]. *Manifesto of the Communist Party*. In *MECW*, vol. 6, pp. 477~519. 칼 마르크스 프리드리히 엥겔스, 『공산당 선언』, 강유원 옮김, 이론과실천, 2008.

Marx, K. (1986) [1858]. The rule of the pretorians. In *MECW*, vol. 15, pp. 464~467.

Miliband, R. (1977). *Marxism and the State*. Oxford University Press: London. 랄프 밀리반드, 『마르크스주의 정치학 입문』, 정원호 옮김, 풀빛, 1989.

Mayntz, R. (2003). New challenges to governance theory. In H. Bang (ed.), *Governance as Social and Political Communication*. Manchester University Press: Manchester, pp. 27~40.

Medalye, J. (2010). Neoclassical, institutional, and Marxist approaches to the environment – conomic relationship. At http://www.eoearth.org/view/article/154812

Messner, D. (1998). *The Network Society*. Cass: London.

Meuleman, L. (2008). *Public Management and the Metagovernance of Hierarchies, Networks and Markets*. Springer: Heidelberg.

Meyer, J. W., Boli, J., Thomas, G. M., and Ramirez, F. O. (1997). World society and the nation-state. *American Journal of Sociology* 103(1): pp. 144~181.

Meyer, T. (2002). *Media Democracy: How the Media Colonize Politics*. Polity: Cambridge.

Michels, R. (1962) [1911]. *Political Parties*. Collier: New York.

Migdal, J. (1988). *Strong States and Weak Societies*. University of California Press: Berkeley.

Migliaro, L. R. and Misuraca, P. (1982). The theory of modern bureaucracy. In A. S. Sassoon (ed.), *Approaches to Gramsci*. Writers & Readers: London, pp. 70~91.

Miliband, R. (1969). *The State in Capitalist Society*. Weidenfeld & Nicolson: London.

Miliband, R. (1977). *Marxism and the State*. Oxford University Press: London.

Miller, P. and Rose, N. (2008). *Governing the Present. Administering Economic, Social and Personal Life*. Polity: Cambridge.

Misztal, B. (1996). *Trust in Modern Societies: The Search for the Bases of Social*

Order. Cambridge University Press: Cambridge.

Mitchell, T. J. (1991). The limits of the state: Beyond statist approaches and their critics. *American Political Science Review* 85(1): pp. 77~96.

Mitchell, T. J. (1999). Society, economy and the state effect. In G. Steinmetz (ed.), *State/Culture: State Formation after the Cultural Turn*. Cornell University Press: Ithaca, NY, pp. 76~97.

Montero, J. R. and Gunther, R. (2002). Introduction: Reviewing and Reassessing Parties. In R. Gunther, J. R. Montero, and J. J. Linz (eds), *Political Parties: Old Concepts and New Challenges*, pp. 1~38.

Moore, J. W. (2015a). The capitalocene. Part I: On the nature & origins of our ecological crisis. *Journal of Peasant Studies*.

Moore, J. W. (2015b). The capitalocene. Part II: Abstract social nature and the limits to capital. *Journal of Peasant Studies*.

Moore, S. W. (1957). *The Critique of Capitalist Democracy*. Paine Whitman: New York.

Morgan, E. S. (1988). *Inventing the People: The Rise of Popular Sovereignty in England and America*. W. W. Norton: New York.

Morgenthau, H. J. (1954). *Politics among Nations: The Struggle for Power and Peace*, 2nd edn. Alfred A. Knopf: New York. 한스 모겐소, 『국가간의 정치: 세계평화의 권력이론적 접근』 1, 2권, 이호재·엄태암 옮김, 김영사 2014.

Morgenthau, H. J. (1962). *Politics in the Twentieth Century*, vol. 1: *The Decline of Democratic Politics*. University of Chicago Press: Chicago.

Müller, J. C., Reinfeldt, S., Schwarz, R., and Tuckfield, M. (1994). *Der Staat in den Köpfen: Anschlusse an Louis Althusser und Nicos Poulantzas*. Decaton: Mainz.

Müller, W. and Strøm, K. (1999). Party behavior and representative democracy. In eidem (eds), *Policy, Office, or Votes? How Political Parties in Western Europe Make Hard Decisions*. Cambridge University Press: Cambridge, pp. 279~309.

Mulvad, A. C. M. (2015). Competing hegemonic projects within China's variegated capitalism: 'Liberal' Guangdong vs. 'statist' Chongqing. *New Political Economy* 20(2): pp. 199~227.

Nelson, B. R. (2006). *The Making of the Modern State: A Theoretical Evolution*. Palgrave: Basingstoke, UK.

Neocleous, M. (2000). *The Fabrication of Social Order: A Critical Theory of State Power*. Pluto: London.

Neocleous, M. (2003). *Imagining the State*. Open University Press: Maidenhead.

Neocleous, M. (2006). The problem with normality, or Taking exception to 'permanent emergency'. *Alternatives* 31(2): pp. 191~213.

Nettl, J. P. (1968). The state as a conceptual variable. *World Politics* 20(4): pp. 559~592.

Neumann, S. (1956). Toward a comparative study of political parties. In idem (ed.), *Modern Political Parties: Approaches to Comparative Politics*. University of Chicago Press: Chicago, pp. 395~421.

Newman, D. and Paasi, A. (1998). Fences and neighbours in the postmodern world: Boundary narratives in political geography. *Progress in Human Geography* 22: pp. 186~207.

Nietzsche, F. W. (1994) [1887]. *On the Genealogy of Morals: A Polemic*. Cambridge University Press: Cambridge. 프리드리히 니체, 『도덕의 계보』, 박찬국 옮김, 아카넷, 2021.

Nooteboom, B. (2002). *Trust: Forms, Foundations, Functions, Failures and Figures*. Edward Elgar: Cheltenham, UK.

Nordhaug, C. (2002). Globalisation and the state: Theoretical paradigms. *European Journal of Development Research* 14(10): pp. 5~27.

Nordlinger, E. A. (1981). *The Autonomy of the Democratic State*. Harvard University Press: Cambridge, MA.

Nye, J. (2004). *Smart Power: The Means to Success in World Politics*. PublicAffairs: New York.

O'Connor, J. (1973). *The Fiscal Crisis of the State*. St Martins: New York. 존 오코너, 『현대국가의 재정위기』, 우명동 옮김, 이론과실천, 1990.

Oberndorfer, L. (2015). From new constitutionalism to authoritarian constitutionalism: New economic governance and the state of European democracy. In J. Jäger and E. Springler (eds), Asymmetric Crisis in Europe and Possible Futures. Routledge: London, pp. 185~205.

Önis, Z. (1991). The logic of the developmental state. *Comparative Politics* 24(1): pp. 109~206.

Offe, C. (1972). *Strukturprobleme des kapitalistischen Staates*. Suhrkamp: Frankfurt.

Offe, C. (1975). The theory of the capitalist state and the problem of policy formation. In L. N. Lindberg, R. Alford, C. Crouch, and C. Offe (eds), *Stress and Contradiction in Modern Capitalism*. D. C. Heath: Lexington, KT, pp. 125~144. 클라우스 오페, "자본주의 국가이론과 정책형성의 문제", 한상진 옮김, 『국가 분석과 위기이론』, 전예원, 1988.

Ohmae, K. (1995). *The End of the Nation State: The Rise of Regional Economies*. Free Press: New York. 오오마에 겐이치, 『국가의 종말』, 한언출판사, 1996.

Ojakangas, M. (2012). Michel Foucault and the enigmatic origins of biopolitics and governmentality. History of the Human Sciences 25(1): pp. 1~14.

Ong, A. (2000). Flexible Citizenship: The Cultural Logics of Transnationality. Duke University Press: Durham, NC.

Ortner, S. (1978). The virgin and the state. *Feminist Studies* 45(3): pp. 9~35.

Osiander, A. (2001). Sovereignty, international relations, and the Westphalian myth. *International Organization* 55: pp. 251~287.

Overbeek, H. and van Apeldoorn, B. (eds) (2012). *Neoliberalism in Crisis*. Palgrave Macmillan: Basingstoke, UK.

Palonen, K. (2006). Two concepts of politics, two histories of a concept? Conceptual history and present controversies. *Distinktion: Scandinavian Journal of Social Theory* 7(1): pp. 11~25.

Panebianco, A. (1988). *Political Parties: Organization and Power*. Cambridge University Press: Cambridge.

Panitch, L. (2000). The new imperial state. *New Left Review* 2: pp. 5~20.

Panitch, L. and Gindin, S. (2012). *The Making of Global Capitalism: The Political Economy of American Empire*. Verso: London.

Park, B. (2008). Turkey's deep state: Ergenekon and the threat to democratisation in the Republic. *The RUSI Journal* 153(5): pp. 54~59.

Parker, G. (1996). *The Military Revolution*. Cambridge University Press: Cambridge.

Parsons, T. (1969). *Politics and Social Structure*. Free Press: New York.

Pashukanis, E. B. (1978) [1924]. *Law and Marxism: A General Theory*. Ink Links: London. 오이겐 파슈카니스, 『법의 일반이론과 맑스주의』, 박대원 옮김, 신서원, 2008.

Pateman, C. (1989). *The Disorder of Women*. Polity: Cambridge. 캐롤 페이트먼, 『여자들의 무질서』, 이평화·이성민 옮김, 도서출판b, 2018.

Patomaki, H. (2008). *The Political Economy of Global Security*. Routledge: London.

Pauketat, T. R. (2007). *Chiefdoms and Other Archaeological Delusions*. AltaMira: Lanham, MD.

Paul, D. E. (2003). *Re-scaling IPE: Subnational States and the Regulation of Global Political Economy*. Routledge: London.

Peck, J. and Theodore, N. (2015). *Fast Policy: Experimental Statecraft at the Thresholds of Neoliberalism*. University of Minnesota Press: Minneapolis.

Peet, R. (2011). Inequality, crisis and austerity in finance capitalism. Cambridge Journal of Regions, *Economy and Society*, 4: pp. 383~399.

Peters, B. G. and Pierre, J. (eds) (2004). *The Politicization of the Civil Service in Comparative Perspective*. Routledge: London.

Petit, V. (2013). *Counting Populations, Understanding Societies: Towards an Interpretative Approach*. Springer: Dordrecht.

Pierre, J. (ed.) (1999). *Debating Governance: Authority, Steering, and Democracy*. Oxford University Press: Oxford.

Pierson, P. (2002). Coping with permanent austerity: Welfare state restructuring in affluent democracies. *Revue francaise de sociologie* 43(2): pp. 369~406.

Poggi, G. (1978). *The Development of the Modern State: A Sociological Introduction*. Polity: Cambridge.. 잔프랑코 풋지, 『근대국가의 발전』, 박상섭 옮김, 민음사, 1995.

Poguntke, T. and Webb, P. (eds) (2007). The Presidentialisation of Politics. Oxford University Press: Oxford.

Polanyi, K. (1957). *Trade and Market in the Early Empires: Economies in History and Theory*. Free Press: New York. 칼 폴라니, 『초기제국에 있어서의 교역과 시장』, 이종욱 옮김, 민음사, 1994.

Pomper, P. (2005). The history and theory of empires. *History and Theory* 44 (Theme issue), pp. 1~27.

Portelli, H. (1972). *Gramsci et le bloc historique*. Maspero: Paris.

Porter, B. D. (1994). *War and the Rise of the State: The Military Foundations of Modern Politics*. Free Press: New York.

Postone, M. (1993). *Time, Labor and Social Domination: A Reinterpretation of Marx's Theory*. Cambridge University Press: New York.

Poulantzas, N. (1973) [1968]. *Political Power and Social Classes*. New Left Books: London. 니코스 풀란차스, 『정치권력과 사회계급』, 홍순권·조형제 옮김, 풀빛, 1986.

Poulantzas, N. (1974) [1972]. *Fascism and Dictatorship*. New Left Books: London.

Poulantzas, N. (1975). *Classes in Contemporary Capitalism*. New Left Books: London.

Poulantzas, N. (1976). *Crisis of the Dictatorships*. Verso: London. 니코스 풀란차스, 『군부독재, 그 붕괴의 드라마: 반독재연합과 민주화, 스페인, 그리스, 포르투갈』, 강명세 옮김, 백의, 1987.

Poulantzas, N. (1978). *State, Power, Socialism*. Verso: London. 니코스 풀란차스, 『국가, 권력, 사회주의』, 박병영 옮김, 백의, 1994.

Poulantzas, N. (1979) [1976]. The political crisis and the crisis of the state. In J. W. Freiburg (ed.), *Critical Sociology*. Halstead Press: New York, pp. 373~393.

Prescott, J. (1987). *Political Frontiers and Boundaries*. Allen & Unwin: London.

Price, R. M. (1991). *The Apartheid State in Crisis: Political Transformation of South Africa, 1975 – 1990*. Clarendon: Oxford.

Provan, K. G. and Kenis, P. (2008). Modes of network governance, structure, management, and effectiveness. *Journal of Public Administration Research and Theory* 18(2): pp. 229~252.

Przeworski, A. (1977). Proletariat into a class: The process of class formation from Karl Kautsky's *The Class Struggle* to recent controversies. *Politics & Society* 7(4): pp. 343~401.

Przeworski, A. (1993). *Democracy and the Market: Political and Economic Reforms in Eastern Europe and Latin America*. Cambridge University Press: New York. 아담 쉐보르스키, 『민주주의와 시장』, 임혁백 옮김, 한울, 2019.

Pufendorf, S. (1672) [1759]. *De iure naturae et gentium libri octo [Of the Law of Nature and Nations, Eight Books]*. Lund.

Puhle, H.-J. (2002). Still the age of catch-allism? *Volksparteien and Parteienstaat* in Crisis and Re-equilibration. In R. Gunther, J. R. Montero, and J. J. Linz (eds), *Political Parties: Old Concepts and New Challenges*. Oxford University Press: Oxford, pp. 58~83.

Purvis, T. (1998). Aboriginal peoples and the limits of the state-overeignty-nation triplet: Historical and contemporary reflections on the nationalities principle. PhD Thesis, Lancaster University, United Kingdom.

Putnam, R. D. (2000). *Bowling Alone: The Collapse and Revival of American Community*. Simon & Schuster: New York. 로버트 퍼트넘, 『나 홀로 볼링: 볼링 얼론—사회적 커뮤니티의 붕괴와 소생』, 정승현 옮김, 페이퍼로드, 2009.

Radice, H. (2000). Globalization and national capitalisms: Theorizing convergence and differentiation. *Review of International Political Economy* 7(4): pp. 719~742.

Rapp, R. (1977). Gender and class: An archaeology of knowledge concerning the origin of the state. *Dialectical Anthropology* 2(4): pp. 309~316.

Rasmus, J. (2010). *Epic Recession. Prelude to Global Depression*. Pluto: London.

Redmond, E. M. and Spencer, C. S. (2012). Chiefdoms at the threshold: The competitive origins of the primary state. *Journal of Anthropological Archaeology* 31: pp. 22~37.

Rehmann, J. (2013). *Theories of Ideology: The Powers of Alienation and Subjection*. Brill: Leiden.

Reinhard, W. (ed.) (1999). *Die Verstaatlichung der Welt. Europäische Staatsmodelle undaußereuropäische Machtprozesse*. Oldenbourg Verlag: Munich.

Renan, E. (1882). Qu'est-ce qu'une nation? Lecture at the Sorbonne, Paris. At http://www.nationalismproject.org/what/renan.htm

Reno, Q. (1998). *Warlord Politics and African States*. Lynne Rienner: Boulder, CO.

Roberts, J. (2006). *Philosophizing the Everyday: Revolutionary Praxis and the Fate of Cultural Theory*. Pluto: London.

Roberts, J. T. (2011). Multipolarity and the new world (dis)order: US hegemonic decline and the fragmentation of the global climate regime. *Global Environmental Change* 21(3): pp. 776~784.

Robinson, W. I. (2004). *A Theory of Global Capitalism: Transnational Production, Transnational Capitalists, and the Transnational State*. Johns Hopkins University Press: Baltimore, MD.

Robinson, W. I. (2012). Global capitalism theory and the emergence of transnational elites. *Critical Sociology* 38(3): pp. 349~363.

Rogers, C. (ed.) (1955). *The Military Revolution Debate*. Westview Press: Boulder, CO.

Rohrschneider, R. and Whitefield, S. (2012). *The Strain of Representation*. Oxford University Press: Oxford.

Rokkan, S. (1999). *State Formation, Nation-Building and Mass Politics in Europe: The Theory of Stein Rokkan*. Oxford University Press: Oxford.

Rosa, H. (2013). *Social Acceleration: A New Theory of Modernity*. Columbia University Press: New York.

Rossiter, C. L. (1948). *Constitutional Dictatorship: Crisis Government in the Modern Democracies*.

Rothe, D. L. (2009). *State Criminality: The Crime of All Crimes*. Lexington: Lanham, MD.

Rousseau, J.-J. (1758). *Discours sur l'économie politique*. At http://www.ac-grenoble.fr/PhiloSophie/file/rousseau_economie_politique.pdf 장 자크 루소, 『정치경제론/사회계약론 초고』, 이충훈 옮김, 후마니타스, 2022.

Rousseau, J.-J. (1792). *Du contrat social, ou Principes du droit politique*. Rey: Amsterdam. 장 자크 루소, 『사회계약론』, 김영욱 옮김, 후마니타스, 2022.

Routley, L. (2014). Developmental states in Africa? A review of ongoing debates and buzzwords. *Development Policy Review* 32(2): pp. 159~177.

Rüb, F. (2005). Sind die Parteien noch zu retten? Zum Stand der gegenwärtigen Parteien und Parteiensystemforschung. *Neue Politische Literatur* 50(3): pp. 397~421.

Ruggie, J. (1993). Territoriality and beyond. *International Organization* 47(1): pp. 139~174.

Rupert, M. and Solomon, M. S. (2006). *Globalization and International Political Economy: The Politics of Alternative Futures*. Rowman and Littlefield: Lanham, MD.

Sassatelli, M. (2002). Imagined Europe: The shaping of a European cultural identity through EU cultural policy. *European Journal of Social Theory* 5(4): pp. 435~451.

Sassoon, A. S. (1980). *Gramsci's Politics*. Croom Helm: London.

Satter, D. (2003). *Darkness at Dawn: The Rise of the Russian Criminal State*. Yale

University Press: New Haven, CT.

Sauer, B. (1997). 'Die Magd der Industriegesellschaft': Anmerkungen zur Geschlechtsblindheit von Staats – und Institutionstheorien. In B. Kerchner and G. Wilder (eds), *Staat und Privatheit*. Westdeutscher Verlag: Opladen, pp. 29~53.

Schäfer, A. and Streeck, W. (eds) (2013). *Politics in the Age of Austerity*. Polity: Cambridge.

Scharpf, F. W. (1993). *Games in Hierarchies and Networks: Analytical and Empirical Approaches to the Study of Governance Institutions*. Campus: Frankfurt.

Scharpf, F. W. (1999). *Governing in Europe: Effective and Democratic?* Oxford University Press: Oxford.

Scheppele, K. L. (2004). Law in a time of emergency: States of exception and the temptations of 9/11. *Journal of Constitutional Law* 6(5): pp. 1001~1083.

Scheuerman, W. E. (1994). *Between the Norm and the Exception*. MIT Press: Cambridge, MA.

Scheuerman, W. E. (1996). *The Rule of Law Under Siege: Selected Essays of Franz L. Neumann and Otto Kirchheimer*. University of California Press: Berkeley.

Scheuerman, W. E. (2000). The economic state of emergency. *Cardozo Law Review* 21(5 – 6): pp. 1869~1894.

Scheuerman, W. E. (2003). *Liberal Democracy and the Social Acceleration of Time*. Johns Hopkins University Press: Baltimore, MD.

Scheuerman, W. E. (2006). Emergency powers. *Annual Review of Law and Society* 2: pp. 257~277.

Scheuerman, W. E. (2008). *Frankfurt School Perspectives on Globalization. Democracy, and the Law*. Routledge: London.

Schmalenbach, H. (1922). Die soziologische Kategorie des Bundes. In W. Strich (ed.), *Die Dioskuren: Jahrbuch fur Geisteswissenschaften*, Meyer & Jessen: Munich, pp. 35~105.

Schmitt, C. (1985) [1922]. *Political Theology: Four Chapters on the Concept of Sovereignty*. MIT Press: Cambridge, MA. 칼 슈미트, 『정치신학: 주권론에 관한 네 개의 장』, 김항 옮김, 그린비, 2010.

Schmitt, C. (1988) [1923]. *The Crisis of Parliamentary Democracy*. MIT Press:

Cambridge, MA. 카를 슈미트, 『현대 의회주의의 정신사적 상황』, 나종석 옮김, 길, 2012.

Schmitt, C. (2003) [1950]. *The Nomos of the Earth in the International Law of the Jus Publicum Europaeum*. Telos Press: New York. 칼 슈미트, 『대지의 노모스: 유럽 공법의 국제법』, 최재훈 옮김, 민음사, 1995.

Schmitt, C. (2013) [1921]. *Dictatorship: From the Origin of the Modern Concept of Sovereignty to Proletarian Class Struggle*. Polity: Cambridge. 카를 슈미트, 『독재론』, 김효전 옮김, 법원사, 1994.

Schmitter, P. C. (1996). Imagining the future of the Euro-polity with the help of new concepts. In G. Marks, F. W. Scharpf, and P. C. Schmitter (eds), *Governance in the European Union*. SAGE: London, pp. 121~150.

Schumpeter, J. A. (1954) [1918]. Crisis of the tax state. *International Economic Papers*, 4: pp. 5~38.

Schuppert, G. F. (2010). *Der Staat als Prozess: Eine staatstheoretische Skizze in sieben Aufsätzen*. Campus: Frankfurt.

Scott, J. (1998). *Seeing like a State: How Certain Schemes to Improve the Human Condition Have Failed*. Yale University Press: New Haven, CT. 제임스 C. 스콧, 『국가처럼 보기: 왜 국가는 계획에 실패하는가』, 전상인 옮김, 에코리브르, 2010.

Scott, J. (2009). *The Art of Not Being Governed: An Anarchist History of Upland Southeast Asia*. Yale University Press: New Haven. 제임스 C. 스콧, 『조미아, 지배받지 않는 사람들: 동남아시아 산악지대 아나키즘의 역사』, 이상국 옮김, 삼천리, 2015.

Scott, P. D. (2014a). *The American Deep State: Wall Street, Big Oil, and the Attack on US Democracy*. Rowman & Littlefield: Lanham, MD.

Scott, P. D. (2014b). The state, the deep state, and the Wall Street overworld. *Asia - acific Journal: Japan Focus* 12(5). At http://japanfocus.org/-Peter_Dale-Scott/4090/article.pdf

Segesvary, V. (2004). *World State, Nation States, or Non-Centralized Institutions? A Vision of the Future in Politics*. University Press of America: Lanham, MD.

Service, E. R. (1962). *Primitive Social Organization*. Harcourt Brace: New York.

Service, E. R. (1975). *Origins of the State and Civilization: The Process of Cultural Evolution*. Norton: New York.

Seymour, R. (2014). *Against Austerity*. Pluto: London.

Shaw, M. (2000). *Theory of the Global State*. Cambridge University Press: Cambridge.

Shefter, M. (1994). *Political Parties and the State: The American Historical Experience*. Princeton University Press: Princeton, NJ.

Sinclair, T. J. (2005). *The New Masters of Capital: American Bond Rating Agencies and the Politics of Creditworthiness*. Cornell University Press: Ithaca, NY.

Skinner, Q. (1989). State. In T. Ball, J. Farr, and R. L. Hanson (eds), *Political Innovation and Conceptual Change*. Cambridge University Press: Cambridge, pp. 90~131.

Skinner, Q. (2009). A genealogy of the modern state. *Proceedings of the British Academy* 162: pp. 325~370.

Skocpol, T. (1979). *States and Social Revolutions: A Comparative Analysis of France, Russia, and China*. Cambridge University Press: Cambridge. 테다 스코치폴, 『국가와 사회혁명: 혁명의 비교연구』, 한창수 옮김, 까치, 1989.

Smith, A. D. (1986). *The Ethnic Origins of Nations*. Blackwell: Oxford. Smith, A. D. (1995). *Nations and Nationalism in a Global Era*. Polity: Cambridge. 앤서니 D. 스미스, 『민족의 인종적 기원』, 이재석 옮김, 그린비, 2018.

Smith, A. D. (1995). *Nations and Nationalism in a Global Era*. Polity: Cambridge.

Smith, D. E. (1990). *Texts, Facts and Femininity: Exploring the Relations of Ruling*. Routledge: London.

Smith, M. J. (1990). Pluralism, reformed pluralism and neopluralism: The role of pressure groups in policy-making. *Political Studies* 38(2): pp. 302~322.

Smith, R. (2013). Capitalism and the destruction of life on Earth: Six theses on saving the humans. *Real-world economics review* 64. At http://www.paecon.net/PAEReview/issue64/Smith64.pdf

Söyler, M. (2013). Informal institutions, forms of state and democracy: The Turkish deep state. *Democratization* 20(2): pp. 310~334.

Solty, I. (2013). The future of the left and world-wide socialism in the context of the fourth organic crisis of global(-izing) capitalism after the austerity turn: A Transatlantic perspective. In Chinese Academy of Social Sciences (ed.), *Socialism and the World Today*. Chinese Academy of Social Sciences: Beijing, pp. 67~94.

Spencer, C. S. (2003). War and early state formation in Oaxaca, Mexico. *Proceedings of the National Academy of Sciences* 100(20): pp. 1185~1187.

Spencer, C. S. (2010). Territorial expansion and primary state formation. *Proceedings of the National Academy of Sciences* 107(16): pp. 7119~7126.

Spruyt, H. (1993). *The Sovereign State and its Competitors: An Analysis of Systems Change*. Princeton University Press: Princeton, NJ.

Standing, G. (2011). *The Precariat: The New Dangerous Class*. Bloomsbury: London. 가이 스탠딩, 『프레카리아트, 새로운 위험한 계급』, 김태호 옮김, 박종철출판사, 2014.

Stasavage, D. (2011). *States of Credit: Size, Power, and the Development of European Polities*. Princeton University Press: Princeton, NJ.

Steffen, W., Grinevald, J., Crutzen, P., and McNeill, J. (2011). The Anthropocene: Conceptual and historical perspectives. *Philosophical Transactions of the Royal Society* A369: pp. 842~867.

Steinmetz, G. (2003). The state of emergency and the revival of American imperialism: Toward an authoritarian post-Fordism. *Public Culture* 15(2): pp. 323~345.

Stepan, A., Linz, J. J., and Yadav, Y. (2010). *Crafting State-Nations. India and Other Multinational Democracies*. Johns Hopkins University Press: Baltimore, MD.

Stephen, M. D. (2014). Rising powers, global capitalism and liberal global governance: A historical materialist account of the BRICs challenge. *European Journal of International Relations* 20(4): pp. 912~938.

Stockman, D. (2013). *The Great Deformation: The Corruption of Capitalism in America*. PublicAffairs: New York.

Strayer, J. R. (1970). *On the Medieval Origins of the Modern State*. Princeton University Press: Princeton, NJ.

Streeck, W. (2009). *Re-forming Capitalism: Institutional Change in the German Political Economy*. Oxford University Press: Oxford.

Streeck, W. (2014). *Buying Time: The Delayed Crisis of Democratic Capitalism*. Verso: London. 볼프강 슈트렉, 『시간 벌기: 민주적 자본주의의 유예된 위기』, 김희상 옮김, 돌베개, 2015.

Streeck, W. and Schmitter, P. C. (eds) (1985). *Private Interest Government: Beyond*

Market and State. SAGE: London.

Strether, L. (2015). A typology of corruption for Campaign 2016 and beyond. 18 May. At http://www.nakedcapitalism.com/2015/05/a-typology-of-corruption-for-campaign-2016-and-beyond.html

Stuart, D. T. (2008). *Creating the National Security State: A History of the Law That Transformed America*. Princeton University Press: Princeton, NJ.

Stützle, I. (2013). *Austerität als politisches Projekt: Von der monetaren Integration Europas zur Eurokrise*. Westfälisches Dampfboot: Münster.

Sum, N.-L. and Jessop, B. (2013). *Towards a Cultural Political Economy: Putting Culture in its Place in Political Economy*. Edward Elgar: Cheltenham, UK.

Swedberg, R. (1998). *Max Weber and the Idea of Economic Sociology*. Princeton University Press: Princeton, NJ.

Swedberg, R. (2003). The changing picture of Max Weber's sociology. *Annual Review of Sociology*, pp. 283~306.

Talmon, S. (1998). *Recognition of Governments in International Law: With Particular Reference to Governments in Exile*. Clarendon: Oxford.

Tarrow, S. (2011). Occupy Wall Street is not the Tea Party of the Left: The United States' long history of protest. *Foreign Affairs*, 10 October.

Taylor, A. (2013). *State Failure*. Palgrave Macmillan: Basingstoke, UK.

Taylor, C. (2001). *Modern Social Imaginaries*. Duke University Press: Durham, NC. 찰스 테일러, 『근대의 사회적 상상: 경제, 공론장, 인민 주권』, 이상길 옮김, 이름, 2010.

Taylor, P. J. (1994). The state as container: Territoriality in the modern world system. *Progress in Human Geography* 18(3): pp. 151~162.

Taylor, P. J. (1995). Beyond containers: Internationality, interstateness, interterritoriality. *Progress in Human Geography* 18(2): pp. 151~162.

Taylor, P. J. (2000). World cities and territorial states under conditions of contemporary globalization. *Political Geography* 19(1): pp. 5~32.

Taylor, P. J. (2003). *World City Network. A Global Urban Analysis*. Routledge: London.

Taylor, P. J. (2004). From heartland to hegemony: Changing the world in political geography. *Geoforum* 15(4): pp. 403~411.

Taylor, R. (1978). *The Fifth Estate: Trade Unions in the Modern World*. Routledge and Kegan Paul: London.

Teschke, B. (2003). *The Myth of 1648: Class, Geopolitics and the Making of Modern International Relations*. Verso: London.

Therborn, G. (2010). *From Marxism to Post-Marxism?* Verso: London.

Théret, B (1992). *Regimes économiques de l'ordre politique*. Presses Universitaires de France: Paris.

Thompson, M. (2012). Foucault, fields of governability, and the population-family-economy-exus in China. *History and Theory* 51(1): pp. 42~62.

Tilly, C. (ed.) (1975). *The Formation of National States in Western Europe*. Princeton University Press: Princeton, NJ.

Tilly, C. (1992). *Coercion, Capital and European States, ad 990-1990*. Blackwell: Oxford. 찰스 틸리, 『국민국가의 형성과 계보: 강압, 자본과 유럽국가의 발전』, 이향순 옮김, 학문과사상사, 1994.

Tölölyan, K. (1991). Rethinking diaspora(s): Stateless power in the transnational moment. *Diaspora* 5: pp. 3~36.

Tsoukalas, K. (2003). Globalisation and the 'executive committee': Reflections on the contemporary capitalist state. *Socialist Register 2003*: pp. 56~75.

Tunander, O. (2009). Democratic state vs. deep state: Approaching the dual state of the West. In E. Wilson (ed.), *Government of the Shadows: Parapolitics and Criminal Sovereignty*. Pluto: London, pp. 56~72.

Valler, D., Tait, M., and Marshall, T. (2013). Business and planning: A strategic-relational approach. *International Planning* 18(2): pp. 143~167.

van Apeldoorn, B. (2002). *Transnational Capitalism and the Struggle over European Integration*. Routledge: London.

van Creveld, M. (1999). *The Rise and Decline of the State*. Cambridge University Press: Cambridge.

van der Pijl, K. (2007). *Nomads, Empires and States: Modes of Foreign Relations and Political Economy*, vol. 1. Pluto: London.

van der Muhll, G. E. (2003). Ancient empires, modern states, and the study of government. *American Review of Political Science* 6: pp. 345~376.

Viroli, M. (1992). *From Politics to Reason of State: The Acquisition and Transformation of the Language of Politics, 1250 – 1600*, Cambridge University

Press: Cambridge.

Voigt, R. (ed.) (2000). *Abschied vom Staat: Rückkehr zum Staat?* 3rd digital edn. At www.staatswissenschaft.com/pdf/IfS-Werkstatt1.pdf

Volkov, V. (2000). The political economy of protection rackets in the past and the present. *Social Research* 67(3): pp. 709~744.

von Beyme, K (1993). *Die politische Klasse im Parteienstaat.* Suhrkamp: Frankfurt.

Walby, S. (2003). The myth of the nation-state: Theorizing society and politics in a global era. *Sociology* 38(3): pp. 529~546.

Waldner, D. (1999). *State Building and Late Development.* Cornell University Press: Ithaca, NY.

Walker, B. (1997). Social movements as nationalisms, or The very idea of a Queer Nation. *Canadian Journal of Philosophy*, 26(suppl. 1): pp. 505~547.

Wallerstein, I. (2000). *The Essential Wallerstein.* New Press: New York.

Waltz, K. (1979). *Theory of International Politics.* McGraw-Hill: Boston, MA. 케네스 월츠, 『국제정치이론』, 박건영 옮김, 사회평론, 2000.

Weber, M. (1961). *General Economic History.* Collier: New York. Weber, M. (1978). *Economy and Society.* Bedminster Press: New York. 막스 베버, 『막스 베버의 일반경제사』, 정명진 옮김, 부글북스, 2020.

Weber, M. (1978). *Economy and Society.* Bedminster Press: New York.

Weber, M. (1994). *Weber: Political Writings.* Cambridge University Press: Cambridge.

Wedel, J. (2009). *Shadow Elite.* Basic Books: New York.

Weiss, L. (1998). *The Myth of the Powerless State: Governing the Economy in a Global Era.* Polity: Cambridge. 린다 위스, 『국가 몰락의 신화』, 박형준 옮김, 일신사, 2002.

Weiss, L. (2013). *America Inc.? Innovation and Enterprise in the National Security State.* Cornell University Press: Ithaca, NY.

Weiss, L. and Hobson, J. (1995). *States and Economic Development: A Comparative Historical Analysis.* Polity: Cambridge.

Wendt, A. (2003). Why a world state is inevitable. *European Journal of International Relations* 9: pp. 491~542.

Wikipedia (2013). The king is dead, long live the king! At http://en.wikipedia.org/wiki/The_king_is_dead,_long_live_the_king!

Williams, C. (2010). *Ecology and Socialism: Solutions to Capitalist Ecological Crisis*. Haymarket: Chicago, IL.

Willke, H. (1986). The tragedy of the state: Prolegomena to a theory of the state in polycentric society. *Archiv für Sozial- und Rechtsphilosophie* 72(4): pp. 455~467.

Willke, H. (1992). *Die Ironie des Staates*. Suhrkamp: Frankfurt.

Willke, H. (1997). *Supervision des Staates*. Suhrkamp: Frankfurt.

Willke, H. (2014). *Demokratie in Zeiten der Konfusion*. Suhrkamp: Frankfurt.

Wilson, E. (ed.) (2009). *Government of the Shadows: Parapolitics and Criminal Sovereignty*. Pluto: London.

Wissel, J. (2007). *Die Transnationalisierung von Herrschaftsverhaltnissen: Zur Aktualität von Nicos Poulantzas' Staatstheorie*. Nomos: Baden-Baden.

Wissenburg, M. (2009). *Political Pluralism and the State: Beyond Sovereignty*. Routledge: London.

Wittfogel, K. A. (1957). *Oriental Despotism: A Comparative Study of Total Power*. Yale University Press: New Haven, CT. 칼 A. 비트포겔, 『동양적 전제주의』, 구종서 옮김, 법문사, 1991.

Wolf, F. O. (2011). *The European Command Method*. Rosa Luxemburg Stiftung: Berlin.

Woo, J. E. (1991). *Race to the Swift: State and Finance in Korean Industrialization*. Columbia University Press: New York.

Woo-Cumings, M. (1999). Introduction: Chalmers Johnson and the politics of nationalism and development. In eadem (ed.), *The Developmental State*. Cornell University Press: Ithaca, NY, pp. 1~31.

Woolf, S. J. (1989). Statistics and the modern state. *Comparative Studies in Society and History* 31(3): pp. 588~604.

World Bank (1993). *The East Asian Miracle: Economic Growth and Public Policy*. Oxford University Press: New York.

Wright, H. T. (1977). Recent research on the origins of the state. *Annual Review of Anthropology* 6: pp. 379~397.

Wright, H. T. (2006). Early state dynamics as political experiment. *Journal of Anthropological Research* 62(3): pp. 305~319.

Yergin, D. (1977). *Shattered Peace: The Origins of the Cold War and the National Security State*. Houghton Mifflin: Boston, MA.

Yuval-Davis, N. (1997). *Gender and Nation*. SAGE: London. 니라 유발-데이비스, 『젠더와 민족』, 박혜란 옮김, 그린비, 2012.

Zeitlin, J. and Pochet, P., with Magnusson, L. (eds) (2005). *The Open Method of Coordination in Action*. P. I. E.-Peter Lang: Berlin.

Zielonka, J. (2001). How new enlarged borders will reshape the European Union. *Journal of Common Market Studies* 39(3): pp. 507~536.

Zielonka, J. (2006). *Europe as Empire: The Nature of the Enlarged European Union*. Oxford University Press: Oxford.

Ziltener, P. (2001). *Strukturwandel der europäischen Integration: Die Europäische Union und die Veränderung von Staatlichkeit*. Westfälisches Dampfboot: Münster.

인명

[ㄱ~ㄷ]

게르스텐베르거, 하이데Gerstenberger,
　　Heide　35n
그람시, 안토니오Gramsci, Antonio　62,
　　72n, 103, 104, 114, 126n, 134, 149,
　　150, 155, 194, 196n, 203, 204, 206~
　　209n, 220, 300, 320, 324, 326, 357,
　　381n, 388
그로스만, 클라우디오Grossman, Claudio
　　392
네그리, 안토니오Negri, Antonio　93,
　　357n
니체, 프리드리히Nietzsche, Friedrich　45,
　　46
던사이어, 앤드류Dunsire, Andrew　170n
데이비스, 조너선Davies, Jonathan S.　330
들뢰즈, 질Deleuze, Gilles　32n
디즈레일리, 벤저민Disraeli, Benjamin
　　173n

[ㄹ~ㅁ]

레닌, 블라디미르Lenin, Vladimir　382n
레이파르트, 아렌트Lijphart, Arend　163
로칸, 스테인Rokkan, Stein　39, 164, 165
루만, 니클라스Luhmann, Niklas　25n,
　　433, 445
루이 14세Louis XIV of France(프랑스)
　　57, 59
린츠, 후안Linz, Juan　162
립셋, 세이무어 마틴Lipset, Seymour Martin
　　164, 165
마르크스, 카를Marx, Karl　32, 50, 114,
　　194n, 196n, 200, 202~204, 217,
　　358n, 381n, 387, 433~435
마키아벨리, 니콜로Machiavelli, Niccolò
　　29, 58n, 239
만, 마이클Mann, Michael　35n, 39, 93,
　　100, 143, 144n, 243
미첼, 팀Mitchell, Tim　103, 320
밀리반드, 랄프Miliband, Ralph　61~63,
　　220

코널리, 윌리엄Connolly, William E.　39

코젤렉, 라인하르트Koselleck, Reinhardt
　25

콜린지, 크리스Collinge, Chris　256

크라우치, 콜린Crouch, Colin　161, 412

크롬웰, 올리버Cromwell, Oliver　389

틸리, 찰스Tilly, Charles　35n, 425

[ㅍ]

파슈카니스, 예브게니Pashukanis, Evgeny
　200

파이너, 새뮤얼Finer, Samuel　35n, 39,
　102n, 137, 243, 245, 247~249n

포기, 지안프랑코Poggi, Gianfranco　35n

포스톤, 모이셰Postone, Moishe　217n

폴라니, 칼Polanyi, Karl　196n, 358n

폼퍼, 필립Pomper, Philip　249

푸코, 미셸Foucault, Michel　32n, 70, 79,
　102, 105, 110, 121, 144, 187, 275,
　318~320, 425

풀란차스, 니코스Poulantzas, Nicos　16,
　61n, 62, 64n, 97n, 114, 115, 121,
　126n, 185, 220, 394~397, 403, 404,
　407~409, 412, 437

프리드리히 2세Friedrich II of Prussia(프
　로이센)　59

[ㅎ]

하버마스, 위르겐Habermas, Jürgen
　126n, 400

하비, 데이비드Harvey, David　227,
　253n, 373

하트, 마이클Hardt, Michael　93, 357n

헤겔, 게오르크Hegel, Georg　29, 59, 187

헤이, 콜린Hay, Colin　17, 115

히르쉬, 요아힘Hirsch, Joachim　16

힌체, 오토Hintze, Otto　35n

주제어

이 색인은 부분적으로는 단어가 아닌 주제에
대한 색인thematic index으로 해당 항목과 단어
가 정확히 일치하지 않더라도 해당 개념이 논
의되는 위치를 나타낸다. 단일 페이지(예: 94)
는 해당 페이지에서 해당 용어 또는 개념이 언
급되었음을 나타내고, 페이지 범위(예: 206~
209)는 해당 용어와 특히 관련된 페이지임을
나타낸다. 'n'으로 끝나는 페이지 번호(예: 35n)
는 해당 페이지의 각주(원주+역주)를 가리킨다.

[ㄱ]

가부장제　94, 98, 173, 187, 193, 226,
　238, 286

가속화　234, 342, 346n, 358, 372

간부정당　128, 156, 159

갈등　47, 115, 121, 131, 134, 147, 215,
　218, 257, 285, 286, 290, 296, 375,
　381, 405, 408, 435, 436

221, 222, 286, 351, 381, 397

고립영토   76, 82, 87, 92

공간 전략   115, 257, 260, 247n, 257, 261, 266

공간 프로젝트   260, 260n

공간, 사회 → 사회공간

공간, 흐름의 → 흐름의 공간

공간 분업   252, 256, 344

공간적 상상계   236, 258~261, 272

공간적 선택성   247n, 256

공간적 케인스주의   266

공공이익   173, 310, 323

공공지식인   210, 266

공과 사   55, 63, 140

공동 이익   51, 107, 109, 110, 115

공식 담론   210, 399, 178

공식적(형식적) 주권   90, 211, 334, 340, 346, 364, 413

공존가능성(공가능성)   251~253n

공진화   28, 118, 163, 185, 212, 246n, 310, 347, 425

공형화   170, 303, 311, 313, 315, 321, 322, 324, 326, 328, 362, 364

과세   79, 80, 145, 196, 210

과소결정   182n, 215

과잉결정   182, 226, 286

관념적 이해관계/이익   106, 127, 141, 173, 188, 257, 270

관료   11, 86, 100, 138, 324

관료적 권위주의   119

관료제   35n, 39, 65, 68, 94, 95, 100, 102, 109, 137, 139, 140, 143, 144n,

155n, 239, 242, 244, 305, 317, 323, 324, 365, 374, 416

교차성   189, 190

교환(거버넌스 양식)   306

교환가치   357, 358n, 418

구사회운동   151, 309

구성, 역사적 → 역사적 구성

구성, 형태적 → 형태적 구성

구조와 행위   115~118

구조적 결합   185n, 212n, 425, 442

구조적 권력   54, 212, 439, 440

구조적 제약   117, 123, 173, 176, 183, 184, 186, 189

구조적 모순   132, 179, 193, 195, 251

구조적 정합성   226, 227, 270, 272, 329

국가   113, 320

국가 밖/외부   49, 61, 149, 152, 177, 324, 332, 397, 415

국가 프로젝트   39, 63, 75, 95~97, 109, 111, 121, 125, 134, 145, 148, 153~155, 167~172, 177, 192, 207, 210, 211, 213, 217, 218, 239, 265, 268, 288, 291, 315, 316, 332, 372, 388, 431, 439

국가(의) 형성   28, 32, 38, 52, 66, 80, 94, 95, 111, 236~250, 289, 295

국가 형성, 1차적 → 1차적 국가 형성

국가 형성, 2차적 → 2차적 국가 형성

국가 형태   29, 30, 31, 54, 71, 80, 95, 109, 119, 123, 137, 147, 150, 153n, 154, 166, 174, 184, 186, 205, 209, 212, 220n, 221, 237, 245, 246, 251,

비논리 355, 356n, 442

비상사태 69, 70, 132, 137, 152, 178,
    203, 240, 323, 374, 380, 381, 390,
    392, 396, 412, 416, 421~423

비정부기구/행위자 138, 140, 262, 326,
    334, 367, 368, 427

비판, 지배 → 지배 비판

비판적 담론 분석 30, 34, 40

[ㅅ]

사법부 36, 62, 136, 138, 153, 247,
    375, 402, 403, 405

사익추구 정부

사회공간 41, 216, 235, 236, 251~256,
    258~265, 268, 269, 272, 291, 345,
    362

사회민주주의 409n, 412

사회운동 160, 166, 167, 298, 302,
    318, 434

사회운동, 구 → 구사회운동

사회운동, 신 → 신사회운동

사회임금 265, 266

사회적 관계로서 국가 114

사회적 기반 22, 34, 124, 125, 128,
    143, 145~148, 153, 154, 161, 175,
    192, 206, 265, 404

사회적 모순 121, 333

사회적 응집성 63, 64n, 96, 140, 169,
    172, 175, 185n, 198, 199, 210, 213,
    300, 319, 322, 323, 332, 340, 364,
    377, 384, 417

사회적 정체성 253, 297

사회적 제국주의 174

사회적 필요 노동시간 217n, 358, 373n

사회적 필요 회전시간 358, 373n

사회화 34, 96, 97, 106, 122, 220, 221,
    228, 287, 311n, 327, 356n

산업자본 141, 142, 195, 355, 375, 385

삼극/삼극화 264, 345, 378

삼자주의 129

상대적 자율성 30, 34, 184~186, 202,
    443n

상상계 25n, 96, 109, 122, 223~225,
    291

상상계, 경제적 → 경제적 상상계

상상계, 공간적 → 공간적 상상계

상상계, 사회적 → 사회적 상상계

상상계, 정치적 → 정치적 상상계

상상된/상상의 공동체 274, 281~287

상업자본 141, 215, 218, 355

상징 36, 59, 77, 109, 124, 126, 147,
    170n, 174, 184, 188, 235, 238, 249,
    286, 314~316, 325, 334

상징적 장치 66, 68

상징폭력 68

'색깔' 혁명 426, 427n

생명정치 79, 80, 82, 275

생생한 체험 25n, 223, 224

서비스무역협정TiSA 412

선거 33, 120, 128~130n, 133~136,
    145, 147, 148n, 150~154, 156~164,
    166~168, 203, 268, 365, 384, 387,
    389, 393, 402, 405, 407

국가론

국가의 형성에서 미래의 추세까지

2024년 12월 16일 초판 1쇄 발행
2024년 12월 26일 초판 2쇄 발행

지은이 | 밥 제솝
옮긴이 | 지주형
펴낸곳 | 여문책
펴낸이 | 소은주
등록 | 제406-251002014000042호
주소 | (10911) 경기도 파주시 운정역길 116-3, 101동 401호
전화 | (070) 8808-0750
팩스 | (031) 946-0750
전자우편 | yeomoonchaek@gmail.com
페이스북 | www.facebook.com/yeomoonchaek

ISBN 979-11-87700-08-1 (93300)

여문책은 잘 익은 가을벼처럼 속이 알찬 책을 만듭니다.